앞으로 5년,
한국 교회
미래 시나리오

앞으로 5년,
한국 교회
미래 시나리오

ⓒ 생명의말씀사 2020

2020년 2월 10일 1판 1쇄 발행
2020년 3월 16일   2쇄 발행

펴낸이 | 김재권
펴낸곳 | 생명의말씀사

등록 | 1962. 1. 10. No. 300-1962-1
주소 | 서울시 종로구 경희궁1길 5-9(03176)
전화 | 02)738-6555(본사) · 02)3159-7979(영업)
팩스 | 02)739-3824(본사) · 080-022-8585(영업)

지은이 | 최윤식, 최현식

기획편집 | 서정희, 장주연
디자인 | 김혜진, 윤보람
인쇄 | 영진문원
제본 | 정문바인텍

ISBN 978-89-04-16684-8 (03230)

저작권자의 허락없이 이 책의 일부 또는 전체를
무단 복제, 전재, 발췌하면 저작권법에 의해 처벌을 받습니다.

앞으로 5년, 한국교회 미래 시나리오

최윤식
최현식

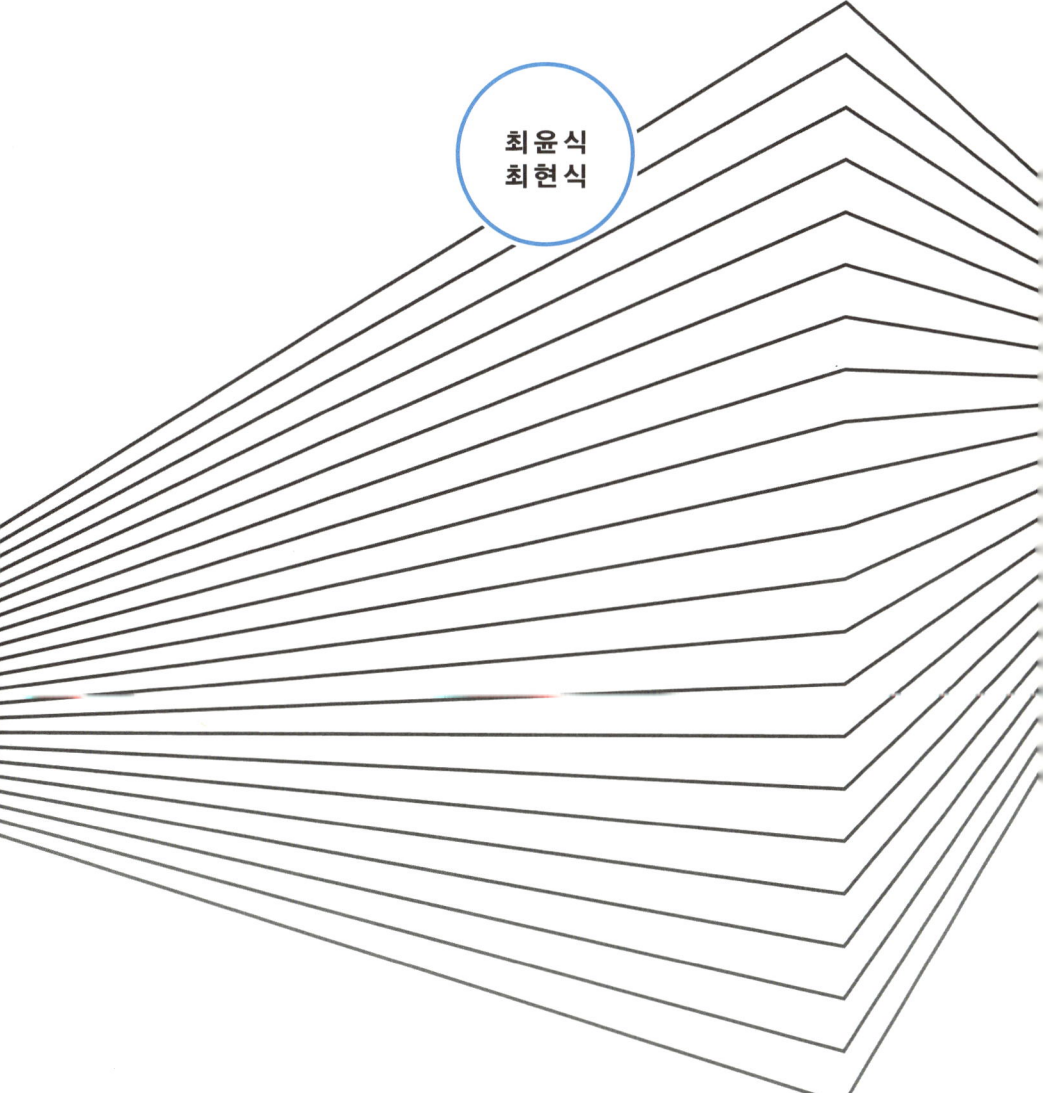

CONTENTS

들어가면서 _ 한국 교회 미래에 대한 의미 있는 예측을 다시 한 번 발표하는 이유 · 10

PART. 1
앞으로 5년, 한국 교회의 미래

한국 교회를 둘러싼 외부 환경 · 20

일어날 일은 반드시 일어난다
7년의 흉년, 곧 시작된다
준비하지 못한 이들의 고통
한국 교회, 앞으로 5년이 중요하다
본격적인 교회 재정 위기가 시작될 것이다
성도의 자산을 무너뜨리는 단기적 힘, 한국과 중국의 금융위기
기준금리 인하, 일시적 조정을 위한 행동일 뿐 대세 변화는 아니다
금융위기가 발발하면 성도와 교회는 5개의 폭탄을 맞는다
금융위기, 중국과 한국 중 어디서 먼저 일어날까?
한국의 미래, 4가지 시나리오
성도의 자산을 무너뜨리는 장기적 힘, 한국 경제의 '잃어버린 20년'
한국 교회의 미래

성도들을 둘러싼
경제적 현실
· 80

현실이 진실이다
한국 교회의 현실
첫 번째 자산 붕괴, 현금 고갈
두 번째 자산 붕괴, 주식시장 50~70% 폭락도 가능하다
세 번째 자산 붕괴, 부동산 가격 하락
- 한국 부동산, 버블인가?
- 부동산 시장, 가격 정상화로 간다
- 한국 부동산, 일본형 폭락은 없다?
- 한국 부동산의 미래, 가격 정상화
한국 가계부채, 절대 안전하지 않다
네 번째 자산 붕괴, 암호화폐 가치 하락으로 개인 자산 위기 정점에 이른다
자산 붕괴가 교회와 성도를 덮치면 교회 분열은 극심해질 것이다

BOOK IN BOOK
앞으로 5년, 긴급 사역 체크리스트 실례
· 141

PART. 2
앞으로 20년, 한국 교회의 미래

3장
감소시대의 미래 한국 교회 • 146

"미래는 예측할 수 없다"는 말에 숨지 말라
한국 교회, 고장난 성장 시스템
한국 교회, 양적 성장의 미래 시나리오
• 3대 인구구조 변화의 부작용: 저출산, 고령화, 평균수명 연장
앞으로 20년, 기업 하는 성도의 위기
자영업 하는 성도의 위기
직장 다니는 장년 성도의 5중 고통
도시에서 기독교 인구 감소

새로운 세대,
새로운 성도가 등장한다 · 194

15~20년 후, 어린이, 청소년은 미전도 종족화된다
한국 교회 교육부, 새로운 세대를 감당할 수 있을까?
10년 후, 새로운 미래세대 'A세대'
3개의 뇌를 갖는 새로운 세대 'A세대'
3차원 가상세계
변화의 속도가 폭발적으로 증가하는 임계점이 곧 온다
그들의 결정적 차이
- 매우 똑똑하다
- 모든 것을 기억한다
- 모든 것과 연결된다
- 엄청난 속도로 움직인다

미래 한국 교회, 역리의 위협에서 벗어날 수 있을까?

BOOK IN BOOK
미래 한국 교회, 선교 동력을 유지할 수 있을까? · 232
미래 한국 교회, 종교 갈등을 극복할 수 있을까? · 238

PART. 3
미래를 위한 한국 교회의 준비

신앙의 본질을
회복하라
・ 248

한국 교회가 무너지는 결정적 이유
한국 교회 회복 동력은 2가지다
사명, 하나님이 가치 있게 여기시는 시대적 소명
먼저 다르게 살기를 시작해야 한다
지금이라도 통찰력을 회복하자

기술 혁신이 불러올
새로운 세상을 준비하라
・ 270

5년 후, 수축사회를 준비하라
5년 후, 기술 혁신이 가져올 미래변화를 준비하라
빅 테크놀로지
10년 후, 가상인간 사회를 준비하라
20년 후, 기계인간 사회를 준비하라
자칫하면, 성도들이 인공지능 목회자를 선택하는 일이 일어날 수 있다

직격 인터뷰
미래 과학기술에 성경적 가이드라인 있나? ・ 284
'디지털 영생' 꿈꾸는 시대, 그리스도인이 갈 길을 묻다 ・ 291

7장
한반도의 통일을 준비하라 ・ 320

30년 후, 새로운 도약의 발판을 준비하라
김정은의 승부수
김정은과 북한은 핵무기를 완전히 포기할 생각은 없다
미국과 북한이 원하는 것
한반도 통일 시나리오
북한 정권은 어떻게 무너질까?
북핵협상 이후, 김정은은 20~30년간 북한을 이렇게 통치할 것이다
김정은의 대담한 개혁개방 정책이 한국 교회 북한 선교의 기회가 될 것이다

나가면서 _ 현 시점에 대한 간략한 생각 ・ 358
주 ・ 362

들어가면서

한국 교회 미래에 대한
의미 있는 예측을
다시 한 번 발표하는 이유

2013년과 2015년에 필자는 『2020~2040 한국교회 미래지도 1, 2』를 각각 출간했다. 한국 교회의 미래에 대한 예측서였다. 그 책에서 필자는 한국 사회의 다가오는 위기를 예측하면서 동시에 한국 교회에 밀려오고 있는 아주 큰 위기를 이렇게 경고했다.

"1990년대 한국 교회는 전 세계 기독교와 선교의 미래를 짊어질 나라로 평가받았다. 한국 교회의 부흥과 발전은 기독교 역사 가운데서도 놀라운 위치를 차지했다. 다수의 한국 교회가 세계 30대 교회 안에 들었고, 기독교 역사상 단일교회로서 가장 큰 교회도 한국에서 나왔다. 한국 교회에서는 초대형교회에 들려면 최소 10만 명이 넘어야 한다. 몇천 명의 교인 수로는 사실 대형교회라는 명함도 못 내밀 정도다. 한국 사회의 기적, 한국 경제의 기적과 함께 한국 교회 부흥의 기적도 시작되었다. 미국과 유럽의 교회를 걱정하는 위치(?)에 이르렀다고 자부했다.

그러나 한국의 위기가 시작되자 한국 교회의 위기도 함께 시작되었다. 1990년대 이후 교회 성장이 멈추고, 교회를 향한 부정적 평가가 안팎에서 흘러나오기 시작했다. 목회자의 성 윤리 문제, 돈에 대한 탐욕의 문제, 교회 권력의 세습 문제, 시대에 맞지도 않고 성경적이

지도 않은 타 종교를 향한 현대판 십자군 전쟁의 문제, 타락한 중세 시대에나 있었던 교권의 절대화 문제 등이 터져 나온 것이다. 한국 교회는 지금 존립 자체가 흔들릴 수 있는 엄청난 위기 속으로 빠져들고 있다.

……지금 한국의 기독교인들과 교회들은 미래에 대한 위기감에 휩싸여 두려워하고 있다. 심지어 시골의 작은 교회 성도라도 자신의 미래나 자신이 섬기고 있는 교회의 미래에 대한 불안감을 느끼고 있다. 그리고 앞으로 10년 이내에 이런 막연한 불안감과 공포가 더 빠른 속도로 현실이 되어 다가올 것이다."[1]

그 당시, 필자는 한국 교회 역사상 가장 크고 무서운 위기가 빠르게 다가오고 있다는 것을 경고하면서 앞으로 10년이 아주 중요하다고 이렇게 외쳤다.

"앞으로 10년, 한국 교회에 있어서 아주 중요한 시기다. 이 기간 우리는 그 어느 때보다 더 큰 위기와 새로운 변화를 맞게 될 것이다. 교회 안에서는 예전보다 더 큰 문제들이 발발할 것이고, 교회 밖에서는 아시아를 중심으로 펼쳐지는 전 세계의 부의 전쟁, 패권 전쟁, 인재 전쟁, 산업 전쟁 등이 발발하여 교인들의 삶을 변화시킬 것이다. 국내적으로는 '한국판, 잃어버린 10년'이라는 충격적 위협을 만날 가능성이 점점 커지고 있다. 이 모든 미래변화의 힘들은 사회적, 경제적, 정치적, 문화적, 영적 구조와 흐름의 변화를 강요할 것이다. 새로운 시대로의 변화를 강요할 것이다. 이 거대한 파도를 제대로 넘지 못하면 한국 교회는 기독교 역사상 가장 빠르게 몰락할 수 있다."[2]

필자는 "우리에게는 10년이라는 시간이 남아 있다"고 외치면서 이 시간을 허비해서는 절대로 안 된다고 했다.

그로부터 6년이 조금 넘은 시간이 지났다. 한국 교회는 변했을까? 당시보다 지금은 한국 교회의 위기를 인식하는 지도자들과 성도들이 많아졌다. 그나마 다행이다. 하지만 한국 교회는 근본적 변화와 갱신을 하지 못하고 있다. 그리고 6년 전에 필자가 예측했던 위기는 더 가까이 다가왔다. 더 커졌다. 더 위급해졌다. 필자는 한국 교회에 남은 시간은 최대 5년이라 분석한다. 앞으로 5년을 지난 시간처럼 허비한다면 돌이킬 수 없는 치명타를 얻어맞을 수 있다.

한국 교회의 5년 후, 10년 후의 미래를 내다보기는 쉬운 일이 아니다. 필자는 미래학(Future Studies)을 전공하면서 미래를 예측하는 수많은 기술을 배웠다. 하지만 한 치의 오차도 없이 정확하게 미래를 예견하는 것은 하나님이 아니면 절대로 불가능한 일이다. 그렇다고 해서 "미래는 인간으로서는 전혀 알 수 없는 영역이다" 혹은 "미래가 어떻게 될지는 가 봐야 안다"라고 단순하게 규정해 버리고 나면 그것 역시 큰 실수가 된다.

교회의 지도자가 이런 말을 한다면 더욱 절망적이다. 교회의 지도자가 미래에 대한 생각을 하지 않는다면 하나님이 인간에게 선물로 주신 '현재와 미래에 대한 통제권'(창 1:28)을 상실하고 현재만을 보는 근시안적 사고나 현세주의적 태도에 빠지는 엄청난 우를 범하게 된다. 이것은 미래를 섣불리 예측하는 것보다 훨씬 더 심각한 잘못이다. 분명 미래는 하나님의 섭리와 계획 안에 이미 정해져 있다. 하지만 하나님은 우리에게 미래를 하나님과 함께 만들어 갈, 열려 있는 가능성의 세계로 주셨다. 이것이 하나님이 우리에게 주신 또 다른 신비이자 은혜다.

한국 교회의 미래도 마찬가지다. 우리가 어떤 행동을 하든 상관없이 하나님은 한국 교회를 보호하실 것이라는 생각, 미래는 하나님이 이미 정해 놓으셨으니 우리는 가만히 앉아서 하나님의 처분만 기다리면 된다는 생각은 성경을 절반만 아는 어리석은 처사다. 이런 생각이 맞다면 종교개혁자들도 나타날 필요가 없었다. 이스라엘이 타락하고 무너질 때 위기를 외치고 회개와 갱신을 부르짖은 선지자들도 필요가 없었다.

이제 필자의 목소리 하나만 아니라, 도처에서 한국 교회의 위기를 부르짖는 목소리가 나온다. 아니, 곳곳에서 한국 교회가 무너지는 현실이 보인다. 한국 교회의 무너짐은 미래가 아니라 현실이 되고 있다. 다시 강조하지만, 6년 전에 필자가 예측했던 위기는 더 가까이 다가왔다. 더 커졌다. 더 위급해졌다. 다급한 마음에 필자는 한국 교회에 가장 중요한 '앞으로 5년'에 대한 미래예측을 다시 해보고, 교회와 성도에게 다가오는 미래 위기와 기회에 대한 관심을 복돋우려 한다. 지난 6년 동안 추가로 나타난 미래징후(Futures Signals)를 반영해 앞으로 5년, 그리고 5년 이후부터 장기적인 한국 교회의 미래 가능성들에 대해서 예측 시나리오들을 최적화하는 작업을 시도할 것이다.

필자는 『2020~2040 한국교회 미래지도』에서 "한국 교회의 미래는 분명 하나님의 계획 아래 놓인 부분이지만, 하나님은 우리에게 다가올 미래를 준비할 수 있는 지혜를 주신다"는 것을 기억해야 한다고 외쳤다. 그 외침은 지금도 변함없다. 이제 시간이 얼마 남지 않았지만, 이제라도 한국 사회와 한국 교회 안팎에서 나타나는 미래변화의 거센 흐름과 침투를 통찰하고, 다가오는 위기와 기회에 지혜로운 준비를 하면 한국 교회는 새로운 도약의 길을 열 가능성이 충분하다. 이것이 필자가 한국 교회의 미래에 대한 의미 있는 예측을 다시 한 번 발표하는 이유다.

물론 이 책에서 다루는 한국 교회와 한국 사회에 대한 여러 가지 미래들은 완전히 틀릴 수도 있고, 일부분만 맞을 수도 있다. 하지만 맞고 틀리고를 떠나서 이 책을 통해 앞으로 다가올 미래 한국 교회와 미래 성도들의 모습들을 잠시라도 경험해 볼 수 있다면 최소한 '미래충격'(Future Shock, 미래가 앞당겨 도래함으로써 일어나는 현기증 나는 방향감각의 상실 현상)을 준비할 기회는 얻을 수 있을 것이라 본다. 조금 더 나아가, 이 책을 통해 다가올 미래를 다른 사람들보다 한발 더 먼저 준비함으로 새로운 영적 성숙의 기회로 삼고 믿음의 준비, 새로운 도전, 그리고 부흥과 성공의 기회를 발견할 수 있을 것이다. 덧붙여 이 책에 소개된 모든 미래예측은 현재 한국 교회 지도자들과 기독교인들의 사고와 미래를 보는 시각을 새롭게 자극할 것이며, 동시에 현재에 관한 귀중한 통찰력도 제공해 줄 것이라고 본다.

필자는 이 책을 저술하기 위해 한국 사회의 미래에 대한 연구를 먼저 했다. 한국 사회의 미래에 대한 연구는 2018년 출간한 『앞으로 5년, 미중 선생 시나리오』와 2019년에 출간한 『앞으로 5년, 한국의 미래 시나리오』를 통해 일반인들에게 발표되었다. 그리고 『앞으로 5년, 한국 기업의 미래 시나리오』도 근간 예정이다. 이 책은 그 연구를 기반으로 전개된다. 그래서 필자의 책들을 이미 읽은 독자라면 익숙한 내용이 많을 것이다. 양해를 부탁한다. 한국 교회의 미래를 예측하려면 한국 교회를 둘러싼 주변 환경에 대한 시나리오가 출발점이기 때문이다. 한국 교회의 미래는 한국 사회의 미래변화와 동떨어져 있지 않다. 어떤 부분은 한국 사회의 미래변화에 같이 휩쓸리고, 어떤 부분은 한국 사회의 미래변화에 저항하는 모습을 보인다.

하지만 그 책들과 이 책의 가장 중요한 차이점은 한국 사회에 앞으로 벌어질 미래변화에 대한 성경적 해석과 목회적 적용이다. 한때 한국 교회에서는 세상 이야기를 교회 안에서 하지 않는 것이 영성 충만한 것이라 오해한 적이 있다. 혹시 아직도 이런 생각을 가지고 있는가? 그래선 안 된다. 경제, 금융, 자산 및 기술과 기업의 미래와 같은 이야기들은 '세속의 이야기'가 아니다. '성도의 삶의 자리에 대한 이야기'다. 그들의 울음과 두려움과 고민에 대한 이야기다.

그런 것들이 천국에 들어가는 데 상관은 없다. 절대 없다. 하지만 하나님은 그런 울음, 두려움, 고민도 들으신다. 하나님이 들으신다면 교회의 지도자도 들어야 한다. 그런 것들이 구원받는 것과 상관은 없다. 절대 없다. 하지만 이 땅에서 살아가는 성도들의 영적 성숙과 신앙의 씨름과는 관계가 있다. 그런 것들이 교회를 무너뜨릴 수는 없지만, 성도의 삶은 무너뜨릴 수 있다. 어쩌면 신앙도 무너뜨릴 수 있다. 이 책에서 다른 기독교 서적에서는 볼 수 없는 한국 사회의 경제, 금융, 자산 및 기술과 기업의 미래에 대한 이야기들을 구체적으로 다루는 이유다.

단, 그런 내용들을 다루면서 한탄하고, 탄식하고, 절망하자는 것이 아니다. 두 손 두 발 다 들고 항복하고 굴욕적으로 복종하자는 것이 아니다. 그런 위기에 놓인 성도를 어떻게 구하고, 다시 일으켜 세우고, 세상에 굴복하지 않고 세상을 이끌어 가는 성도가 되게 하고, 그런 것들을 넘어 천국에 소망을 두게 할 것인가를 생각하자는 것이다. 그것이 목회 아닌가!

이 책이 있기까지 수고해 주신 많은 분께 감사를 드린다. 먼저, 부족한 자의 가슴에 한국 교회의 미래를 생각하고 기도하게 해주신 주님께 깊은 감사를 올려 드린다. 아시아미래인재연구소의 연구원들에게도 감사의 마음을 전한다. 늘 필자의 우직한 예측을 가감 없이 출판하게 배려해 주는 생명의말씀사에도 감사를 전한다. 부족한 아들을 위해 지금도 기도하고 계시는 부모님께 감사드린다. 항상 필자 옆에서 묵묵히 버텨 주고 지지해 주는 사랑하는 아내와 아이들에게도 감사를 전한다. 마지막으로 필자를 사랑하고, 필자의 예측에 관심을 두고, 필자의 예측이 부족하더라도 늘 좋은 조언과 격려로 도움을 주시는 한국 교회의 지도자들과 모든 독자에게 감사의 마음을 전한다.

미국 캘리포니아에서
미래학자 최윤식 박사

PART. 1
앞으로 5년, 한국 교회의 미래

1. 한국 교회를 둘러싼 외부 환경
2. 성도들을 둘러싼 경제적 현실

BOOK IN BOOK | 앞으로 5년, 긴급 사역 체크리스트 실제

1장

한국 교회를 둘러싼
외부 환경

일어날 일은
반드시 일어난다

『2020~2040 한국교회 미래지도』를 출간한 이후, 교회 지도자나 성도들에게 필자가 자주 듣는 말이 있다.

"한국 교회의 미래를 지나치게 부정적으로 보는 것은 아닌가요?"

이런 질문에 필자는 이렇게 대답한다.

"미래는 부정적으로 보면 안 됩니다. 하지만 미래를 긍정적으로 봐도 안 됩니다. 미래는 '객관적'으로 보도록 노력해야 합니다. 대신, 위기든 기회든 미래를 대하는 태도를 신앙적으로, 그리고 긍정적으로 해야 합니다. 둘을 바꾸면 재앙이 옵니다!"

한국 교회의 미래를 생각하며 지난 10여 년간 필자가 누누이 강조했던 말이 하나 더 있다.

"일어날 일은 반드시 일어난다."

세상에는 "예견된 위기는 일어나지 않는다"는 말이 있다. 교회에는 "교회는 위기에 무너지지 않는다. 하나님이 한국 교회가 무너지는 모습을 두고만 보고 계시지 않을 것이다"라는 말이 돈다. 이런 말에 너무 의존하지 말라. 틀린 말은 아니다. 하지만 세상이나 교회에서 일어나는 위기에 대해 반만 묘사한 말이다. 나머지 절반은 "일어날 일은 반드시 일어난다", "하나님은 한국 교회를 너무 사랑하시기 때문에 채찍을 들어서라도 회개하게 하실 것이다. 구약에서는 채찍이 이방인을 통한 전쟁이었지만, 현대에는 경제 채찍과 미디어를 통한 비난의 채찍이다"라는 것이다.

한 가지 더 있다. 예견된 위기이지만, 세상이든 교회든 위기 경고를 무시하고 계속 질주하면 예견된 위기조차도 피할 수 없게 된다. 필자가 예측하고 경고했던 한국 교회의 위기가 피할 수 있는 예견된 위기였지만 못 피한 것인지, 아니면 피하려고 애를 써도 일어날 일은 반드시 일어난다는 이치에 속한 위기인지 이제는 가늠하기 힘들다. 어쩌면 둘 다일지 모른다는 생각이 든다. 필자는 미래연구를 평생의 업(業)으로 삼고 산다. 필자에게 미래연구는 하나님이 주신 사명이다. 누군가 미래연구의 목적이 무엇인지 필자에게 물었다. 일반인들에게는 필자는 이렇게 대답했다.

"미래연구의 목적은 미래를 맞추는 데 있지 않다. 독자에게 미래에 대한 새로운 생각을 자극하고, 미래에 발생할 수 있는 위기와 기회의 가능성들을 미리 통찰해 보고, 현재의 생각과 행동을 바꾸어 '더 나은 미래'를 만들도록 돕는 일이다."

같은 질문에 기독교인들에게는 이렇게 대답했다.

"미래연구의 목적은 미래를 예언하는 데 있지 않다. 독자에게 하나님이 만들어 가실 미래에 대한 생각을 자극하고, 미래에 발생할 수 있는 위기와 기회의 가능성들을 미리 통찰해 보고, 현재의 생각과 행동을 하나님의 뜻에 맞춰 바꾸어 '하나님이 원하시는 미래'를 만들도록 돕는 일이다."

필자는 미래학을 공부하는 학생들에게 미래에 대한 연구나 생각은 예언이 아니라, 예측 영역이라고 강조한다. 기독교인들에게는 예언이나 새로운 계시가 아니라, 성경의 가르침을 기준으로 하나님이 주신 일반은총의 영역에서 논리적이고 확률적인 예측 영역이라고 강조한다.

물론 예측이 무엇이냐에 대한 주장이 다르기 때문에 '예측'이란 말에 논쟁을 걸고 싶은 독자가 있으리라 생각한다. 하지만 여기서 필자가 예측이라는 단어를 사용하는 이유는 간단하다. 예언이 아니라는 것을 강조하는 데 있다. 필자에게 미래연구는 하나님의 뜻을 맞추는 행위나 미래에 일어날 일을 정확히 맞추는 예언이 아니라, 성경적 가치 위에서 사실을 기반으로 한 미래에 대한 논리적이고 확률적인 가설 추론이다. 또 다른 미래들을 탐구하기 위한 복수의 가설 추론 연구다.

가설 추론(abductive thinking, 근거가 불충분할 때 결론이나 법칙을 대담하게 설정해 문제를 해결하는 사고, 혹은 현상을 있는 그대로 관찰하면서 단서가 될 만한 것들을 찾아내서 가설을 도출해 내는 사유 논리)이기에 틀릴 수 있다. 모든 과학적 연구처럼 미래연구가 가설을 세우는 이유는 새로운 것, 미지의 것을 탐색하고 탐구하기 위함이다. 가설 추론의 중요성은 가설이 틀릴 수도 있지만 이런 연구 방식으로 중요한 것을 발견할 수 있고, 그것으로 인류 문명을 더 나은 미래로 인도할 수 있기 때문이다.

필자에게 미래연구 혹은 미래예측은 황당한 예언이나 허무맹랑한 상상이 아니다. 세상에 대한 예측은 물론이고 한국 교회에 대한 미래예측도 마찬가지다. 인과적 사고(casual thinking, 원인과 결과 관계 사고), 시스템 사고(system thinking), 알고리즘 사고(algorithm thinking, 절차적 사고), 복잡계 사고(complex system thinking), 추상적 사고(abstract thinking, 공통된 특성이나 속성을 추출하는 사고), 유비추론 사고(analogical thinking, 비슷한 점을 미루어 추론하는 분류 사고), 논리수학적 추론 사고(logical-mathmatical thinking, 선험에 의한 연역적 추론-이치에서 개체 추론, 경험에 의한 귀납적 추론-개체들에서 이치 추론), 비판적 사고(critical thinking, 합리적이고 논리적인 분석, 평가, 분류하는 사고) 등을 사용하는 과학적 태도와 방법론을 사용하는 영역이다. 이 모두가 하나님이 인류에게 주신 일 반은총의 선물이다. 필자는 성경의 기준과 성령의 감동과 감독을 기도하면서 하나님이 주신 선물(일반은총)을 잘 사용할 뿐이다.

이런 의미에서 필자가 예측이라는 단어를 사용하는 것은 정확한 예측이 아니라, 의미 있는 예측에 목적을 둔다. 하나님의 뜻을 완벽하게 맞추는 선지자적 예언이 아니라, 하나님의 뜻과 마음에 합당한 의미 있는 분석과 예측에 목적을 둔다. 한 치의 오차 없이 전혀 틀리지 않는 예측이 아니라, 평균보다 더 나은 예측 시도다. '좀 더 나은 것'을 과소평가하지 말라. 생존과 성공이 '좀 더 나음'에서 나온다는 것은 역사가 증명한다. 굳이 역사를 거론하지 않아도, 필자의 미래연구와 예측 경험에서도 마찬가지다. 다음은 필자가 이런 관점과 방법을 사용해서 지난 10여 년 동안 일반 영역에서 발표했던 예측 내용들이다.

- 김정은의 장기 집권 가능성
- 김정은 집권 3년 내에 장성택 숙청 가능성
- 2010~2012년 유럽의 금융위기 발발
- 차이메리카(Chimerica, 세계 경제를 주도하고 있다는 의미에서 상호의존적 관계에 있는 미국과 중국을 지칭)의 시대가 끝나고 미중전쟁의 시대가 올 것
- 2014년 이건희 회장의 건강 이상으로 삼성의 1차 위기가 시작될 것
- IT기업인 팬택(Pantech)과 다음(Daum)의 위기와 몰락
- 1차 오일전쟁에서 국제유가의 30달러대 급락 후 상당 기간 동안 40~60달러대 박스권 유지
- 2015년 이후 발생한 미국의 반격 프로세스(양적 완화 축소 및 중지, 기준금리 인상, 보호무역주의, 신산업 버블 형성의 단계별 진행 순서)
- 한국 건설과 조선 회사들의 대규모 구조조정 현실화
- 한국의 부동산 시장 변화
- 정부의 대응에도 불구하고 가계부채가 1,400조를 넘어 2019년에는 1,600조까지 계속 증가할 것
- 달러당 120엔을 넘는 급격한 엔저 충격
- 2014~2015년 오일 포함 상품 가격 하락이 시작되어 2016~2017년경부터 베네수엘라 등 신흥국의 1차 금융위기 및 외환위기 발발할 것
- 2016년 이후 미국 제조업의 반격이 시작될 것
- 중국의 사드보복 기간의 장기화 가능성이 클 것
- 2017년 말 한국의 기준금리 인상이 시작될 것
- 생각보다 빠르게 진행될 인공지능과 자율주행자동차의 충격이 산업계를 강타할 것 등.

7년의 흉년,
곧 시작된다

　이런 예측들을 연구하고 발표하면서 필자는 한국 교회에 대한 미래연구 결과도 발표했었다. 다수의 한국 교회가 세계 30대 교회 안에 들었고, 기독교 역사상 단일교회로서 가장 큰 교회가 나올 정도로 찬란한 부흥의 시대에 전 세계 기독교와 선교의 미래를 짊어질 나라라는 평가가 무색할 정도의 위기가 다가오고 있음을 예측했다. 그리고 앞으로 10년 이내에 이런 위기가 현실이 되어 다가올 것이며, 이 거대한 파도를 제대로 넘지 못하면 한국 교회는 기독교 역사상 가장 빠르게 몰락할 수 있다는 예측을 했다. 필자는 다가오는 한국 교회의 위기를 창세기 요셉 이야기에 나오는 '7년의 풍년과 7년의 흉년'을 비유해서 설명했다. 7년의 풍년이 지나고, 곧 전 세계를 굶주림의 위기로 몰아넣었던 7년의 대기근처럼 한국 교회의 대위기가 몰려올 것이다.

　필자는 다가오는 한국 교회의 대위기가 단순히 한국 교회 내에서 발생하는 문제들 때문에 일어나는 것은 아니라고 했다. 한국 사회에 밀어닥치는 위기와 맞물려 있다고 분석했다. 교회 밖 일반 영역에서 한국, 아시아, 세계의 정치, 경제, 산업, 기술, 사회, 환경 등의 미래변화를 연구하는 것이 필자의 주업무다. 필자는 미래변화 연구의 결과를 일반인, 기업, 정부기관에 자문하고 미래전략을 구상하는 데 도움을 준다.

　필자는 목회자 집안에서 태어났고, 장로교 합동 측에서 목사 안수를 받은 사역자이지만 하나님의 특별한 부르심으로 이런 일들을 사명으로 여기고 일한다. 필자는 이런 독특한 사역 덕택에 한국 교회 내부에서는 보지 못하거나 보려고 하지 않는 한국 교회를 향해 빠르게 엄습해 오는 외부의 위기를 통찰할 수 있는 기회를 얻었다. 2013년, 필자는 『2030 대담한 미래』라는 제목의 미래예측서를 출간했다. 이 책에서 필자는 한국 사회의 현재와 미래를 분석하고 예측하면서 다음과 같은 경고를 했다.

"한국의 현재 사회 및 경제, 산업 시스템들은 성장의 한계에 이미 도달했다. 물론 이 시스템을 그대로 유지하고서도 추가적으로 25,000~30,000달러까지의 경제 성장은 할 수 있다. 하지만 거기가 끝이다. 정치, 경제, 산업, 사회 등의 모든 영역에 걸쳐 근본적으로 재설계하는 수준의 개혁이 없으면 앞으로 20~30년 이내에 한국은 세계 경제에서 차지하는 영향력이나 경제적 몫이 지금보다 현저하게 낮아질 것이다."[1]

그 당시에도 한국 사회의 분위기는 다가오는 미래위기에 대해서 반신반의했다. 잠시 미국발 금융위기로 전 세계 경제가 주춤했을 뿐이고, 지난 20~30년간 한국이 보여 준 저력에 비추어 볼 때 한국의 지속가능한 미래 성장은 당연한 듯 받아들였다. 하지만 필자는 이런 분위기가 얼마나 위험한 태도이며 심각한 오해인지를 다음 문구로 경고했다.

"아직도 많은 사람은 1970~1990년대의 산업 성장의 옛 영광이 추가적인 노력 없이도 충분히 재현될 수 있으며, 한국의 1인당 국내총생산(GDP)은 2050년이 되면 전 세계 2위가 될 정도로 미래가 밝으며, 현재 몇몇 수출 대기업들의 번영과 세계시장의 선전이 영원히 사라지지 않을 것이라는 꿈속에 살고 있다. 그러나 이것은 명백한 시대착오적 발상이다. 도리어 위기감을 떨어뜨려 변화의 시기를 놓치게 해서 제2의 외환위기를 거쳐 잃어버린 10년으로 가는 무서운 결과를 초래하게 만드는 오해다."[2]

필자는 한국 경제를 비롯해서 국가 전체 시스템이 지금 상태로 계속 간다면, 한국의 '잃어버린 10~20년'은 70~80% 정도의 아주 높은 가능성으로 일어날 수 있는 심각하고 실제적인 미래라고 예측했다. 필자의 분석으로는 한국 기업은 이미 몇몇 대기업을 제외하고는 정체되기 시작했고, 개인들의 실질 소득이나 생활의 질도 오래전부터 정체되기 시작했다. 그래서 필자는 이런 예측도 언급했다.

"이대로 방치하다가는 머지않아 대규모의 국민적 저항이 일어나고, 사회 전반에 더 나은 미래를 만들 수 있다는 것에 대한 냉소적 분위기가 팽배해지는 사태가 발생할 것이다. 사회적 분위기가 여기에 이르면 한국은 더 이상 가능성이 없는 나라로 전락하게 될 수 있다."

2020년 현재, 필자가 6년 전에 예측한 한국의 미래는 상당 부분 현실이 되었다. 대규모 국민적 저항이 일어나기 시작했고, 더 나은 미래를 만들 수 있다는 희망이 사라지고, 사회 전반에 냉소적 분위기가 팽배해지기 시작했다. 청년과 중소기업들을 중심으로 한국은 더 이상 가능성이 없는 나라로 전락하고 있다는 패배의식도 시작되었다. 『2030 대담한 미래』라는 예측서를 쓸 당시, 필자는 한국의 미래에 대해서 다급한 심정이었다. 그래서 이런 예측도 언급했다.

"이렇게 급한 상황에서 앞으로 5년은 더 지속될 글로벌 위기는 한국에 커다란 짐이다. 전 세계가 글로벌 금융위기를 극복하는 과정에서 자국의 이익을 극대화하는 전략을 사용하면서 한국이 운신할 폭은 점점 좁아지고 있다. 집 밖에서 벌어지는 급한 불을 끄느라, 집 안에서 모락모락 피어오르는 연기를 보지 못하는 형국이다."[3]

필자의 다급함과 우려는 중국의 사드보복, 미국의 보호무역주의 정책으로 현실이 되었다. 사실 『2030 대담한 미래』를 읽은 독자라면 필자가 이미 그 책에 쓴 현재 극렬하게 벌어지고 있는 '미중전쟁'에 대한 선견적 예측과 통찰을 경험했을 것이다. 당시 필자가 미중전쟁 가능성을 발표하자 "그런 미래는 오지 않을 것이다!"라는 극렬한 저항(?)을 받기도 했다. 미중전쟁에 대한 필자의 예측에 "마치 한 편의 무협지를 읽는 것 같다!"는 평가절하의 말도 들었다.

하지만 필자의 예측은 현실이 되고 말았다. 그리고 필자의 예측에 등장했던 몇몇 일들이 현실이 되면서 한국 정부와 기업에게 커다란 짐이 되어 운신의 폭을 좁게 만들어 버렸다. 2020년 현재, 정부는 재정 적자를 늘려 위기 탈출에 안간힘을 쓰고 있지만 역부족이다. 기업들도 다양한 노력을 기울이지만 글로벌 경쟁 상황이 바뀌고, 미국 트럼프 대통령의 강력한 보호무역정책과 미중전쟁의 여파가 산업 전반에 걸쳐 파급되면서 위기 극복에 한계를 느끼고 있다.

필자의 입장에서는 너무 아쉽다. 미래는 갑자기 오지 않는다. 미래는 반드시 미래징후를 주고 온다. 그래서 대부분의 미래위기들은 선제적 대응이 가능하다. 절대 피할 수 없는 위기라면 피해라도 최소화할 수 있다. 그래서 필자는 2013년에 정부와 기업을 향해 이런 다급한 외침을 던졌다.

"한국이 잃어버린 10~20년에 빠지지 않기 위해서는 앞으로 10년이 아주 중요하다. 즉 이번과 다음 정부의 역할이 아주 중요하다."

이렇게 6년 전 다급한 마음으로 한국 사회에 밀려오는 거대한 위기를 예측했던 필자는 같은 마음으로 『2020~2040 한국교회 미래지도』를 통해 한국 교회의 위기 가능성도 거론했다. 필자가 한국 사회와 한국 교회에게 절대로 허비해서는 안 된다고 강조했던 10년 중에서 6년이 흘렀다.

안타깝게도 한국 사회와 한국 교회 모두 위기의식은 커졌지만 근본적 대응과 변화는 이루지 못했다. 일부에서는 아직도 한국 사회나 한국 교회에 다가오고 있는 무서운 위기를 알아차리지 못하기까지 한다. 겉으로 드러나는 몇 가지 경제 지표나 막대한 빚을 사용해 지탱한 경제 상황이 한국의 경제위기를 발견하는 시각을 흐리게 만들었고, 수많은 비난과 비도덕적 문제들이 일어나도 크게 줄지 않은 장년 성도의 숫자로 한국 교회는 절대로 무너지지 않을 것이라는 잘못된 시각이 강화되었다. 과연 그럴까? 아니다. 모두 착시다. 앞으로 5년 이내에 이런 착시현상들이 벗어지면서 지금까지 겪어 보지 못한 가장 고통스런 미래가 눈앞에 실체를 드러낼 것이다.

한국 사회와 한국 교회 모두 6년 전에 필자가 예측했던 위기에 더 가까이 다가가고 있다. 착시에 휩싸여 소중한 6년을 허비하는 동안 위기는 더 커졌다. 더 위급해졌다. 필자는 한국 교회에 남은 시간은 최대 5년이라 분석한다. 앞으로 5년을 지난 시간처럼 허비한다면 돌이킬 수 없는 치명타를 얻어맞을 수 있다. 『2020~2040 한국교회 미래지도』에서 예측했듯이, 7년의 흉년이 곧 시작될 것이다. 이제 남은 기간은 단 5년뿐이다.

준비하지 못한 이들의 고통

앞으로 5년이 지나고 나면, 준비하지 못한 교회와 준비한 교회의 차이가 분명하게 나타날 것이다. 준비하지 못한 성도와 준비한 성도의 차이가 분명하게 나타날 것이다. 교회와 기독교인이 착각하지 말아야 할 하나님의 법칙이 하나 있다. 하나님이 계획하신 미래환경(7년 흉년)이 현실이 되면, 곡식을 준비하지 않으면 아무리 교회와 성도라도 이 땅에서는 굶주리게 된다. 생존을 위해 가진 모든 재산을 팔아 가까스로 버텨야 한다. 다음 성경 구절을 읽어 보자.

"애굽 땅에 일곱 해 풍년이 그치고 요셉의 말과 같이 **일곱 해 흉년이 들기 시작하매 각국에는 기근이 있으나 애굽 온 땅에는 먹을 것이 있더니** 애굽 온 땅이 굶주리매 백성이 바로에게 부르짖어 양식을 구하는지라 바로가 애굽 모든 백성에게 이르되 요셉에게 가서 그가 너희에게 이르는 대로 하라 하니라 온 지면에 기근이 있으매 요셉이 모든 창고를 열고 애굽 백성에게 팔새 애굽 땅에 기근이 심하며 각국 백성도 양식을 사려고 애굽으로 들어와 요셉에게 이르렀으니 **기근이 온 세상에 심함이었더라**"(창 41:53~57).

"그때에 **야곱이** 애굽에 곡식이 있음을 보고 아들들에게 이르되 너희는 어찌하여 서로 바라보고만 있느냐 야곱이 또 이르되 내가 들은즉 저 애굽에 곡식이 있다 하니 너희는 그리로 **가서 거기서 우리를 위하**

여 사오라 그러면 우리가 살고 죽지 아니하리라 하매"(창 42:1~2).

"기근이 더욱 심하여 사방에 먹을 것이 없고 애굽 땅과 가나안 땅이 기근으로 황폐하니 요셉이 곡식을 팔아 애굽 땅과 가나안 땅에 있는 돈을 모두 거두어들이고 그 돈을 바로의 궁으로 가져가니 **애굽 땅과 가나안 땅에 돈이 떨어진지라** 애굽 백성이 다 요셉에게 와서 이르되 돈이 떨어졌사오니 우리에게 먹을거리를 주소서 어찌 주 앞에서 죽으리이까 요셉이 이르되 너희의 가축을 내라 **돈이 떨어졌은즉 내가 너희의 가축과 바꾸어 주리라** 그들이 그들의 가축을 요셉에게 끌어오는지라 요셉이 그 말과 양 떼와 소 떼와 나귀를 받고 그들에게 먹을 것을 주되 곧 그 모든 가축과 바꾸어서 그해 동안에 먹을 것을 그들에게 주니라 그해가 다 가고 새해가 되매 무리가 요셉에게 와서 그에게 말하되 우리가 주께 숨기지 아니하나이다 우리의 돈이 다하였고 우리의 가축 떼가 주께로 돌아갔사오니 주께 낼 것이 아무것도 남지 아니하고 우리의 몸과 토지뿐이라 우리가 어찌 우리의 토지와 함께 주의 목전에 죽으리이까 **우리 몸과 우리 토지를 먹을 것을 주고 사소서 우리가 토지와 함께 바로의 종이 되리니** 우리에게 종자를 주시면 우리가 살고 죽지 아니하며 토지도 황폐하게 되지 아니하리이다 그러므로 요셉이 애굽의 모든 토지를 다 사서 바로에게 바치니 애굽의 모든 사람들이 기근에 시달려 각기 토지를 팔았음이라 땅이 **바로의 소유가 되니라**"(창 47:13~20).

7년의 흉년이 닥쳐오자, 야곱이 사는 가나안 땅에도 기근이 덮쳤다. 야곱도 양식을 구하러 (준비한 자인 요셉이 있었던) 애굽으로 가야 했다. 준비하지 못한 자들은 살아남기 위해 가진 돈을 다 쏟아부어 양식을 사야 했다. 가진 돈이 떨어지자, 가축을 팔아 양식을 샀다. 가축도 떨어지자, 토지를 팔았고 바로의 종노릇까지 해서 목숨을 연명했다. 지금으로 말하자면, 극심한 흉년을 버티고 넘어가기 위해 은행에 모아 둔 현금을 다 소비했고 동산과 부동산도 팔았다. 심지어 육체적 고통까지도 감수해야 했다.

준비하지 못한 자는 7년 흉년의 기간에 살아남기 위해 모든 것을 잃어야 했다. 그나마 살아남은 것이 다행이었다. 하나님의 사람 야곱의 집에도 7년의 대흉년이 피해 가지 않았다. 기근과 배고픔의 고통에서 벗어나지 못했다. 황폐함의 고통에서 벗어나지 못했다. 결국 양식이 없어 식량을 구하러 애굽에 내려가야 했다. 한국 사회는 물론이고 한국 교회 안에서도 앞으로 남은 마지막 5년을 준비하지 못한 교회와 성도는 '준비하지 못한 이들의 고통' 속으로 빠져들어갈 것이다.

준비한 자의 집에도 7년의 대흉년은 피해 가지 않았다. 하지만 대위기를 미리 준비했기에 넉넉히 살아남은 것은 물론이고 7년의 풍년 때보다 더 큰 성공을 거두었다. 준비한 자 요셉 덕택에 애굽의 왕 바로는 칼 한 번 쓰지 않고, 전쟁 한 번 일으키지 않고 주변 국가의 재물, 가축, 토지의 주인이 되었다. 한국 사회는 물론이고 한국 교회 안에서도 앞으로 남은 마지막 5년을 잘 준비한 교회와 성도는 거대한 위기 속에서 더 큰 사역을 감당하게 될 것이다. 이런 차이가 나타나는 것이 부당하다고 생각하면 안 된다. 내가 준비를 잘했든 못했든, 하나님을 믿는 성도이고 하나님이 세우신 교회이니 하나님이 고통에서 벗어나게 해주셔야 한다는 생각은 성경을 잘못 이해한 결과다. 하나님이 세우신 교회이고 하나님을 믿는 성도이니 가까스로 살길을 열어 주시는 것은 맞다. 하지만 '준비하지 못한 이들의 고통'은 감당해야 한다.

하나님이 세우신 교회이고 하나님을 믿는 성도라도 준비하지 않으면 다가오는 위기 속에서 같은 고통을 당하는 이유는 분명하다. 7년의 흉년이 오기 전에 하나님이 미리 준비할 기회와 시간을 주셨는데 순종하지 않아서다. 분명 하나님은 다가오는 위기를 통찰할 기회를 주셨다. 한국 교회의 위기를 눈치챌 징후(sign, signal)가 도처에서 드러나게 하셨다. 성경을 통해, 통찰력 있는 외치는 자의 소리를 통해 피할 길도 미리 알려 주셨다. 어떻게 준비해야 하는지도 알려 주셨다. 통찰하게 하셨다. 필자도 6년 전에 다가오는 위기를 경고하지 않았는가! 다음 성경 구절을 읽어 보자.

"바로께서 꿈을 두 번 겹쳐 꾸신 것은 **하나님이 이 일을 정하셨음이라** 하나님이 속히 행하시리니 이제 바로께서는 **명철하고 지혜 있는 사람을 택하여** 애굽 땅을 다스리게 하시고 바로께서는 또 이같이 행하사 나라 안에 감독관들을 두어 그 일곱 해 풍년에 애굽 땅의 오분의 일을 거두되 그들로 장차 올 풍년의 모든 곡물을 거두고 그 곡물을 바로의 손에 돌려 양식을 위하여 **각 성읍에 쌓아 두게 하소서** 이와 같이 그 곡물을 이 땅에 저장하여 애굽 땅에 임할 일곱 해 **흉년에 대비하시면 땅이 이 흉년으로 말미암아 망하지 아니하리이다**"(창 41:32~36).

이것이 하나님의 방법이다. 이런 식으로 일하시는 하나님의 방법은 성경 도처에서 발견된다. 하나님은 자신의 계획을 이루는 데 한 치의 물러서심도 없다. 때로는 풍년으로, 때로는 흉년으로, 때로는 평화로, 때로는 전쟁을 통해 하나님의 계획을 이루신다. 하지만 풍년이든 흉년이든, 전쟁이든 평화든 하나님은 하나님의 계획을 행하시기 전에 자기 백성이 망하지 않도록 반드시 대비할 기회를 주셨다. 준비할 기회를 주셨다.

다시 한 번 더 강조한다. 앞으로 5년이 지나고 나면 '7년의 흉년'이 시작될 것이다. 한국 사회와 한국 교회에 대위기가 시작되면 준비하지 못한 교회와 준비한 교회의 차이가 분명하게 구별될 것이다. 준비하지 못한 성도와 준비한 성도의 차이가 선명하게 드러날 것이다. 부디 '준비하지 못한 자의 고통'에 빠지지 않는 한국 교회와 성도가 되기를 간절히 기도한다. 앞으로 남은 마지막 5년을 잘 준비해 거대한 위기 속에서 더 큰 사역을 감당하는 한국 교회와 성도가 되기를 간절히 기도한다.

한국 교회, 앞으로 5년이 중요하다

이런 이야기를 다시 하는 이유는 필자가 발표한 미래 가능성들이 연구나 예측의 수준에 그치지 않고 현실이 되었다는 것을 자랑하고자 함이 아니다. 앞으로 남은 5년이 아주 중요하기 때문에 절박한 마음을 담아 필자의 연구에 조금이나마 귀를 기울여 달라는 의미다. 이 정도의 연구 결과라면 한 번쯤은 귀를 기울여 봐도 손해는 없다는 말이다.

필자의 예측에 동의하지 않으면 반박을 하고 또 다른 미래에 대한 가설 추론을 만들어 토론하면 된다. 아니, 그것이 필자가 바라는 바다. 하나의 이론, 하나의 가능성, 하나의 정책에 매몰되지 않고 다양한 의견과 가능성에 귀를 기울이고 토론을 할 수 있는 나라가 선진국이고, 강한 기업이고, 강한 교회다. 필자의 위기 예측이 틀렸다는 말, 혹은 반박을 듣는 일은 정말 기쁜 일이다. 보람된 일이다. 이런 토론이 활발해지는 것도 한국 교회의 미래를 더 밝게 만들 수 있는 방법 중 하나다.

미래학자가 위기 가능성을 연구하고 예측을 발표하는 데는 이유가 있다. 위기가 다가오고 있으니 절망에 빠지라는 의미가 아니다. 도망가라는 의미가 아니다. 필자의 위기 예측이 현실이 되지 않도록 대비하고 대응하라는 의미다. 그래서 필자의 위기 예측이 틀렸다 혹은 기우에 불과했다고 말해 달라는 의미다. 6년을 허비했기 때문에, 필자의 예측으로는 다가오는 위기를 피할 길은 이제 거의 없는 듯하다. 하지만 절망하기는 이르다. 필자의 계산으로는 거대하고 고통스런 늪에서 살아남을 수 있는 준비를 할 마지막 시간은 남아 있다. 앞으로 5년이 그 시간이다. 한국 교회와 성도에게 금세기 전반기에 가장 중요한 시간이다. 앞으로 5년, 한국 교회의 미래에 가장 중요한 일이 결정될 것이다.

앞으로 일어날 미래변화를 감안한다면, 한국 교회의 지도자와 성도는 지금이라도 미래사역의 방향과 전략을 새롭게 정의해야 한다. 새로운 미래목표를 설정하려면 가장 먼저 성경에서 가르치는 하나님의 일하시는 방법을 다시 되새겨야 한다. 하나님의 뜻과 마음으로 다시 돌아가야 한다. 동시에 (신비적 예언이 아닌) 의미 있는 미래연구 혹은 미래예측을 해야 한다. 의미 있는 미래예측을 위해서는 단순한 생각이나 획일적 주장에서 잠시 벗어나 천하의 흐름을 읽고, 한국의 형세를 정확하게 파악하고, 변화의 힘을 꿰뚫어 보아야 한다. 천하를 주도하려는 세력의 속내도 간파해야 한다. 교회 안팎에서 벌어지는 변화에 관심을 가져야 한다. 성도의 삶의 자리와 세계관에 영향을 주는 변화의 힘들을 분석해야 한다.

모든 변화는 하나님의 계획 아래서 일어난다. 하나님은 교회 안에서만 일하시는 분이 아니다. 교회 밖, 이 세상에서 일어나는 그 어떤 일 하나도 하나님의 허락 없이는 일어나지 않는다. 어떤 일은 우리가 이해할 수 있지만, 대부분의 일들은 우리의 이해를 벗어나 있을 뿐이다. 요셉 당시에도, 7년의 풍년과 7년의 흉년 속에 담긴 하나님의 깊은 뜻과 계획을 통찰한 이는 거의 없었다. 하지만 7년의 풍년과 7년의 흉년 전과 후에 벌어진 모든 사건은 우리가 이해하느냐 못하느냐와 상관없이 하나님의 계획과 섭리를 따라 정확하게 진행되었다.

지금도 마찬가지다. 트럼프라는 괴짜 미국 대통령이 벌이는 일방적 우월주의와 나름대로 자신의 옛 영광을 회복하려는 속셈을 가진 유럽연합(EU)과 중국과 러시아가 치열하게 경쟁하는 세계 정치 흐름에서부터 인공지능, 자율주행자동차, 5G, 블록체인, 가상기술, 로봇, 생명공학, 나노기술 등 '4차 산업혁명'이라 불리는 기술 발전에 이르기까지 모든 변화는 하나님의 섭리에서 움직인다. 앞으로 5년, 한국 사회와 한국 교회에서 벌어질 수많은 일도 마찬가지다. 그렇기 때문에 필자가 이 책에서 다루는 교회 밖에서 지금 일어나고 있는 일, 앞으로 일어날 가능성이 있는 일에 대해서 어렵더라도 차분히 읽고 이해하는 노력을 해주기를 부탁한다.

본격적인 교회 재정 위기가 시작될 것이다

『2020~2040 한국교회 미래지도』에서 필자는 이런 분석과 예측을 내놓았다.

"한국 교회, 잔치는 끝났다! 한국 교회는 성장이 잠시 주춤한 것이 아니라 이미 쇠퇴기에 접어들었다. 뼈를 깎는 노력으로 갱신하지 않고 그냥 이대로 가면 2050~2060년경에는 400만, 아니 300만 명대로 교인 수가 줄어들 수도 있다. 주일학교는 30~40만 명대로 줄어들 수 있다."[4]

6년이 지난 지금, 필자는 이 예측을 바꾸지 않고 있다. 확신이 더 커졌다. 앞으로 5년은 필자가 예측한 미래가 현실이 될 가능성을 높이는 다음 단계로 위기가 발전하는 시기가 될 것이다. 그 단계는 '한국 교회의 재정 위기'다. 앞으로 5년, 거의 모든 한국 교회에서 재정 위기가 일어나게 될 것이다. 그리고 한국 교회의 재정 위기는 성도의 자산이 무너지면서 시작될 것이다.

크게 4가지 자산이 무너질 것이다. 현금, 주식, 암호화폐, 부동산이다. 성도의 자산이 무너지면 교회 헌금이 줄어들 것이다. 헌금 감소는 곧바로 교회 재정 위축으로 연결된다. 교회 재정에 위기가 닥치면 사역자를 줄이고, 전도비와 선교비를 줄이고, 주일학교 사역이 위축된다.

성도의 4가지 자산 중 부동산 가격의 하락은 한국 교회를 휩쓸어 갈 파괴력을 가졌다. 필자는 6년 전 한국 부동산 시장의 위험을 예측하고 경고했다. 이미 수많은 한국 교회가 부동산 가격 상승의 마지막 불꽃이 일어나는 시기에 어리석고 분별없는 행동을 했다. 적게는 수십 억에서, 많게는 수천 억에 달하는 빚을 얻어 교회를 지었다.

이미 한국 교회가 건축을 위해 빌린 돈의 총원금은 최소 10~12조 원을 넘었고, 한 해에 지출하는 이자 비용만 5,000~6,000억 원이 넘는 것으로 추정된다. 상황이 심각한 수준이지만, 지난 6년 동안 빚으로 쌓아 올린 한국 교회 건축은 멈추지 않았다.

마땅히 부도 위기를 극복할 묘책도 없는 상황에서, 성도의 자산이 무너지는 상황이 시작되면 앞으로 많은 교회가 부도 위기에 몰리게 될 가능성이 크다. 교회가 부도 위기에 몰리면 부담을 이기지 못한 많은 성도가 교회를 떠날 것이다. 재정이 무너지고 성도가 떠나기 시작하면 교회 부도를 면하기 위해 교회끼리 합병이 흔해질 것이다. 교회 재정에 위기가 닥치면 교회 내에서 돈을 사이에 두고 벌이는 싸움이 더 심해질 것이다. 기성세대와 젊은 세대 간의 싸움이 커질 것이다. 그만큼 한국 교회는 더 큰 비난과 조롱에 직면하게 될 것이다.

이런 미래는 벌써 시작되었다. 부도를 맞아 매물로 나온 교회 건물이 이단이나 타 종교에 팔려 나가는 수치도 시작되었다. 문제는 이런 상황이 시작에 불과하다는 것이다. 앞으로 5년이 지나고 나면, 이런 일들은 몇 배, 몇십 배 더 많이 일어날 수 있다.

성도의 자산을 무너뜨리는 단기적 힘, 한국과 중국의 금융위기

성도의 자산을 무너뜨리는 힘은 크게 2가지다. 한국과 중국의 금융위기, 한국 경제의 '잃어버린 20년'(장기 저성장)이다. 한국과 중국에서 일어나는 금융위기는 단기적 힘이고, '잃어버린 20년'이라고 불릴 장기 저성장은 장기적 힘이다. 이 2가지는 필자가 6년 전에도 이미 예측하고 경고했던 미래다. 6년 전만 해도 가능성이 높은 수준이었지만 선제적 대응을 잘하면 피할 수 있었던 위기들이었다. 물론 필자는 당시에도 여러 가지 이유들을 들어서 피할 수 있는 위기이지만 피하지 못하고 현실이 될 가능성이 크다고 예측하기는 했다.

6년이 지난 지금, 필자의 예측처럼 피하지 못할 미래로 가고 있다. 점점 거의 확실한 미래위기로 발전하고 있다. 이제는 2가지 위기가 발발할 경우 한국 교회에 어떤 일이 벌어질지를 예측해 보고 후속 대책을 준비해야 한다. 피하지는 못하더라도 피해와 부작용은 최소화해야 한다.

한국, 금융위기가 온다
2019년 말 진입 시작

첫 번째 위기는 한국과 중국의 금융위기 가능성이다. 위기와 기회에 대한 예측을 발표하면 많은 독자가 발발할 시점에 대한 질문을 많이 하기 때문에 필자의 저서에서는 특정 시기를 언급했다. 하지만 주의점이 있다. 어떤 사건이 발발할 시점을 한 치의 오차 없이 정확하게 예측하는 것은 불가능하다. 필자도 마찬가지다. 그럼에도 불구하고 필자가 중요한 몇몇 미래사건에 대해 특정 시점을 언급하는 이유는 무작정 '언젠가'는 일어날 것이라고 말하는 것이 무책임하기도 하고, 인간의 본성상 불확실하지만 특정 시점을 '임의로' 정해 놓는 것이 생각을 발전시키거나 행동 전략을 수립하는 데 도움이 되기 때문이다.

이 글을 읽는 독자도 필자가 거론하는 특정 시점을 예언처럼 받아들이는 우를 범하지 않기를 바란다. 그렇다고 필자가 제시하는 특정 시점이 터무니없는 것도 아니니 판단이나 행동의 '적당한' 기준점을 삼는 정도로는 의미가 있을 것이다. 예를 들어, '생각보다 빠르다, 느리다, 가까이 왔다' 등의 판단만으로도 충분하다.

'금융위기'는 영어로 'financial crisis'라고 명칭한다. 금융위기는 작게는 금융권에서 일어나는 위기를 지칭하며, 크게는 금융권의 위기가 국가 경제 전반으로 퍼져 나가는 위기까지 포함한다. 어느 정도가 금융위기 발발 상황인지 정확한 기준은 없지만, 독일 은행 등 선진국에서는 전년 동기 대비 주식시장의 15% 하락, 외환에서 10% 감소, 채권 가격의 10% 하락, 인플레이션 10% 등의 경제 상황이 발생하는 것을 금융위기의 기준으로 삼기도 한다.[5] 다음 페이지의 도표는 경제위기의 수준을 다양한 단계로 분류한 표다.

1997년 한국에서 발생한 IMF 외환위기는 기업 등의 상업 영역에 쌓인 막대한 빚 문제가 터져 은행권에 회수하지 못하는 부실 채권이 대규모로 발생해 금융위기가 발발한 후, 외환위기 가능성이 붉어지고, 시간이 지나면서 달러 등의 외환 보유가 고갈되자 외채위기로 불이 옮겨붙었다. 결국 IMF에 구제금융을 신청해 달러를 빌려 국가 부도라는 긴급한 상황을 막아야 하는 최악의 위기 상황까지 전이된 경우다. 하지만 이번에 발생할 금융위기는 그 정도까지 확대될 가능성은 낮다. 이번에 들이닥칠 제2의 금융위기는 가계 영역에 쌓인 막대한 빚 문제가 원인이 되어 은행권에 위기가 발발할 것이다.

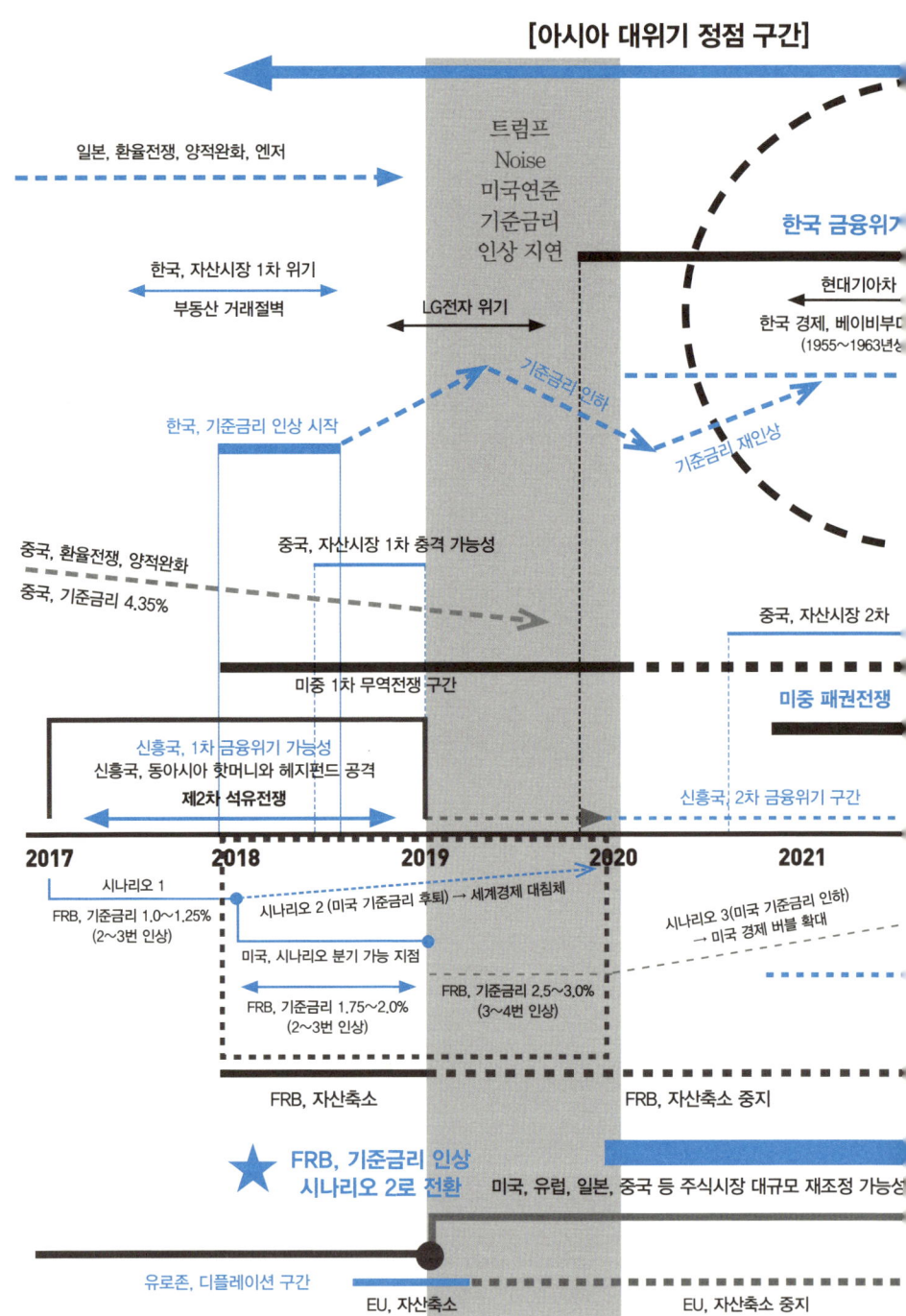

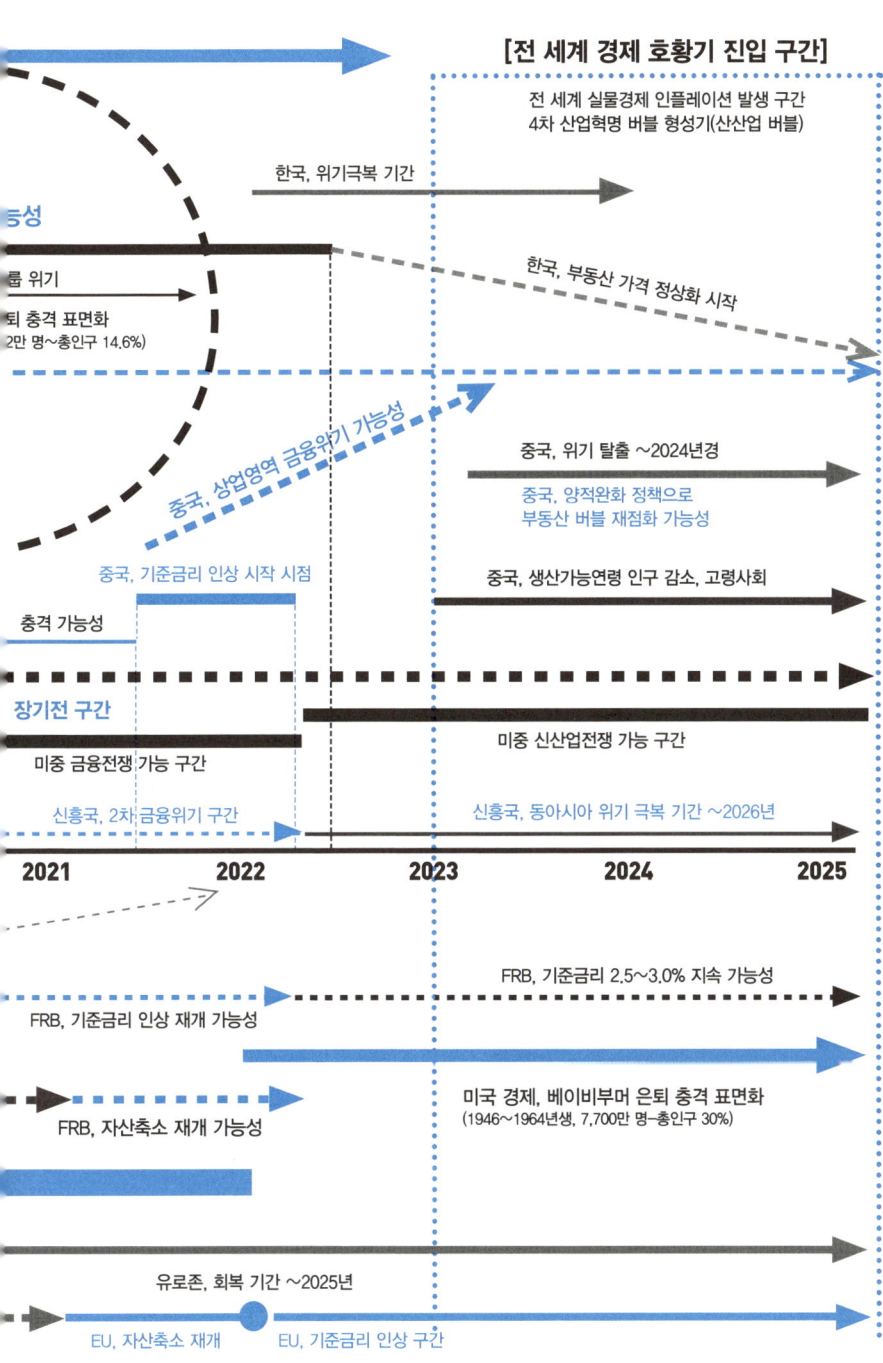

기준금리 인하,
일시적 조정을 위한 행동일 뿐
대세 변화는 아니다

2019년, 미국 연방준비제도(연준, Fed)가 3회의 기준금리 인하를 단행했다. 이에 한국은행도 기준금리 인상을 멈추고 경기 침체를 대응하기 위해 기준금리를 인하했다. (일부에서는 2020년에 1회 정도 더 인하할 가능성도 제기하고 있다.) 이런 상황이 벌어지자, 이제 시장에서는 미국 연준이 2020년에 기준금리를 제로 수준까지 다시 내릴 것이라는 예측도 나온다. 그럴 경우, 한국은행도 기준금리를 더 내릴 것이라는 예측도 가능해진다.

불가능한 것은 아니다. 하지만 필자는 시장에서 예상하는 것과는 다르게 미국 연준의 기준금리 인하는 일시적 조정을 위한 행동이고 대세 변화는 아니라고 분석했다. 그리고 연준이 기준금리 인상을 재개할 가능성도 생각해 볼 필요가 있다고 예측했다.

2019년 10월 30일에 미국 연준이 기준금리를 0.25%p 인하했다. 2019년 들어 3회째다. 이로써 미국 기준금리는 1.50~1.75%p가 되었다. 하지만 연준은 기준금리 추가 인하에 대해서는 반대 의사를 분명하게 했다. 2019년 첫 번째 기준금리 인하를 할 때 밝혔던 대로 대세를 바꾸는 인하 기조가 아니라 일시적이며 단기적 '조정' 성격의 기준금리 인하 행보라는 것의 재강조였다. 하지만 시장은 여전히 연준의 추가 인하나 제로 금리까지의 파격적이고 대세적 기준금리 인하 행보를 기대하고 있다. 불가능한 시나리오는 아니다. 하지만 과연 연준이 그렇게 할까?

먼저, 2019년 10월 30일 연방공개시장위원회(FOMC) 직후 오후 2시

30분 기자회견장에서 제롬 파월(Jerome Powell) 연준 의장이 한 말들을 살펴보자.

"현재 통화정책 기조는 경기 관련 정보가 우리 전망에 부합하는 한 적절히 유지될 것이다." 이 말은 연준이 주시하는 경기 관련 정보는 실업률, 인플레이션, 경제성장률이 핵심이라는 것을 다시 밝힌 것이다.

"작년부터 통화정책을 매우 큰 폭으로 조정했다. 시간을 두고 효과를 봐야 한다." 시간을 두고 본다는 의미는 당분간 추가 인하도 없고, 재인상도 없다는 뜻이다. 월가는 매파적(Hawks, 강경) 인하 행보에 대한 시장의 우려를 여러 설명으로 해소시켜 주었다고 호평을 했다. 연방기금금리 선물시장은 앞으로 8개월 동안 기준금리가 1.50~1.75%에서 동결될 가능성을 45% 수준으로 예측했다.

"경제 정보가 우리 경기 전망(완만한 성장)과 광범위하게 일치하는 한 현재 통화정책이 적절하게 유지될 가능성이 높다. 하지만 만약 상황 변화가 경제 전망에 실질적 재평가를 유발한다면 그에 따라 다시 적정한 통화정책을 찾겠다. 이것이 우리가 생각하는 방식이다." 이 말을 월가에서는 추가 기준금리 인하 가능성을 염두에 두었다고 해석했다. 하지만 필자가 보기에는, 이 말은 미국 경제가 연준이 예상하는 궤도(완만한 곡선)에서 크게 벗어나는 문제가 생기면 추가 인하하겠다는 원론적 발언에 불과하다.

"지금은 인상을 생각하지 않고 있다. 금리를 인상하는 이유는 인플레이션이 상승했거나 크게 상승할 위험이 있기 때문이다. 그러나 지금은 실제 인플레이션은 거의 위험을 찾을 수가 없다. 금리 인상은 매우 큰 폭의 인플레가 지속되어야 한다." 이 말도 아주 당연하다. 과거에도 3회 내린 후 곧바로 인상하지 않았다.

이 모든 말을 종합해 보면 미국 연준은 다음과 같은 3가지 가능성을 열어 둔 것으로 추측된다.

- 하드 브렉시트나 미중 무역전쟁 위험이 커지면 → 추가 기준금리 인하를 한다.
- 하드 브렉시트나 미중 무역전쟁 위험이 줄어들고 + 매우 큰 폭의 인플레이션이 일어나지 않으면 → 당장 금리를 다시 올리지 않는다.
- 하드 브렉시트나 미중 무역전쟁 위험이 줄어들고 + 매우 큰 폭의 인플레이션이 일어나면(실제 인플레이션 위험 발생) → 기준금리 인상을 재개한다.

연준 의장이 여러 말들을 했고 다양한 해석이 가능하지만 눈여겨볼 사안이 하나 있다. 3회째 기준금리 인하를 단행하면서 연준은 "경기 확장세를 유지하기 위해 적절히 행동하겠다"라는 문구를 삭제했다. 대신 통화정책 성명서에 "향후 연방기금금리의 적절한 경로를 찾겠다"라는 문구를 삽입했다.

앞으로 연준의 기준금리 행보가 어떻게 움직일지를 예측하는 필자의 시나리오는 3가지다. 단기적으로는, 2019년 10월 말 이후로 6~8개월은 연준이 기준금리를 동결하고 경제 상황 변화를 지켜볼 가능성이 크다. 그 이후로는 3가지 시나리오가 가능하다.

- 시나리오 1: 2020년 2~4분기 분기별 경제성장률과 인플레이션율이 2019년보다 좋을 경우 → 기준금리 인상을 재개한다. 강한 매파 성향으로 전환한다.
- 시나리오 2: 2020년 2~4분기 분기별 경제성장률과 인플레이션

율이 2019년보다 낮을 경우 → 비둘기파(Doves, 온건) 성향으로 전환한다.
- 시나리오 3: 2020년 2~4분기 분기별 경제성장률과 인플레이션율이 2019년과 비슷할 경우 → 기준금리 인상 동결을 지속한다. 추가로 6개월을 지켜본다.

3가지 시나리오 중에서 어느 쪽으로 향할지가 결정되는 시나리오 분기점은 2020년 대선 본선 경쟁이 시작되는 6월 이후이고, 의사결정을 좌우할 결정적 요인은 미국의 경제 지표다. 현재 경제 지표도 중요하지만, 2020년 2~4분기 경제 지표가 가장 중요하다.

먼저, 현재 미국의 경제 지표를 살펴보자. 연준이 기준금리 인하를 발표한 날, 미 상무부는 3/4분기 경제성장률 1.9% 기록을 발표했다. 시장 예상치 1.6%보다 높았다. 2분기 2.0%와 거의 비슷하다. 자연스럽게, 2019년 연간 경제성장률도 높아질 가능성이 크다. 그동안의 시장의 우려가 지나쳤다는 신호가 투자자에게 전달될 호재다. 시장 예상치를 뛰어넘는 분기 성장률의 원인은 미중 무역전쟁 여파로 기업 투자가 약화되고, GM의 6주간에 걸친 파업, 보잉의 737맥스 사태 지속 등 악재가 있었지만, 소비 지출이 견고하고, 수출 반등, 주택 부문 개선이 일어났기 때문이다.

기업 실적도 선방했다. 애플의 3분기 실적이 발표되었는데 나쁘지 않았다. 아이폰 판매량은 전년 동기 대비 9% 감소했지만 아이폰 매출은 333억 달러를 기록했다(시장 예상 324억 달러보다 높음). 애플의 서비스 매출이 예상(121억 달러)보다 많은 125억 달러로 나오면서 총매출이 640억 달러로 시장 예상치 629억 달러보다 많았다. 특히 애플은 연말 쇼핑철이 포함된 다음 분기에 전년 동기보다 성장할 수 있을 것이라고 밝혔다. 그만큼

2019년 4분기 소비시장 분위기도 나쁘지 않을 것이라는 신호였다.

다음으로, 2020년 2~4분기 미국의 경제 지표 예상이다. 필자가 이 기간의 경제 지표를 중요하게 여기는 이유는 2가지다. 하나는 연준이 "당분간 지켜보겠다"는 시점이 끝나가는 무렵이기 때문이다. 연준 의장의 이번 발언을 주목하자.

"작년부터 통화정책을 매우 큰 폭으로 조정했다. 시간을 두고 효과를 봐야 한다."

다른 하나는 이 기간이 2020년 미국 대선 본선과 연결되기 때문이다. 참고로, 미국의 역대 대선 본선 기간에 분기별 경제성장률은 전분기보다 좋았다. 인플레이션율도 상승했다. 연준 의장의 이번 발언을 주목하자.

"지금은 인상을 생각하지 않고 있다. 금리를 인상하는 이유는 인플레이션이 상승했거나 크게 상승할 위험이 있기 때문이다. 그러나 지금은 실제 인플레이션은 거의 위험을 찾을 수가 없다. 금리 인상은 매우 큰 폭의 인플레가 지속되어야 한다."

현재로서 가장 가능성이 높은 것은 시나리오 1이다. 필자가 앞에서 분석했던 것처럼, 지난 1988년부터 2016년 최근 대통령 선거 기간까지 (2008년 부동산 버블 붕괴로 미국 경제가 대침체에 빠진 시기를 제외하고) 대부분의 대선 본선 기간(2~4분기) 분기별 경제성장률이 좋았다. 그렇다면 연준이 가장 중요하게 여기는 인플레이션율은 어떨까? 역시 대부분의 기간에 전년 동기보다 높았다. 다음 도표를 보자.

| 미국 대선 본선 기간(2~4분기) 인플레이션율 비교 - 1992, 1988년 |

2020년 2월 3일~6월 16일 민주당 경선
2020년 6월 대선 본선 경쟁 시작
2020년 11월 3일 미국 대통령 선거일

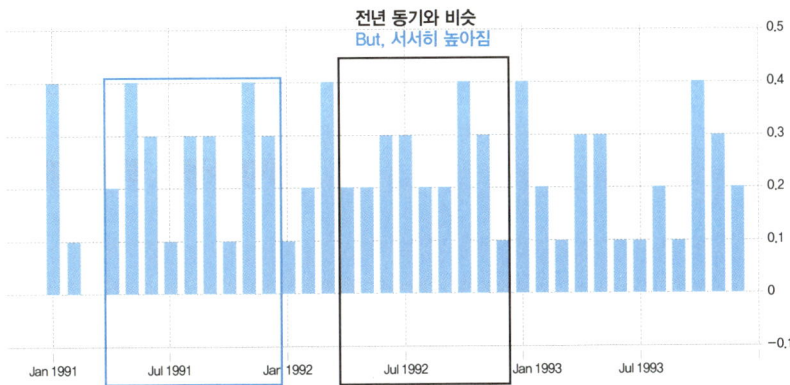

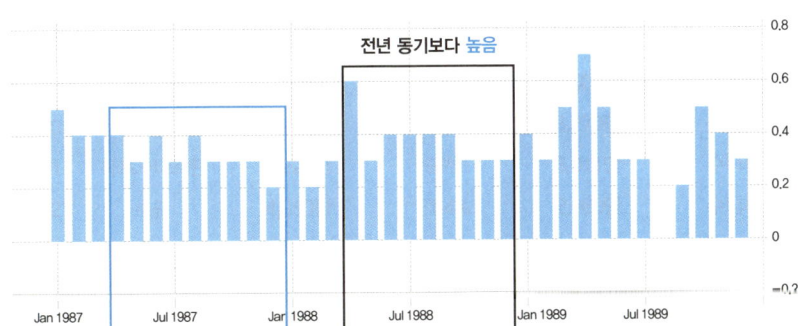

| 미국 대선 본선 기간(2~4분기) 인플레이션율 비교 - 2000, 1996년 |

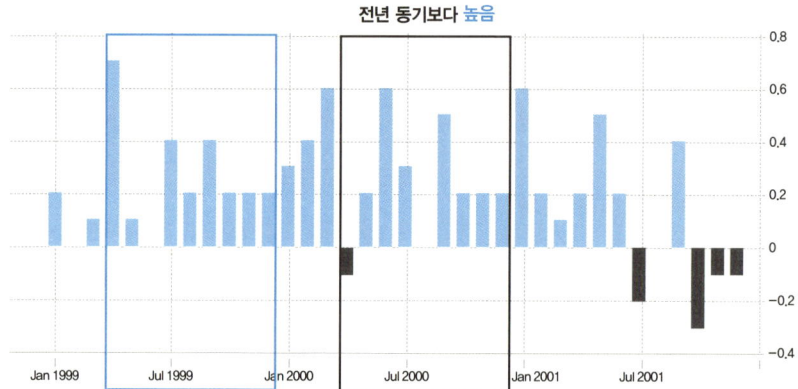

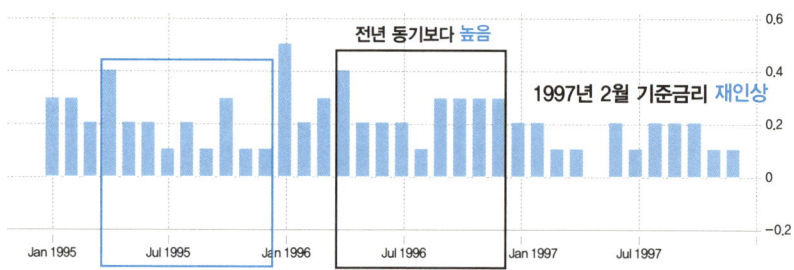

| 미국 대선 본선 기간(2~4분기) 인플레이션율 비교 – 2008, 2004년 |

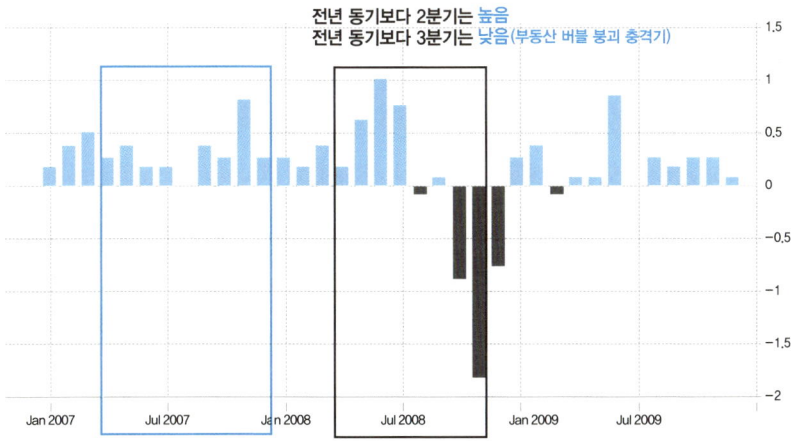

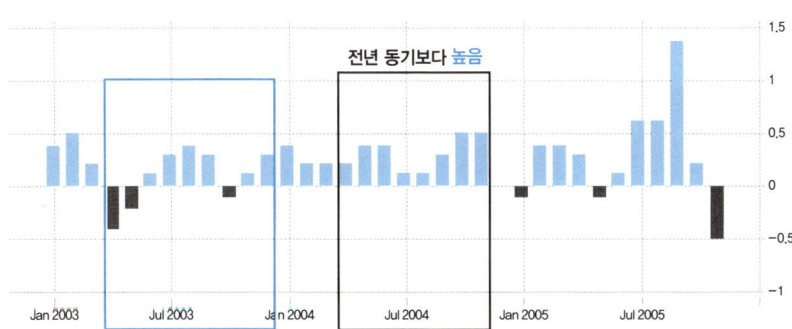

| 미국 대선 본선 기간(2~4분기) 인플레이션율 비교 - 2016, 2012년 |

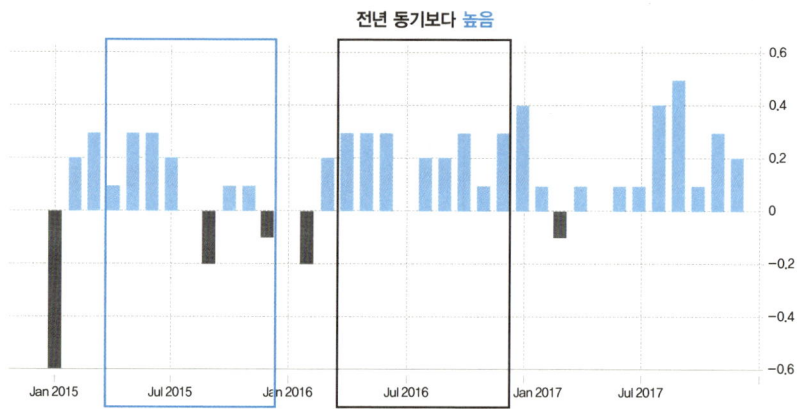

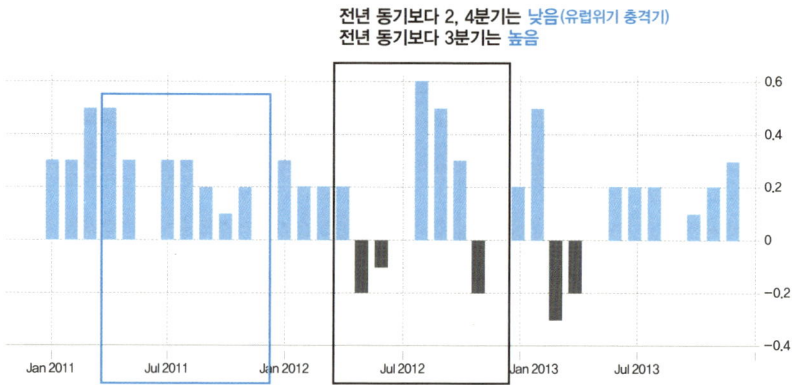

특히 1997년 2월에는 연준이 기준금리를 인상했다. 이 시점이 어떤 때인가가 중요하다. 다음 그림을 보자. 2019년과 비슷한 상황이었다. 1994~1995년까지 급격한 기준금리 인상으로 경기 확장이 위축되고 장단기 금리차가 역전되는 일이 벌어지자, 연준은 기준금리 인상을 멈추고 3회의 기준금리 인하를 단행했다. 2019년에 일어난 상황과 같다. 그리고 1996년 대통령 선거가 있었고 그림에서 보았듯 경제성장률과 인플레이션율이 상승했다. 침체했던 경기가 재과열된 것이다. 그러자 연준은 다음 해 2월에 기준금리 재인상을 시작했다.

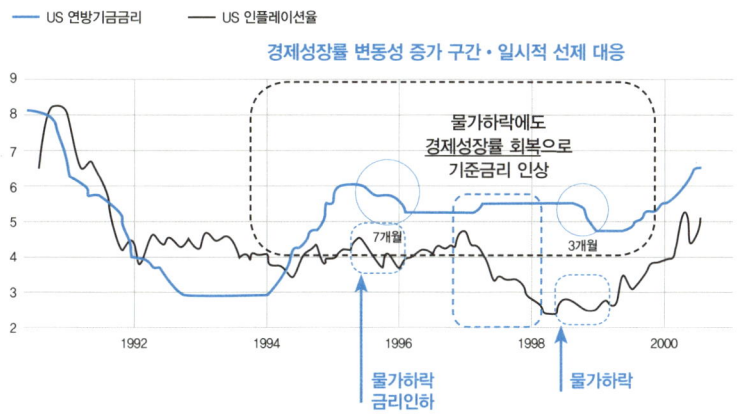

필자는 지난 몇 년 동안 연준의 행보를 분석했다. 앞으로 연준의 행보 예측과 관련해서 기억해야 할 사안들 몇 가지를 발견했다. 지난 3년 연준의 행보 패턴은 크게 3가지였다.

1) 장기(3년 이상) 기준금리 변동 계획을 발표하지만, 단기적 경제 상황(3~6개월)에 따라 예상 점도표를 수시로 변경했다. 예를 들어,

2018년 초 미국과 세계 경제의 '견고한'(rebust) 회복과 성장을 예측하며 강한 매파 기조를 말했지만, 불과 1년 만에 트럼프의 미중 무역전쟁 강력 드라이브에 비둘기 기조로 급선회했다. 이런 행보가 시사하는 것이 있다. 만약 앞으로 미국의 경제 상황에 따라서 예상 점도표 재변경이 얼마든지 가능하다. 지금 발표한 예상 점도표는 연준 의원들의 '지금' 생각일 뿐이다.

2) 시장 길들이기 언어 구사가 빈번했다.
3) 고용과 물가 지표에 집착했고, 경제성장률은 부수적 고려 지표다.

연준은 미국의 고용시장은 과열이 아니고 미국 경제는 좋지만(당분간 미국 경제의 심각한 둔화 조짐은 보이지 않지만), 글로벌 경제 불확실성(미중 무역전쟁, 하드 브렉시트 가능성, 중국 부채 위기 등)이 여전하기 때문에 소비 침체를 막는 선제적 방어가 필요한 상황이라는 점을 자주 강조했다. 결국 목표 물가 2% 유지와 선제적 대응을 위해 기준금리 '일시적' 인하를 단행했다. 글로벌 시장의 불확실성으로 기업이 고용과 투자를 보류하고 있기 때문에 기준금리 인하로 기업 투자 활성화 유도를 통해 제조업 지수와 기대 인플레이션 상승 효과를 노리는 전략적 차원에서 기준금리를 일시적으로 인하한다는 방향성 제시였다.

연준의 이런 입장은 3회째 기준금리 인하에서도 변함이 없었다. 연준은 '전쟁', '부동산 버블 붕괴', '기술 버블 붕괴', '오일쇼크' 등 전 세계 경제에 대충격을 주는 사건이 발생하지 않는 상황에서 1995년(자연적 경기순환상 경기 하락)과 1999년(아시아 금융위기로 글로벌 시장 약화)에 미국의 경기 침체 확률이 지금처럼 높았을 때 각각 3차례, 75bp(1bp=0.01%포인트)씩 금리를 낮춰 경기 침체를 피한 후 기준금리 인상을 재개했다.

이번 상황에서도 자산버블 붕괴 혹은 전쟁으로 미국 경제성장률이 대폭락할 경우가 아니면, 2019년에 일어난 연준의 기준금리 인하 행보는 장기적으로 인하 추세나 대세적 인하 방향 전환이 아니라 (경기 확장 유지를 위해) 불확실성에 선제적 대비를 위해 '정책 중간 조정'(mid-cycle adjustment)으로 '보험적 인하'(insurance cut)일 가능성이 훨씬 크다.

2019년에 파월 의장이 했던 발언을 다시 기억해 보자.

"금리 인하는 일시적인 조치이며, 반드시 장기간의 금리 인하를 예고하는 것은 아니다."
"(경기 침체에 대응하기 위한) 장기적 인하 사이클은 아니다."
"인플레이션도 약 2% 수준으로 복귀할 것으로 예상한다."
"추가 금리 인하 여부는 앞으로의 경기 전망과 위험에 달렸다."

필자의 예측으로는, 최소한 2020년에 중국에서 금융위기가 당장 발발하거나 중동에서 미국이 전쟁을 벌이지 않는 한 연준이 단기간에 제로 수준까지 기준금리를 내릴 가능성은 아주 적다. 오히려 지금부터는 트럼프 때문에 꼬인 행보를 바로잡기 위해 (앞에서 설명했던 것처럼 연준의 3단계 원래 계획으로 되돌아가기 위해) 언제 기준금리 재인상을 할지를 먼저 계산해 보는 것이 현명하다.

미중 무역전쟁이 1차 타결되고 휴전 상태로 전환되고, 2020년 재선을 위해 트럼프 대통령이 추가 감세, 대규모 인프라 투자안 발표 등 경기 부양을 위한 행동에 나서고, 미국 경제가 6~18개월의 '자연적 하방 조정'을 마친 후에 다음 호황기 국면에 진입하기 시작하면 연준은 기준금리를 재인상하는 행보로 곧바로 전환할 가능성이 충분하다.

이럴 경우, 한국은행도 기준금리 인하를 멈춰야 한다. 그리고 미국 연준을 따라 기준금리 재인상을 해야 할 가능성이 크다.

한국 경제에 제2의 금융위기가 발발하면 총 4단계로 진행될 것이다. 위기 진입 시작 구간, 중심 구간(본격적 부실 채권 구조조정 기간), 위기 마무리 구간(실물경기 충격 최고 달하는 기간), 마지막으로 위기 수습 기간이다.

필자가 앞에서 보여 준 미래 위기 지도를 따른다면, 한국의 금융위기 시작 가능 시점은 2019년 말이 된다. 시작이라고 해도 곧바로 한국 경제에 큰 충격이 발생하는 것은 아니다. 시작이라는 것은 금융위기를 피할 마지막 시간이 지났음을 의미한다. 물론 경제 지표들도 이전보다 더 악화되었을 것이다. 금융위기의 중심 구간은 가계와 금융권의 충격이 시작되는 시기다.

어떤 이들은 이렇게 생각할 수 있다. '한국 경제가 어렵지 않았던 적이 있는가?', '늘 위기라고들 했다. 위기라는 말이 식상하다.' 위기의 경중을 구분하지 못하는 정말 무책임한 말이다. 그렇다. 인생은 태어나면서부터 죽을 때까지 위기와 기회의 연속이다. 하지만 경중은 있다. 크고 작음이 다르다. 필자가 예측하고 경고하는 위기는 크고 무거운 위기다.

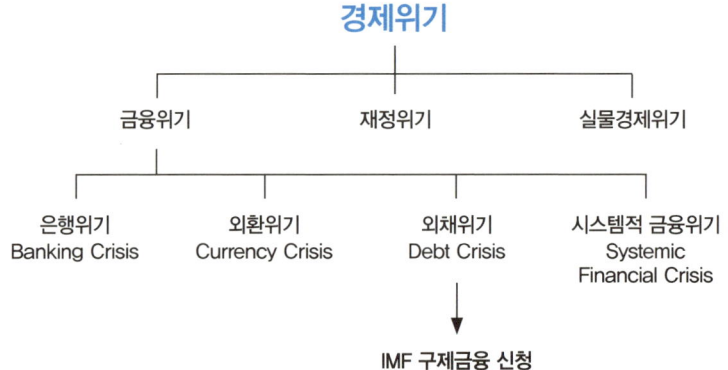

6·25전쟁 이후, 한국 경제는 크고 무거운 위기를 두 번 겪었다. 한 번은 1970년대의 경제위기였고, 다른 하나는 20년 후인 1997년에 발발한 위기다. 1970년대의 경제위기는 1, 2차 오일쇼크라는 외부적 요인에 의해 발생한 위기였고, 1997년에 발발한 IMF 외환위기는 내부의 요인으로 만들어진 위기였다.

다행히 한국 경제는 두 번의 큰 위기를 잘 넘겼다. 석유 파동 위기는 한국을 추격하는 제조업 경쟁국이 없어서 외부 요인이 제거되자 곧 한국 경제도 성장 동력을 회복했다. 1997년 IMF 외환위기는 상업 영역의 막대한 부채라는 내부적 요인에 의해 발생했지만 부채 재조정(deleveraging) 성공으로 살아남은 기업들이 당시 급격한 속도로 성장을 시작한 중국 경제의 힘을 등에 업고 위기에서 빠져나오는 천운도 따랐다. 한국 경제가 이처럼 큰 위기에 빠졌을 때 한국 교회와 성도들도 같이 위기에 빠졌다. 한국 경제가 큰 위기를 극복하면 한국 교회와 성도들도 같이 위기 탈출에 성공했다.

하지만 이번에 들이닥치는 위기는 다르다. 위기 탈출의 선봉장은 기업이다. 중국 기업은 한국 기업 추월을 시작했고, 출구가 될 미래산업은 일본과 독일이 앞선 기술로 간격을 벌리기 시작했다. 미국의 트럼프 행정부는 중국을 막는다는 명분으로 보호무역정책을 펴고 있는데, 부작용으로 한국의 길도 동시에 막히고 있다. 경제가 미국보다 어려운 상황에 처한 유럽도 곧 보호무역주의 움직임에 동참할 가능성이 크다.

앞으로 5년마저 허비하거나 잘못된 정책을 구사하면 한국의 출구는 막히고, 가계 영역발 금융위기가 현실화될 수 있다. 가뜩이나 수출 경쟁력이 사라지고 있는데, 금융위기마저 터지면 국내에 있는 공장들이 해외로 빠져나가는 '제조업 공동화'도 현실이 되어 중산층이 직접 타격을 받을 가능성이 크다. 금융위기와 제조업 공동화 위기가 동시에 발생하면 실업 대란이 한국을 강타할 것이다. 이 충격은 성도와 교회에 그대로 밀려들 것이다.

금융위기가 발발하면 성도와 교회는 5개의 폭탄을 맞는다

금융위기가 발발하면 성도와 교회는 5개의 폭탄을 맞을 수 있다. 첫 번째 폭탄은 '기준금리 인상분'이다. 이미 1단계는 시작되었다. 한국 교회와 성도들이 가진 빚은 역사상 유례없는 초저금리에서 빌린 돈이다. 2015년부터 미국이 기준금리를 올리기 시작하자 한국은행도 기준금리를 서서히 올리기 시작했다.

우리처럼 일반인은 한국은행에서 직접 돈을 빌리지 않는다. 중앙은행인 한국은행이 국민은행이나 우리은행 등의 상업은행에 돈을 빌려준다. 한국은행으로부터 돈을 공급받은 상업은행은 한국은행 기준금리보다 0.5~1.0% 높은 이자율로 일반인에게 대출을 한다.

그래서 금융위기가 발발하면, 일반 가계나 기업이 맞닥뜨리는 제1금융권 금리는 위기 프리미엄까지 반영한다면 최소 4.25%에서 최대 6.25%가 될 수 있다. 과거 2~3%대에서 주택담보대출을 받은 교회나 성도라면 최소 2배에서 최대 3배를 더 내야 한다. 한국은행 추정으로, 기준금리가 1%p 오르면 6만 가구가 부실채권 위험에 빠진다. 기준금리가 3%p 오르

고 집값이 15% 하락하면 전체 대출자의 0.75%에서 1.13%로 개인 파산이 50% 증가한다.[6]

두 번째 폭탄은 '추가 이자 부담'이다. 부채 위기가 가중되면 금융권은 당신이 이 위기를 얼마나 잘 견딜 수 있는지를 재평가할 것이다. 당신이 빚을 낼 때보다 당연히 높아진다. 그만큼 추가 이자를 부담해야 한다. 제1금융권은 아주 엄격한 대출 심사를 하게 될 것이다. 많은 사람과 기업이 제2금융권, 제3금융권으로 밀려나게 된다. 시장 금리는 제1금융권이 부여하는 추가 이자보다 높을 것이다.

세 번째 폭탄은 '금융권의 우량 자산 매각 압력'이다. 2개의 폭탄이 터지면 금융권에도 불이 옮겨붙을 것이다. 기준금리가 오르고 금융위기가 현실이 된다는 신호가 곳곳에서 나오면 과도한 부채를 안고 있는 상당수 기업이 타격을 받고, 개인이 지불 능력을 상실하게 되어 금융권 부실 자산 가능성이 커진다. 실제로 부실도 발생한다. 국제기관이나 정부는 은행과 보험사 등 금융권에게 위기를 극복할 정도로 자기자본 건전성을 올리라고 압력을 가한다. 부실채권은 늘어나는데, 자기자본 건전성 압박은 높아진다. 금융권은 자본 확충에 나서게 된다.

금융권이 자본을 확충하는 방법은 2가지다. 외부 자본을 추가로 조달하는 것과 우량 자산을 파는 것이다. 기준금리가 인상되고 그 충격이 경제를 강타할 경우 신용경색(시장에서 돈이 도는 속도와 양이 줄어드는) 상황이 벌어질 수 있다는 두려움이 일어나면서 외부에서 추가 자본 조달이 어려워진다. 결국 금융권은 우량 자산을 팔아 자기자본 건전성을 높이는 쪽을 택할 수밖에 없게 될 것이다.

금융권이 우량 자산을 팔거나 처리하는 대표적인 방법은 3가지다. 대출 만기 연장 불허, 대출 원금의 일부 상환 요청, 그리고 추가 담보 요청이다. 이것이 세 번째 폭탄이다.

네 번째 폭탄은 '기업 매출 및 순수익 하락, 개인의 급여 삭감 또는 실직'이다. 세 번째 폭탄까지 터지는 상황이 되면 실물경제는 싸늘하게 얼어붙는다. 경기가 급속히 냉각되면 기업은 매출이 준다. 순수익도 줄어든다. 회사에 다니는 성도는 월급이 깎이거나 구조조정 여파로 실직하게 된다. 자영업자 파산이 급증할 것이다. 경기가 깊은 침체의 늪으로 빠지는 악순환이 시작된다. 더욱더 많은 기업이 파산하고, 더 많은 개인이 실직하게 된다. 기준금리 인상, 추가 금리 인상 압력, 원금 일부 상환 압박이 오는 상황에서 매출과 순수익이 준다. 직장을 잃는다. 급여가 삭감된다. 최대치로 늘어난 금융 압력을 견디기 힘들게 된다.

다섯 번째 폭탄은 '신용등급 하락', '원금 분할 상환 도래', '자산가치 하락'이다. 개인, 기업, 국가의 신용등급이 하락한다. 신용등급이 하락하면 기업의 자본 조달 비용이 증가한다. 2016년 이전에 주택담보대출을 받은 사람은 원금 분할 상환이 도래한다. 부동산 등 자산가치가 하락하기 시작한다. 기업은 주가가 하락을 하면서 핫머니나 헤지펀드의 공격을 막아야 하는 부담이 추가된다. 5단계에 이르면, 과거 2~3%대에서 주택담보대출을 받은 교회나 성도라면 은행에 내야 할 금융 비용(원금과 이자)이 몇 배로 높아져 있을 것이고, 반대로 직장의 월급이나 장사를 해서 벌어들이는 수익은 오히려 그때보다 적어져 있을 것이다. 결국 고통은 최고조에 이르게 된다.

5개의 폭탄이 터지면 성도와 교회는 얼마나 견딜 수 있을까? 직관적으로도 오래 버티기 힘들다는 것을 알 수 있다. 2016년 말 기준, 한국 가계는 소득 중 원리금 상환(이자+원금) 비율이 24%를 넘었고, 2020년경에는 30%를 넘어설 것이라는 전망이 나온다.[7] 한국은 역사상 한 번도 초저금리에서 금리가 오르는 충격을 경험해 본 적이 없다. 학습 효과가 없어서 5개의 폭탄이 차례로 터질 수 있다는 것이 실감나지 않는다. 거짓말처럼 들릴 것이다.

  1997년 제1차 외환위기 당시 한국의 기준금리는 1998년 12월에 최고 15%까지 치솟았다. 같은 시기 미국 연준의 기준금리인 4.75%의 3배가 넘었다. 하지만 기준금리 15%의 실제적 부담은 앞으로 다가오는 압박에 비하면 크지 않았다. 1990~1997년 한국의 적정금리는 13.88%였고, 3년 만기 회사채(AA-) 금리도 14.52%였다. 1995년에 판매되었던 재형저축상품의 약속 금리는 15~20%대였다. 2016년 현재 어느 은행을 가더라도 이 정도로 엄청난 수준의 저축 상품은 없다. 외환위기가 발발하며 시중금리가 23~25%를 오르락내리락했지만, 실질적 부채부담률은 2배 정도였다.

  이런 수준에서도 30대 그룹에서 17개가 탈락했다. 은행이 무너졌다. 120만 명이 순식간에 직장을 잃었다. 이번에 일어날 금융위기는 실질적 부채부담률이 4~5배가 될 것이다. 즉 1997년 IMF 외환위기 때보다 실제적 부담과 충격이 2배 이상 될 것이다.

금융위기, 중국과 한국 중 어디서 먼저 일어날까?

한국의 금융위기 가능성 시나리오로 한 걸음 더 들어가 보자. 필자가 예측하는 한국의 금융위기 발발 경로는 크게 3가지다. 첫 번째 경로는 신흥국의 위기 후에 한국의 금융위기가 발발하는 순서다. 신흥국 위기 후에 한국의 금융위기가 발발하고, 그다음 순서로 중국의 금융위기가 발발한다면 한국은 2번의 충격(한국과 중국의 금융위기)을 연달아 받기 때문에 그만큼 회복이 늦어지는 미래가 펼쳐진다.

이 시나리오는 미국 연준의 기준금리 인상에 중국이나 미국 자산시장보다 더 취약한 한국이 가장 먼저 충격을 받아 무너지는 시나리오다. 중국이 한국 다음으로 금융위기가 발발하더라도 이미 부채 재조정이 완료된 상태이기 때문에 그 충격은 상당 부분 상쇄되어 나타날 가능성이 있다. 대신 '깊고 넓은 U자형' 혹은 'W자형' 충격 기간이 형성될 것이다.

또 다른 시나리오는 중국 금융위기가 한국보다 먼저 일어나는 경로다. 미중 무역전쟁의 여파가 2018년 하반기 중국 경제에 충격을 주기 시작해 2019년 경제성장률이 지난 29년 내에 최저인 5%대로 주저앉을 것이라는 예측이 스위스투자은행인 UBS 등에서 나오고 있어서 전혀 불가능한 시나리오는 아니다.[8] 이럴 경우, 중국의 금융위기가 주는 충격이 아주 거세기 때문에 한국의 금융위기를 곧바로 촉발할 가능성이 있다. 한국의 입장에서는 한 번에 2가지 금융위기 충격을 거의 동시다발로 맞는 격이다. 당연히 충격은 배가 될 것이다. 충격 기간 형성도 '깊은 V자형'이 될 가능성이 크다.

중국에서 금융위기가 발발할 가능성도 필자가 이미 오래전에 예측하고 경고했던 내용이다. 하지만 한 번 더 그 가능성을 간단히 재점검해 보겠다. 이번에는 한국이 먼저냐, 중국이 먼저냐 순서가 중요하기 때문이다. 다음은 필자가 중국의 현실을 정리한 내용과 세부 지표들을 표현한 내용이다.

중국의 현실

- 제조업: 수익률 하락, 경영 악화, 좀비기업 증가 중 – 철강, 조선, 정유, 석탄, 자동차 등의 공급 과잉과 경영 부실은 1920년대 미국 대공황 때보다 심각하다는 분석도 있음
- 수출: 앞으로 4~5년 동안 유럽 소비시장 정체 지속, 미국 보호무역주의 강화, 신흥국 침체 예측
- 투자: 부동산 건설 투자 의존도 매우 높음, 부동산 버블 증가 중
- 부채: 세계 2위 규모(총부채 규모 2008년 GDP 대비 155% → 2015년 260%, 30조$-전 세계 GDP 40%)
  - 기업 부채(2015년 GDP 대비 171%, 17.8조$), 2014년 기준 중국 상위 1,000개 기업 중 16% 좀비기업
  - 은행 여신 중에서 무수익여신(NPL, Non-performing loans: 부실가능 대출)은 2016년 기준 1조 3천억 달러(2.15%), 총대출의 최대 5.5%까지도 추정(소형 은행은 10%까지 추정), 숨겨진 악성 부채가 통계보다 10배 이상 많다는 추정도 있음
  - 부동산 대출 중심 가계부채 증가율 신흥국 1위
- 정부 재정 적자 지속 중
- 인구
  - 2015년 18~35세의 노동인구 감소, 베이비부머 은퇴 시작
  - 2009년 대략 2억 명 실업자(노동인구 20% 수준)
- 부의 불균형 분배 심화
  - 단기간에 내수소비를 올리는 것은 거의 불가능!!!
  - 중국의 0.4%가 중국 전체 자산의 70%를 소유하고 있다. – 중국의 주간지 「스다이저 우바오」 인용
- 저축: 이들 갑부의 자산을 빼면 중국 1인당 평균 저축은 1만 위안 미만
  - 중국 대학 1년 학비는 평균 2만 5천 위안

가장 큰 문제: 중국 노동경쟁력 약화

- 생산성 반영, 중국 노동비용은 미국과 비교해서 4% 정도 낮은 수준 평가
- 미국 제조업체 1인당 노동생산성은 2003년부터 2015년까지 40%가량 상승(참고, 같은 기간 독일은 25%, 영국은 30% 상승)
- 미국 제조업체는 미국 내의 유연한 노동시장, 값싼 에너지, 거대한 내수시장이라는 3가지 혜택으로 경쟁력 상승 중
- 같은 기간, 중국 단위 노동비용은 미국과 4% 차이로 축소 – 중국 임금상승률이 생산성 증가율 추월, 위안화 강세
- 중국 제조업체는 급격한 인건비 상승으로 경쟁력 하락 중
- 선진국 기업들은 베트남, 인도네시아 등 동남아로 공장을 이전하거나 본국으로 리쇼어

링(AI, 로봇 영향)

출처: 영국 옥스퍼드대 산하 연구소 옥스퍼드 이코노믹스 보고서(한국경제, 2016.12.17. 재인용)

중국 외국환 표시 채권의 80%가 미국 달러화에 연동 추산(국제결제은행)

- 미국의 기준금리 인상으로 달러화 대비 위안화 가치가 계속 하락하면 중국 기업의 빚 갚기가 더 힘들어짐. 위안화 가치 하락이 지속되면 외국 자본과 중국 자본의 탈출이 가속화

각종 지표에서 나타나듯이, 중국의 성장 엔진인 수출 기업에 문제가 생기면서 대략 2012년부터 이상 징후가 속출하고 있다. 이런 상황에서 중국이 거대한 경제 규모를 지탱하고 있는 이유가 있다. 바로 막대한 부채와 저금리다. 특히 상업 영역의 막대한 규모의 부채와 가계부채를 기반으로 한 부동산 버블이 심각하다.

우리가 이제라도 중국의 부채 위험을 주시해야만 하는 이유 중 하나는 "위기는 유동성 증가 속도 감소부터 시작된다"는 하이먼 민스키 모멘텀(Hyman Minsky Momentum) 구간 진입 중이기 때문이다. 중국의 기업, 가계, 정부의 부채 및 숨겨진 부채(그림자 금융)를 전부 합한 총부채는 2004~2007년 사이 GDP 대비 170~180%(신흥국가 평균치 수준)에서 2008년 금융위기 발발 후부터 급증세가 이어지면서 2018년 기준으로 최대 300%를 넘을 것으로 추산된다.

중국 기업은 상위 1,000개 기업들 중에서 16%가 좀비기업이고, 아주 높은 부채 레버리지로 버티고 있는 기업이 많고, 그 비율이 세계에서 가장 높다. 2018년 기준으로 중국 기업이 보유한 달러 외채만 3조 달러가 넘는 것으로 추정된다. 중국 정부가 발표하는 공식 통계보다 3배가 많은 수치다.

홍콩에 있는 다이와증권사 이코노미스트 케빈 라이(Kevin Lai)는 중국 수출 기업이 2008년 이후에 조세 포탈 지역인 케이맨제도, 홍콩, 싱가포르를 통해 막대한 달러 외채를 끌어다 쓴 것으로 분석했다. 특히 중국 2위 부동산 개발 회사인 에버그란데와 금융과 부동산 사업을 하는 HNA가 초저금리에 달러 자금을 빌려다 공격적으로 중국 부동산에 투자하면서 기업 부채뿐만 아니라 부동산에도 큰 버블이 형성된 것으로 본다. 당연히 미국의 기준금리가 계속 인상되고 중국의 환율 변동성이 커지면 위기 가능성은 커지고 빨라진다. 2017년 말 기준으로 공식적으로 집계되는 중국의 총부채는 32조 4천 억 달러이고, 이 중에서 18.51%(6조 달러)는 정부 부채, 18.82%(6조 1천억 달러)는 가계 부채, 나머지 62.65%(20조 3천억 달러)는 기업 부채다.[9]

중국 정부도 지방정부 부채, 기업 부채 문제를 심각하게 인식하고 있다. 하지만 부동산 대출은 조이지 못하는 상황이기 때문에 부채 규모가 계속 증가는 하지만 증가 속도가 점점 떨어지고 있다. 중국 정부가 급증하는 부채를 줄이기 위해 주택 건설을 제외한 대부분의 영역에서 은행 대출을 줄이고, 은행과 보험감독기구를 통합해 제2금융권 및 그림자 금융 감시 강화로 시중 유동성을 축소(광의통화 M2 증가율 -8.2%)하는 것도 이유이지만 시장 스스로도 부채 증가의 한계에 도달하고 있을 가능성도 충분하다.

부채 증가 속도가 감소되면서 여기저기에서 부작용이 발생하기 시작했다. 대기업 부도율이 상승하고, 은행 부실도가 증가하고, 지방정부는 재정난으로 공무원 급여 미지급 사태가 발생 중이다. 2018년 중국 기업의 채무 불이행 규모는 사상 최대였다. 2018년 상반기에만 중국 기업 디폴트(default, 채무 불이행) 규모가 165억 위안으로, 역대 디폴트 최대치(2016년 207억 위안)의 80%에 도달했다. 중국 증시도 계속 등락을 반복하고 좀처럼 상승을 하지 못하면서 넘쳐나는 유동성을 흡수하지 못하기 때문에 현재는 부동산으로 자금이 쏠리고 있는 상태다. 중국 기준금리 인상 시 상업 영역의 부채 재조정뿐만 아니라 부동산 충격도 증가할 가능성을 높이고 있는 상태다.

참고로, 중국의 부동산 시장은 거품이 많이 낀 상태다. 예를 들어, 대도시와 중소도시를 포함해서 빈집이 6,500만 채가 넘는다. 6,500만 채의 집들이 도시 곳곳에서 비어 있는 이유는 무엇일까? 분양이 되지 않은 것도 이유다. 하지만 가장 큰 이유는 부동산 투기 때문이다.

중국은 한국처럼 건설업체가 아파트를 실내 인테리어까지 완료된 상태로 분양하지 않는다. 내부에 전기나 수도 등이 설치되지 않고 콘크리트로 벽과 뼈대만 만들어진 상태로 분양한다. 아파트를 분양받은 집주인이 집값의 10~20%를 추가로 부담해서 자기가 직접 인테리어를 하고 살거나 임대를 해야 한다. 때문에 아파트를 사 놓고 가격이 오르기만을 기다리는 투기 목적으로 분양을 받은 집주인은 추가로 자기 돈을 들여 인테리어를 하지 않는다. 당연히 임대를 줄 수 없다. 대신 아파트를 사 놓고 5년이고 10년이고 가격이 뛰기를 기다린다. 전형적인 부동산 투기다. 이런 이유로 비어 있는 집이 6,500만 채다.

2017년 기준으로 한국의 국내 가구 수는 2천만 정도였다. 중국의 빈집 6,500만 채는 한국 국내 총가구수의 3배가 넘는다. 한국과 같은 3개 나라가 완전히 비어 있는 수준이다.

2015년 기준, 중국 부동산 산업이 안고 있는 부채는 30조 위안이 넘을 것으로 추정된다. 한화로 5,400조 원이다. 한국 GDP의 4배다. 중국 GDP의 50%가량이다. 2013년 기준으로 중국의 대도시는 주택 가격이 중국 1인당 평균소득보다 30~45배 높았다.[10] 현재 중국 부동산 버블은 지방과 서민용 주택으로 확산 중이다. 풍선효과다. 이것이 다 끝나면 어떻게 될까?

중국의 부동산 버블 붕괴는 늦더라도 2022년경에는 현실이 될 것이다. 2022년에는 초고층 빌딩 숫자가 1,318개에 달한다. 300m 이상 초고층 빌딩만도 92개가 된다. 중국의 경제 규모는 미국의 60% 정도이지만, 초고층 빌딩의 숫자는 미국의 2배다. 일명 초고층 빌딩의 저주가 다가오고 있다. 돈 풀기를 다시 시작했으니, 부동산 버블이 줄어들기는커녕 추가로 쌓일 것이다.

중국은 고령화도 이미 시작되었다. 2015년 중국에서 65세를 넘은 노인 숫자는 1억 4천만 명을 넘었다. 60세 이상으로 범위를 넓히면 2억 1,200만 명을 넘어선다. 부동산 구입은 60세 이상이 되면 불가능하다. 중국은 2012년에 이미 생산가능인구 감소가 시작되었다. 비싼 집을 살 사람이 줄기 시작한 것이다. 현재 중국 부동산 가격 상승은 규모에 의한 착시효과, 대도시 외곽지역과 지방과 서민주택으로의 풍선효과에 의한 것이다. 2025년에는 총인구 감소가 시작된다. 2030년에는 65세 이상이 20%를 넘는 초고령사회로 진입한다. 2050년에는 65세 이상 노인 인구가 30%를 넘는다.

중국은 지난 25~30년 경제 성장을 지속했다. 민주주의 사회 자본주의는 이 정도 기간이면 부채 재조정이 이루어진다. 첫 번째 부채 재조정은 상업 영역(금융권, 비금융권 포함)이다. 두 번째는 부동산에서 일어난다. 중국은 2가지의 부채 재조정이 하나도 일어나지 않았다. 중국은 공산당이 관치경제를 하고 있어서 좀 더 버틸 뿐이다. 5년 이내에 2가지가 다 일어날 가능성도 충분하다. 중국은 현재 '취약한 강대국', '불안한 부자 나라' 상태다. 기껏해야 제2기축통화국가에 불과하다. 그나마 엄청난 규모의 외환

보유고와 중국 특유의 허장성세(虛張聲勢)로 버티는 것이 전부일 것이다.

2017년 기준으로, 중국의 기업 부채는 국내총생산(GDP) 대비 168%다. 이 중에서 3분의 2 이상은 국유기업 부채로 유럽(105%)과 미국(72%)보다 월등히 높다.[11] 2018년, 중국 정부가 스스로 밝힌 국유기업의 총부채는 118조 5천억 위안(한화 1경 9,300조 원)에 이른다.

구조조정에 실패해서 파산을 하거나, 구조조정을 진행하는 과정에서 일어날 수밖에 없는 부채 재조정으로 공기업 장부상 부실채권이 현실화되면 중국 5대 전업은행은 충격을 받는다. 2009년 기준으로 국무원 직속의 5대 전업은행(건설, 투자, 농업, 공상, 교통)은 금융권 대출 자산의 70%를 점유했다.[12] 부동산 기업들은 막대한 부채를 안고 있기 때문에 예전과 같은 투자성장율을 유지할 수 없다. 그림자 금융에서 고금리 대출을 받은 민간 기업도 이자를 갚을 정도의 투자 수익을 내야 한다. 원가 경쟁력을 상실해 가고 있는 중국 제조업체들은 사업 투자로 그림자 금융 대출 이자를 감당하기 어렵다. 이자를 충당할 방법으로 고수익을 얻을 수 있는 부동산 투자, 주식 투자에 크게 의존한다. 자산시장의 충격이 시작되면 퇴로가 막히는 셈이 된다.

은행의 여신(대출) 계정에는 포함되지 않는 신용중개인 그림자 금융의 규모는 연평균 35%씩 빠르게 증가했다. 풍선효과다. 2018년 기준, 중국 그림자 금융 규모는 62조 9천억 위안(한화 1억조 원)으로, 2013년 30조 5천억 위안보다 2배 증가했다.[13] 그림자 금융의 대부분은 중국 은행들의 자산관리상품과 신탁사의 신탁상품이다.[14] 자산시장이 폭락하면 그림자 금융의 한 축이 크게 무너지며 중국 경제를 강타할 수 있다. 그나마 2018년 한 해 중국 정부가 그림자 금융의 위험성을 파악하고 단속을 강화했기에 이 정도 증가 수준에 머문 것이다.

중국의 5대 전업은행은 전체 대출의 81%를 평균 이익률이 형편없는 공기업에게 몰아주기 위해 싼값에 국민들에게 돈을 얻어 냈다. 5대 전업은행은 아주 낮은 이자율을 주고 중국 인민들에게 예금을 끌어모은다. 외국 자본 투자가 충분하고 관치금융을 하고 있는 중국은 사실상 은행 간 이자율 경쟁이 없기 때문에 개인에게는 선택의 여지가 없다. 폐쇄적인 자본시장 구조 때문에 개인이 해외에 투자하는 것도 어렵다. 뮤추얼펀드나 보험산업처럼 민간 금융산업도 선진화되지 않았다. 중국 인민들은 낮은 예금이자에도 불구하고 불안한 노후와 미래를 대비하기 위해 높은 저축율을 유지했다.[15] 그러나 2007년부터 부동산 투자 붐이 일어나면서 중국의 저축률은 계속 하락했다. 그만큼 가계부채는 증가했다.

이런 상황을 중국 정부도 잘 안다. 그래서 고정투자 여력도 늘리고, 부동산 기업들의 숨통을 터 주고, 해안 지역 발전의 한계 극복, 철강 등 공급 과잉을 해소하기 위해 제조업 기지를 동부내륙지역으로 이동시키는 '중부굴기'(中部崛起) 전략을 시작했다. 하지만 이 전략의 최대 단점은 물류 비용이 상승한다는 것이다. 이 약점을 극복하기 위해 중국이 꺼내든 추가 전략은 '일대일로'(一帶一路)다. 중국 시안에서 출발해서 중앙아시아, 중동, 유럽을 잇는 육상 실크로드를 복원하면 자연스럽게 중국 동부지역을 지나는 물류 루트가 만들어진다. 이 전략이 성공하면 동부내륙지역의 가치는 끌어올리고 비용은 줄일 수 있다.

안타깝지만, 벌써 몰디브, 파키스탄, 네팔, 말레이시아, 스리랑카, 몬테네그로, 라오스 등에서 국부 약탈이라고 반발이 터져 나오고 있다. 이래저래 곤란한 처지로 계속 몰리고 있다.[16]

한국의 금융위기가 발발하는 마지막 경로 가능성은 한국에게는 최악의 시나리오다. 한국의 금융위기가 발발한 후 미국 주식시장의 큰 폭의 재조정 기간이 도래하고, 그 여파로 중국의 상업 영역 부채와 부동산 버블 뇌관에 충격이 가해지며 중국의 금융위기가 촉발되는 순서다. 이럴 경우, 한국 경제는 가장 큰 충격을 받게 된다. 충격 기간 형성도 '깊은 L자형' 침체가 오랫동안 지속될 가능성이 크다. 한국 금융위기 중심부에서 미국의 재조정 위기 초반부가 겹치고, 미국의 위기 중심부에서 중국 금융위기 초반부가 겹치는 시나리오다.

한국의 미래, 4가지 시나리오

당장, "한국의 미래는 어떻게 될 것인가?"라는 질문이 떠오를 것이다. 한국의 미래에 대해서 여러 가지 관점에서 시나리오를 예측해 볼 수 있다. 여기서는 그중 하나를 소개한다. 한국의 미래변화 방향에 가장 큰 영향을 미치는 2개의 불확실성 요인을 뽑아 시나리오를 작성해 본다. 불확실성 요인은 확실성 요인과 대비된다. 확실성 요인은 이미 한 방향으로 정해진 힘이고, 불확실성 요인은 아직 그 방향성이 결정되지 않은 힘이다. 오른쪽으로 움직일지 왼쪽으로 움직일지, 높아질지 낮아질지 정해지지 않은 상태의 힘이다. 이 힘이 어느 방향으로 움직이느냐에 따라서 미래가 완전히 달라진다.

필자가 주목한 한국의 미래에 가장 큰 영향력을 미칠 불확실성 요소는 '금융위기'와 '주력 산업의 글로벌 경쟁력'이다. 물론 필자의 분석으로는 금융위기는 발발의 방향으로, 주력 산업의 글로벌 경쟁력은 회복보다는 상실되는 방향으로 가고 있는 것이 확실해 보이지만, 일단 아직 어느 방향으로 갈지 정해지지 않은 불확실성이 높은 상태에 있다고 가정해 보자. 즉 일어날 수 있는 가능성과 일어나지 않을 가능성이 50 대 50이라고 해 보자.

첫 번째 불확실성인 금융위기는 한국 내수경제의 미래 방향에 결정적 영향을 미치는 사건이다. 금융위기는 가계부채, 자산시장, 소비시장의 향방에 영향을 미쳐서 내수 펀더멘털(Fundamental, 기반)의 질에 변화를 주는 힘이다. 주력 산업의 글로벌 경쟁력이 회복되느냐, 계속 곤두박질치느냐의 문제는 수출의 미래 방향에 결정적 영향을 준다. 수출 의존도가 높은 한국의 경우 주력 산업의 글로벌 경쟁력 문제는 GDP와 일자리의 미래에 지렛대 역할을 한다. 당연히 내수경제의 (질은 물론이고) 양적 미래에 직접 영향을 주는 결정적 힘이다.

필자는 2가지 불확실성을 가지고 4가지의 미래 가능성을 가설 추론해 보았다. 세로축은 '금융위기가 발발하느냐, 그렇지 않느냐'이고, 가로축은 '주력 산업이 중국이나 일본 등과의 경쟁에서 시장을 잘 지키느냐, 그렇지 못하고 50~80%를 내주느냐'다. 다음 그림을 보면, 현재 한국의 위치는 검은 점으로 표시되어 있다.

먼저, 금융위기가 발발하지 않는다는 전제(매트릭스의 하단 부분) 아래서 주력 산업이 중국이나 일본 등과의 경쟁에서 시장을 잘 지켜 내는 놀라운 행보를 한다면 '불안한 성장' 모드를 계속 이어 가는 미래 시나리오가 만들어진다. 한국의 주력 산업이 글로벌 경쟁력을 회복해 국가 성장률이 높아지면 상대적으로 가계부채 비율 증가 속도는 하락해 부채 부담이 줄어든다. 하지만 여전히 높은 부채량을 유지하고 있기 때문에 증가 속도가 줄어든 암 덩어리를 몸에 달고 근근이 버티며 성장을 유지하는 형국이 된다. 당연히 불안한 성장 모드다. 이 시나리오는 정치권이 원하는 시나리오이지만 실현 가능성이 가장 낮다.

다음으로, 금융위기가 발발하지 않더라도 주력 산업이 글로벌 경쟁력 회복에 실패하면 한국 경제는 서서히 침몰하는 미래를 맞게 된다. 냄비 속 개구리 형국이 되어, 금융위기가 발발하지 않더라도 한국의 미래는 불안하다는 것이 필자의 예측이다.

이런 2가지 미래 가능성은 당장 밀어닥치는 충격은 없더라도 외줄을 타듯이 불안하고, 위태롭고, 개운하지 않은 미래다. 하지만 더욱 큰 두려운 미래는 금융위기 발발이 현실이 될 경우다.

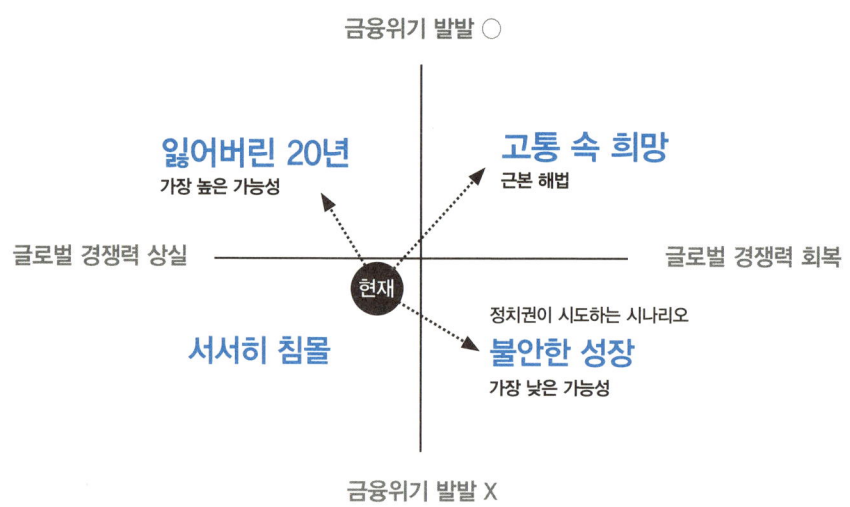

그림의 상단 부분처럼, 금융위기가 발발하지만 글로벌 경쟁력은 회복해 시장 점유율을 잘 지킨다면 '고통 속에서도 희망'을 발견하는 미래 시

나리오가 전개될 것이다. 그나마 4가지 미래 중에서 가장 나은 미래다. 사실상 한국의 더 나은 미래를 위해 도전할 수 있는 실제적 해법에 가깝다. 금융위기가 발발해 당장 큰 충격은 받겠지만, 무거운 짐이었던 가계부채를 재조정하고 좀비기업을 파산시키는 강력한 구조조정이라는 큰 수술을 하게 되어 한동안은 고통스런 시간을 겪어야 하지만, 기업 경쟁력이 회복되어 반등의 여지는 충분한 시나리오다. 지금 당장은 어렵지만, 2차, 3차로 나타날 미래위기들을 미연에 차단하거나 약화시키는 계기를 준비할 힘을 마련하는 시나리오다.

　마지막 시나리오는 금융위기가 발발하고 글로벌 경쟁력마저도 상실하는 조건이다. 이 조건에서 한국의 미래는 '잃어버린 20년'이라는 최악의 미래에 직면하게 된다.

성도의 자산을 무너뜨리는 장기적 힘, 한국 경제의 '잃어버린 20년'

　금융위기 발발의 확률적 가능성이 아직 낮다고 해보자. 하지만 한국의 주력 산업이 중국의 추격에 밀리고, 일본과 독일이나 미국의 반격에 압박을 당하면서 글로벌 '시장' 경쟁력을 잃어 가는 것은 부인할 수 없는 '현실'이다. 필자가 강조한 2가지 단어를 생각해야 한다. 한국의 주력 산업은 기술 경쟁력을 잃거나 앞으로 잃을 가능성이 큰 것이 아니다. '시장 경쟁력'을 잃는 것이다. 기술이 뛰어나도 가격 경쟁이나 글로벌 패권 전쟁에서 밀리거나 타격을 보면 시장 경쟁력 하락이 발생한다. 이런 상황은 먼 미래에 일어날 일도 아니다. 이미 발생하고 있는 현실이다. 대부분의 전문가들은 한국 주력 산업이 시장 경쟁력을 잃는 상황이 당분간 계속 악화될 가능성이 크다고 본다.

좀 더 많은 사람이 동의하는 주력 산업의 글로벌 시장 경쟁력 상실이 지속된다는 측면에서 금융위기의 발발 여부를 대입해서 한국의 미래를 예측해 보자. 그럴 경우, 필자의 4가지 시나리오 매트릭스에서 좌측 부분만 남는다. 만약 금융위기가 발발하면 그것으로 인해 한국 경제에 영향을 크게 미칠 2가지 중요한 일이 연쇄적으로 일어날 가능성이 발생한다. 하나는 부동산 가격 정상화이고, 다른 하나는 제조업 공동화다.

금융위기 발발 ○

잃어버린 20년
가장 높은 가능성

글로벌 경쟁력 상실

현재

서서히 침몰

금융위기 발발 X

한국, 2가지 미래에 직면

시나리오 1: 이번 정부에서 금융위기가 발발하는 시나리오로 간 후 부동산 가격 정상화와 제조업 공동화를 거쳐 장기 저성장(잃어버린 20년)으로 가거나,

시나리오 2: 이번 정부에서 금융위기를 가까스로 막더라도 막대한 가계부채로 인한 내수소비가 서서히 침몰하고 제조업의 공동화로 인한 장기 저성장(잃어버린 20년)과 부의 불균형 분배 악화로 간다.

그림에서 상단의 시나리오는 이번 정부 아래에서 금융위기가 발발하는 시나리오를 거쳐 10~15년 동안 서서히 부동산 가격 정상화와 제조업

공동화를 거치면서 그 결과로 장기 저성장인 '잃어버린 20년'이 나타나는 시나리오다. 하단부는 이번 정부에서 금융위기 발발을 가까스로 막거나 천운으로 발발하지 않는 경우라도 막대한 가계부채로 인해 내수소비가 서서히 침몰하고, 부동산 시장도 정체되고, 제조업의 공동화로 인해 부의 불균형 분배가 심화되면서 그 결과로 장기 저성장인 '잃어버린 20년'이 동일하게 나타나는 시나리오다.

2가지 시나리오의 차이는 금융위기가 발발하면 '잃어버린 20년' 시기가 앞당겨지고, 발발하지 않으면 조금 더 늦춰진다는 것뿐이다. 하지만 둘 다 한국 경제의 '잃어버린 20년'으로 결과가 나타나는 것은 같다. 즉 금융위기 발발 여부와 상관없이 한국 수출기업의 글로벌 시장 경쟁력 하락이 지속되고, 부동산 가격 정상화와 제조업 공동화가 일어나면 '잃어버린 20년'은 피하기 힘들다. 이런 예측은 무엇을 의미할까? 성도의 자산이 무너지는 것은 일시적 사건이 아니라, 지금부터 계속해서 오랫동안 진행될 장기적 사건이라는 의미다. 그만큼 한국 교회의 재정 위기도 서서히 커지고, 오랫동안 계속되고, 점점 심각해질 것이라는 의미다.

한 가지 더 짚고 넘어갈 사안이 있다. 만약 한국에 금융위기가 발발한다면 1997년 IMF 외환위기와 비교하면 어떤 차이가 있을까? 1997년 외환위기를 기억할 것이다. 수많은 교회, 수많은 성도가 경제적으로 큰 손실과 상처를 받았다. 이번에 다시 금융위기가 발발한다면 1997년보다 충격이 적을까? 아니면 더 클까?

1997년 당시에는 기업 등 상업 영역에 오랫동안 누적된 막대한 부채(빚)가 은행권의 부실채권으로 전환된 것이 위기의 진원이었다. 금융위기가 발발하자 중산층의 충격도 만만치 않았다. 하지만 한보그룹, 기아자동차그룹이나 대우그룹이 망할 정도로 표면적 위기가 더 컸다. 앞으로 다가오는 새로운 금융위기는 부동산 빚과 생계형 빚으로 만들어진 가계 영역의 막대한 부실채권이 위기의 진원이다. 새로운 금융위기가 발발하면 기업들도 타격을 볼 것이다. 대기업이 부실 계열사를 추가 구조조정하거나, 중견 기업이나 혹은 대기업 협력사 중에서 부채 위기가 큰 곳은 직격탄을 맞을 것이다. 상당수의 좀비기업도 정리가 될 것이다. 표면적 경제 지표도 나빠질 것이다.

하지만 이번 위기는 진원지가 가계 영역이기 때문에 1997년보다는 내수시장의 체감 경기는 더 안 좋을 가능성이 크다. 서민층은 물론이고 자영업자와 중산층이 직격탄을 맞을 가능성이 크다. 소비시장의 충격과 하락이 1997년보다 더 클 것이라고 예측하면 된다. 내상이 오래가기 때문에 성도들의 고통은 1997년보다 몇 배 더 클 수 있다. 1997년 외환위기 때는 한보그룹 등 기업 파산이 시작되는 위기 진입 시작 구간부터, 중심 구간(본격적 부실채권 구조조정 기간), 위기 마무리 구간(실물경기 충격 최고 달하는 기간)을 지나, 마지막 단계인 위기 수습 기간까지 대략 4~5년이 걸렸다. 하지만 이번에 새로 일어날 위기는 그 기간도 길어질 가능성이 크다.

1997년 위기 때는 온 국민이 금모으기운동을 해 국가 경제위기를 극복해 갔듯이 간절한 기도와 적극적인 헌금으로 교회 재정 위기도 넘겼다. 자신도 어려웠지만, 교회를 살리겠다는 마음이 더 컸다. 하지만 이번에 다가오는 새로운 위기 때는 전혀 다른 양상이 벌어질 가능성이 크다. 위기를 대비하지 않은 교회에서는 간절한 기도보다는 재정 위기의 책임을 떠넘기는 비난과 싸움이 일어날 것이다. 헌금은 더 많이 줄 것이다. 자산에 심각한 손실을 겪기 시작하는 성도들이 빚이 없는 교회로 옮겨 갈 것이다. 지금이라도 준비하지 않으면 이런 무서운 미래가 현실이 될 것이다.

한국 교회의 미래

한국의 미래에 대한 4가지 시나리오를 한국 교회의 미래 시나리오와 좀 더 긴밀하게 연결해 보자. 한국 교회의 현주소를 대략 추정해 보자. 다음 그림은 양(量)과 질(質)을 가지고 한국 교회의 과거부터 현재까지 위치 변화를 보여 준다. 양은 한국 교회의 신자와 개교회의 수량(數量, quantity)을 가리키고, 질은 도덕적 '기대', 내세와 현세의 근본 '질문'에 대한 대답 수준을 가리킨다.

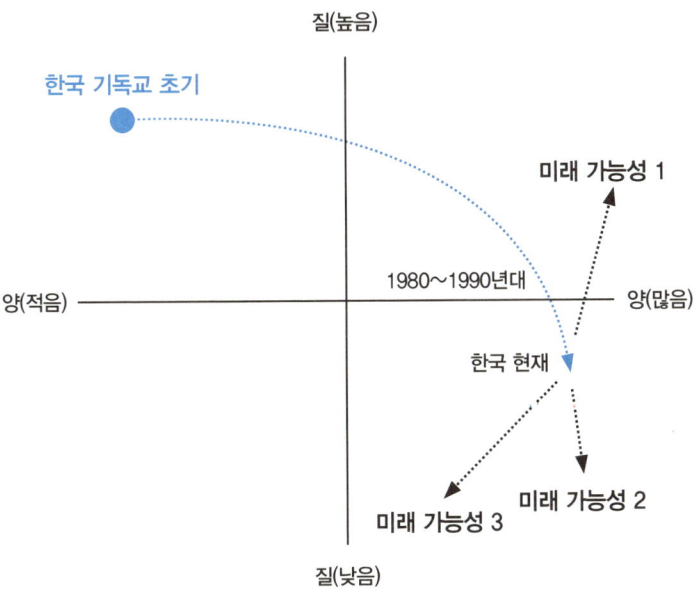

한국 교회 초기에는 양은 적지만 내세와 현세의 근본적 질문에 대한 수준 높은 답을 제시했었고, 세상 사람들이 평가하는 도덕적 수준도 높았다. 한국 교회는 1980~1990년대인 20세기 말에 양적으로는 가장 강력한 수준에 이르렀다. 하지만 도덕적 기대, 내세와 현세의 근본 질문에 대한 대답 수준을 가리키는 질적 측면은 서서히 낮아졌다. 현재는 양적 성장은 감소기 초입에 진입했고, 질적 수준은 빠른 속도로 감소하기 시작했다.

이런 상황에 한국의 미래 시나리오를 접목하면 어떻게 될까? 현재 한국 사회는 금융위기는 발발하지 않았지만 수출기업의 글로벌 경쟁력이 약화되기 시작하면서 경제적 성장의 한계에 도달했다. 필자를 포함한 일부 전문가들은 한국 경제와 사회가 서서히 침몰하기 시작했다고 평가하기도 한다.

서서히 주저앉는 흐름은 한국 교회 안으로도 침투하고 있다. 교회의 영성은 물론이고, 신자의 숫자나 개교회의 숫자가 서서히 하락하기 시작했고, 재정 흐름도 하락으로 반전했다. 이런 반전 흐름은 교회 사역의 역동성에도 영향을 미쳐서 곳곳에서 사역의 단절이나 정체가 시작되고 있다. 이런 상황에서 만약 한국의 미래가 '잃어버린 20년'이라고 불리는 장기 저성장 시나리오로 굳어지면 한국 교회는 '미래 가능성 3'이 확률적으로 가장 높은 미래가 될 수 있다.

그림에서 '미래 가능성 2'는 현재 진행 방향이다. 한국 경제와 사회가 '서서히 침몰'하는 시나리오로 진행된다면 한국 교회의 미래도 '미래 가능성 2'가 될 확률이 높다. 하지만 한국의 미래 시나리오는 '서서히 침몰'하는 현재 상태에서 금융위기 발발과 한국 수출기업의 글로벌 경쟁력의 지속적인 약화를 거쳐서 '잃어버린 20년'이라고 불리는 장기 저성장 시나리오를 향해 갈 것이다.

여기서 한 가지 희망은 남아 있다. 한국 사회가 '잃어버린 20년'이라는 장기 저성장에 빠지더라도 앞으로 5년 동안 한국 교회가 미래 위기를 대비하고 근본적 갱신의 길을 선택한다면 한국 교회의 미래는 '미래 가능성 1'로 반전될 수 있다. 양과 질의 수준이 다시 회복되면서 제2의 부흥기를 맞는 미래 시나리오다.

(2장)

성도들을 둘러싼
경제적 현실

현실이 진실이다

지금까지 소개한 필자의 예측이 믿기지 않는가? 판단이 어려울 때는 '현실이 진실'이라는 말을 떠올려야 한다. 우리의 판단을 돕기 위해 먼저 한국의 외부 현실과 내부 현실을 살펴보고, 그다음으로 한국 교회의 현실도 분석해 보자.

필자는 『앞으로 5년, 한국의 미래 시나리오』를 2019년 2월 말에 출간했다. 지난 저서들을 통해 예측했던 내용들을 다시 점검하고, 그 이후에 나타난 미래징후를 반영해서 한국의 미래에 대한 시나리오를 추가 발표했다. 이 책은 출간 보름 만에 국내 경제경영서 부문에서 1위에 올랐고, 한 달 만에 인터넷 서점 집계(인터파크 도서 기준)로 모든 분야를 통틀어 베스트셀러 전체 1위에 올랐고, 동영상 강의는 2주 만에 100만 명이 시청했을 정도로 독자들의 큰 관심과 주목을 받았다. 필자와 이 책을 출간한 출판사도 이런 반응에 놀랐다. 주요 대기업 임원들의 필독서로 지정되기도 했다.

이 책이 독자들의 관심을 한 몸에 받은 이유는 그만큼 한국 사회의 현실이 어렵다는 반증이다. 즉 현실에서 진실을 발견하기 시작했고, 필자가 예측했던 위기의 실체를 조금이나마 피부로 느끼기 시작했다는 의미다.

필자는 한국에 금융위기가 발발하기 전에 신흥국의 위기가 먼저 시작될 것이라는 예측을 했다. 결과는 어땠는가? 발발했다. 필자는 신흥국의 금융위기가 한국의 금융위기의 전조현상 중 하나라고 예측했다. 그 이유는 간단했다. 신흥국의 금융위기 핵심 원인이 같기 때문이다. 바로 막대한 부채다.

지난 몇 년 동안, 필자는 누누이 2008년 시작된 글로벌 위기는 아직 끝나지 않았고 절반이 지났다고 분석했다. 지난 절반은 미국과 유럽의 위기였고, 앞으로 절반은 신흥국과 동남아시아, 그리고 한중일 아시아 중심 국가들 차례가 될 것이라고 예측했다. 나머지 절반의 위기의 시작은 신흥국의 금융위기라고 지목했다. 그리고 신흥국의 위기는 미국의 기준금리 인상이 시작되는 시점에 시작될 것이라고 예측했다.

필자의 예측대로, 2015년 12월 17일 미국 연준이 첫 번째 기준금리를 인상한 다음 날에 저유가와 IS에게 국토의 3분의 1을 빼앗기며 정치적 혼란과 경제위기에 몰린 이라크는 세계은행에서 긴급자금 12억 달러(한화 약 1조 4,200억 원)를 지원받았다.[17] 1차 신흥국 위기의 시작이었다. 그다음으로 베네수엘라, 아르헨티나, 파키스탄, 이집트, 터키, 남아공화국, 우크라이나, 칠레 등이 속속 경제위기를 맞았다. 이들 국가의 위기는 석유전쟁이 벌어졌을 때 일어났다. 잠시 휴지기를 둔 후, 원유 가격 하락이 지속되고 미국이 기준금리 인상 속도를 높이고 미국과 중국이 무역전쟁을 시작하자 신흥국은 2차 금융위기 구간으로 진입했다.

2008년 이후부터 지난 10년 동안 아시아와 신흥국은 글로벌 금융위기를 잘 극복한 것이 아님이 서서히 드러나고 있다. 잘 극복한 것처럼 보인 것은 막대한 빚이 만들어 낸 착시현상이다. 중요한 것은 이것이다. 한국도 마찬가지다. 한국을 포함한 대부분의 아시아 국가들은 수출국가다. 중국을 비롯해서 유럽과 미국이 주요 수출 대상국이다. 2008년 이후, 미국과 유럽은 금융위기와 외환위기 발발로 소비가 크게 침체되었다. 이들 국가에 수출로 먹고사는 아시아 국가들의 경제 상황도 크게 침체될 수밖에 없다.

그런데 아시아는 무슨 수로 위기를 극복하고 경제성장률을 유지했을까? 「월스트리트저널」(WSJ)은 2008년 글로벌 금융위기 이후 아시아 상당수 나라의 수출 엔진이 꺼지고 있다고 평가했다. 당연하다. 최대 수입국이던 미국, 유럽, 중국의 소비가 줄었기 때문이다. 「월스트리트저널」은 한국은 더 이상 수출에 의존한 경제 성장 모델을 유지하기가 힘들다고 분석했다.[18] 그렇다면 어떻게 아시아는 위기를 극복했을까? 한국은 무엇으로 지난 10년을 버텼을까?

크게 2가지다. 하나는 삼성전자처럼 홀로 잘나가는 기업의 수출 실적으로 버텼다. 소수의 기업만 잘나갔지만, 그들 기업의 실적이 막강해서 나머지 기업들의 충격을 가렸다. 다른 하나는 빚(부채)을 계속 늘리면서 버텼다. 특히 개인의 빚이 크게 늘면서 소비를 지탱했다.

한국은 지난 10년 글로벌 금융위기를 잘 극복한 것이 아니다. 빚으로 돌려막기를 하면서 발등에 떨어진 불을 끈 것뿐이다. 한국은 베네수엘라, 아르헨티나, 파키스탄, 이집트, 터키 같은 다른 신흥국들보다 경제 체력이 좀 더 나아 더 많은 빚으로 버틸 수 있었기 때문에 아직 위기를 맞지 않았을 뿐이다.

2015년 말 기준으로, 국제금융협회(IIF)는 2008년 이후 지난 7년간 18개 주요 신흥국의 가계·기업·정부 총부채가 28조 달러(한화 약 3경 2,368조 원) 증가했다고 분석했다. 그중에서도 비금융 기업 부채의 지난 10년간 증가 규모는 무려 5배 이상이다. 국제결제은행(BIS)의 분석에 의하면, 미국, 일본 등 선진국 중앙은행이 2008년 금융위기 이후 위기 탈출을 위해 마구 찍어 뿌린 돈 규모는 대략 8조 달러(한화 약 9,400조 원) 정도다.[19] 미국이 뿌린 돈만 4조 5천억 달러 정도로 추정된다. 이 돈들이 한국을 비롯한 신흥국 자산시장, 신흥국 기업 달러 부채로 흘러들어왔다.[20] 한국의 가계 부채는 1,500조 원을 넘었다. 2015년 기준으로, 중국 기업의 총부채는 GDP 대비 160%를 넘었다. 미국을 제치고 세계 1위 규모다. 한국과 중국이 위험한 이유는 명백하다. 막대한 빚이다.

필자는 한국 경제의 내부적인 현실이 2012년부터 이상 신호가 시작되었다고 분석했다. 내부적으로는 서서히 문제가 시작되었지만, 그나마 2017년까지는 표면적 모습은 그런대로 좋은 모양새를 만들었다. 하지만 2018년부터는 표면적 상황마저 이상징후가 포착되기 시작했다. 2018년 말 언론사들이 앞다투어 조명했던 불안한 경제 지표는 갑자기 나타난 일시적 현상이 아니다. 2018년 국내 상장사 1,377곳의 3분기 실적을 분석하면 6.93%를 기록했지만, 삼성과 SK의 반도체 영업 이익을 제외하면 -11.38%로 하락했다.[21] 반도체를 제외하고는 거의 모든 업종에서 마이너스 성장을 하고 있는 셈이다.

2018년 고용시장도 정부의 재정 투입에 의존한 비율이 62%에 이르렀다. 2018년 국정감사 자료에 의하면, 2018년 1~9월 월평균 10만 382명의 신규 취업자 가운데 공공부분 일자리가 6만 2,501명을 차지했다. 2018년 GDP 성장률 예상치 2.5%에서 정부 기여도는 0.8% 이상(전체 성장분의 3분의 1)이 될 것으로 추정되었다.[22] 글로벌 신용평가사 무디스는 2019년 한국 경제의 성장률을 2.3%로 하향 조정하기도 했다.[23] 한국의 성장 엔진인 제조업 공장 가동률도 72.8%로, 1997년 외환위기 이후 최저치로 추락했다.[24] 시화와 반월공단의 경우는 공장 가동률이 60%까지 추락했다.[25] 이처럼 한국 경제 상황은 양적으로, 질적으로 모두 점점 더 심각해지고 있으며 미래 전망조차 추가 하락하고 있다.

금융위기에 빠진 나라가 살아날 수 있는 해법은 2가지다. 하나는 자국이 보유한 달러화 부채가 주는 비용 상승을 능가하는 경제 성장과 재정수지 흑자를 만들면 된다. 경제 성장과 재정수지 흑자가 달러화 금융비용(이자와 원금 상환금)보다 커야 한다.

다른 하나는 경제 성장과 재정수지 흑자를 매달 갚아야 하는 달러화 금융비용보다 많게 할 수 없다면 인위적으로 달러화 금융비용 부담을 낮추어야 한다. 방법은 3가지다. 마른 수건을 짜 내듯이 소비를 대폭 줄여 빚을 갚든지, 달러 채권자가 스스로 빚의 원금 일부와 이자를 삭감해 주든지, 아니면 억지로 삭감시키면 된다. 첫 번째 방법은 소비 침체를 불러오고, 나머지 2가지는 달러 채무국의 금융위기와 부채 재조정을 필요로 한다. 정리하면, 막대한 빚을 짊어지고 있는 신흥국, 한국, 중국 등은 다음 셋 중 하나의 선택을 강요받을 가능성이 크다. 참고로, 2008년 미국과 2010~2012년 유럽연합도 다음 3가지 중 하나의 선택을 강요받는 것을 피하지 **못했다**. (미국과 유럽연합도 못 피했는데, 한국은 피할 수 있다고 하는 것은 큰 착각이다.)

1. 파산이나 워크아웃을 하든지,
2. 소비를 줄여 빚을 갚든지,
3. (심하면) 금융위기를 겪는 것이다.

'파산'은 중세 이탈리아에서 유래된 말이다. 정상적으로 장사를 해서는 빌린 돈에 대한 이자와 원금을 더 이상 지불할 수 없는 상인들은 자신의 좌판을 부숴 버리는 행동(banca rotta)으로 부도(不渡)를 선언했다. 상인이 파산(bankruptcy)을 선언하면 채권자들은 상인의 남은 재산을 채권 비율에 따라서 나누어 갖고 회사를 청산했다. 이것이 파산 절차다. 회사를 청산하고도 회수하지 못하는 돈은 고스란히 채권자들과 주주들의 큰 손해로 남는다.

'워크아웃'(Work-out, 기업개선작업)은 (큰 손해가 예상되는) 파산을 시키기 전에 법원이나 채권자들이 주도해 회사를 살릴 수 있는 마지막 시도를 하는 것이다. 최악의 손해를 피하기 위해 법원이나 채권자들은 이자와 원금 상환을 일시적으로 동결하고, 우량 자산을 팔아 재무 건전성을 높이고, 다른 경영인을 세워서 장사를 계속하도록 해 회사를 정상으로 되돌릴 수 있는 기회를 만든다. 기적적으로 회사가 기사회생하면 큰 손해도 피하고 원금과 이자를 그대로 다 받을 수 있다. 이런 과정을 법원이 주도하면 '법정관리'이고, 채권자가 주도하는 것이 '워크아웃'이다. 이것이 실패하면 해당 회사는 청산 절차(파산 절차)를 밟게 된다.

빚은 이자를 낼 수 없을 정도까지 빌려 쓰면 더 이상 빌려 쓰지 못하고 곧바로 갚는 절차를 밟아야 한다. 국가, 기업, 개인, 그 누구라도 예외가 없다. 앞의 3가지는 모두 부채 재조정의 결과다. 파산이나 워크아웃은 채권자가 주도하는 부채 재조정이다. 소비를 줄이는 것과 금융위기는 채무자 스스로 주도하는 부채 재조정이다. 빚이 많다고 해서, 처음부터 파산이나 워크아웃으로 곧바로 가지 않는다. 처음에는 파산이나 워크아웃을 피하기 위해 소비를 줄인다. 최선을 다해 줄인다.

필자가 이 글을 쓰고 있는 지금, 한국은 이런 상황이다. 소비를 줄여 빚을 갚으면 저성장이다. 경제 규모가 크고 체력이 좋으면 그나마 버티는 기간이 길어진다. 한국은 금융위기를 피할 수 있는 것이 아니라, 버티는 기간이 다른 신흥국들보다 길 뿐이다. 중국은 한국보다 경제 규모가 더 크고 국가가 돈을 계속 퍼부어 연명하고 있기 때문에 한국보다 더 버틸 수 있다.

하지만 얼마나 버틸까? 버틸 수 있는 한계에 도달하면 결국 터진다. 파산이나 워크아웃이다. 파산은 겨우 면했지만, 소비를 줄이는 정도로 끝나지 않고 생존을 위해 일부 출혈을 감수해야 하는 경우도 있다. 단순하게 소비를 줄이는 선으로는 이자와 원금 일부를 상환할 수 없는 상태에 이를 경우다. 이럴 경우, 비싼 돈을 주고 산 차도 팔아야 한다. 큰 집도 팔고 작은 집으로 이사를 가야 한다. 금융위기가 바로 이런 상황이다. 그리고 한국에서 이런 상황이 곧 다시 닥칠 것이다.

만약 국가 차원에서 이자와 원금 일부를 상환할 수 없는 상태가 되어 채무 불이행 선언(디폴트 선언)을 하면 곧바로 외환위기 상황이 발발한다. IMF와 채권자들은 빚을 완전히 청산하는 파산 절차를 밟을지, 워크아웃 절차를 밟을지를 선택한다. 1997년 한국의 IMF 구제금융 신청은 국가 차원의 워크아웃 신청이었다. 구소련이 망할 때 나타난 채무 불이행 상황은 파산 절차를 밟은 것이었다. 1997년 한국은 IMF의 주도 아래 정상적으로 부채의 원금과 이자를 갚을 수 있을 만한 수준으로 경제를 개선하는 강력한 구조조정을 당했다. 강력한 구조조정이 끝나고 IMF에 빌린 돈을 다 갚으면 국제 채권시장에 곧바로 복귀할 수 있다. 구소련은 나라가 망하면서 동시에 파산 절차를 밟아 빚이 제로가 되었다. 완전 파산이 되면 빚은 제로가 되어서 좋지만 수년 이상 국제 채권시장에 발을 들여놓을 수 없게 된다. 국제적인 신용불량자가 된 것과 같다.

한국 교회의
현실

한국 교회의 현실도 냉정하게 분석해 보자. 필자는 전작『2020~2040 한국교회 미래지도』에서 한국 교회의 현실을 여러 각도에서 분석했다. 예를 들어, 정량적 현실을 보자. 2005년 정부가 시행한 인구주택조사 결과를 기준으로 기독교인 수는 대략 870만(18.7%) 정도였다.

조사 시기에 한국 교회는 이미 성장기를 넘어 쇠퇴기의 초입에 들어섰다. 한국의 기독교 인구는 1985년에 16%에서 1995년에 19.7%로 성장을 했다가 2005년에 18.7%로 감소하기 시작했다. 충격적이게도 자신의 종교가 기독교라고 응답한 사람들 중에는 이단까지 포함되어 있었다. 전문가들에 따라 약간씩 차이가 나지만 870만 중 대략 150~250만 정도를 이단으로 보고 있다. 그렇다면 기독교인의 숫자는 2005년 기준으로 620~720만에 불과하다. 일부에서 한국 기독교인을 1,000만 명으로 잡는 것은 다소 무리가 있을 정도다.

문제는 총숫자에만 있지 않다. 교육부서는 이미 심각한 수준에 이르렀다. 한국 교회의 교육부서는 1980년대부터 줄기 시작했고, 21세기 초 10년 동안에만 예장통합 측에서만 주일학교 어린이 부서가 38만 명에서 28만 명으로 줄었고, 기독교성결교회는 30%가 감소했다. 한국 교회 교육부서 전체는 2005년부터 2015년경까지 제4차 감소 국면을 통과했고, 2016년부터는 제5차 감소 국면을 통과하기 시작했다. 제5차 감소 국면이 끝나면 교육부서는 더 이상 감소하지 않는다.[26] 왜일까? 더 이상 교회를 떠나지 못하는 학생들만 남기 때문이다.

한국 교회는 숫자의 감소라는 현실만 있는 것이 아니다. 질적 측면에서도 위험 수위를 넘었다. 목회자의 권력 남용, 성윤리 문제, 교회 내에서 경제적 소송 문제가 계속 터져 나온다. 갈수록 수위가 높아지고 규모가 커지고 있다. 개척했지만 3~5년을 넘기지 못하고 교회 문을 닫는 '유아사망형' 교회가 비일비재하다. 개척을 독려하는 것이 무책임한 태도로 비난받게 되었다. 심각한 재정난과 교인 수 급감으로 역사가 깊은 교회도 무너진다. 양적 성장을 위해 교인의 욕망과 타협하고 세상의 방법대로 목회를 하는 것은 그나마 작은 문제가 되었다. 이제는 교인과 세상과 타협을 하는 목회를 해도 교회 침체와 고령화를 막기에는 역부족이다. 교회를 쇼핑하듯 다니며 수평이동이라도 하는 것이라면 다행이다. 젊은이는 물론이고 30~40대 장년층의 이탈이 무섭다.

초대형교회의 목회 생태계 교란이 위기를 가속화했다고 목소리를 높였지만, 초대형교회만이라도 살아남았으면 할 정도로 위기감이 커지고 있다. 아니, 초대형교회도 아차 하면 쪼개지고 하락한다. 목회자 절반 이상이 사역지가 없다. 사역지가 없는 목회자들의 가장 많은 생계 수단이 대리기사라는 우스갯소리까지 나온다. 한때는 교회 안의 젊은이나 청소년들이 무례하고 버릇없다고 꾸짖었지만, 이제 대부분의 농어촌이나 중소도시에서는 주일학교가 있는 것만도 놀라운 사건이 되었다. 심지어 대도시 교회의 절반 이상도 주일학교 자체가 없다. 이런 교회들은 패배주의를 넘어 자포자기 상태다.

살아남아 있는 교회에서는 급속한 세계 융합의 영향으로 종교 혼합이 가속화되고 있다. 교회 밖에서는 종교 간 경계가 이미 무너졌고, 교회 안에서는 교단 간, 교파 간 경계가 모호해졌다. 어떤 교파, 어떤 교단이 우수하느냐를 따지기 위함이 아니다. 신학의 정체성 노력이 무너지고 있다는 말이다. 자기 공동체에 대한 의무감이 사라지기 시작했다는 말이다. 대신 개인주의 신앙이 만연되었고, 특정한 울타리와 공동체 소속감을 말하기 어려워졌고, 교회의 규칙과 신학적 가이드와 목회자의 권위에 대한 신뢰 결핍이 빠르게 증가 중이다. 유일하게 남은 교회 선택의 기준은 '자기가 생각하기에 지금 옳고 편안한 곳'인 듯 보인다.

지적 영성은 얕아지고 감성적 영성은 왜곡되고 있다. 심지어 다신주의 경향도 보인다. 상대주의와 잘못된 평등주의에 기반을 둔, "누구의 종교가 혹은 누구의 신앙이나 신학이 옳은지는 아무도 모르니 모든 사람의 생각을 인정해 주자"는 '친절한 불가지론'(Friendly Agnosticism)이 대세를 이루었고, '무기력, 무관심, 무의미'라는 '3무(三無)시대'는 미래가 아닌 현재 모습이다.

이런저런 불편함을 피해 대형교회로 숨어든 성도들이 늘어나면서 교회는 세상에 있는 공동체들 중에서 '소외감'이 가장 많은 곳이 되었다.[27] 수천수만 명이 출석하는 위용을 자랑하는 교회이지만 옆자리에 앉은 교인이 누구인지 모르는 것은 당연하고, 내가 속한 작은 공동체(구역, 셀, 목장 등)에 속한 교인 이외에는 아는 사람이 없다. 알려고도 하지 않는다. "과연 공동체로서 교회일까?" 하는 심각한 질문을 던져야 할 지경이다. 이것이 2020년 한국 교회의 현실이다. 실체다.

한국 교회 이미지에 관한 조사 결과도 처참했다. 한국 교회가 '영적인 문제에 해답을 주지 못하고 있다'는 81.4%, '지도자의 자질이 부족하다'는 76%, '진리 추구보다 교세 확장에 관심을 갖고 있다'는 71.1%, '봉사 등 사회적 역할을 못하고 있다'는 69.9%의 반응이다. 반면 불교에 대한 인상은 '영적인 문제에 대한 해답을 제공한다', 가톨릭은 '지도자가 우수하고 대사회적 역할을 잘한다'고 응답했다. '경제적으로 어려움에 직면했을 때 도움을 어디에 구할 것인가?' 하는 물음에 '교회'라고 응답한 비율은 0.7%밖에 되지 않았다. 한국 교회의 사회적 공신력 수준은 더 이상 하락할 곳이 없어 보인다.

기독교인의 윤리 의식은 더 경악할 만하다. 기독교인 중에 혼전 성관계가 가능하다는 응답이 37%, 동성애를 허용할 수 있다는 응답은 17.8%, 뇌물 제공 가능은 15%, 외도는 8.4%가 가능하다고 대답했다.[28]

첫 번째 자산 붕괴, 현금 고갈

한국 교회의 이미지와 영성의 현실이 이런 상황에서 성도의 자산과 교회의 재정마저 타격을 입으면 무너지는 속도가 더 빨라질 것이다. 필자가 예측하는 첫 번째 자산 붕괴는 현금 고갈이다. 성도의 지갑과 은행 잔고에서 현금이 점점 줄어들고 있다.

서서히 현금이 고갈되는 이유는 여러 가지다. 가장 큰 원인은 오랜 경기 침체다. 그리고 점점 커지는 자녀 부양비와 은퇴 자금 부담이다. 여기에 종신 고용의 붕괴와 50대 초반에 조기 은퇴하는 현실, 그리고 물가 상승률을 따라가지 못하는 임금, 혹은 임금 하락이다. 성도들의 지갑에서 현금이 줄어들고 있다는 것은 당장 교회 내에서 헌금의 감소로 알 수 있다. 교회 밖에서는 보험 해지율이 높아지고 있는 것으로 알 수 있다. 현금 고갈은 중산층과 서민층에서 빠르게 나타난다.

이런 상황은 앞으로도 계속될 가능성이 크다. 필자가 앞에서 분석했던 한국 수출기업 경쟁력 하락이 지속되면 일자리 문제는 심화될 것이고, 이는 다시 중산층과 서민의 경제력에 영향을 준다. 이들의 경제력이 하락하면 국가 전체의 GDP가 증가하더라도 내수소비가 준다. 소비력이 약화되면 서비스 산업과 제조업 내수판매가 부진에 빠지게 되어 소득 효과는 더욱 줄어든다. 내수기업과 서비스업에서 과다출혈경쟁이 오래 지속되고 부의 불균형 분배는 악화된다.

다음 도표는 2015년 이후 가구주 연령별 가구소득 증가율을 보여 준다. 2015년 3분기에 39세 이하 가구주부터 소득이 줄기 시작하더니, 2016년 3분기에는 40대 가구주에서 사상 첫 소득 감소 사태가 일어났다. 소비 지출 계층별로 분석하면, 월평균 200~300만 원 미만과 300~400만 원 미만에서 소비 지출을 하는 숫자는 2012년부터 계속 감소하는 반면, 200만 원 미만을 소비 지출하는 숫자는 계속해서 증가 중이다.

| 가구주 연령별 가구소득 증가율 |

(단위 : %) — 전체 평균, 2015년부터 급감

가구주 연령별	2016/3	2016/2	2016/1	2015/4	2015/3	2015/2	2015/1
전체 평균	0.66	0.84	0.84	0.88	0.66	2.85	2.59
29세 이하	2.73	-0.30	10.51	2.21	-6.21	3.30	-19.76
30~39세	4.73	1.55	0.67	-3.34	-1.32	1.01	1.88
40~49세	-0.03	0.20	2.37	1.63	3.32	5.09	4.52
50~59세	1.33	5.20	3.81	2.01	0.86	1.70	1.26
60세 이상	0.96	-1.19	-3.11	6.84	0.42	6.17	9.14

40대 가구 사상 첫 소득 감소 (전년 동기 대비)

출처: 통계청, 연합뉴스, 2016.11.27.

| 소비 지출 계층 하락 추세 중 |

300~400만, 200~300만 수준 소비 지출 계층은 감소하고 있고,
200만 원 미만 소비 지출 계층은 증가 중이다. (전체 민간소비질 악화 중)

2012~2013년 이상 징후 시작   미국 위기 발발

소비 지출 계층별	2016 3/4	2015 3/4	2014 3/4	2013 3/4	2012 3/4	2011 3/4	2010 3/4	2009 3/4
100만 원 미만	13.01	11.97	11.75	11.70	9.71 증가	11.38	12.87	14.04
100~200 만 원 미만	36.10	36.70	36.53	36.12	32.42 증가	34.87	35.39	37.96
200~300 만 원 미만	28.87	28.75	29.30	30.30	32.10 감소	31.19	29.34	27.47
300~400 만 원 미만	12.12 하락	13.32	13.29	13.42	15.87 감소	13.65	13.72	12.11
400만 원 이상	9.90	9.26	9.14	8.46	9.91	8.91	8.67	8.43

출처: 통계청, 연합뉴스, 2016.12.19, 재인용.

이 표를 보면, 한 가지 특이한 점이 있다. 400만 원 미만 소비 지출 계층은 줄고 있는데, 400만 원 이상 소비 지출 계층은 꾸준히 늘고 있다. 즉 빈부격차의 심화다. 실제로 2018년 한국 가계의 빈부격차는 더욱 벌어졌다. 11년 만에 최악의 성적표였다. 통계청이 발표한 자료에 따르면, 소득 상위 20%와 하위 20%의 격차는 5.52배로, 2014년 4.73배보다 높아졌다. 부의 불균형 분배, 양극화 현상이 심해지고 있다는 증거다.

상위 20% 층은 평균 소득 973만 6천 원으로 전년 동기 대비 8.8%의 소득 증가가 발생했다. 물가 상승률을 4배 이상 초과했다. 반면에 하위 20% 층은 평균 소득 131만 8천 원으로 전년 동기 대비 -7.0%의 소득 감소가 발생했다. 평균 소득 284만 3천 원의 2분위 소득 계층도 전년 동기 대비 -0.5% 소득이 감소했다. 평균 소득 414만 8천 원을 기록한 3분위는 전년 동기 대비 2.1% 소득 증가가 발생했지만, 겨우 물가 상승률을 상쇄할 정도이기에 사실상 소득 정체다.

소득 하위 20% 층의 소득 종류별 증감을 한번 살펴보면, 근로소득이 -22.6%로 가장 많이 하락했다. 한마디로, 일자리 상실률이 가장 크다는 말이다. 사업소득도 2018년 전 분기에서 마이너스를 기록했다. 반면에 세금, 이자, 사회 보험 등 비소비 지출은 23% 증가했다. 한 달에 100만 원을 벌면 22만 원이 비소비 지출로 나간다. 실질 소비 여력이 임금 감소 비율보다 더 줄어든 이유다.

경기 둔화가 계속되면서 40~50대 실업자는 외환위기 이후 최대치를 기록했다.[29] 월평균 실업자 수는 110만 명을 넘었고, 이 중에서 장기 실업자는 15만 3천 명에 이른다. 이 역시 외환위기 이후로 최고다. 아예 구직을 포기한 구직 단념자도 51만 6천 명이다. 이들 역시 계속 증가 중이다. 덩달아 2018년 실업 급여 지급액은 5조 원을 훌쩍 넘었고, 전년 대비 23% 이상 증가했다.[30] 이것이 교회의 대부분을 차지하는 중산층과 서민층 성도의 지갑과 은행 잔고의 현재 상태다.

두 번째 자산 붕괴, 주식시장 50~70% 폭락도 가능하다

필자가 예측하는 두 번째 자산 붕괴는 주식시장에서 나온다. 성도의 상당수가 주식 투자를 한다. 심지어 어떤 교회는 모아 둔 헌금을 주식에 투자해 자산을 증식하려 한다. 필자는 여기서 주식 투자가 나쁘다고 말하려는 것이 아니다. 앞으로 한국 주식시장에서 발생 가능한 위기, 그 위기가 성도의 자산에 줄 충격을 예측하고자 한다.

필자는 오래전부터 한국에 금융위기가 발발하면 코스피 지수 1,000포인트가 붕괴될 것이라고 예측했다. 최악의 경우, 일시적으로 900~700선까지 밀릴 수도 있다. 필자는 2014년에 『2030 대담한 미래 2』를 통해 한국 주식시장에 대해서 2가지 중요한 미래 가능성을 발표했었다. 하나는 10년 이내에 한국 주식시장은 3,000을 돌파할 가능성이 아주 적다는 것이었다. 다른 하나는 (오히려 투자자들이 조심해야 할 것은) 한국에 금융위기가 발발하면 코스피는 1,000선까지 폭락할 수 있다는 예측이었다.

필자의 한국 주식시장에 대한 2가지 예측은 아직도 변함이 없다. 그리고 필자의 예측이 현실이 되면 주식시장의 충격은 성도의 자산에 두 번째 충격을 줄 것이다. 현금의 고갈은 현재 소비력의 약화에 영향을 주지만, 주식시장의 충격은 성도의 미래 준비에 충격을 준다. 개인이 주식에 투자하는 이유는 간단하다. 미래 준비다. 노후 준비다. 은퇴 준비다.

앞으로 한국 주식시장은 지난 30~40년과 아주 다른 패턴을 보일 가능성이 크다. 지난 30~40년은 주식시장이 대세 상승장이었다. 몇 번의 국내외 위기로 대폭락이 일어났지만, 그때마다 시간이 걸리더라도 회복을 했다. 회복 후 더 큰 상승을 해서 과거의 손실을 만회할 기회가 있었다. 하지만 앞으로 10~20년은 다를 수 있다. 즉 이번에 개인들이 주식시장에서 충격을 맞으면 회복이 불가능할 수도 있다. 회복 불가능한 충격을 맞으면 은퇴 후의 미래가 완전히 달라진다. 이런 충격에 휩싸인 성도가 많으면 그 교회의 미래도 함께 무너진다. 위기와 무너짐이 장기화된다. 회복 불가능한 상황으로 몰릴 수도 있다. 한국 주식시장의 미래에 대한 예측으로 좀 더 들어가 보자.

지난 몇십 년간 각국의 주가 변화를 분석해 보면, 외부에서 글로벌 위기가 발생하는 경우 주식시장은 50% 정도 폭락한다. 하지만 금융위기의 원인이 자국에 있는 경우 70~75%까지 폭락한다. 참고로, 2008년 미국의 경우는 금융위기를 발발시킨 책임국임에도 불구하고 제1기축통화국의 프리미엄 덕택에 50% 폭락에서 멈췄다. 하지만 유럽의 그리스나 이탈리아 등 2010년 유럽 금융위기의 책임국은 75% 폭락을 하거나 2012년까지 추가 폭락을 했다. 한편 2010년 유럽 금융위기 때 책임국이 아니었던 독일이나 영국 등은 추가 폭락 없이 약한 충격으로 선방했다.

| 금융위기 발발 시 각국의 주식시장 하락폭 |

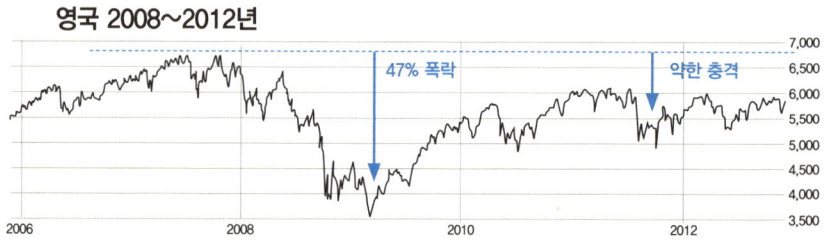

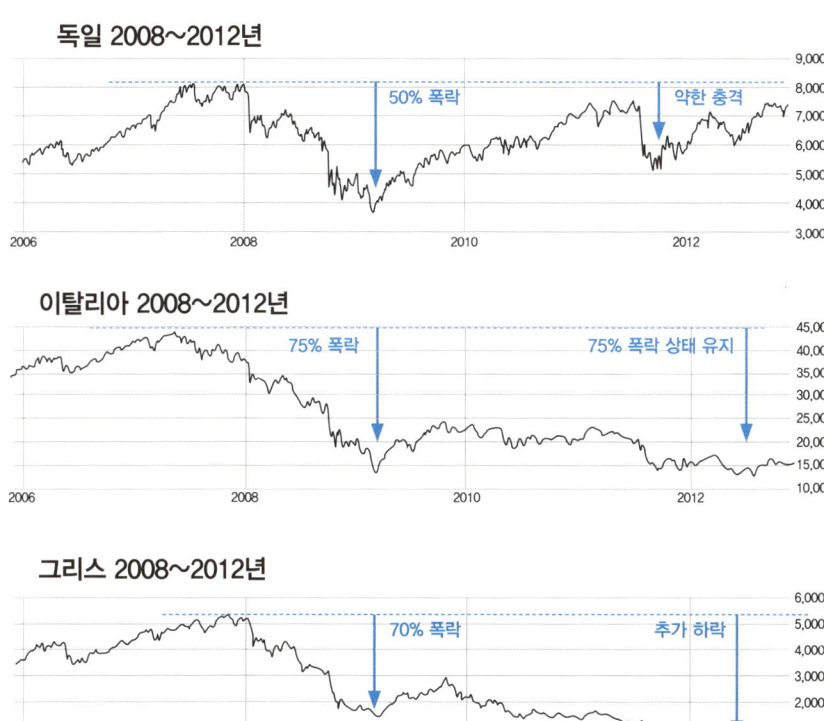

출처: TRADINGECONOMICS.COM, OTC/CFD

    이런 패턴을 한국 주식시장에 적용하면, 한국에서 금융위기가 발발하면 코스피 지수는 70~75% 폭락하는 최악의 상황을 맞이할 가능성이 충분하다. 최고점 2,500을 기준으로 하면, 최악의 경우 750선까지 폭락한다. 최근 박스권인 2,000선을 기준해서 선방하여 50%만 하락해도 1,000선이 붕괴된다. 다음은 한국의 코스피 주가 차트다.

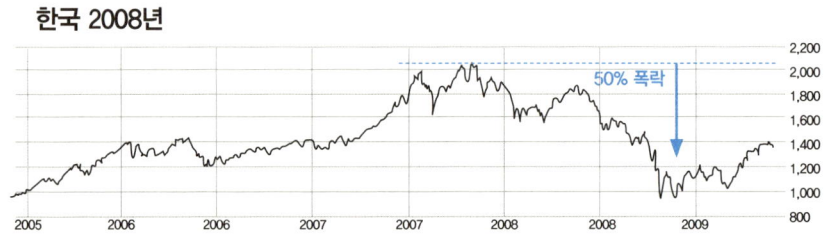

출처: TRADINGECONOMICS.COM, OTC/CFD

그림에서 보듯이, 2008년 한국의 외부에서 금융위기가 발발했을 경우에는 50% 폭락이 발생했다. 하지만 1997년 외환위기 때처럼 한국이 위기의 책임국인 경우에는 75% 폭락이 발생했다. 앞으로 한국에서 금융위기가 발발할 것을 가정한다면, 투자자들은 코스피 지수는 70~75% 폭락하면서 1,000~750선 사이까지 무너질 가능성을 대비해야 한다.

코스피 주가가 1,000포인트에 진입한 시기는 1988년 이후다. 88올림픽을 계기로 한국의 경제는 한 단계 더 성장했다. 외국 투자자들의 관심도 높아졌다. 아시아의 4마리의 용에 들어가는 평가를 받았다. 1988년 이후부터 2005년까지 18년 동안 한국의 1인당 명목 GDP는 6,000달러대에서 1만 7,000달러대로 거의 3배가량 증가했다. 여기서 필자가 질문을 하나 던지겠다.

"1988~2005년까지 한국 경제가 3배 가까이 성장할 때 코스피는 몇 배 성장했나?"

다음 그림에서 보듯이 1988년에서 2005년까지 코스피는 1,000포인트대에서 제자리를 지켰다. 18년 동안 꼼짝도 안 했다. 정확하게 분석하면 평균 700포인트대를 오르락내리락했다. 1,000포인트도 3~4회 정도에 불과했다.

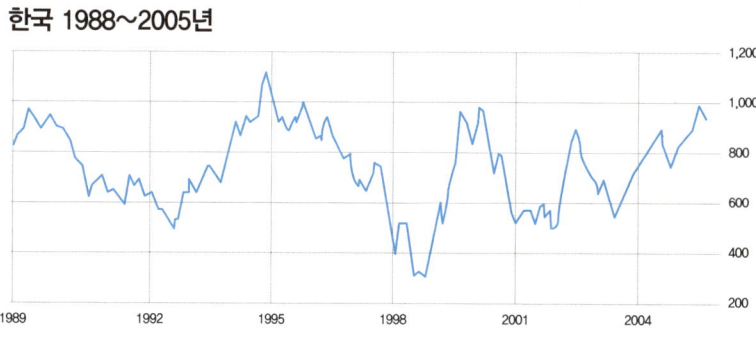

필자는 주가는 펀더멘털을 완전히 반영한다고 생각하지 않는다. 주가가 펀더멘털을 충실히 반영한다면 한국 경제가 3배 성장했으면 2005년의 주가는 이미 3,000에 올리야 했다. 필자가 생각하는 펀더멘털과 주가의 상관관계는 2가지다. 하나는 펀더멘털이 좋다는 것은 본선에서 뛸 수 있는 기회를 준다. 다른 하나는 펀더멘털이 좋다는 것은 해당 주가가 갑자기 상승할 때 수많은 사람이 따라붙게 만드는 심리적 요인을 제공한다. "드디어 펀더멘털이 반영되었다"는 말이 통할 수 있는 심리적 근거를 제공한다는 말이다. 그래서 18년 동안 꼼짝 않던 코스피 주가가 2005년 말

~2008년까지 단 3년 동안 2,000포인트로 급등했을 때 사람들이 쫓아 올라갔다. 2008년 폭락 이후 2018년 2,500선을 돌파했을 때도 마찬가지였다. "드디어 한국 경제가 재평가를 받기 시작했다"는 말이 설득력을 얻었다.

하지만 사실은 2008년 이전과 이후 두 기간 모두 미국과 유럽에서 막대하게 풀린 유동성이 신흥국 자산시장에서 엄청난 버블을 키운 덕분이었다. 1990년대 후반부터 미국, 유럽, 아시아에 풀리기 시작한 엄청난 돈이 각국 자산시장에서 본격적인 버블을 일으킨 시기는 2004~2008년이다.

물은 높은 곳에서 낮은 곳으로 흐르지만, 돈은 낮은 곳(저금리)에서 높은 곳(고금리)으로 이동한다. 투자 수익이 낮은 곳에서 높은 곳으로 이동한다. 그렇게 돈은 미국과 유럽에서 아시아로 이동했다. 아시아도 금리를 내려 돈을 풀었지만 미국과 유럽에서 돈이 흘러들어오고, 돈의 효과(경제 성장률)도 미국과 유럽보다 더 높았기 때문에 밀려오는 돈을 막기 힘들었다. 아니, 환영했다. 언젠가 터지고 마는 큰 버블이 만들어지는데도 말이다. 이렇게 돈의 힘이 한국 주식시장을 밀어 올렸고, 한국의 펀더멘털은 개인들이 추격 매수를 하도록 돕는 심리적 근거를 제공했다. 한국의 부동산 시장도 2004년부터 61개월 연속 상승하는 기염(?)을 토했다.

18년 동안이나 꼼짝도 하지 않던 코스피가 2005년 말부터 단 3년 동안 2,000포인트로 급등한 것은 펀더멘털이 반영된 것이 아니다. 아니, 펀더멘털이 좋다는 명분이 있기에 투기 자금이 한국에 더욱 몰려들었고, 한국도 자체적으로 엄청난 돈을 풀었다. 주가 2,000이 버블이라는 것은 2008년 미국발 금융위기가 발발하자 곧바로 1,000포인트까지 폭락했다는 것에서도 증명된다. 물론 1,000포인트로 밀린 코스피는 서서히 회복을 하더니 2,000선을 재탈환했다. 그럼에도 불구하고 펀더멘털과 상관없다. 주식시장은 돈의 양과 심리적 모멘텀이 큰 영향을 미친다.

2008년 이후 한국 주식시장의 상승기는 더욱 문제였다. 2008년 이후에는 한국 수출기업이 서서히 추락하는 과정이었다. 이때 나타난 주가 상승기는 거의 전부 유동성의 힘이었다. 2008년에 폭락했어도 아시아에서는 도리어 돈이 더 넘쳤다. 미국과 유럽이 경제 회복을 위해 지난 5년 동안 돈을 더 풀었고, 중국도 자국의 경제위기를 극복하기 위해 막대한 규모의 유동성을 풀었다. 일본도 아베가 "3개의 화살"이라는 구호 아래 엄청난 돈을 풀어 경제 회복을 꾀했다. 이런 돈들이 한국 주식시장에 쏟아져 들어왔다.

만약 2020~2021년 사이 한국 수출기업의 추락이 계속되고, 삼성전자의 반도체 사이클 효과가 사라지고, 현대기아차의 위기가 겹치는 상황에서, 기준금리가 추가 인상되면서 가계부채에 불이 붙고, 외국인 투자금이 대거 한국 주식시장을 탈출하면 코스피 주가는 어디까지 하락할까? 상상만 해도 두렵다.

폭락을 한다면, 회복 기간은 얼마나 걸릴까? 1997년과 2008년 위기 시에는 폭락분을 완전히 회복하는 데 1~2년이면 충분했다. 하지만 이번에도 그 정도 기간이면 충분할까? 그럴 수도 있고, 아닐 수도 있다. 폭락에 대한 기술적 반등은 1997년과 2008년 때와 비슷할 것으로 예측한다. 과거 두 번의 시기에는 폭락분을 회복하고 추가 상승을 했다. 하지만 이번에는 추가 상승은 힘들 가능성이 크다. 우선, 금융위기 발발 이후 최소 3~5년, 길게는 10년 정도 3,000선에 도달하지 못할 가능성도 있다. 최악의 경우, 기술적 반등을 한 후 지속적으로 다시 하락하면서 깊은 침체에 빠질 가능성도 있다. 일본의 사례를 통해 한 가지 가설을 세워 보자. 다음은 일본 주식시장의 지난 30년간의 추이다.

| 금융위기 발발 시 일본의 주식시장 하락폭 |

출처: TRADINGECONOMICS.COM, OTC/CFD

일본은 1991년 부동산 버블 붕괴가 시작되면서 13년 동안 주택은 60%, 상업용 부동산은 85% 하락했다. 4만 포인트 가까이 올랐던 니케이 주가도 순식간에 60% 폭락했다. 기술적 반등과 하락을 반복했지만 아시아 위기가 발발하자 추가 하락을 하면서 1만 5,000선을 내주었다. 다시 한 번 기술적 반등을 했지만, IT버블 붕괴가 밀어닥치면서 1만 선도 무너졌다. 이렇게 일본은 자체 동력 상실과 외부 충격이 겹치면서 부동산 버블 붕괴 이후 20년 동안 계속 하락했다.

그렇다면 한국도 일본처럼 될까? 다음은 필자가 예측하는 금융위기 이후 한국 주식시장의 미래 시나리오다. 시나리오는 크게 4가지다.

첫 번째는 1991년 부동산 버블 붕괴와 기업 경쟁력 상실을 동시에 맞고 20년간 지속적으로 하락한 일본을 그대로 따라가는 시나리오다. 두 번째는 금융위기를 맞아 폭락장을 경험하지만 글로벌 기업 경쟁력을 회복하거나 혹은 중국의 위기로 인해 어부지리 상황을 얻어 한국 수출기업이 글로벌 경쟁력 상실 충격이 늦게 발생해 코스피가 지지부진한 등락을 반복하는 시나리오다.

두 번째 시나리오는 1997년 외환위기 이후 한국의 주식시장에 나타난 상황과 비슷하다. 물론 2008년 이후 한국 주식시장에 나타났던 상황도 제3의 시나리오로 상정해 볼 수 있다. 기술적 반등을 한 후 상당량의 유동성이 국내외에서 주식시장으로 유입되면서 2,000선을 회복하거나 2,500선까지 계속해서 상승하는 시나리오다. 필자는 3,000선을 돌파하는 시나리오(제4의 시나리오)는 생각은 해볼 수 있으나 당분간 확률적 가능성이 아주 낮다고 했다.

이런 시나리오들 중에서 필자는 다음의 도표처럼 첫 번째와 두 번째의 2가지 시나리오가 가장 확률적 가능성이 높다고 본다. 아마 단기적으로는 두 번째 시나리오로 진행되다가 (필자가 이 책의 다음 부분에서 분석할 부동산 시장의 변화 추이에 따라) 첫 번째 시나리오로 전환될 가능성이 클 것이다.

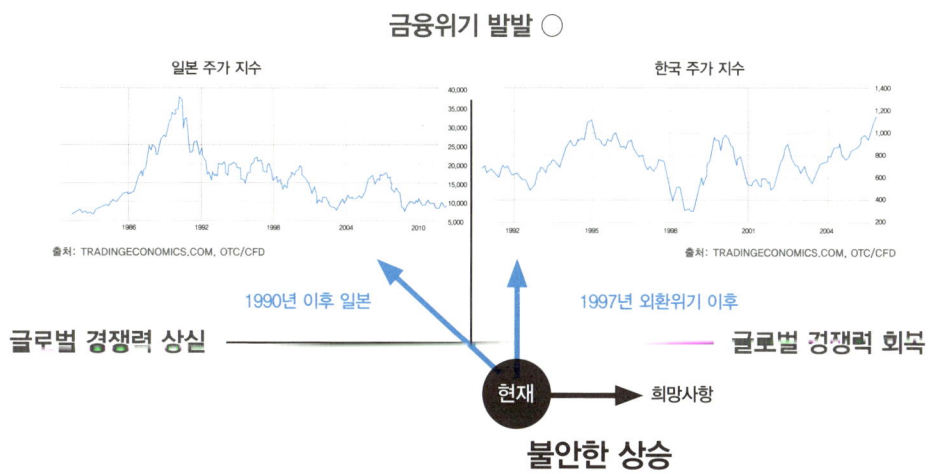

대세 전환기 한국 주식시장 2가지 시나리오
시나리오 1: 1990년 자산버블 붕괴와 일본 기업 경쟁력 상실 후 20년간 지속적 하락
시나리오 2: 글로벌 기업 경쟁력을 회복할 경우, 지지부진한 등락을 반복

세 번째 자산 붕괴,
부동산 가격 하락

필자가 예측하는 세 번째 자산 붕괴는 부동산 시장에서 나온다. 주식투자는 일부 성도만 한다. 아주 소수의 교회만 주식시장에서 자산 증식을 노린다. 하지만 부동산은 다르다. 대부분의 성도가 부동산에 연결되어 있다. 모든 현금과 부채를 동원해서 집을 구매한 주인이거나, 전세살이를 하거나, 노후를 위해 혹은 자산 증식을 위해 부동산에 투자한 사람 등 거의 대부분의 성도가 부동산과 연결된다. 부동산은 성도의 자산 60~80%를 차지한다. 교회도 마찬가지다. 교회를 건축하기 위해 땅을 샀거나, 현금과 부채를 모두 동원해서 교육관이나 본당 건물을 세웠거나, 미래에 쓸 요량으로 모아 둔 헌금을 은행보다 높은 수익률을 올릴 수 있다는 생각에 부동산에 투자하는 등 상당수의 교회가 부동산에 연결된다.

이런 부동산 시장의 미래가 과거와 달라진다면 어떤 일이 벌어질까? 부동산 불패 신화가 무너지고, 믿고 투자했던 부동산 가격이 하락의 대반전을 보이고, 심지어 가격이 크게 하락했어도 처분하지 못하고 오랫동안 이자를 계속 내야 하는 상황에 몰린다면 어떻게 될까?

이 문제는 성도와 교회의 미래에 큰 영향을 주는 아주 중요한 현실이기에 다른 주제보다 더 깊게 분석하고 예측을 해보려 한다. 이 책을 읽는 독자도 인내심을 가지고 필자의 분석과 예측 내용을 잘 따라와 주기를 바란다. 그리고 결론을 먼저 말한다. 지금이라도 부동산 투기 시장에서는 급히 빠져나오기를 바란다. 투기는 성경적으로도 비난받을 태도다. 더불어 가능하다면 실수요자라도 막대한 빚을 내어 부동산을 사려는 생각을 멈추기를 바란다. 부동산 구매를 위기 이후로 미루든지, 아니면 빚의 규모를 최소한으로 줄여서 실거주 주택을 구매하기 바란다. 자칫 잘못하다가는 집 한 채 때문에 수십 년의 인생을 고통 속에서 보낼 수도 있다.

이런 태도는 교회도 마찬가지다. 제발 당분간은 막대한 빚을 내어 교회를 건축하거나 땅이나 건물을 사는 것을 조심해야 한다. 아니, 가능하면 적은 돈을 들여 리모델링을 하는 수준에서 멈춰야 한다. 어쩔 수 없이 교회를 건축해야 한다면 최소한으로 비용을 줄여라. 하지만 이 역시 위기 이후로 미룰 수 있으면 더욱 좋을 것이다.

참고로, 필자가 성도와 교회의 자산에 중요한 영향을 주는 한국 부동산의 미래에 대한 분석과 예측을 본격적으로 전개하기 전에 2가지를 먼저 밝힌다.

첫째, 지금부터 분석하고 예측하는 한국 부동산의 미래 시나리오는 필자의 다른 저서 『앞으로 5년, 한국의 미래 시나리오』에 실린 내용을 해당 출판사의 양해를 얻어 상당 부분 그대로 재인용함을 알려 드린다. 이 주제는 아주 구체적이고, 논리정연하고, 다양한 비교 분석이 필요한 부분이기에 가능하면 전체 분석 내용과 예측 시나리오를 그대로 전달해 독자의 통찰력을 돕기 위함이다.

둘째, 필자는 부동산 시장의 미래가 하나님의 뜻에 따라 오르거나 하락한다고 말하고자 함이 아니다. 하나님은 한국 부동산 가격이 오르고 내리는 것에 전혀 관심이 없으시다. 그래서 성도나 교회가 자신들이 구매한 부동산이 오르게 해달라거나 폭락을 막아 달라 기도하는 것은 별로 의미가 없을 것이다. 내 기도에 따라 부동산 가격이 오르고 내리지 않는다.

한국 부동산 시장의 미래는 한국 사회의 미래와 연결되어 움직인다. 한국 내의 화폐 유동성과 밀접하게 연관되어 움직인다. 인간의 탐욕과 공포에 영향을 받는다. 하나님은 이런 시장의 작동 방법과 환경에서 성도들이 믿지 않는 자들과는 다르게 생각하고 행동하기를 원하신다. 한국 부동산 시장에서도 하나님의 정의와 공의와 이웃 사랑의 마음을 실현하기를 원하신다. 기도의 초점을 가격의 상승과 하락에 맞추지 말고, 하나님의 정의와 공의와 이웃 사랑의 마음 실현에 맞추라.

한국 부동산, 버블인가?

최근 광명의 전용 84m^2의 한 아파트 단지의 매물호가 12억 원짜리가 등장했다. 이 아파트는 입주가 시작된 2018년 2월 후부터 가격이 상승해 분양가 대비(2014년 11월 분양 당시 4억 4,310만 원~4억 4,470만 원) 3배 가까이 상승했다. 일부 부동산중개업소에서는 12·16정부대책으로 옥죄어진 주택담보대출 상한선인 15억 원 이전까지는 더 오를 기세라고 한다.[31]

이 아파트의 가격 상승 요인은 무엇일까? 단지 내 시설과 상권 규모, 학교 신설 등은 부수적이다. 가격이 폭등하는 핵심 명분은 경기 안산~여의도 44.7km 구간을 잇는 신안산선이 2024년에 개통되어 여의도까지 20분 이내에 도착한다는 점이다. 한마디로, 서울 도심 접근성이 좋다는 이유다.

한국 경제가 호황기로 활활 타오른다면 이런 기사는 당연하게 보일 것이다. 하지만 현재 한국은 경제도, 일자리 시장도 별로인데 집값만 계속 오른다. 과거에 집값이 올랐을 때는 백화점이나 가게에 손님이 북적거렸다. 하지만 지금은 집값이 올라도 식당에 손님이 별로 없다. 필자의 질문은 이것으로 시작한다.

"이게 무슨 상황인가?"

"그리고 현재 아파트 가격은 정상인가?"

필자가 묻는 '정상 가격'의 의미는 '빚내서 구매해도 갚을 수 있는 가격인가?'다. 계산기를 두드려 보지 않고 직감으로 생각해도 비정상 가격이다. 참고로, 전용 면적 84m^2의 아파트 가격 12억 원은 서울이 아니다. 서울 외곽 도시다. 미친 가격이다. 그래서 필자가 말하고 싶은 한국 부동산에 대한 첫 번째 진실은 이것이다.

"한국 국민의 80%에 속하는 서민과 중산층은 현재 가격의 한국 아파트를 정상적으로는 절대 못 산다."

서울 외곽 도시만 미친 것이 아니다. 서울은 더 심하다. KB국민은행 자료에 따르면, 2019년 12월 서울 아파트의 중위 가격이 8억 9,751만 원을 기록했다. 거의 9억 원이다. 2009년 7월 5억 원대를 돌파한 후 7년 반 후에 6억 원을 넘었고, 그 후로 2년 반 만인 2019년 12월에 9억 원에 육박하는 속도다. 세부적으로는 강남 11개구 아파트 중위 가격은 11억 2,867만 원, 강북 14개구는 6억 3,493만 원이다. 강남이 강북의 1.7배 정도다.[32]

이런 가격이 얼마나 미친 수준일까? 2019년 한국의 가계 중위 소득(2인 가구 월 290.6만 원, 4인 가구 461.3만 원) 대비 16배 가격이다. 2018년 서울의 가구당 평균 소득(연간 6,493만 원)을 기준으로 해도 13.5배다. 두 기준 모두 집값이 높기로 악명 높은 실리콘밸리 산호세 9.4배, 런던 8.3배보다 높다.[33] 이것이 진실의 전부가 아니다.

부동산이나 금융전문가들의 상식적 계산법을 가지고 따져 보자. 이들이 권하는 건전한 금융 관리 조언에 따르면, 실주거 목적 주택 구매자가 20년 동안 직장생활을 하면서 대출 완납을 할 수 있는 가격은 자기 연봉 총액의 5배가 최대 선이다. 예를 들어, 세후(稅後) 연봉 5,000만 원인 직장인의 경우라면 5배 가격 주택은 2억 5,000만 원이다. 제1금융권에서 60% 대출을 받는다고 하면, 자기 부담금 1억 원에 대출 원금은 1억 5,000만 원이 된다. 연 5%의 대출 이자 비용을 가정하면, 대출 기한이 20년이면 발생하는 이자 비용은 1억 5,000만 원(원금 100%에 해당)이다. 20년 동안 원금과 이자 비용을 합하면 총 3억 원 지출이 발생하고, 연간으로 환산하면 1,500만 원(연봉 30%)씩이다. 금융 전문가도 이 정도(연봉 30%)를 개인이 적정하게 감당할 만한 최대 금액으로 본다.

만약 자기 연봉 7배 가격의 주택(3억 5,000만 원)을 구매한다면, 자기 부담금은 1억 4,000만 원으로 늘어나고, 대출 비용은 2억 1,000만 원이 된다. 이 경우, 20년 동안 매년 자기 연봉의 42%(2,100만 원)를 금융비용(이자, 원금)으로 지출해야 한다. 이 수준이면 의식주와 자녀 교육에 들어가는 절대 비용을 제외하고 추가로 소비할 여력이 거의 없다. 만약 자기 연봉의 10배를 넘는 가격의 주택을 구매하면 퇴직할 때까지 원금 상환 완료가 불가능하다.

2018년 기준, 고용노동부가 발표한 연봉 금액별 근로자수 분포 추이로 비교해 보자. 한국에서 세전(稅前)으로 1억 원 이상 연봉을 받는 근로자는 49만 명이고 비중으로는 전체 근로자 1,544만 명 중 3.2%다. 8,000만 원에서 1억 원 사이는 56만 명이고 비중은 3.6%다. 6,000만 원에서 8,000만 원 사이는 116만 명이고 비중은 7.5%다. 연봉 6,000만 원 이상을 받는 근로자는 총 221만 명이고 비중은 14.3%다.

필자가 앞에서 소개한 계산법에 따르면, 세전 연봉 1억 원을 받는 근로자가 각종 세금(대략 20~30%)을 공제하고 남는 소득으로 금융사고를 내지 않고 구매할 수 있는 아파트의 적정 가격은 3억 5,000만 원~4억 원(실질 연봉 총액의 5배)이다. 의식주와 자녀 교육에 들어가는 절대 비용을 제외하고 추가로 소비할 여력이 거의 없는 7배 수준의 아파트 가격이라면 5억 원~5억 5,000만 원이다. 최악의 경우, 10배 수준까지 총력을 다해서 금융비용을 지불한다면 7억 원~8억 원 수준이다. 이럴 경우, 매달 400~500만 원씩(세후 월급의 50~60%)을 15~25년간 금융비용으로 납부해야 한다. 20대 후반에 대기업에 입사해서 초고속 승진을 거듭해서 35세부터 연봉 1억 원을 받아도 50~60세가 되어야 완납이 가능한 가격이다.

종합하면, 세전 연봉 1억 원을 받는 직장인이 이자나 원금 상환을 완료하지 못하는 금융사고가 발생하지 않는 수준에서 구매할 수 있는 아파트 가격은 최소 3억 5,000만 원에서 최대 8억 원이다. 서울 아파트 중위 가격 9억 원은 세전 연봉 1억 원을 받는 직장인이 정상적으로 구매할 수 있는 가격이 아니다. 한 푼도 쓰지 않고 모은다는 전제로, 1억 원 연봉자는 9~11년, 6,000만 원 연봉자는 15~19년이나 소요되는 가격이지 않은가!

남편과 아내가 맞벌이를 하고 10년 이상 착실하게 저축한 돈이 있다고 가정을 한다 해도, 연봉 6,000만 원 이상을 받는 근로자 총 221만 명(14.3%)이 그나마 중위 가격 9억 원이 되는 서울 아파트, 혹은 중위 가격 11억 2,867만 원이 되는 강남 아파트를 살 수 있는 최대치다. 즉 현재 서울 아파트 중위 가격은 65세 은퇴 전까지 총력을 다해서 이자와 원금을 갚아 나간다 해도 한국 전체 근로자의 14.3% 정도만 가능한 금액이다.

연봉 4,000만 원에서 6,000만 원 사이인 253만 명(16.4%), 2,000만 원에서 4,000만 원 사이인 678만 명(43.9%), 2,000만 원 미만인 392만 명

(25.4%)은 정상적인 금융 능력으로는 서울 아파트를 절대 살 수 없다. 강북 14개구의 중위 가격은 6억 3,493만 원으로 강남보다 낮지만, 불가능한 이야기다. 강북 아파트 중위 가격조차도 2019년 한국의 가계 중위 소득 대비로 하면 11.5~17.7배다. 2018년 서울의 가구당 평균 소득(연간 6,493만 원)을 기준으로 해도 10배 가까이 된다. 연봉 6,000만 원 미만을 받는 85.7%의 근로자가 서울 아파트를 사는 일은 불가능하다.

직장 근로자가 아닌 자산가가 더 있다고 질문할 수 있다. 2019년 기준, 한국에서 금융자산 10억이 넘는 부자는 32만 3,000명 정도다.[34] 이들을 다 합쳐도 이 계산에는 큰 차이가 없을 듯하다. 결국 근로자 85.7%가 매월 소득의 최대 30%를 금융비용으로 감당하더라도 구매한 중위 가격의 아파트 비용을 은퇴 전까지 정상적으로 갚기 어려우니, 서울과 수도권 아파트 가격은 버블이 맞다.

부동산 시장, 가격 정상화로 간다

부동산 가격은 단기적으로는 투기 심리에 의해 움직이지만, 장기적으로 절대로 단독으로 움직이지 않는다. 유동성만으로도 움직이지 않는다. 부동산 가격의 장기 추세는 한국 경제와 정치의 총체적 역량과 연결해서 결정된다. 우선, 지금까지 필자가 이야기한 한국 경제를 둘러싸고 있는 내외부적 위기와 점점 약해지고 있는 한국 경제의 펀더멘털에 대한 분석과 예측을 잘 이해했다면 현재 한국의 일부 지역에서 일고 있는 청약 열풍이나 가격 상승 움직임이 부동산 가격의 대세적 재상승기와 관련이 없다는 것을 직감할 수 있을 것이다.

현재 수도권과 지방 대도시 일부에서 일어나고 있는 열풍은 규제가 없고 가격을 올릴 수 있는 조건(개발 호재, 주거 환경 좋고, 학군이나 일자리 상황이 좋고, 부자들이 선호할 만한 곳)이 될 만한 곳만을 골라 투기 세력이 자기들만의 매매 리그를 벌이는 게임이다. 여기에 부녀회 등 일부 아파트 주민이 그 틈을 비집고 집값을 올리기 위해 가격 담합을 하는 시류가 결합된 현상일 뿐이다. 이런 지역을 제외하고는 전국은 이미 부동산 가격 정상화 국면으로 진입 중이다. 다음은 필자가 부동산 시장에 영향을 미치는 다양한 요인들 중에서 '신용 사이클' 하나만 가지고 본 현재 한국 부동산 시장 상황 분석이다.

| 부동산 시장에 영향을 미치는 신용 사이클과 한국의 현재 위치 |

1. 중앙은행이 화폐 공급량 '증가' 정책으로 전환하여 시중 유동성을 증가시킨다.
2. 경제가 번영의 시기로 진입한다.
3. 악재가 거의 사라졌기 때문에 대출과 투자에 수반된 위험도 함께 감소한 것으로 인식된다.
4. 시장금리가 먼저 하락한다.
5. 위험회피 성향이 사라진다.
6. 금융기관이 사업 확장과 시장 점유율 경쟁을 위해 대출 규제 '완화' 정책(금리 인하, 신용 기준 약화, 계약 조건 약화 등)을 실시한다.
7. 시장이 과열되고, 자본 비용이 자본 수익을 초과하는 위험한 프로젝트에 자본 투자가 몰린다.
8. 자본 회수가 불가능한 부실 채권 발생이 빈번해지면서 자본 파괴가 일어난다.
9. 위험도가 높아지면서 시장금리가 먼저 상승한다.
10. 중앙은행은 화폐 공급량 '축소' 정책으로 전환하여 시중 유동성을 감소시킨다.
11. 위험회피 성향이 증가한다.
12. 중앙은행의 통화 축소 정책과 자본 투자 손실 때문에 대출기관도 의욕을 잃고 투자를 회피하기 시작한다.
13. 금융기관의 위험회피 성향이 증가하면서 대출 규제 '강화' 정책(금리 인상, 신용 기준 강

화, 계약 조건 강화 등)을 실시한다.
14. 신용 사이클의 저점에 진입하면서 이용 가능한 자금이 줄어들어 가장 안전한 자격 조건을 갖춘 대출자들에게만 대출이 이루어진다. ◀ 현재 한국 상황
15. 시중에서 자금 기갈이 일어나면서 대출자가 채무를 롤오버할 수 없게 되면서 채무불이행과 파산이 일어나기 시작한다.
16. 시중의 신용 경색은 경기 위축과 시장 악화 요인으로 작용한다.
17. 극단적인 상황이 발생하지만, 대출을 일으키려는 경쟁이 아주 낮기 때문에 높은 신용도와 함께 고수익이 보장되는 기회가 발생한다. 이 시점에서 역투자가가 자본을 이용하여 고수익을 얻는 시도를 하면서 시장에 자본 유입 숨통이 열린다.

출처: Howard Marks, Mastering the market cycle(2018), p. 201~202, CYSInsight

　부동산 가격에 대한 판단은 시장의 성장과 쇠퇴 시기에 따라 조금씩 차이가 있다. 부동산 시장 성장 초기에는 가격 상승이나 하락에 대한 판단이 어렵다. 오랫동안 버려진 땅이라 여겼던 곳들이 많기 때문에 '설마 이런 지역의 땅값이 오르고 아파트가 들어설까?' 하는 의심이 크게 들기 때문이다. 하지만 이런 단계를 지나서 부동산 가격이 본격적으로 상승하는 시기에는 판단이 쉽다. 정확히 말하면, 부동산 '성장기'에는 판단에 대한 리스크가 적다. 거의 대부분의 지역에서 땅값이 뛰고, 아파트는 분양하는 족족 가격이 상승하고, 기존 주택의 매매도 활성화되어 사고파는 과정에서 큰 손해가 발생하지 않는다. 심지어 이런 시기에는 진입로도 없이 버려진 야산이나 그린벨트로 묶인 곳도 고가에 팔릴 수 있다.

　하지만 이 단계가 지나서 부동산 가격의 '성숙기'에 들어서면 부동산 시장에 대한 판단이 쉽지 않다. 투자 실패율도 높아진다. 내가 살 때는 분명 가격이 상승했는데, 팔려고 내놓으니 가격이 하락하는 일이 비일비재해진다. 현재 한국의 부동산 시장을 아주 보수적으로 본다고 하면, 지금이 이런 시기다. 이런 시기에 부동산 실수요 대기자나 부동산에 투자하려는 일반인은 조심, 또 조심해야 한다. 신중, 또 신중해야 한다. 투자를 행

동으로 옮기기 전에 주변 환경의 변화부터 글로벌 정세까지 공부를 많이 해야 한다. 한국의 부동산은 거시적으로 보면 글로벌 경제 변화에까지 연결되어 있다. 쉽게 말해, 미국이라는 나라의 기준금리 인상이 한국의 시골 어떤 곳의 부동산 가격에 영향을 미친다.

부동산 시장에 대한 판단이 쉽지 않은 시점이 또 있다. 대세 하락의 초입부다. 본격적 비관론이 시장을 강타하기 전에는 더 큰 상승이냐, 대체 하락인가에 대한 의견이 팽팽하기 때문이다. 만약 현재 한국의 부동산 시장을 아주 비판적으로 본다고 하면, 지금이 이 시기일지도 모른다. 이 시기가 지나면 오히려 판단이 쉬워진다. 부동산 불패 신화는 끝이 났고, 이제는 부동산 가격은 상식에 따라 가격이 결정된다는 생각이 지배하는 시기이기 때문이다. 동네 사람들은 저 땅이, 혹은 이 건물이 가격이 얼마 정도가 되는 것이 상식적인지 다 안다. 필자는 이것을 '부동산의 가격 정상화 시기'라고 부른다.

| 앞으로 20년, 한국 부동산 가격 사이클과 투자 판단력의 관계 |

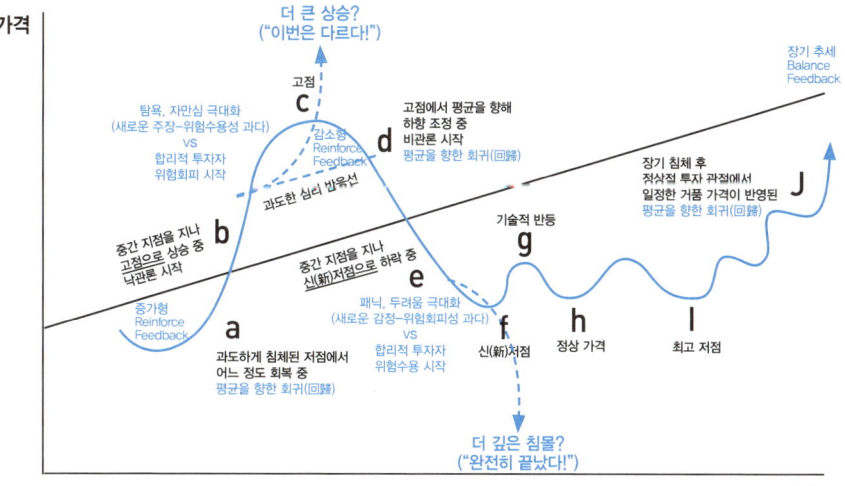

부동산 대세 하락이 시작되면 (도표처럼) 신저점 형성과 기술적 반등이 반복되면서 서서히 가격이 하락한다. 대세 하락기에 발생하는 최고 저점은 하락에 대한 두려움과 시장 교체와 맞물려 정상 가격보다 낮은 지점이 된다. 그리고 대부분의 지역에서 정상 가격이나 혹은 최고 저점까지 하락하는 단계를 거치면 부동산은 서서히 상승하며 다시 버블이 끼면서 '정상적 투자 관점에서 평균 가격'을 향해 전진하기 시작한다.

한국 부동산이 선진국과 다른 점이 있다. 정부의 일관성 없고 포퓰리즘적인 정책, 독특한 투기 방법(부동산 강좌와 투기 자본의 버스 투어 행태, 부녀회 담합 등)이다. 이런 요소들이 대한민국 건국 이래 초유의 저금리 시기와 맞물려 막대한 가계부채로 인한 금융위기 발발 시점을 늦추고 있다. 하지만 이런 요소들도 금융위기가 발발하면 무용지물이 될 것이다. 금융위기가 발발하면 한국 부동산의 대세 하락은 공식화될 것이다. 필자가 앞에서도 자세히 설명했지만, 금융위기 발생 요인은 크게 4가지다.

1. 유동성 사이클로 인한 장기자산과 단기부채 사이의 불일치(롤오버에 문제)
2. 금융비용 상승(이자와 원금 상환 부담 증가, 경제 사이클로 인한 소득 위축은 간접 영향)
3. 금융기관의 장단기 불일치(롤오버, 뱅크런)
4. 정부와 정치권의 잘못된 정책

첫 번째와 두 번째는 자산을 소유한 주체의 문제이고, 세 번째는 금융기관의 문제다. 기준금리 인상은 두 번째에 영향을 주고, 금융위기가 발생하면 첫 번째와 세 번째로 위기가 전이되면서 부동산 시장 전체에 악영향을 준다. 여기에 정치권의 잘못된 정책과 뒤늦은 대응, 한국 기업의 수출경쟁력과 내수시장 전망은 금융위기 극복이나 금융위기 기간의 장기화 여부에 영향을 주면서, 동시에 그 수준에 따라 부동산 가격의 하락 지점과 가격 하락의 기간에도 영향을 준다. 필자가 한국 부동산의 미래예측을 시작하면서 한 말을 다시 생각해 보자.

"부동산 가격은 단기적으로는 투기 심리에 의해 움직이지만, 장기적으로 절대로 단독으로 움직이지 않는다. 유동성만으로도 움직이지 않는다. 부동산 가격의 장기 추세는 한국 경제와 정치의 총체적 역량과 연결해서 결정된다."

한국 부동산, 일본형 폭락은 없다?

일부에서 한국 부동산 시장에서는 일본형 폭락이 절대로 일어나지 않는다는 주장이 제기되고 있다. 필자의 의견은, 반은 맞고 반은 틀리다. 다음은 "일본형 폭락은 없다"는 주장을 한 신문 기사의 주 내용이고, 그와 비슷한 주장들을 종합해 핵심 골자만을 필자가 간단히 정리한 내용이다.

한국 부동산, 일본형 폭락은 없다?

인구절벽보다 중요한 요인이 있었다. 정책과 공급이다. 추세를 정하는 건 결국 이 두 가지다. 2008년 서브프라임 모기지 사태로 미국 부동산 시장의 버블이 꺼졌다. 운이 좋게 전망이 맞긴 했다. 하지만 미국은 일본과 달리 일시적 불황에 그쳤다. 미국은 정부가 주택 공급을 급격히 줄이고 금융기관 정상화 등에 주력하면서 주택시장 균형이 회복될 만한 여건을 마련한 까닭에 장기 불황으로 이어지진 않았다. 결과적으로 인구가 감소하거나 경제활동인구가 줄어드는 나라 가운데 장기 불황에 빠진 나라는 일본이 유일했다. 역대급 실수 때문이었다.

1980년대 후반 급격한 경제 성장으로 부동산 버블이 발생했다. 버블 붕괴 이후 집값이 폭락했음에도 공급을 줄이지 않았다. 오히려 (떨어지는 경기를 부양하기 위해) 정부가 주택공급 확대 정책을 폈다. (이게 '잃어버린 20년'으로 이어졌다. 더 나아가 일본은 기업이 부동산 버블의 주범이라서 한국과는 다르다는 해석도 있음)

결론적으로 베이비붐 세대 은퇴를 계기로 자산시장이 붕괴하고 일본형 장기 불황에 접어들 것이란 가설은 틀렸다. 일본의 장기간 경기 침체는 인구 감소 하나 때문에 일어난 일이 아니다. 미국과 독일, 영국, 캐나다, 오스트레일리아 등 인구가 감소한 나라 가운데 일본처럼 장기 불황을 겪은 나라가 없다. 독일도 일본처럼 1990년대에 인구가 감소세로 돌아섰으나 20년 전보다 경제가 30% 커졌고 부동산 가격은 1.1배, 주가는 5.2배 상승했다. 일본 자산시장 붕괴도 인구 감소보다는 '거품'과 당국의 연이은 정책 실패가 직접적인 원인이다. 한국 부동산은 아주 일부 지역을 빼고는 거품이 없어 일본처럼 붕괴할 염려가 없다. 인구절벽론 같은 미신에 속지 말고 마음 편하게 투자해도 된다.

금리를 인상한다는 건 경기가 좋다는 의미이기도 하다. 금리인상 속도보다 소득증가 속도가 빠르다면 주택가격은 더욱 오르기도 한다. 지난 2005~2008년과 2010~2012년 두 차례에 걸친 금리인상기 때 초반에도 부동산 가격은 상승했다.

가계부채는 경제 규모가 커지는 동안 늘어날 수밖에 없다. 최근 인구주택총조사에선 임차가구의 70%가 월세로 거주하는 것으로 나타났다. 20년 전엔 전세 비중이 70%였던 것과 정반대다. 그만큼 전체 임대 시장에서 전세보증금이 줄어들고 있다는 의미이기도 하다. 보증금이 줄어들면 집주인들의 부동산 담보 대출로 전이된다. 사금융이 공적인 분야로 노출되는 셈이다. 더욱 규모가 큰 대출이지만 연체율은 낮다는 특징이 있다. 반면 부동산임대업을 하는 자영업자들의 부채는 가계부채로 둔갑했다. 가계부채 규모가 과장된 측면이 있다.

출처: 전형진, "일본형 부동산 폭락은 없다", 한국경제, 2018.06.07.

한국 부동산, 일본형 폭락은 없다?

[일본 부동산 버블 붕괴의 원인 분석 정리] - 인구문제(베이비부머 은퇴) 문제가 아니다.

투기 심리 :
1985년 플라자 합의 이후 일본 기업은 저금리를 이용해서 부동산 투자에 나서면서 상업용지 가격이 폭등했다. 최고 상업지구였던 지요다구에 있는 오피스 빌딩의 경우 3.3m²당 1억 엔(10억 원)에 이르렀다. 당시 일본 은행은 부동산 가격 상승이 계속될 것으로 생각하고 담보인정비율(LTV)을 90%까지 인정했다. 한국은 투기 지역의 경우 40%다. 도쿄 내 핵심 지역 주택가격도 1985년 PIR(소득 대비 주택가격 배율) 6배에서 1988년에는 PIR이 16배가 되었다.

일본 정부의 잘못된 정책 :
1. 유동성 정책 실패 – 1990년에 부동산 시장이 붕괴될 때 일본 중앙은행은 기준금리를 연 2.5%에서 6%까지 올렸다. 걸프전이 발발해 유가가 13달러에서 38달러로 3배 가까이 오르자 인플레이션이 발발했기 때문이다. 상업용 빌딩은 최고 89% 하락한다.
2. 공급 정책 실패 – 일본은 1990년 무렵 인구 정체가 시작되었지만 내수경기 진작과 GDP 상승 견인을 위해 부동산 버블 막바지인 1980년대 후반부터 버블 붕괴가 시작된 1990년대 초반까지 필요 공급량(연간 100만 호)의 배가 되는 200만 호를 공급했다.

글로벌 정세 위기 :
아시아 금융위기 발발로 위기 국가에 대출이 많았던 은행이 대규모 부실이 발생하고 국내 부동산 폭락을 동시에 맞으며 무너졌다.

출처: 최진석, "일본처럼 부동산 폭락할 일은 없다", 한국경제, 2018.11.09.

    이 주장들은 상당히 일리가 있다. 일본의 부동산 버블 붕괴의 원인도 아주 정확하게 진단하고 분석했다. 부동산 투자자라면 귀를 기울여 들어볼 만하다. 그리고 일본과 한국이 다르다는 말도 맞다. 하지만 이 주장을 근거로 한국 부동산 가격이 정상화 단계로 되돌아갈 것이라는 부분까지 부정하는 것은 동의하기 힘들다. 더 나아가, 이 주장을 한국 부동산 가격이 앞으로도 계속 오를 것이니, 한국 주변에서 일어나고 있는 모든 위기 상황에도 안심하고 당신이 십수 년간 모은 모든 돈을 지금이라도 부동산에 투자하고 엄청난 수익률을 기대하고 있으라는 말의 근거로 삼는 것은 엄청난 무리수다.

    사실, 일본과 한국 부동산 시장이 다르다는 것을 비교 분석해서 언론과 인터뷰를 하고 자신의 논리를 전개했던 전문가들도 그들의 주장이 부동산 투기를 지지하고 찬양하는 쪽에 사용되는 것을 바라지 않았을 것이다. 부동산 가격 하락의 과도한 예측과 두려움에 대한 이성적이고 객관적인 대응을 바랐을 것이다. 필자도 이들의 노력에 동의한다. 한국의 부동산은 가격 정상화가 되는 과정이 진행되더라도 70~80%의 가격 대폭락이나 부동산 시장의 전멸 상황까지 가지는 않는다. 절대로 그렇게 되어서는 안 된다. 개인과 국가가 감당할 수 없는 충격이 된다.

한국 부동산의 미래, 가격 정상화

필자가 오래전부터 예측하고 강조했던 한국 부동산의 미래는 '가격 정상화'다. 가격 정상화란 2가지다. 하나는 하루하루 성실하게 노력하며 삶을 살아가는 평범한 젊은이나 직장인들이 자신의 노력에 걸맞은 가격으로 부동산을 매입할 수 있도록 부동산 가격이 되돌아가는 것이다. 쉽게 말해, 직장인이 최소 10년, 길게는 20년 정도 성실히 저축하면 살 수 있는 가격으로 되돌아가는 것이다. 그다음 단계는 그런 정상적인 가격에서 약간의 거품 가격이 더해져 중장기적으로 투기가 아닌 '정상적' 투자 매력도가 반영된 가격이다. 이 2가지 가격이 정상 가격이다. 그리고 필자는 곧 한국의 부동산 가격이 이런 정상 가격으로 회귀하는 대세적 흐름이 시작될 것이라고 예측한다. 아니, 어쩌면 지방의 상당 지역은 필자가 예측한 이런 대세적 흐름으로 전환이 이미 시작되고 있을지도 모른다.

한국 부동산은 일본처럼 되지 않는다. 당연하다. 일본처럼 오르지 않았기 때문이다. 일본처럼 20년간 부동산 장기 불황이 발생한 나라가 없다는 주장에도 동의한다. 일본은 아주 독특한 사례. 하지만 각 나라의 개인 소득, 은퇴 준비, 일자리 상황, 미래 전망, 국가 매력도 등에 맞추어진 가격 정상화 과정을 거친 나라는 많다. 한국도 한국에 맞는 수준으로 가격 정상화가 이루어질 가능성이 크다. 한국 개인의 현재와 미래 소득, 한국 국민의 은퇴 준비 상황, 한국 젊은이들의 현재와 미래 일자리 상황,

국가 전체의 중장기 미래 전망, 앞으로 10~20년간 한국의 국가 매력도 등에 맞는 수준에서 가격이 결정될 것이다.

이것이 모든 상품의 가격 결정의 경제학적 기본 원리이자 이론이다. 당연히 정상적인 생각을 가지고 이런 요소들을 하나씩 따져본 후 그에 맞추어 앞으로 10년 한국 부동산 가격의 미래를 예측해 본다면 최소한 지난 십수 년 동안에 일어났던 몇 배의 가격 폭등은 '절대' 없다. 물가상승률을 이길 수준에서 10년 이상 가격이 계속 오를 가능성도 점점 줄어든다. 그렇다고 일본처럼 오르지 않았기 때문에 일본처럼 대폭락도 가능성이 적다. 한국 부동산의 미래는 '한국식 가격 정상화' 시나리오가 가장 확률적 가능성이 높다. 다음은 한국 부동산의 다양한 미래 가능성들을 정리한 것이다.

- 시나리오 1 : (지난 십수 년처럼) 앞으로도 중장기적으로 몇 배씩 상승한다. (수백% 상승한다.)
- 시나리오 2 : 앞으로 10년 이상, 물가상승률을 이기는 수준(매년 5~8% 이상)으로 계속 상승한다. (실질 가격이 상승한다.)
- 시나리오 3 : 현재 가격을 유지하면서 물가상승률(2~4%) 수준에서 명목 가격이 상승한다. (실질 가격은 0% 상승으로 제자리다.)
- 시나리오 4 : 일본식으로 대폭락(60~80% 가격 하락)을 한다.
- 시나리오 5 : 한국식 가격 정상화 기간이 진행된다.

필자는 2011년 『부의 정석』과 2013년 『2030 대담한 미래』에서 한국 부동산의 시나리오를 차례로 발표했다. 다음은 필자가 당시 예측한 한국 부동산의 기본 미래 시나리오다. 정리된 내용에서 보듯이, 당시 필자는 한국 부동산은 3회의 조정을 거치면서 부동산 가격 정상화의 대세 전환 흐름이 시작될 것이라고 예측했다.

한국 부동산의 기본 미래

- 1차 조정 : 2010~2011(부동산 스테그플레이션)
    - 글로벌 경제위기로 인한 작은 불황들, 부동산 담보대출 부담
- 2차 조정 : 2014~2016(부동산 디플레이션)
    - 베이비붐 세대들의 경제력 상실 표면화되면서 중대형 아파트 본격 매도
    - 중국의 자산 버블 붕괴 여파 가능성 대두
    - 부동산 공급량 초과 표면화(아파트, 상업용 부동산)
- 3차 조정 : 2020년경(부동산 뉴노멀 시작)
    - 기존산업들의 넛크래커 효과
    - 저출산, 고령화로 내수시장 축소 추세 표면화
    - 경제성장 과실의 불균형 분배 심화, 고용 없는 성장 인한 개인들의 구매력 저하
    - 정부와 가계의 부채 증가 문제 표면화
- 3번의 커다란 조정 후 부동산 가격 정상화
- 그러나 자칫 잘못하면 제2차 외환위기 발발 및 장기 불황

필자의 예측은 일부는 현실이 되었고, 일부는 아직 일어나지 않은 미래로 남아 있다. 일부는 예측 시점과 차이가 발생했다. 그 이유는 유럽연합에서 브렉시트(Brexit, 영국의 유로존 탈퇴) 사태가 발발해서 미국 연방준비은행이 기준금리를 낮춰서, 그로 인해 한국의 금융위기 발발 가능성에 영향을 미치는 요소들의 속도도 함께 늦춰졌기 때문이다. 그 덕택으로 한국의 부동산 시장도 1~2년 추가 시간을 얻었다. 행운이었다. 하지만 정부나 개인 역시 천금 같은 추가 시간을 제대로 사용하지 못하고 있다.

다음은 이런 변수를 감안해서 필자의 부동산 시나리오를 재조정한 내용이다.

| 한국 부동산 시나리오 재조정 |

- 1차 조정 : 2010~2011(부동산 스태그플레이션)
  - 글로벌 경제위기로 인한 작은 불황들, 부동산 담보대출 부담

- 2차 조정 : 2014~2016(부동산 디플레이션)
  - 베이비붐 세대들의 경제력 상실 표면화되면서 중대형 아파트 본격 매도
  - 중국의 자산 버블 붕괴 여파 가능성 대두
  - 부동산 공급량 초과 표면화(아파트, 상업용 부동산)

↓ 박근혜 정부의 인위적 부동산 부양과 브렉시트 영향으로 2차 조정기 지연

- 3차 조정 : 2020년경(부동산 뉴노멀 시작)
  - 기존산업들의 넛크래커 효과
  - 저출산, 고령화로 내수시장 축소 추세 표면화
  - 경제성장 과실의 불균형 분배 심화, 고용 없는 성장 인한 개인들의 구매력 저하
  - 정부와 가계의 부채 증가 문제 표면화

한국 가계부채, 절대 안전하지 않다

한국은 일부 지역을 제외하고 거품이 없는 상태가 아니다. 인구절벽 현상이 부동산 가격 하락의 결정적 원인은 아니지만, 가격 하락을 만드는

중요한 요인은 된다. 한국 경제가 좋을 때 기준금리가 인상되는 것은 부동산 시장에 호재다. 하지만 한국 경제가 나빠지고 있는 상태에서 기준금리를 인상하는 것은 부동산 시장에 치명적이다. 금리 인상 속도보다 소득 증가 속도가 빠르면 주택가격은 더욱 오른다. 하지만 한국은 소득 증가 속도가 상위 20%에서만 빠르고, 나머지 80%는 소득이 감소 중이다. 소득이 오르는 상위 20%가 지금 자기들만의 리그를 벌이면서 전국에서 부동산 가격 상승 경쟁을 벌이고 있다.

가계부채는 경제 규모가 커지는 동안 늘어나는 것이 당연하다. 하지만 너무 많다. 연체율이 낮은 이유는 저금리 때문이다. 부동산임대업을 하는 자영업자들의 부채가 가계부채에 포함되었다고 해도 한국의 가계부채 규모와 질은 양호하지 않다. 그리고 지금까지 필자가 분석한 내용을 감안하면 한국의 가계부채는 절대 안전하지 않다.

가계부채는 양적 규모가 역대 최고치를 계속 갱신 중이다. 필자는 한국의 금융위기와 부동산 버블 붕괴의 도화선이 될 가계부채 문제를 분석하면서 실질적 가계부채의 규모는 은행권에 잡힌 부채만을 계산하면 안 되고, 자영업자, 비영리단체, 전세자금 등을 모두 포함해야 한다고 주장했다. 위기 경계감이 증가하면서 학계와 금융권에서도 필자의 이런 주장과 같은 목소리가 나오고 있다. 필자의 이런 주장은 대단한 것이 아니다. 상식적이지 않은가? 가계부채의 위험도를 그렇게 계산하지 않은 것이 문제였을 뿐이다.

집주인이 대출금을 갚지 못해 파산하게 되면, 당연히 담보물인 주택이 경매에 넘어가게 되고, 위기 시에 경매로 나온 담보 물건은 최소 3회 유찰이 되어 최소 40% 이상 가격이 할인되어 처리된다. 가격이 할인된 금액분 속에는 세입자의 전세자금이나 반전세자금이 포함되어 있다. 이것을 공공이나 민간보증사가 전세보증을 해주더라도 손실이 없어지지 않는다. 개인에서 정부나 민간기관으로 이전될 뿐이다. 그리고 현실적으로 한국의 상황에서 집주인의 눈치 때문에 상당히 많은 사람이 전세보증의 우산 아래로 피신하지 못하고 있다. 그리고 위기가 발생할 때 부실이 발생하는 채권은 바로 그런 취약 영역에서 생긴다.

2019년 9월 말 기준 한국은행 집계에 따르면, 가계 대출과 개인사업자 대출, 신용카드 빚을 뜻하는 판매신용 총합계가 2,011조 4,000억 원으로 추산되었다. 가계 대출은 1,481조 6,000억 원(개인사업자 대출 차주가 빌린 가계 대출 231조 9,000억 원 포함), 개인사업자 대출은 438조 7,000억 원, 판매신용이 91조 1,000억 원이다. 2019년 3월 기준, 국내 부동산 관련 대출 규모도 기업 667조 원이었다.[35] 이것이 전부가 아니다. 숨어 있는 부채가 2가지 있다. 하나는 전세금이고, 다른 하나는 그림자 금융이다.

전세금은 한국에만 있는 유일한 제도로, 은행권 부채로 잡히지 않는다. 전세금은 일종의 P2P 금융이다. 세입자가 집주인에게 직접 빌려주는 돈이기 때문이다. 세입자는 빚이 아니어도 집주인에게는 분명한 빚이다. 단, 은행보다 후순위 채권이라서 부동산 버블 붕괴가 일어나면 제2금융권과 함께 직접 타격을 크게 입을 숨어 있는 부채다. 전세금이 충격을 받으면 은행권에는 직접 타격이 가지 않지만 중산층 가계 경제에는 핵폭탄이 터지는 상황이 연출된다. (집주인이 부도가 나서 전세나 월세로 사는 집이 경매에 넘어간 경험이 있는 독자라면 그 충격이 얼마나 무서운지를 직감할 것이다.)

필자가 추정하고 있는 한국 부동산 시장 내에서 전세금의 총규모는 대략 600~900조 원 정도다.[36] 2019년 기준, 은행권 전세자금대출 총액이 100조 이상이므로 숨어 있는 부채에 속하는 전세금은 500~800조 원이다. 앞에서 밝힌 가계 총부채 2,011조 4,000억 원에 전세금을 합하면 실질 가계 총부채 규모는 최소 2,511조, 최대 2,811조 원이 된다. 무서운 규모다.

그림자 금융은 전통적 은행 이외의 금융회사에서 대출한 돈이다. 이들은 자기가 직접 받은 예금이 아니라 다른 곳에서 돈을 빌려와 투자를 하거나 돈을 빌려준다. 은행권 밖에서 복잡한 금융 거래와 상품을 통해 은행과 유사한 신용 중개 기능을 수행하지만 감독당국의 규제 사각지대에 놓여 있어서 그림자 영역으로 분류된다. 2007년, 미국 투자회사 핌코(PIMCO)의 폴 맥컬리(Paul McCulley)가 처음으로 지칭했고 투자은행, 헤지펀드, 사모펀드, 소액대출 전문회사, 담보회사, 신탁회사, 재무회사, 금융리스회사의 투자예금 업무, 민간 금융인 민간 대출(사채=지하 금융), 금융업 점포 등이 모두 여기에 포함된다. 참고로, 2020년 기준으로 한국에서 활동하는 사모펀드 숫자는 무려 1만 1,000개가 넘는다.

얼마 전 미국에서 폰지 사기에 속아 1조 5,000억 원 규모의 사모펀드 환매 중단 사태를 벌인 라임자산운용이 사모펀드다. 물론 모든 사모펀드가 이런 위험에 노출된 것은 아니다. 하지만 그림자 금융권은 투자 수익률을 높이기 위해 신용등급이 낮은 고위험 채권에 공격적으로 투자하는 비율이 제도권 은행보다 높다. 감독도 미약하기 때문에 예방하기 힘들고 사건이 터진 후에 수습만 해야 한다. 일부에서는 사모펀드가 한국 금융위기의 방아쇠 중 하나가 될 수 있다고 우려도 한다.[37] 그림자 금융은 부동산 부채에도 깊숙이 개입되어 있다.

2019년 9월 말 기준으로, 국내 부동산 익스포저(위험노출액)는 2003조 9,000억 원으로 7년 만에 2배 이상 증가했다. 명목 GDP 대비 부동산 익스포저 비율은 105.1%다. 부동산 익스포저는 부동산 관련 가계여신, 기업여신, 금융투자 상품 규모 등의 위험노출액을 모두 합한다. 규모의 증가도 있지만, 우리가 주목해야 할 부분은 비은행 금융기관의 익스포저 확대다. 익스포저의 59%가 은행권에 있지만, 비은행권이 2014년 말 32.6%에서 41%로 지속 증가 중이다.[38] 그만큼 그림자 금융 위험도가 커지고 있다는 의미다.

한국금융감독원에서 분석하고 있는 부동산 관련 그림자 금융 규모는 2019년 6월 기준으로 275조 7,000억 원이다. 2017년 말보다 23%(52조 1,000억 원) 증가했다. 그림자 금융의 내부를 들여다보면, 부동산 펀드와 부동산 담보로 발행한 증권(유동화증권)이 전체의 88%다.[39]

우선, 한국 부동산 버블 붕괴의 뇌관인 가계부채는 절대적 수치에서 안전한 수준을 넘은 지 오래다. 문제는 최근 부동산 가격 재상승과 더불어 가계부채 증가 속도가 다시 늘고 있다. 2019년 12월 국제결제은행(BIS)과 한국은행의 분석에 따르면, 한국은 부동산 담보대출 증가로 최근 3년 동안 가계부채 증가율(8.8%)이 세계에서 두 번째로 가장 빠른 나라가 되었다. 같은 기간, 43개국 평균(0.5%)과 주요 20개국(G20) 평균(0.8%)보다는 11~17.6배나 높고, 가계부채가 급증하고 있는 신흥국 평균(7.1%)보다도 높았다. 참고로, 세계 1위는 중국으로 3년 동안 13.4% 증가해 GDP 대비 53.6%를 기록 중이다.[40] 규모도 위험하지만, 속도도 여전히 위험하다.

필자는 오래전부터 한국의 금융위기와 부동산 버블 붕괴의 도화선이 될 가계부채 문제를 분석하면서 실질적 가계부채의 규모를 은행권에 잡힌 부채로만 계산하면 안 되고, 자영업자, 비영리단체, 전세자금, 그림자 금융 등을 모두 포함해야 한다고 주장했다. 최근 한국 금융위기와 부동산 버블 붕괴 경계감이 증가하면서 학계와 금융권에서도 필자와 같은 주장을 하는 목소리가 커지고 있다.

한국 가계부채의 질은 어떨까? 박근혜 정부 때부터 기준금리가 인상되는 시기에 가계부채의 위험성이 커지는 것을 막기 위해 정부가 나서서 변동금리를 고정금리로 바꾸라고 권유했다. 하지만 한국 가계부채 중에서 변동금리형이 70%를 넘는다. 왜 그럴까? 이유는 은행을 찾아가 보면 쉽게 안다. 변동금리를 고정금리로 바꾸려면 당장 전에 내던 이자율보다 더 높게 내야 한다. 지금 당장 한 푼이 아쉬운 가계로서는 미래의 위기를 막자고 이자율을 지금 당장 높이면서 변동금리를 고정금리로 바꾸는 결정을 하기 힘들다. 기준금리가 계속 오르면 훗날에는 고정금리가 유리하다는 계산을 할 정도의 대출자는 원래부터 고위험 대출자가 아니다.

한국 가계부채 2,011조 4,000억 원 중 70% 이상의 변동금리 채권은 기준금리가 0.25%p 오를 때마다 5조 원의 추가 이자를 발생시킨다. 만약 한국은행이 기준금리를 5%까지 올린다면 2020년 현재 기준 1.50%에서 3.50% 추가 상승이다. 총 17조 5,000억 원 추가 이자가 발생한다. 2018년 기준으로 한국의 명목GDP 1,893조 4,970억 원의 0.92%다. 최근 경제성장률 2%의 절반 가까이다.

2019년 한국은행은 가계대출 중 취약차주의 대출 규모가 90조 원을 넘은 것으로 추정했다. 2019년 가계부채 총규모에서 개인사업자와 신용카드 대출을 제외한 은행권 가계대출 1,481조 6,000억 원의 6%다.[41] 취약차주란 다중채무자이면서 하위 30%에 해당하는 저소득 혹은 저신용(7~10등급)인 차주이고, 이들은 소득의 70%를 빚 갚는 데 사용한다.[42] 이들은 경제위기 상황이 아닌 평상시에 산정한 취약차주다. 앞으로 기준금리가 한 번 오를 때마다 취약차주 구분선이 올라갈 것이다. 만약 기준금리가 현재의 1.50%보다 2~3배 이상 상승하거나 금융위기가 발발했을 때의 취약차주는 최소 이들의 2~3배는 될 것이다.

한국의 금융위기 가능성을 오랫동안 모니터링해 온 필자는 2015년 말, 한계가구의 빚 규모를 400조 원으로 추정했다. 2015년 말 기준으로 한국은행의 분석에 의하면, 한계가구는 최소 152만~최대 248만 가구였다. 이들의 부채 규모는 당시 전체 금융 부채의 최소 19.3%에서 최대 32.7%(약 400조 원)다. 한국은행은 가처분소득 대비 금융부채 비율이 평균 507%로(비한계가구는 평균 77%의 6배), 가처분소득 대비 원리금 상환액 비율(DSR)도 109%(비한계가구는 평균 15%)에 해당하는 152만 가구를 최소 규모로 규정했다.[43] 2017~2018년 2년 동안 한계가구 비율은 줄지 않았다. 위기가 점점 다가오면 한계가구는 저신용군에게 붙는 '리스크 프리미엄'(빚을 떼일 위험에 붙는 가산금리)도 가산된다.

일단 최소치로 분석해 보자. 한국은행이 2015년 6월 말에 발표한 "금융안정보고서"에 따르면, 2015년 6월 기준으로, 최소 위험가구 비중은 10.3%, 위험부채 비중은 19.3%였다. 만약 한국은행의 기준금리가 1% 오르면 위험가구 비중은 11.2%, 위험부채 비중은 21.6%로 오른다. 기준금리가 2% 오르면 12.7%, 27.0%로 증가한다. 한국의 기준금리가 2%p 오른 상태에서 주택 가격이 10% 하락하는 복합 충격이 발생하면 가계의 위험부채 비율이 19.3%에서 32.3%로 13.0%포인트나 상승할 것으로 예측되었다.[44]

한국 가계부채는 몇 가지 위험 요인이 더 있다. 2012년 이후 한국 가계부채 증가율은 한국의 명목경제성장률을 상회하고 있다. 소득이 증가하는 속도보다 부채 증가 속도가 빠르다.[45] 2019년 12월 26일, 한국은행이 발표한 "2019년 하반기 금융안정보고서"를 보면, 민간부문(가계, 기업) 신용 비율이 2019년 3분기 기준으로 GDP 대비 194.5%가 되었다. 이는 전년 동기 대비 8.2% 증가한 수치로, 가계와 기업 부문의 부채 증가가 가계 소득이나 기업 매출 상승보다 빠른 셈이다. 2019년 3분기에 가계의 빚 증가 속도는 전년 동기 대비 가처분소득 증가율(2.0%)보다 2배 가까이 빠른 3.9%를 기록했다.[46]

한국의 다중채무자 수도 증가 중이다. 금융회사 세 곳 이상에서 돈을 빌린 '다중채무자'는 지난 5년간 20% 넘게 증가했다. 2015년 6월 344만 명에서 2019년 6월 422만 7,727명으로 증가했다. 전체 채무자 5명 중 1명 꼴이다.[47] 이들의 평균 부채도 2014년 말 9,920만 원에서 2019년 6월 1억 2,000만 원으로 증가했다. 전체 규모는 341조에서 500조 원으로 증가했다. 현재 이들 중 70% 이상이 추가 대출로 이자를 돌려 막으며 버티고 있을 것으로 추정된다.[48] 금융 압박을 견디는 체력도 좋지 않다.

2013년 기준으로 한국의 가계 금융자산은 26.8%에 불과하고 부동산은 67.8%였다.[49] 2019년 7월 17일 한국은행과 통계청의 발표에 따르면, 가계 및 비영리단체의 순자산 중 순금융자산은 22.2%로 더욱 줄었다. 비(非)금융자산 비율은 77.8%(주택 50.5%와 기타 부동산에 27.3%)로 더욱 증가했다. 프랑스(68.5%), 영국(55%), 캐나다(53.6%), 일본(42%) 등 주요 선진국보다 쏠림 현상이 여전히 심한 것으로 분석되었다.[50]

한국의 가계부채는 내용도 안전하지 않다. 가계부채에서 위험한 1차 대상은 저축은행, 신협, 상호신용금고, 파이낸스사, 생명사 등의 제2금융권에서 과거에 LTV, DTI 비율 70%를 넘겨서 대출을 받은 서브프라임 대출, 제1금융권에서 대출을 받았지만 나머지 금액을 전세자금을 받아 충당한 대출이다. 또한 장기간 경기 침체와 집값 상승으로 인한 전세금 상승 악재가 겹치면서 생계비 마련을 목적으로 마이너스 대출, 카드론, 현금서비스, 제2, 3금융권 무담보 고금리 신용대출 등을 끌어다 쓰고 있는 저소득, 저신용계층, 개인사업자들의 부채도 위험하다.

유동금리 적용 대상인 이런 대출들은 앞으로 기준금리가 인상되고, 더 나아가 한국 내에서 금융위기가 발생하면 저소득, 저신용계층에게 직접적으로 경제 타격을 준다. 또한 제2금융권의 가계대출의 60%가 무담보 신용대출이기 때문에 금융권의 위기도 피하기 어려울 가능성이 아주 크다.[51] 개인사업자 대출도 꾸준하게 늘어서 2012년 197조 원에서 2019년 438조 7,000억 원까지 증가 중이다.[52] 창업 후 3~5년 이내에 80%가 문을 닫는 한국 자영업 상황을 고려할 때 증가분의 상당량이 생계형 대출이며 위험한 대출이다.

위기에 대응하는 엄격한 기준으로 평가하자면, 제1금융권의 주택담보대출 중에서 LTV, DTI 60%를 넘어서는 부분도 위험하다. 또한 LTV, DTI 60%를 넘지 않는 범위에서 대출을 받은 프라임모기지론도 대출자가 실직을 하거나 폐업을 하게 되면 곧바로 서브프라임모기지론으로 전락할 수 있다.

상업용 부동산도 숨어 있는 위험 요소다. 초저금리를 기반으로 부동산 관련 투자가 늘고 있지만, 짓고 난 후에 분양이나 수익성이 떨어지고 있는데 앞으로 한국 경제 상황이 획기적으로 개선될 가능성이 적고 오히려 저성장 국면이 오랫동안 지속될 가능성이 증가하고 있어서 부동산 관련 부실 위험도가 증가할 수 있다.

한국은행의 자료에 따르면, 2019년 기준 국내 상가 평균 공실률은 평균 11.4%로 2007년(11.6%) 이후 12년 이래 최고치다. 사무실 공실률도 11.8%로 상당히 높은 수준이다. 공실률이 높아지면 투자자의 수익률도 하락한다. 수도권의 경우 공실률은 9.6%, 수익률은 7.2%이고, 광역시와 지방에서는 공실률이 각각 13.3%와 14.6%에 이르고 수익률은 5.6%와 4.3%로 계속 하락하고 있다. 하지만 임대료를 낮출 수 없기 때문에 공실률을 숨기는 경우도 비일비재하기에 실질 공실률은 더 높을 것으로 추정한다.[53] 만약 부동산 가격 버블이 붕괴되면 수도권보다 지방의 타격이 더 빠르고 크며 은행권보다는 비은행권으로 금융위기가 전이될 가능성이 커진다는 의미다.

공실률이 계속 늘어난 원인은 지속적인 내수경제 위축과 기업 실적 하락, 그리고 상업용 부동산의 과잉 공급 때문이다. 2010년부터 2014년까지 5년간 서울과 분당권에서만 총 900만 m^2(273만 평)의 사무실이 공급되었다. 연평균 180만 m^2(54만 평)로, 63빌딩(5만 평)의 약 11개 규모다. 2001~2009년의 연평균 공급량의 2배를 넘었다. 하지만 그 이후에도 전국에서 대규모 개발 프로젝트가 계속되었다. 상암 DMC, 판교 제2테크노밸리, 강동첨단업무지구, 마곡산업단지, 105층짜리 현대기아자동차 신사옥, 제2롯데월드타워 등이다.[54]

금융위기 타격을 직접 받는 대상이 하나 더 있다. 은퇴한 중산층이다. 2014년 말 66조 원이었던 상업용 부동산 담보대출 잔액이 2019년 6월 말 120조 6,000억 원으로 빠르게 증가했다. 2015~2018년 사이에 연평균 14.8%씩 증가했다. 이는 전체 대출금 증가율 6.2%의 2.5배 수준이다. 상업용 부동산 담보대출이 최근 몇 년 사이에 빠르게 증가하고 있는 이유는 베이비붐 세대가 은퇴하면서 상가에 투자해 노후를 대비하는 전략을 구사하고 있기 때문이다. 2018년 기준, 한국의 60대 이상 자산가의 보유 부동산 중 상업용 부동산이 50%를 차지한다. 연령별 가처분소득 대비 금융부채 비율도 분석해 보면, 60대 이상 213%, 70대 이상 252%로, 60대 이하 연령층 164~190%보다 높다.

문제가 또 있다. 이들 60대 이상이 보유한 금융부채가 이자 부담이 상대적으로 큰 비은행권 대출 비율(53.6%)이 높고, 원금 상환 방식도 일시 상환 비중(40.4%)이 높다.[55] 규모도 크고 부동산의 안정성(가격 하락 방어력과 수익률)도 약하지만, 부채 상환 안전도도 상대적으로 낮다.

현재 국내에서 상가 공급량은 꾸준히 늘어나고 있지만, 국내 경기 부진과 온라인 비즈니스로의 패러다임 전환, 자영업자 부진과 파산율 증가 등이 시스템적으로 연결되고 있어서 앞으로 부동산 가격정상화가 가속화될 경우 현재 수준보다 더 큰 공실률을 기록할 가능성이 있다. 그만큼 수익률도 더 줄어들 것이고, 반대로 금융비용 압박은 커진다. 금융위기가 일어나지 않더라도, 장기 저성장 충격이 커지는 것만으로도 세입자는 임차료 부담, 임대인은 대출금 연체의 이중 위기에 몰릴 가능성이 아주 크다.

필자는 한국 부동산의 미래 시나리오를 발표할 때마다 베이비붐 세대가 은퇴를 하면서 노후 대비 수단으로 상가 및 상업용 부동산 투자를 하는 것을 아주 조심해야 한다고 당부했다. 지금이라도 이런 방식으로 노후를 준비하는 전략을 재고해야 한다.

하나 더 짚고 넘어가자. 소득 상위 20% 가구가 전체 가계부채의 46.5%를 가지고 있어서 상대적으로 안전하다고 평가한다. 과연 그럴까? 여기에도 숨겨진 함정이 있다.

첫째, 이들 중 상당수가 베이비붐 세대다. 앞으로 5년 안에 은퇴하거나 은퇴를 준비해야 한다. 이들은 은퇴 후 소득이 절반 이하로 줄어도 계속해서 이자와 원금을 갚아야 한다.

둘째, 소득 상위 20% 중에서 일부는 부채 레버리지를 사용해서 3채 이상의 주택을 보유하고 있다. 기준금리 인상과 집값 하락에 취약하다. 미국의 경우 저소득층이 무리하게 집을 사서 문제가 발생했다. 때문에 한국은 안전하다고 평가한다. 한국의 경우 저소득층이 집을 살 수 없다. 하지만 고소득층 중에서도 일부가 무리해서 집을 사고 있다.

2018년 문재인 정부가 집을 팔라고 강력한 압박을 취했지만 88만 명이 팔고 147만 명이 사는 일이 벌어졌다. 2018년 기준으로, 2주택 이상 다주택자는 219만 2,000명이다. 주택 소유자 전체의 16%다. 10채가 넘는 주택을 소유한 사람은 3만 7,487명이고, 51채 이상 소유자는 1,882명이다.[56] 심지어 현 정부의 관료를 포함해서 정치인 중에서도 다주택 소유자가 많아서 정부 차원에서 집을 팔라고 압박 중이다.

서울에서 2012~2018년까지 7년간 2주택 이상 보유자 숫자는 29만 9,725명에서 38만 8,587명으로 16%가량 증가했고, 경기도나 지방에 거주하면서 서울시에 주택을 보유한 사람도 2016년 37만 2,378명에서 2018년에는 38만 4,153명으로 8,997명이 증가했다.[57]

셋째, 소득 상위 20% 가구가 전체 가계부채의 절반 정도를 가지고 있지만, 고소득층이라도 빚을 내서 집을 산 사람들은 소유 자산의 76%가 부동산이고 금융자산이 평균 1억 7,298만 원에 불과(?)했다. 같은 계층에서 부채가 없는 가구의 평균 금융자산 2억 8,666만 원보다 1억 원 정도가 적었다. 결국 5분위 계층이라도 빚을 내서 부동산을 구입한 가구는 금융자산 대비 부채비율이 74.7%에 달한다.

5분위 전체 계층의 자산 대비 부채 비율 45.5%로 안정적이라는 해석은 빚내서 부동산을 구입하지 않은 가구까지 합산한 평균의 함정에 묻힌 말이다. 소득 상위층에 있더라도 직장인이거나 사업자라면 신흥국 위기 및 아시아 위기가 발발해 한국 내수경제와 기업 경영 상황에 직접적인 위기가 발생하면 일부는 파산하고 구조조정을 당해야 한다. 이들이 보유한 주택들은 곧바로 서브프라임모기지론이 된다.

한국 가계부채 문제의 핵심은 총량이 아닐 수 있다. 규모가 크더라도 미국처럼 추가 상승 여력이 있을 경우에는 문제가 되지 않기 때문이다. 하지만 1990년대 일본처럼 추가 상승 여력이 없을 경우에는 문제가 된다. 한국은 일본보다 빠른, 세계 최고 속도의 저출산 고령화 타격, 한국의 추격에 발목이 잡힌 일본의 상황보다 더 급박하고 강력한 중국의 추격, 앞으로 5년 정도 더 지속될 신흥국과 아시아의 경제위기와 후유증, 기준금리 인상 후폭풍을 최소 4~5년 이상 버텨 낼 수 있느냐 없느냐, 이런 상황에서 한국 집값이 현재 가격을 유지할 수 있느냐 없느냐 등이 문제다.

네 번째 자산 붕괴, 암호화폐 가치 하락으로 개인 자산 위기 정점에 이른다

필자가 예측하는 성도의 마지막 자산 붕괴는 암호화폐 가치 하락이다. 암호화폐라는 말 자체가 낯선 독자도 있을 것이다. 비트코인 등 '~코인'이라고 불리는 전자화폐가 암호화폐다. 암호화폐는 20~30대 젊은이들과 50~60대 이상의 중장년과 은퇴자들 중심으로 열풍이 큰 투자 상품이다. 당연히 교회 안에도 암호화폐에 투자한 성도들이 있다. 이들의 미래도 위험하다. 필자가 앞에서 분석한 주식과 부동산 시장보다 더 위험하다. 암호화폐에 투자한 자산은 붕괴가 시작되면 원금을 한 푼도 건지지 못할 가능성이 크기 때문이다.

비트코인 등 암호화폐는 달러 등의 현재 화폐 공급 시스템을 공격하면서 대안 화폐라 주장하며 세상에 등장했다. 하지만 워렌 버핏(Warren Buffett), 조지 소로스(George Soros), 누리엘 루비니(Nouriel Roubini) 등 저명한 투자자나 경제학자가 비트코인을 비롯한 대부분의 암호화폐 가치가 제로(0)

로 떨어질 것이라 예측한다. 필자도 마찬가지다.

　암호화폐의 미래를 예측할 때 먼저 생각해야 할 것은 변하지 않을 미래다. 미래에도 화폐의 3가지 속성은 변하지 않는다. 교환의 매개, 가치 측정 척도(尺度), 가치 저장 수단이다. 암호화폐는 이 3가지 속성을 갖추면 살아남고, 그렇지 않으면 사라진다. 어떤 암호화폐는 이 3가지 속성을 갖추고 살아남을 수 있다. 하지만 수백 가지가 넘는 암호화폐 중에서 대부분은 3가지 속성을 갖추지 못하고 없어질 것이다. 가치가 제로로 떨어질 것이다. 종잇조각조차도 되지 못하고, 모니터상에만 존재하는 '0원' 혹은 '10원'이라는 숫자가 될 것이다. 심지어 그 잔돈조차도 현금으로 환전하지 못할 수 있다.

　현재 통용되고 투자 대상이 되는 거의 대부분의 암호화폐는 물건을 구매하거나 서비스를 교환하는 매개로 사용되지 않고 있다. 암호화폐의 대표 주자인 비트코인도 물건이나 서비스로 교환해 주는 장소는 많지만 교환 매개로 사용되는 횟수가 적다. 대부분의 암호화폐는 교환 매개로 사용되는 횟수가 제로다. 암호화폐 자체 가격이 변동성이 심하기 때문에 가치 측정 척도로 사용하기도 힘들다. 척도를 재는 수단이 되려면 변동성이 없어야 한다. 가치 저장 수단도 될 수 없다. 암호화폐의 단위당 가격에 거품이 심해서 변동 규모가 크고 주기가 빠르다. 화폐 가치 변동이 크고 빈번하면 화폐 안정성이 떨어진다. 안정성이 떨어지면 사기 도구로 이용되기 쉽다. 오늘 100원 하는 코인 하나가 자고 나면 1원이 된다고 해보자. 당신의 자산이 하루아침에 100분의 1로 줄어든 셈이다.

　원화나 달러를 발행하는 중앙은행, 원화를 달러로 교환하는 환전거래소는 보안기술도 뛰어나지만 정부가 공권력을 가지고 보호한다. 하지만 암호화폐를 사고파는 거래소는 민간이 운영하고 기술적 안정성이 낮다.

암호화폐를 만들 때 사용하는 블록체인 기술은 보안성이 높다. 해킹 방어 능력이 뛰어나다. 즉 내 암호화폐 자체를 왜곡시킬 수 없다.

그래서 북한 등 해커는 블록체인 자체를 공격하지 않는다. 상대적으로 공격이 쉬운 암호화폐 거래소나 전자지갑을 해킹한다. 암호화폐 거래소에서는 거래가 편리하도록 투자자의 전자지갑을 서버에 저장한다. 투자자의 전자지갑에는 자신의 암호화폐를 다른 사람에게 보내는 데 사용하는 개인정보가 보관되어 있다. 해커가 노리는 것이 바로 이것이다. 해커는 피싱 사이트를 만들거나 이메일이나 보이스 피싱을 통해 사용자 ID와 패스워드를 빼내거나 OTP(일회용 비밀번호 생성기)를 탈취한다. 해커는 개인 컴퓨터나 모바일 기기를 직접 해킹하여 코인 채굴기 설치를 유도하거나, 암호화폐 채굴 회사의 전자지갑을 직접 해킹하기도 한다.

2017년 12월 나이스해시는 비트코인 전자지갑을 해킹당해 약 6천만 달러(한화 약 655억 원) 피해를 입었고, 2017년 11월 21일에는 가상화폐 테더(tether)가 해킹 공격으로 3천만 달러(한화 약 338억 원)어치 디지털 토큰을 도난당했다. 비트코인 거래소 야피존은 거래소에 보관 중인 코인지갑 4개를 해킹당해 3,831비트코인을 도난당했다. 2016년에는 홍콩 비트코인 거래소인 비트피넥스가 해킹 공격으로 당시 금액으로 6,500만 달러(한화 약 725억 원) 피해를 입었고, 2015년에는 슬로베니아 가상화폐 비트코인 거래소 비트스탬프(BitStamp)가 1만 8,866비트코인을 도난당했다. 2014년 마운트곡스(Mt. Gox)는 해킹 피해로 파산하여 2만 명의 피해자가 발생했다. 한국의 암호화폐 거래소들도 해킹 피해가 끊이지 않고 있다.

이런 문제들을 해결하지 않으면 암호화폐는 달러를 대체하는 기축통화가 될 수 없다. 각국의 법정 통화를 대체하는 대안 통화도 될 수 없다. 이런 문제를 해결하는 방법이 있다.

첫째, 안전한 거래소가 나타나면 된다. 암호화폐 거래소는 외화 환전(환율) 시장과 같다. 이를 위해서는 현재 민간 거래소가 기술적 안정성을 확보하고 피해액 전체를 보상할 수 있는 보험에 가입하면 된다. 민간 회사가 이런 역량을 갖추지 못한다면 정부나 금융당국 등 제3기관이 이를 수행하면 된다. 둘째, 화폐의 3가지 속성(교환의 매개, 가치 측정 척도, 가치 저장 수단)을 확보하면 된다. 이 3가지 속성을 확보하는 데 핵심은 가격 안정성이다. 암호화폐가 가격 안정성을 가지려면 같은 가격을 가진 실물에 연동되어야 한다. 과거에 금화 1파운드는 1파운드 무게의 금이었다. 실물과 정확하게 연동되어 있기 때문에 시간이 지나도 가격이 변하지 않는다. 금태환(달러와 금을 교환하는 것)을 포기한 달러가 그나마 가치 안정성을 가진 이유는 미국 경제라는 실제와 연동되어 있기 때문이다. 달러 가치에 대해서 미국 정부가 보장을 해주기 때문이다. 암호화폐도 마찬가지다. 실물에 연동되어 있거나 가장 신뢰할 만한 기관이 가치를 보장해 주는 암호화폐만 살아남을 것이다. 셋째, 시장 참여자가 많아야 한다. 현실세계의 화폐도 참여자의 규모가 해당 화폐의 가치(신뢰성)를 형성한다.

이런 원리에 의하면 비트코인을 비롯한 현재 통용되는 대부분의 암호화폐는 투기 대상이고, 머지않은 미래에 사라질 가능성이 크다. 실물 연동이 없는 상태에서 신뢰가 무너지면 암호화폐의 가치는 0과 1의 비트로 수렴한다. 즉 0원이 된다. 필자의 예측으로는 비트코인은 버블이 붕괴되면 가격이 1달러로 폭락할 가능성이 크다. 역사에 기록된 모든 투기 대상의 종말이 그러했다. 모든 투자 상품의 거품 가격은 본래 자산가치로 회귀한다. 꽃값은 꽃값으로, 상품은 상품 가치로 회귀한다. 비트코인도 마찬가지다. 비트코인을 금과 같다고 주장한다. 터무니없다. 비트코인은 소수의 초기 선점자와 거래소만 돈 번다. 어느 누구도 비트코인의 기술만

찬사하지 가격이 수만 배 오른 것을 설명하지 못하고 설명하지 않는다.

  비트코인 폭락 시 가장 큰 타격을 볼 나라 중 하나는 비트코인 시장 규모가 전체의 20%를 차지하는 한국과 비트코인의 가장 큰 투자국인 중국이다. 비트코인 가격이 1달러로 폭락하는 이유는 간단하다. 투기적 거래가 일어나기 전인 2010년 비트코인 가격은 10센트였다. 2009년 10월 5일 'New Liberty Standard'라는 닉네임을 가진 비트코인 수집가가 달러 대비 비트코인 환율을 최초 공시할 때 1비트코인은 0.0008달러였다. 2010년 5월 22일 35만 비트코인을 소유한 'laszlo'라는 닉네임을 사용한 사람이 1만 비트코인으로 닉네임 'jercos'라는 사람에게 피자 2판을 구입했다. 2011년 2월 9일 1비트코인이 1달러로 등가에 도달했다. 이 시점이 비트코인 가격이 시장 질서에 의해서 자연적으로 생성된 이성적 가격이었다.

| 비트코인 도표 |

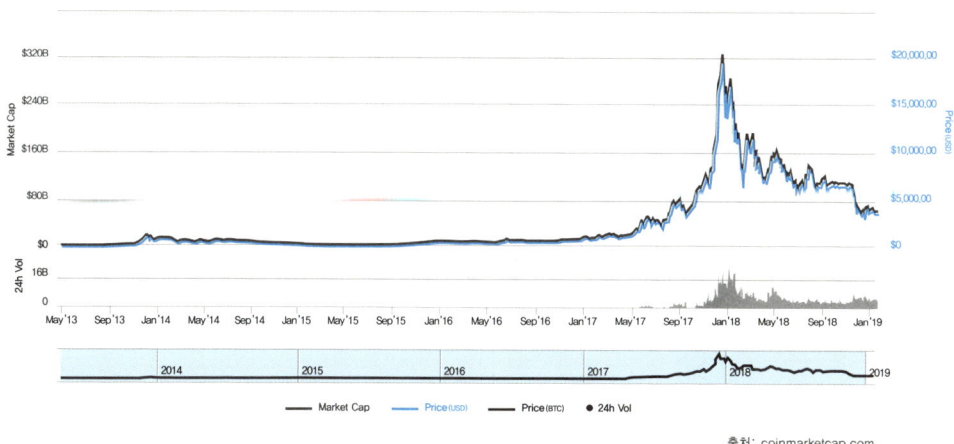

출처: coinmarketcap.com

아이러니하게도, 비트코인은 이 당시 가격으로 되돌아가야 오래 살아남는다. 물론 그 과정에서 비트코인 1개를 수백만 원, 수천만 원 주고 구매했던 투자자들은 투자한 자산 모두를 잃게 될 것이지만 말이다.

자산 붕괴가 교회와 성도를 덮치면 교회 분열은 극심해질 것이다

필자가 어렵고 복잡하기만 한 투자시장에 대한 분석과 예측을 이 책에서 다룬 이유는 하나다. 앞에서도 언급했듯이, 한국 교회의 이미지와 영성 수준이 바닥으로 추락하고 있는 현재 상황에서 성도의 자산과 교회 재정마저 타격을 입고 무너지면 한국 교회가 추락하는 속도는 더욱 빨라질 것이다.

교회 내에 경제적 충격을 받은 성도가 늘어나면 심리적 스트레스가 증가하여 웬만한 영적 준비와 훈련을 하지 않은 교회와 공동체는 균열이 일어날 것이다. 교회가 무거운 빚을 지고 있으면 수면 아래 잠복해 있던 불만과 갈등이 표면으로 터져 나올 것이다. 평상시라면 웃으며 넘길 수 있는 말 한마디, 행동 하나가 눈에 거슬리고 쉽게 마음이 상한다. 목회자에 대한 불만과 서운함이 노출되고, 모이기를 피하고, 기도할 마음도 사라진다. 경제적 부담과 교회 재정에 대한 불신이 늘면서 각종 헌금을 줄이고 교회의 재정적 어려움으로 인한 스트레스를 피해 도망치듯 다른 교회로 수평이동하는 성도가 늘어날 것이다.

교회 성장이 정체되고 성도의 이탈이 늘어나면 남은 성도들의 짐은 더 커진다. 경제위기가 점점 심해지면 헌금이 줄어드는 상황에서 거꾸로 금융권에서 날아오는 이자와 원금의 규모는 커진다. 결국 재정 문제로 사역은 위축되고, 부교역자의 숫자를 줄이고, 선교비 지출도 중단되고, 목회자와 직분자들 간에 다툼은 늘어난다.

재정이 빠르게 위축되면 수십 년간 교회가 재정을 지원해야 하는 은퇴 목사 위임이 부담스러워져서 원로목사 자격 조건이 되는 20년 시무를 못하게 하는 꼼수도 늘어날 것이다. 이미 원로목사에게 재정적 지원을 하는 교회는 계속해서 생활비를 줄 수 없는 상황에 몰리거나, 혹은 이를 핑계로 원로목사 지원을 끊어 버릴 수 있다. 최악의 경우, 원로목사와 교회 간에 법정 소송에 몰릴 수도 있다.

교회 내부가 이 정도로 사역 약화와 재정 축소와 갈등으로 곤혹을 겪는 상황에 빠지면 선교와 전도는 중단될 것이다. 교회 내 분열은 극심해질 것이다. 이럴수록 한국 교회의 이미지 추락은 가속화될 것이다. 붕괴의 악순환이라는 늪에 빠지는 셈이다. 빛과 소금이 되어야 할 한국 교회가 길거리에 내던져져 사람들의 발에 이리저리 밟히는 미래가 생생하게 예측되기 때문이다. 너무 가슴 아프고 통탄할 미래가 아닌가!

지금 우리 주위에서 벌어지고 있는 한국 교회의 분열과 싸움을 보고 있으면 성도와 교회에 경제적 위기가 닥치면 하나님께 무릎 꿇고 기도할 것이라는 확신이 들지 않는다. 하나님을 원망하고, 교회를 떠나고, 위기의 원인과 책임을 서로에게 떠넘기고, 치열하게 싸우는 미래가 보인다. 교회의 분열이 들불처럼 전국으로 번질 가능성에 잠이 오지 않는다.

혹자는 "너무 극단적인 생각을 하는 것 아니냐?" 질문할 것이다. 아니다. 이미 한국 교회 일부에서 실제로 일어나고 있는 일들이다. 아직 이런 상황에 빠지지 않은 교회라고 안심하기 힘들다. "기도하면 충분히 이길 수 있는 문제들이 아니냐?"는 질문도 할 수 있다. 필자도 그러기를 간절히 바란다. 이런 수준(?)의 세속적 문제들은 충분히 이겨 낼 수 있는 것이 한국 교회의 힘이라고 믿고 싶다. 하지만 현재 한국 교회의 영적 수준이라면 이런 수준으로 상황이 악화되면 상당수의 교회들은 이길 힘이 없어 보인다.

한국 교회의 목회자와 지도자들에게 호소한다. 우리 교회는 그렇지 않을 것이라는 영적 자만에 빠지지 말자. 그런 일들은 절대로 안 일어날 것이라는 근거 없는 낙관론에 빠지지 말자. 그런 일들은 생각도 하기 싫은 일이라며 피하고 도망가지 말자.

지금이라도 필자의 이런 예측이 현실이 되지 않도록 빨리 대비해야 한다. 교회 안에 있는 성령 충만하고 지혜로운 일꾼들을 모아 다가오는 위기에 경제적 대비를 해야 한다. 위기를 피할 수 없을 경우를 대비해서 영적 훈련만큼은 다시 시작해야 한다. 위기를 맞는 것은 피할 도리가 없더라도 위기로 인해 신앙을 버리고, 교회를 버리고, 하나님을 버리는 일은 일어나지 않도록 해야 한다. 어려울수록 기도와 말씀으로 되돌아가도록 중요성을 다시 일깨워야 한다. 비난과 책임 회피로 문제를 해결하려는 유혹에 빠지지 않도록 기도해야 한다. 어려울수록, 위기에 빠질수록, 고통이 찾아올수록 하나님의 방법, 성령의 지혜, 예수님의 용서와 오래 참음과 사랑으로 문제를 해결하고 위기를 돌파할 수 있는 힘을 기르는 준비를 시작해야 한다.

BOOK IN BOOK

앞으로 5년, 긴급 사역 체크리스트 실례

지금까지 앞으로 5년 동안 한국 교회가 대비하고 경계해야 할 미래위기에 대해서 예측했다. 이런 질문이 생길 것이다. "위기가 온다면, 한국 교회 지도자가 평신도 전문가와 함께 개교회에서 긴급히 점검하고 준비해야 할 것이 무엇일까?" 이에 대해 몇 가지 실례를 들어 보겠다.

- **금융위기 대비, 성도의 영적 위기를 예방하고 극복하는 성경적 가르침 시작**

  설교나 성경공부를 통해 세상에 위기가 발발할 때 성도가 가져야 할 태도, 기도 제목, 극복하는 자세와 방법 등에 대해서 미리 학습하고 마음 준비를 해둘 수 있도록 돕는다.

- **교회 현금 유동성 안정성 점검**

  위기가 발발하면 현금이 부족해지는 상황이 일어나기 쉽다. 이를 대비해서 최소 3개월간 고정 지출 비용에 해당하는 현금을 확보해 두어야 최악의 상황이나 위기가 증폭되는 상황을 피할 수 있다.

- **교회 빚(부채) 스트레스 테스트**

  최악의 상황에도 교회가 재정적으로 버틸 수 있는지를 미리 계산해 본다. 이를 '스트레스 테스트'라 부른다. 만약 스트레스 테스트를 해본 결과 위급한 상황에 빠질 경우 막대한 충격이 예측되면 그 결과를 가지고 역으로 대비책을 마련해 두어야 한다. 예를 들어, 교회가 은행에서 대출받은 금리(유동금리)가 2배 상승하고, 헌금이 20% 감소하고, 부동산 가격이 30% 하락해 담보로 잡은 자산가치(부동산) 하락이 발생해 은행이 담보비율 재조정(원금 10~20% 상환 요청, 혹은 그에 준하는 추가 이자 비용 상승)을 요구할 경우 교회가 감당할 수 있을지를 미리 계산해 보라.

■ 경제위기 발발 시 사역 재조정 유무

빚이 없더라도, 경제위기가 발발해 교회 헌금이 20% 감소한다면 현재 사역을 재조정해야 하는가? 만약 사역 재조정이 필요하다면 미리 계획(사역 우선순위 조정, 비용 절감 등)을 세우라. 단, 가능하면 현재 사역 항목을 그대로 유지한다는 전제로 접근하라.

■ 금융위기 대비, 성도의 재정 및 금융투자 관리 점검 및 재조정 교육

금융과 재정 분야에서 활동하는 평신도 전문가와 협의해 성경적인 재정 및 금융투자 관리와 재조정에 대한 교육을 실시하라. 이런 교육은 위기가 발생하지 않더라도 필요하다. 본교회에 전문 인력이 없다면 노회 차원에서 협의를 해서 순회 세미나를 실시하는 것도 한 방법이다.

■ 신용파산 성도 발생 시 지원 및 회복 프로그램 준비

경제위기가 발생하면 일부 성도는 신용파산에 이를 수도 있다. 교회가 이들을 재정적으로 구제하는 것은 어렵지만, 이런 처지에 속한 이들을 위해 정부와 지자체가 마련한 지원 프로그램을 제안할 수는 있다. 상당수의 사람들이 이런 구제 프로그램에 대한 정보를 알지 못해 고생한다. 이런 정보를 활용해 신용파산 처지에 놓인 성도와 이웃을 도울 방안을 마련하라.

- 금융위기 혹은 성도의 재정 위기 대비, 앞으로 5년 신규 재정 지출 계획을 점검

  앞으로 5년 안에 실시하려고 했던 건축, 선교, 신규 사역 등에 관한 계획을 재점검하라. 필요하다면 일정을 재조정하는 것도 필요하다.

- 금융위기 혹은 성도의 재정 위기 발발 시 우리 교회 성도의 가정 위기 가능성 점검과 대응 계획 마련

  경제위기가 일어나면 가정이 흔들린다. 이혼도 증가한다. 아이들의 정서도 위태로워진다. 여러 조사를 통해 드러난 사실이다. 교회 안에 있는 성도라고 예외가 아니다. 성도의 가정을 지킬 프로그램을 선제적으로 실시하라.

- 금융위기 및 사회 불안 위기 발발 시 지역사회의 각종 문제 치유 및 구제 사역 계획 수립

  경제위기가 발생하면 교회 밖 사회 불안은 증가한다. 당신이 섬기는 교회 주변 지역사회에서 각종 문제들이 발생할 것이다. 그 문제들이 무엇일지 미리 예측해 보라. 교회가 치유 및 구제 사역 등을 통해 빛과 소금의 역할을 감당할 구체적 방법이 무엇인지 생각해 보고 미리 준비하라.

PART. 2
앞으로 20년, 한국 교회의 미래

3. 감소시대의 미래 한국 교회
4. 새로운 세대, 새로운 성도가 등장한다

BOOK IN BOOK | 미래 한국 교회, 선교 동력을 유지할 수 있을까?
미래 한국 교회, 종교 갈등을 극복할 수 있을까?

3장

감소시대의 미래 한국 교회

"미래는 예측할 수 없다"는 말에 숨지 말라

어떤 상황을 개선하는 것은 인간에게는 힘들고 엄청난 노력이 필요하다. 하지만 상황을 악화시키는 것은 인간에게 아주 쉽고 별 노력도 필요하지 않다. 약간의 방관과 뒤늦은 대응, 몇 가지의 잘못된 정책이면 상황을 악화시키기 쉽다. 지난 몇 년, 그리고 현재까지도 한국 교회가 보여 준 행동과 리더십을 생각해 보자. 지난 몇 년간 보여 준 한국 교회의 위기 예방이나 대응 능력을 본다면 다가오는 금융위기가 교회의 잠재된 위험 요소들을 터뜨릴 힘으로 작용할 수 있다는 말이 억지는 아닐 듯싶다. 물론 이런저런 이유를 들어 일부 교회의 잘못일 뿐 아니라고 말할 수 있다. 하지만 한국 교회 지도자라면 필자의 분석과 노파심, 그리고 논리적 예측에 귀를 기울일 필요가 있다. 세속의 역사나 성경에 나오는 이스라엘의 역사에서 공통적으로 증명된 사실이 있다.

"모든 문제의 시작과 끝은 지도자의 통찰력의 빈약함에서 비롯된다."

만약 이 말을 부정하면 지도자의 자격이 없다. 역사에서 교훈을 얻지 못하는 지도자이기 때문이다. 단순한 위기를 복잡하고 감당하기 힘든 재앙으로 만든 것도 지도자의 통찰력의 빈곤이었다. 지도자의 가장 중요한 임무는 변화 통찰력이다. 미래 통찰력이다. 이를 위해 현 상태를 냉정하게 분석하는 태도와 지혜가 있어야 한다. 이를 바탕으로 미래변화의 가능성을 통찰해야 한다. 미래변화의 가능성 중에서 위기와 기회를 예측해야 한다.

이런 면밀한 분석과 예측을 기반으로 가장 나은 의사결정을 내리는 것이 지도자의 최고 임무다. 아니, 지도자에게는 이것 외에는 중요한 다른 임무는 없다. 다른 임무들은 충분히 다른 사람들에게 위임할 수 있다. 사실 지도자를 따르는 사람들에게 위임한 임무의 성과도 지도자의 미래 통찰력과 그에 따른 의사결정력에 좌우된다. 지도자가 방향을 잘못 잡고 틀린 의사결정을 내리면 아랫사람이 하는 일들은 해보나 마나다. 방향이 잘못되었기에 아무리 잘해도 망한다. 오히려 아무것도 하지 않는 편이 차라리 낫다. 이처럼 지도자의 미래변화 통찰력은 중요하다. "미래는 예측할 수 없다"는 말에 숨는 지도자는 자격이 없다. 미래는 예측할 수 있다. 당신에게 다음 질문을 던진다면 어떻게 대답할 것인가?

"당신이 내일도 살아 있을 것이라고 확신하는가?"

대부분 "알 수 없다"고 대답할 것이다. 옳다. 그렇다면 질문을 바꾸어 "당신이 내일도 살아 있을 확률은 몇 %나 될까?"라고 한다면? 질문을 바꾸는 것만으로도 사람들의 태도가 달라진다.

"큰 이변이 없는 한 거의 99% 아닐까!"

이것이 바로 확률적 예측이다. 우리는 큰 이변이 없는 한 내일도 살아 있을 것이라는 예측을 근거로 오늘 할 일을 계획하고 다음 행동을 시작한다. 이런 예측 없이는 아무런 목회 계획도 세울 수 없고, 어떤 사역도 할 수 없다. 우리는 일상생활에서 매일 예측하며 산다. 미래예측은 하나님이 인간에게 주신 놀라운 능력이다. 선물이다. 조금 먼 미래도 예측의 영역이다. 목회자이건 성도이건 과거의 일이나 현재 자신을 둘러싼 주변 상황을 통찰하면서 자신의 사명과 인생의 장단기 계획을 세우는 데 필요한 의미 있는 전망과 생각(연구)을 한다. 미래를 '예언'(Prediction)으로 정확히 알 수는 없어도, '확률적 예측'(Forecasting), '통찰적 전망'(Foresight), '의미 있는 연구'(Futures Studies)만으로도 얼마든지 놀라운 비전 성취가 가능하다.

다시 한 번 강조한다. "미래는 예측할 수 없다"는 말에 숨지 말라. 조금만 관심을 두고 연구하면 통찰할 수 있는 한국 교회의 위기 요소들과 방향을 예측해서 말해 주어도 "그걸 당신이 어떻게 압니까?" 하며 외면해 버리면 사명자로 살기 어렵다. 이런 태도의 결말은 끔찍하다. 기회는 흘려보내고, 위기 속에서 허우적거리는 상황으로 자신과 교회를 몰아간다.

위기를 대비할 기회가 충분히 있었음에도 불구하고 통찰력의 빈곤과 오만한 태도로 일관하면 미래의 재앙이 '엄청난 충격'을 주면서 그 모습을 드러내고, 피할 수 없는 순간이 되면 현재의 오만과 무관심이 공포로 바뀔 것이다. 위기가 내 몸을 강타할 때에야 비로소 비상대책을 마련한다고 부산을 떨 것이다. 하지만 그때는 위기와 위협을 통제할 타이밍을 놓친 상황이기에 비상대책을 마련한다고 해도 소용이 없다. 하나님이 성경을 통해 우리에게 가르쳐 주신 것은 위기와 기회를 미리 파악하고 대비하라는 것이다.

물론 인간은 변화의 속도와 폭에 압도당하기 쉽다. 그래서 내가 아무리 잘해도 세상의 변화 때문에 위기가 만들어질 수밖에 없다고 생각하는 것이 한편으로는 자연스럽다. 좋다! 하지만 지도자는 달라야 한다. 미래학에서는 사회, 경제, 기술, 산업, 문화, 정치, 환경, 영성 등의 영역에서 일어나는 변화는 미래의 위기와 기회의 가능성만을 만들어 낼 뿐이고 그 가능성을 실제적인 위기 또는 기회로 바꾸는 주체는 사람이라고 규정한다. 기회의 상황이 만들어져도 인간이 무능하면 살리지 못한다. 위기의 상황이 만들어져도 유능한 지도자를 만나면 기회를 찾아낼 수 있다.

하나님의 주권과 섭리로 해석해도 마찬가지다. 모든 일의 됨됨이가 하나님의 허락과 섭리, 주관에 따라 이루어진다. 하지만 하나님은 그런 과정에 통찰력 있고, 지혜롭고, 성령이 충만한 지도자를 사용하신다. 이스라엘은 그런 지도자를 만났을 때는 위기 속에서도 승리했지만, 무능한 지도자를 만났을 때는 비난, 조롱, 침탈, 멸망의 길을 갔다. 지금도 마찬가지다. 앞으로도 마찬가지일 것이 분명하다. 크게는 한국 교회 전체의 미래가, 작게는 개교회의 미래가 지도자의 손에 달려 있다.

다시 한 번 정리한다. 미래는 '예언'할 수 없다. 성경의 계시가 완료된 이후, 인간은 새로운 하나님의 계시를 받지 않는다. 아니, 하나님이 새로운 계시를 다시 주실 필요가 없다. 하나님이 성경으로 드러내신 계시는 인류의 구원과 미래에 완벽하기 때문이다. 대신 하나님은 성경의 조명과 성령의 감동을 일반은총의 영역에서 얻을 수 있는 지식과 혜안에 덧입혀 주셔서 지도자의 통찰력을 날카롭게 해주신다. 각 시대마다 하나님의 섭리와 뜻, 미래변화의 방향을 통찰하게 해주신다. 위기 속에서 기회를, 기회 속에서 위기를 꿰뚫어 보게 하신다. 시대를 읽어 내고, 현상 이면에 흐르는 변화의 힘과 진짜 중요한 것이 무엇인지를 논리적으로, 확률적으로 파악하게 하신다. 필자는 이런 것들을 '미래예측 능력'이라고 말한다.

한국 교회는 지금 계시를 받고 예언을 할 지도자가 필요한 것이 아니다. 하나님이 이끌어 가시는 미래를 수준 높게 통찰(예측)하는 능력을 가진 지도자가 필요하다. 교회 밖 세상에서도 선진국은 물론 글로벌 대기업은 거의 예외 없이 미래를 모니터링하고 예측하는 일을 전담하는 전문 부서를 두고 전략적으로 중시하고 있다. 한국 교회는 이 정도까지는 아니더라도, 지도자 개개인이 기도와 말씀을 중심에 두고 하나님이 주신 지혜와 예측 능력을 가지고 하나님이 이끌어 가시는 미래변화의 방향과 뜻에 눈을 맞추어야 한다.

한국 교회, 고장난 성장 시스템

필자가 한국의 현재 사회, 경제, 산업 시스템은 성장의 한계에 이미 도달했다고 진단한 지 6년이 훌쩍 지났다. 2013년 당시, 필자는 현재 시스템을 그대로 유지하면서도 1인당 GDP 2만 5,000~3만 달러까지는 성장할 수 있다고 예측했다. 하지만 거기가 끝이 될 수 있다고 경고했다. 미래의 위기 가능성에 대한 경고를 해야 하는 미래학자의 책무를 다했지만, 수많은 사람으로부터 공격을 받았다. 2018년에 한국의 주식시장이 2,500선을 넘고, 1인당 GDP가 2만 5,000을 넘어서자 필자의 경고는 더욱 무시당했다.

하지만 주식시장이 무너지고, 각종 지표에서 필자의 경고가 현실이 된

증거가 나타나자 2018년의 기록적 수치들은 '착시'에 불과했다는 평가들이 쏟아졌다. 2019년에는 한국의 GDP가 3만 달러를 돌파했다는 기사가 나왔지만 국민들은 환호하지 못했다. 수치는 3만 달러이지만 체감하는 수준은 후퇴했기 때문이다. 시스템이 성장의 한계에 도달했을 때 나타나는 전형적 현상이다. 한국 사회가 성장의 한계에 부딪혔다는 필자의 이런 진단에 한국 교회도 예외가 아니다.

필자는 한 가지 더 중요한 분석과 예측을 했다. 앞으로 5~10년 이내에 정치, 경제, 산업, 사회 등 국가의 모든 영역을 근본적으로 재설계하는 수준의 개혁이 없으면 (통일이 되기 전까지) 20~30년 동안 한국은 세계 경제에서 차지하는 영향력이나 경제적 비중이 계속해서 낮아지게 될 것이다. 그리고 곧 언론이나 미디어를 통해 한국의 고장난 시스템 혹은 한계에 도달한 성장 시스템을 인정하는 분석과 우려가 쏟아질 것이다.

이런 미래 가능성은 한국 교회도 예외가 아니다. 앞으로 5~10년 이내에 교회 정치, 재정 운용, 도덕성과 이미지, 사역의 방향, 영성 등 교회의 모든 영역을 근본적으로 재설계하는 수준의 개혁이 없으면 20~30년 동안 한국 교회는 세계 기독교에서 차지하는 영향력이나 양적 비중이 계속해서 낮아지게 될 것이다. 그리고 곧 언론이나 미디어를 통해 한국 교회의 고장난 시스템 혹은 한계에 도달한 성장 시스템을 인정하는 분석과 우려가 쏟아질 것이다.

모든 시스템은 태어날 때부터 '성장 요인'(Growth factor)과 '성장 한계 요인'(Limit factor of Growth)이 존재한다. 성장의 초기에는 성장 요인이 강하게 작동한다. 일정 시간이 지나면 성장의 한계 요인이 강하게 작동한다. 성숙기에 접어들면 성장의 한계 요인이 더 강하게 작동하면서 성장 요인의 힘을 상쇄시킨다. 성장 속도는 느려지고, 종국에는 성장이 멈춘다. 이때 시스템 변화에 성공하지 못하면 곧바로 쇠퇴기에 접어든다. 이것이 수천 년 동안 인류가 거스르지 못했던 자연의 이치다. 지상 교회로서 한국 교회의 외형도 예외가 아니다.

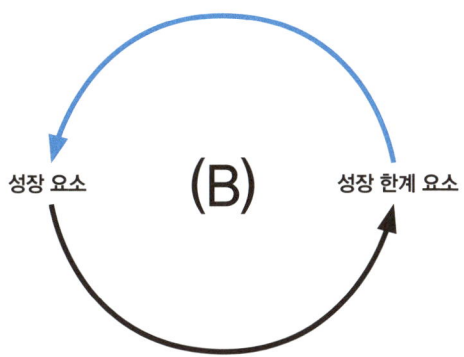

　세상의 조직이든 교회든 성장하려면 성장하기 위한 시스템이 먼저 만들어져야 한다. 지속 가능한 성장을 위해서는 시스템의 지속적인 발전이 필수다. 예를 들어, 창업을 했다고 가정하자. 창업하면 돈을 벌기 전에 이미 기본적으로 성장의 한계가 정해진다. 그것을 시스템의 태생적 한계라 한다. 한 시스템의 태생적 한계는 그 시스템 내에 있는 사람, 철학, 자본, 기술, 사업 모델 등에 영향을 받는다. 교회도 마찬가지다. 한 교회의 태생적 한계는 교회를 개척했을 때 지도자, 개척 멤버, 사역 철학, 재정, 지도자와 성도의 재능, 교회의 계획 등에 영향을 받는다.
　다시 사업 이야기로 돌아가 보자. 열심히 일하면 대략 10억 원 정도의 매출을 달성할 가능성이 있는 시스템을 가지고 사업을 시작했다고 하자. 당연히 이런 시스템 안에서 열심히 하면 매출 10억 원까지 성공적으로 갈 수 있다. 그런데 어느 순간부터 아무리 열심히 해도 매출이 10억 원 이상으로 성장하지 않는다. 이유가 무엇일까? 그것은 시스템이 한계에 도달했기 때문이다. 교회도 마찬가지다. 교회 개척을 하고, 열심을 다해 헌신하고 사역하면 일정 수준까지 교회가 성장한다. 하지만 어느 순간부터 아무리 열심히 헌신하고 노력해도 교회 성장이 멈춘다. 개척 당시 구축했던 시스템의 한계에 도달했기 때문이다.

이럴 때 지도자는 고민에 빠진다. "어떻게 해야 매출이 10억 원에서 100억 원으로 도약할 수 있을까?" 고민 끝에 대개는 이렇게 외친다. "주인의식을 가지고 지금보다 더 열심히 일하자!" 과연 10배의 노력을 하면 매출이 10억 원에서 100억 원으로 올라갈까? 아니다. 10억 원 매출이 적당한 시스템을 유지한 채 10배의 노력을 가하면 기업은 망가진다. 힘들어서 직원들은 떠나가고, CEO는 병들고, 결국 문을 닫는다. 교회도 마찬가지다.

성장의 한계를 돌파할 해결책은 없을까? 있다. 답은 간단하다. 가장 먼저 해야 할 일은, 기업이라면 무리하게 직원들을 몰아붙이는 일을 멈추고 10억 원 매출의 한계를 가지고 있는 기존 시스템을 100억 원 매출을 올릴 수 있는 시스템으로 고치는 것이다. 100억 원 매출을 올릴 수 있는 시스템을 만들려면 100억 원 매출에 걸맞은 조직 문화로 바꾸고, 그에 맞게 직원 역량을 기르는 등 조직의 유무형 요소들을 고쳐야 한다. 그런 후에 열심히 일하면 100억 원 매출이 가능하다. 1,000억 원 매출로 도약하기 위해서도 같은 과정을 거쳐야 한다.

한국 교회도 마찬가지다. 지속해서 성장하려면 성장을 이룩해 온 교회 시스템을 지속해서 바꾸어야 한다. 복음의 진수, 진리를 바꾸라는 것이 아니다. 진리는 바뀌지 않는 중심이다. 예수 그리스도의 복음은 교회의 핵심이다. 하지만 낡은 생각, 과거 시대에 맞는 목회 방법과 교회 운영 방식은 바꾸어야 한다. 새로운 시대에 맞는 새로운 비전을 수립해야 한다. 한 손에는 '성경'을 기준 삼고, 다른 한 손에는 하나님이 이끌어 가시는 세상 변화를 통찰해 새로운 시대에는 무엇은 버리면 안 되고, 무엇은 버려야 하고, 무엇은 새로 배워야 하는지를 알아야 한다. 시간이 지나면서 잘못되고 고장난 것은 무엇인지를 점검해야 한다. 되돌릴 것은 되돌리고, 새롭게 할 것은 새롭게 해야 한다. 이것을 '갱신'이라 한다.

아직도 많은 사람이 열심히 노력하면 한국 교회의 옛 성장 신화를 재현할 수 있을 것으로 착각하고 있다. 현재는 잠시 글로벌 시장의 침체와 몇몇 교회 지도자들의 문제로 고전하고 있지만, 곧 옛 번영과 위상을 회복해 영원히 지속되리라는 환상 속에 있다. 시대착오적 발상이다. 위기감을 떨어뜨려서 변화의 시기를 놓치게 하는 착각이다. 한국 교회는 시스템 갱신을 하지 않으면 성장이 멈추는 문제를 해결할 수 없을 것이다.

한국 교회, 양적 성장의 미래 시나리오

한국 교회가 시스템 갱신을 하지 않고 계속해서 버티면 어떤 미래가 기다리고 있을까? 한번 예측을 해보자. 필자는 2013년 5월에 출간한 『2020~2040 한국교회 미래지도』에서 정부가 시행한 2005년도 인구주택조사 결과를 근거로 한국 교회의 양적 미래에 대한 컴퓨터 시뮬레이션 결과를 발표했다.

다음은 당시 발표했던 자료 중에서 2060년까지 기독교 총인구의 변화를 예측한 자료다. 위쪽의 실선은 2005년 당시 총인구의 18%에 해당하는 기독교 인구의 비율이 감소하지 않는 상태에서 저출산 고령화의 인구 변화만을 적용한 그래프였다. 아래 점선은 2013년 이후부터 매 10년마다 기독교 인구 비율이 1%p씩 감소한다는 가정을 가지고 예측한 결과값이었다. 그 결과 2060년 한국 교회의 총인구수는 최대 800만 명에서 최소 550만 명이었다. 이 숫자에서 2005년 당시 이단에 출석하는 숫자 150~250만 명을 뺀 순수한 기독교 인구 숫자만을 도출하면 2060년 한국 교회의 총인구수는 최대 650만 명에서 최소 300만 명까지 줄어드는 미래가 예측되었다.

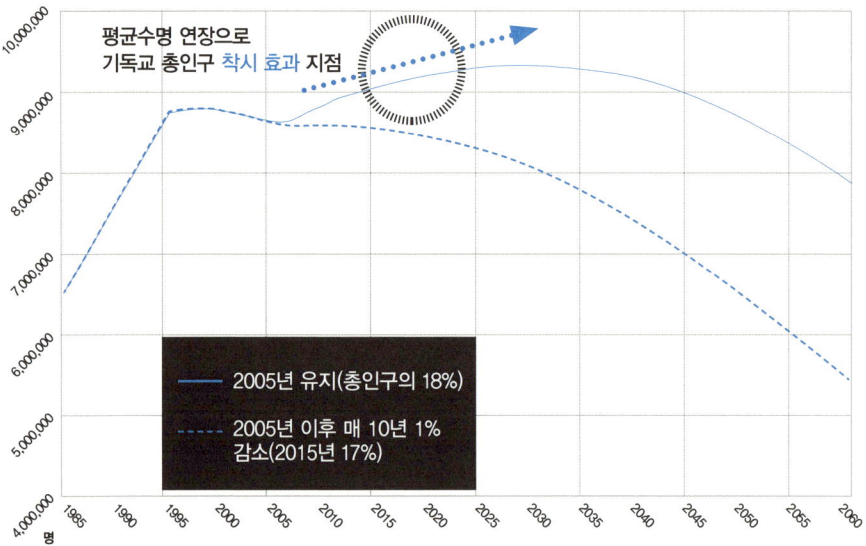

| 기독교 인구 변화 추이 |

2020년 현재, 한국 교회의 총인구수는 이 컴퓨터 시뮬레이션 그래프에서 보듯이 2005년보다 상승했다. 실제로 근래 통계청 조사에서도 같은 결과가 나타났다. 하지만 필자는 이것이 평균수명 연장으로 만들어진 착시 효과라고 분석했다. 진정한 성장이 아니라는 의미다. 이번에 필자는 이 책을 집필하면서 한국 교회의 총인구 변화에 대한 예측 시뮬레이션을 2010년 국가의 총인구조사 데이터를 가지고 보정해서 업데이트했다. 다음 도표가 데이터 보정 후 2040년까지 예측한 내용이다. 다음 도표는 총인구의 18%가 기독교 인구라는 비율을 그대로 유지한다는 조건에서 예측 결과다.

다음 시뮬레이션 결과를 2013년 발표했던 결과와 비교한다면 한눈에 봐도 큰 차이가 없다. 2020년 현재가 평균수명 연장으로 기독교 총인구 증가라는 착시 효과 지점에 있다는 것도 거의 비슷하다. 약간의 차이점이 있다면 기독교 총인구의 정점인 2030년 이후로 하강 속도가 아주 약간 완만해진 정도다.

| 2010년 총인구조사 데이터 보정 후 예측 |

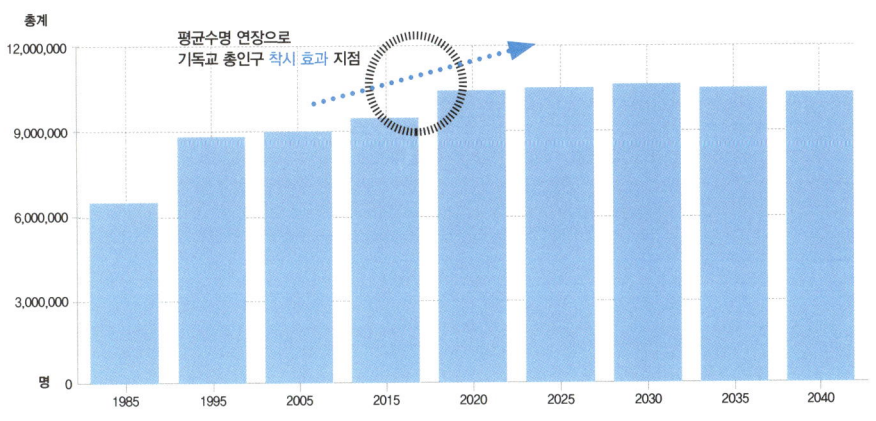

이번에 새롭게 실시한 컴퓨터 시뮬레이션에서는 지역별 기독교 총인구의 변화에 대한 미래예측도 함께 실시했다. 2013년 예측에서는 기독교 인구 숫자가 한국 총인구의 18%인 것을 시작점으로 해서 매 10년마다 1%씩 감소하는 조건을 가지고 컴퓨터 시뮬레이션을 돌렸다. 하지만 이번 예측에는 (다양한 통찰을 얻기 위해) 2가지 조건을 가지고 컴퓨터 시뮬레이션을 돌렸다.

첫 번째, 현재 일어나고 있는 급격한 저출산과 주일학교의 빠른 감소 추세, 고령자의 평균수명 연장, 50세 이상에서는 기독교 이탈 비율이 극히 적음을 반영해 50세 이하에서만 기독교 인구 총숫자를 100으로 환산한 후 매년 1%씩 감소한다는 조건으로 컴퓨터 시뮬레이션을 돌렸다. 그 결과 지난번 발표에서는 드러나지 않았던 새로운 통찰 결과를 얻을 수 있었다.

다음은 서울을 비롯해서 전국 도 단위별 2045년까지 기독교 인구의 미래 변화다. 도표를 보면 몇 가지 중요한 특징이 드러난다. 한국의 기독교 총인구의 정점이 2030년인 데 비해 서울 지역은 1995년에 이미 정점을 찍고 숫자가 감소하기 시작했다. 1차 감소기는 1995~2005년이었다. 그 이후로 5년 정도 현상 유지를 했지만, 2015~2020년에 2차 감소기에 들어섰다. 그리고 2020~2045년까지는 서서히 하락하는 경향을 보일 것으로 예측되었다. 반면에 경기 지역은 2015년이 기독교 인구수의 정점이다. 2015~2020년 사이에 하락을 한 후에 2045년까지는 큰 변화를 보이지 않을 것으로 예측되었다.

서울, 경기 지역과 지방의 기독교 인구 변화도 달랐다. 다음 도표를 보면, 전북은 서울과 비슷한 추세를 보였다. 1995년 기독교 인구수의 정점을 찍은 후 1995~2005년 1차 감소기, 그 이후로 5년 정도 현상 유지,

2015~2020년에 2차 감소기를 겪은 후 2045년까지 완만한 하락세를 유지한다. 전남은 1985년부터 지속적으로 감소해 2020년경이면 급격한 감소 추세가 멈추고 2045년까지 완만한 하락세를 유지하는 것으로 예측되었다. 전국에서 기독교 복음화율이 가장 높은 것으로 조사되었던 서울과 전북, 전남의 기독교 인구 감소 시점이 다른 지역이나 전국 평균보다 더 빠르다는 것은 놀라운 사실이다.

인천 지역도 2015년을 정점으로 기독교 인구 숫자가 감소하기 시작했다. 서울, 전북, 전남, 경기, 인천 지역을 제외한 나머지 광역시와 도들은 특이하게도 2015~2020년 기간에는 기독교 인구수가 증가하고 있다. 필자의 추정으로는 이런 현상은 저출산 고령화와 지방 간 인구 이동과 귀농 등의 트렌드의 영향일 듯싶다.

| 지역별 기독교 총인구 미래예측 1 |

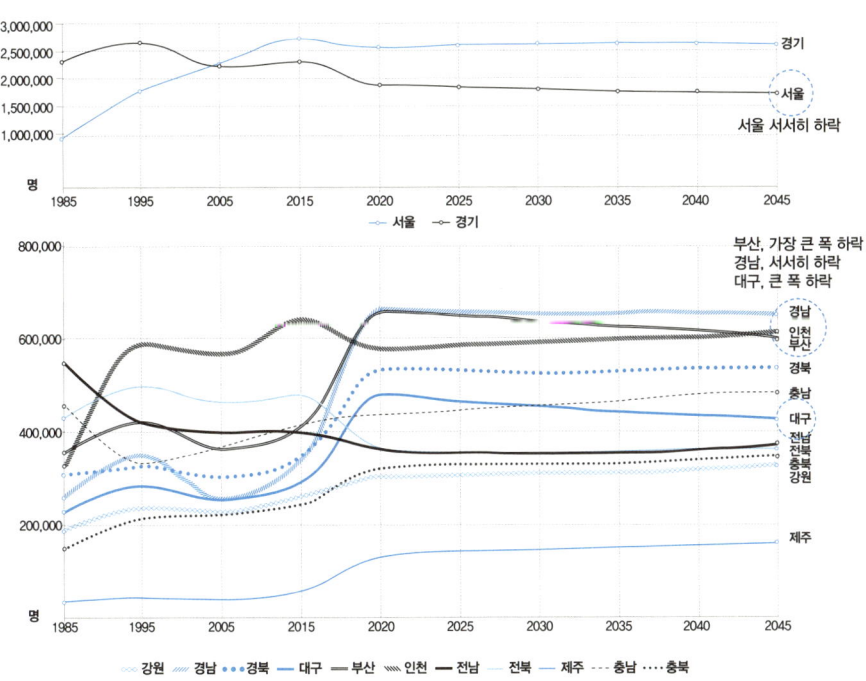

도표를 보면, 또 다른 특이점을 예측할 수 있다. 2020년 이후 가장 큰 폭으로 기독교 인구수가 줄어드는 지역은 부산과 대구다. 나머지는 서서히 하락한다. 제주 지역은 오히려 약간의 상승세를 보이기도 한다.

두 번째, 기독교 인구 총숫자를 100으로 환산한 후 기독교 인구 전체가 매년 1%씩 감소한다는 조건으로 컴퓨터 시뮬레이션을 돌렸다. 도표에서 보듯이, 기독교 인구 전체가 매년 1%씩 감소한다면 앞의 조건과는 달리 2045년까지 모든 지역에서 기독교 인구가 감소한다. 이 조건 아래에서도 부산이 가장 큰 폭으로 감소하고, 경남과 대구는 큰 폭으로 하락한다. 그리고 다음 도표에는 나타나지 않았지만, 2045년 이후부터는 모든 지역에서 기독교 인구의 감소 속도가 2배 이상 빨라진다.

| 지역별 기독교 총인구 미래예측 2 |

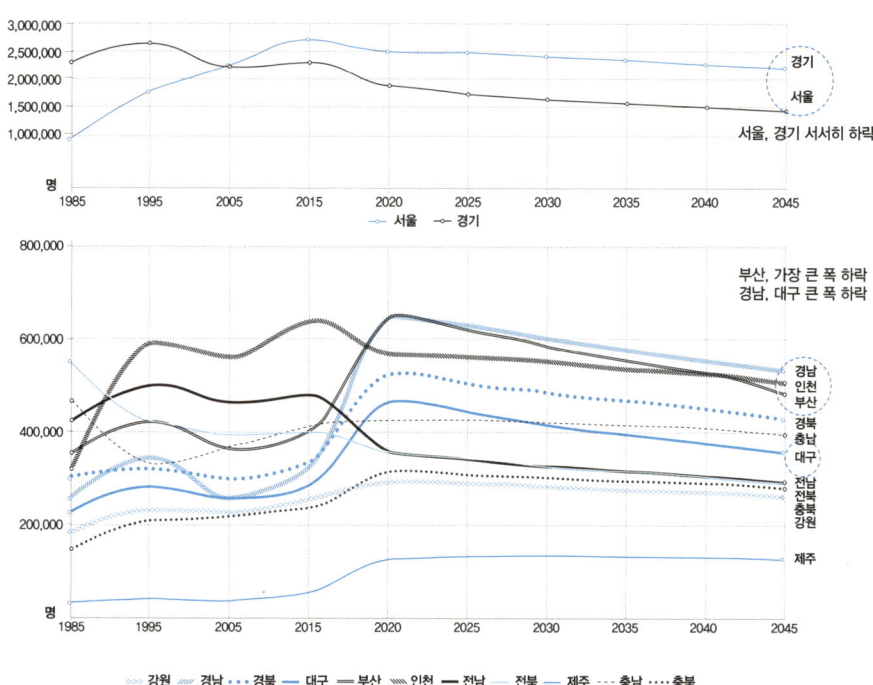

이 2개의 컴퓨터 시뮬레이션을 비교하면, 한국 교회가 2045년까지 기독교 인구 총숫자의 급격한 양적 감소를 막으려면 50세 이상의 교회 이탈을 막는 것이 그나마 최선의 방법이다. 대신, 교회의 급격한 고령화는 막을 방법이 없다.

다음 도표들은 2005년 기준 기독교 인구 18%가 2045년까지 그대로 유지된다는 조건 아래 연령별 기독교 인구수의 변화다. 도표에서 뚜렷이 보이듯, 시간이 지날수록 교회 내에서 고령화 현상이 빠르게 진행됨을 예측할 수 있다. 2020년경이 되면, 한국 교회 안에서 가장 많은 세대는 45~50세가 된다. 2030년경이 되면, 가장 많은 세대는 55~70세로 바뀐다. 2040년경이 되면 가장 많은 세대는 65~75세가 된다.

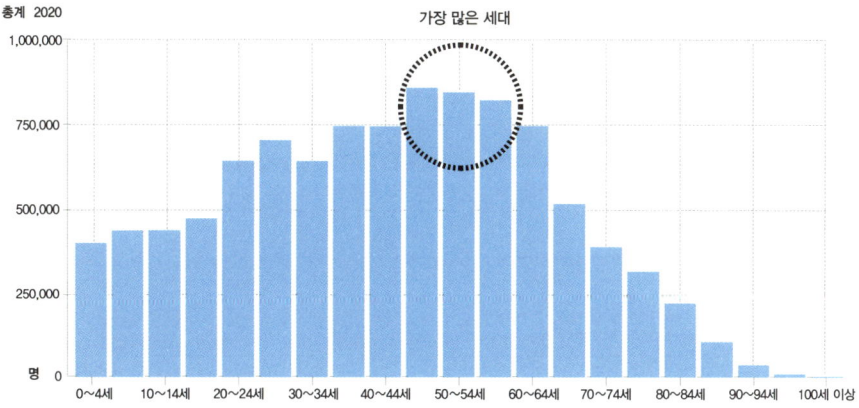

| 2020년 기독교 연령별 숫자 예측 |

| 2030년 기독교 연령별 숫자 예측 |

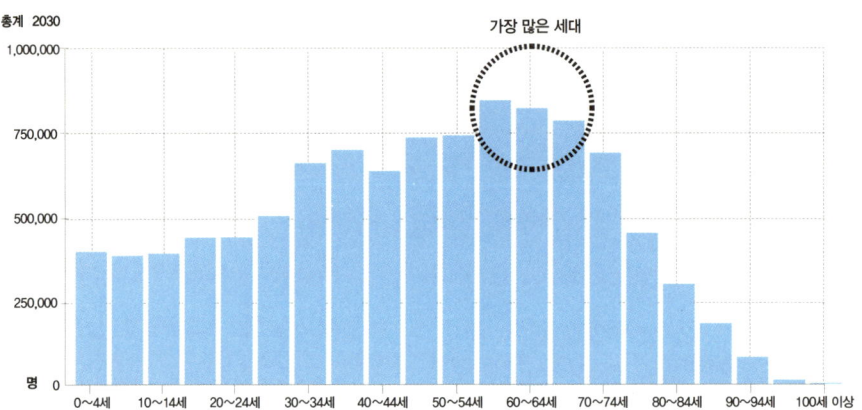

| 2040년 기독교 연령별 숫자 예측 |

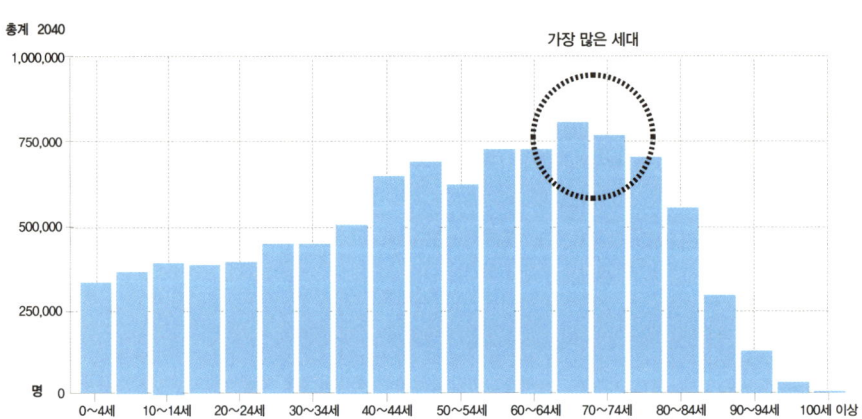

필자는 2013년 5월에 출간한 『2020~2040 한국교회 미래지도』에서 고등부까지 주일학교의 양적 변화의 미래예측 결과도 발표했었다. 다음 도표가 당시 발표한 예측치다.

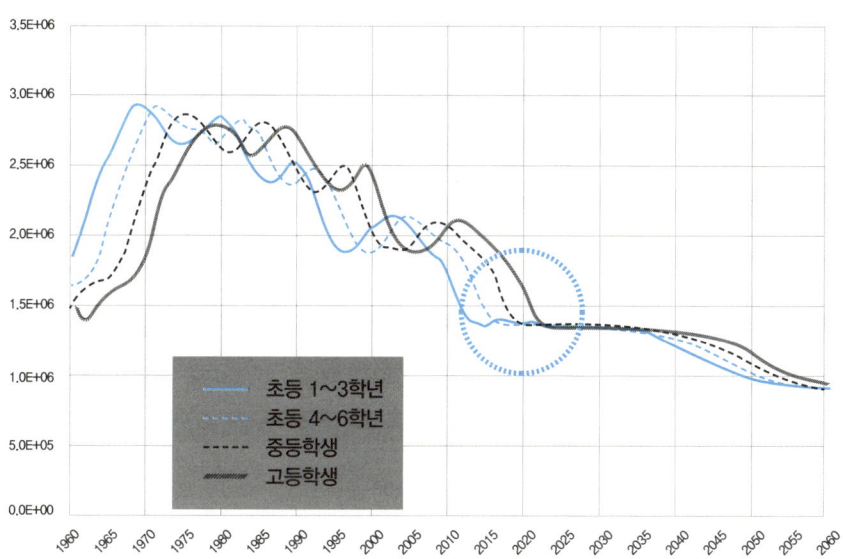

| 총인구 변화 추이 |

당시의 컴퓨터 시뮬레이션 결과로는, 2020년 현재 한국 교회 주일학교는 5단계 감소 국면을 지나고 있다. 5단계 감소 국면의 특징은 한동안 서서히 감소하다가 2035년부터 급속한 감소 속도를 보인다. 필자는 이번 추가 연구에서는 지역별로 주일학교 숫자의 변화를 시뮬레이션해 보았다. 다음은 1985~2045년까지 지역별 주일학교 숫자 변화 예측값이다.

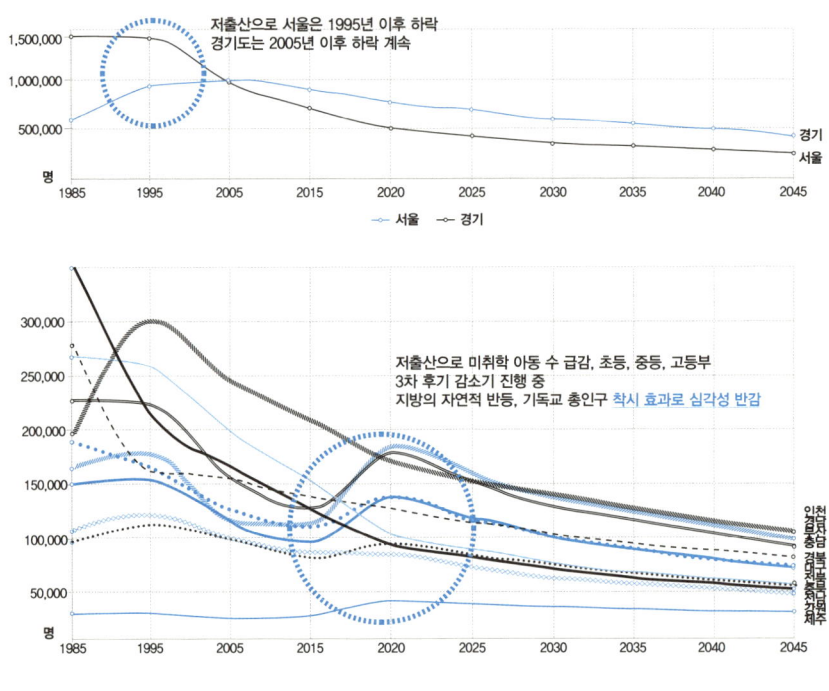

도표에서 보듯이, 각 지역별 예측 결과값은 주일학교 전체의 감소 추세와 약간 다른 모습을 보인다. 저출산 영향으로 서울은 1995년 이후 2030년까지 빠른 속도로 계속 감소한다. 전북, 전남, 인천, 충남이 반등 현상 없이 1995년 이후부터 2045년까지 빠른 속도로 계속 감소한다. 그 중 전국에서 가장 빠른 감소 추세를 보이는 지역은 전남이다. 나머지 지역들은 2015~2020년 사이에 약간의 반등 추세를 보이지만, 그 이후로 계속해서 감소한다.

30~54세 장년부의 지역별 미래변화도 살펴보자. 다음 도표에서 보듯

이, 서울과 경기 지역은 2015년부터 감소하기 시작했다. 30~54세 장년부의 숫자가 가장 많은 지역은 인천이다. 하지만 인천을 비롯해서 전북, 전남, 강원 지역은 2015년부터 감소하기 시작했다. 나머지도 2020년을 정점으로 계속해서 감소한다.

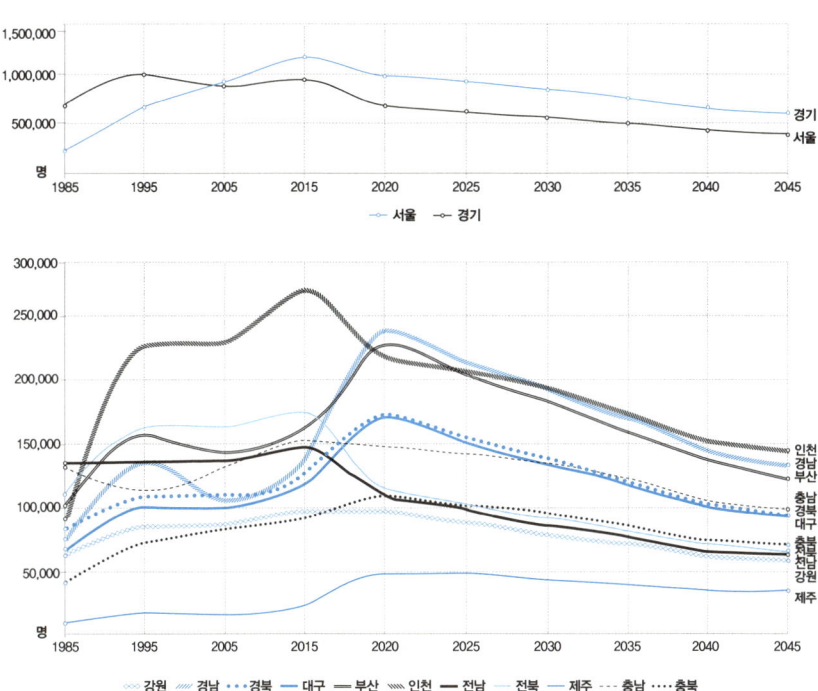

| 지역별 장년(30~54세까지) 숫자 미래예측 |

50세 이하 매년 1% 감소 시나리오

55세 이상 은퇴자의 숫자 변화는 어떻게 될까? 먼저 전국 평균을 예측해 보자. 2가지 조건을 비교해 보자. 첫 번째 그래프는 50세 이하만 매년 1%씩 감소한다는 조건이다.

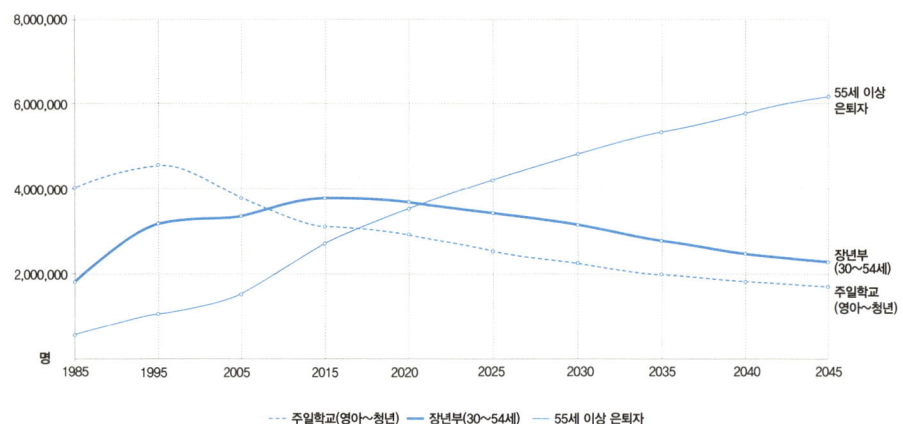

도표에서 보듯이, 50세 이하만 매년 1%씩 감소하고 50세 이상은 기독교 평균 비율이 한국 전체 인구의 18%를 계속 유지한다는 전제 아래에서, 55세 이상 은퇴자의 숫자는 2020년 이후부터 가장 많아진다. 2045년경이 되면 55세 이상 은퇴자의 숫자가 55세 미만 전체 숫자보다 더 많아진다. 그나마 두 번째 조건인 기독교 인구 총숫자를 100으로 환산한 후 기독교 인구 전체가 매년 1%씩 감소한다는 조건으로 돌린 컴퓨터 시뮬레이션에서는 2045년경이 되면 55세 이상과 이하의 숫자가 엇비슷해진다. 즉 어떤 조건 아래에서든지 2045년경이 되면 55세 이상의 숫자가 그 이하의 숫자보다 많아져서 한국 사회의 초고령화 속도보다 교회 내의 초고령화 속도가 더 빨리 진행된다.

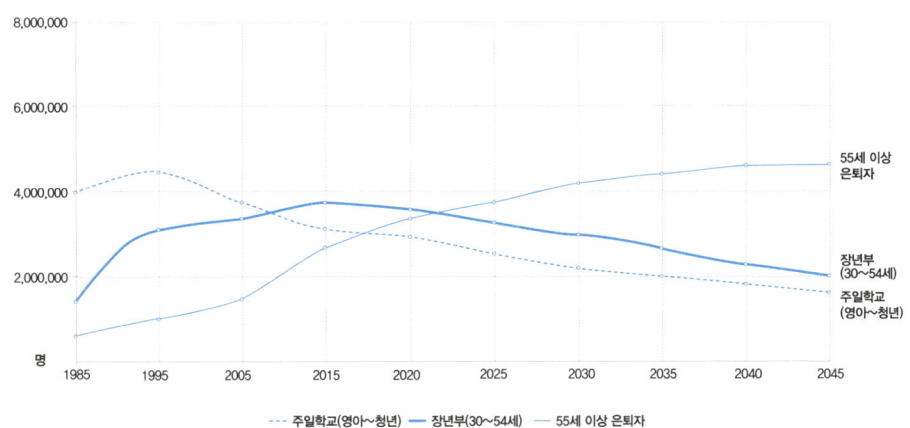

3대 인구구조 변화의 부작용: 저출산, 고령화, 평균수명 연장

각 지역별로 은퇴자 숫자의 증가 속도를 예측해 보자. 다음 도표에서 보듯이, 경기가 서울보다 빠른 속도로 은퇴자가 증가한다. 전국에서 은퇴자 숫자 증가 속도가 가장 빠른 곳은 경남, 부산, 경북, 인천이다.

참고로 2019년 초에 통계청이 계속 하락하는 출산율 등을 추가 반영해서 발표한 내용에 따르면, 한국의 총인구 감소 시점은 당초 예상 시점인 2031년보다 3년 앞당겨진 2028년이다. 즉 (최근 자료로 다시 보정한다면) 필자의 예측치보다 3년 더 빨리 이런 현상들이 시작된다는 의미다. 통계청은 2017년 기준 한국의 총인구는 5,136만 명이었고, 2028년에 5,194만 명을 최고치로 찍은 후 감소세로 돌아서고, (현재의 추세라면) 2067년에는 3,929만 명으로 1,265만 명(2017년 대비 24%)이 감소할 것으로 전망했다.

인구성장률도 2029년부터는 마이너스로 바뀌고, 2019년부터는 사망자가 출생아보다 많아지는 자연 감소가 시작된다고 예측했다.

| 지역별 은퇴자(55세 이상) 숫자 미래예측 |

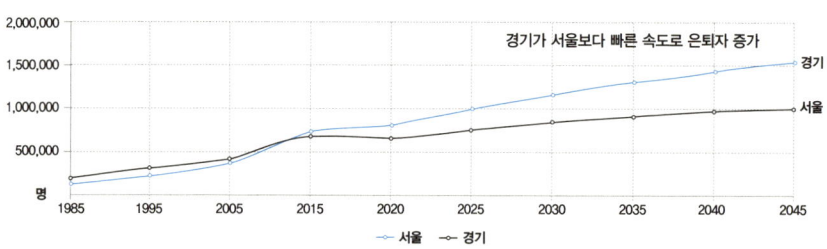

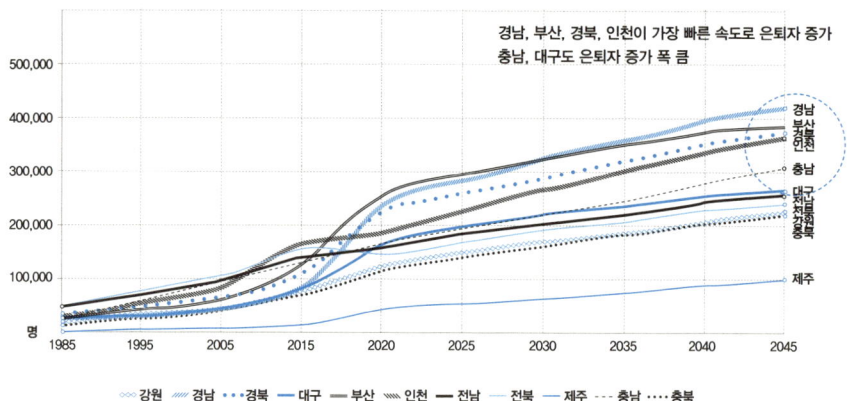

물론, 필자의 이런 예측들은 기독교 내의 교단별 분석과 예측까지는 진행되지 않았다. 하지만 필자의 연구를 보면 지역별로 차이가 나듯이, 교단별로 차이가 있을 것으로 추정된다. 참고로, 필자가 속한 대한예수교장로회 예장합동 측은 기독교 교단 중 규모가 큰 편에 속한다. 2017년 이

교단이 자체 조사한 자료에 따르면, 성별 신도 현황은 여성 55.8%, 남성 44.2%였다.[1] 연령별 신도 현황은 0~4세 3.4%, 5~7세 4.8%, 초등 1~3학년 6%, 초등 4~6학년 6.1%, 중등 5.6%, 고등 5.3%, 20대 8.5%, 30대 11.6%, 40~50대 25.1%, 60대 이상 23.7%로 집계되었다.

한국 사회와 마찬가지로, 교단 내에서도 저출산 고령화 효과가 빠르게 나타나고 있다. 이런 추세라면 10년 후 예장합동 측은 60대 이상이 35%, 20년 후면 40%를 돌파할 가능성이 높다. 2040년 무렵 55세 이상 은퇴자는 50% 이상이 될 것이다. 필자가 이번에 실시한 2개의 시뮬레이션 중에서도 가장 좋지 않은 조건에서 나온 예측값과 비슷하다. 2017년 기준으로 예장합동 측의 지역별 신도 현황에서 가장 낮은 비율을 보인 제주(0.2%), 충북(0.7%), 울산(1.4%), 강원(1.5%), 충남(2.1%), 대전(2.2%), 경남(2.6%)은 20년 후가 되면 완전 고령화 지역이 될 것으로 예상된다.

예장합동 측의 자체 집계와 필자의 예측 모델을 결합해 보면, 2040년경 예장합동 측에서 완전히 고령화가 될 교회 비율은 무려 82.9%가 된다. 이들 교회의 대부분은 성도 수가 200명 이하일 것이다. 필자의 이런 예측들을 종합해 볼 때 기독교 인구 비율이 가장 적으면서 동시에 저출산 고령화율도 높은 지역은 한국의 동남부 지역이다. 어쩌면 이 지역이 한국 교회의 암울한 미래를 가장 먼저 보여 줄 지역이 될지도 모르겠다.

이런 일이 벌어지는 이유는 분명하다. 3대 인구구조 변화 부작용 때문이다. 3대 인구구조 변화란 저출산, 고령화, 평균수명 연장이다. 3대 인구구조 변화는 앞으로도 10~20년간 지속되고 심화될 사안이다. 즉 필자가 지금까지 설명한 지역별 한국 교회의 양적 변화의 미래는 '이미 정해진 미래'일 가능성이 아주 높다. 인구구조의 변화는 아직도 획기적인 해법을 만들지 못했지만, 지금 당장 획기적인 방안을 시행하더라도 그 효과가 나타나려면 최소 20년 이상이 걸린다. 앞으로 20년은 이미 정해진 미래가 현실이 되는 것을 지켜보는 기간이 된다는 의미다.

하지만 더욱더 큰 문제는 한국의 3대 인구구조 변화의 부작용이 점점 더 심화되고 있다는 사실이다. 필자가 2010년 인구조사 결과를 가지고 미래예측 시뮬레이션을 시행했지만 요사이 나오는 분석에 따르면 당시 예측보다 더 빠르게 저출산 고령화가 진행되고 있다. 한국 총인구 감소 시점도 3~4년 더 빨라졌다는 분석도 나온다. 가장 큰 원인은 출산율 감소 속도다.

2018년 말, 한국의 출산율은 1.0의 마지노선도 깨졌다. 2018년 3분기 합계출산율이 0.95명을 기록했다. 경제협력개발기구(OECD) 35개 회원국 평균 1.68명에 크게 밑돈다. 세계 최하위라고 해도 과언이 아니다.[2] 일본의 경우, 2008년 출산율이 1.34명이었다. 그 결과 사회 활력이 떨어지고 내수시장이 침체하는 등 '저출산의 저주'가 현실로 나타났다. 한국은 2010년 6~12세 학령인구가 990만으로 1,000만 명 선이 무너졌고, 2020년에는 743만 명으로 추가 하락하며, 2050년이면 2010년 대비 절반 이하인 460만 명으로 줄어든다.

세부적으로 보면, 2002년부터 신생아 출산이 연간 40만 명으로 줄었다. 2017년부터는 신생아 출산 숫자가 10만 명 추가로 줄었다. 몇 년이 지나면 10만 명이 더 줄어든다. 2002년부터 10년 정도가 저출산으로 인한 영유아 시장의 1차 충격기였다면, 지금은 2차 충격기로 접어들었다. 말이 10만 명이지, 25%가 줄어든 셈이다. 몇 년 후 다시 10만 명이 줄면, 그때는 33%가 줄어드는 셈이다. 자연적으로 학령인구도 2030년까지가 가장 가파르게 감소하는 시기가 된다. 출산율과 인구구조의 변화만으로 볼 때 한국 교회의 주일학교는 지금보다 몇 배 더 전도하고 사역하지 않으면 제자리 유지도 힘들 듯 보인다.

한국의 한쪽에서 저출산 문제가 아주 심각해지고 있는 지금 이 순간에도 한국의 다른 한쪽에서는 쉬지 않고 빠른 속도로 초고령사회가 진행되고 있다. 평균수명이 연장되는 추세를 견고히 뒷받침해 주는 새로운 기술과 사회 시스템의 등장은 겨우 시작에 불과하다. 앞으로 계속해서 세상을 놀라게 할 생명연장 신기술이 등장할 것이다.

일부에서는 인구 감소가 국가 GDP 감소에 직결되지는 않는다고 주장하면서 인구 감소가 가져다주는 미래위기를 애써 부정하려 한다. 반은 맞고, 반은 틀린 말이다. 모든 조건이 변하지 않은 상황에서 인구 감소라는 하나의 변수만 작동한다면 맞는 말이다. 한국은 2023~2026년경에 전체 인구의 20%가 65세 이상이 되는 초고령사회에 진입하고, 2030년경이 되면 전체 인구의 24.3%인 1,181만 명이 노인이 되어 노인인구 비율이 일본, 독일, 이탈리아 다음으로 세계 4위가 된다. 2050년에는 65세 이상 노인인구가 46%를 넘는다.

65세 이상 노인인구가 늘어나고, 젊은이는 부족하고, 소비주체는 줄어들고, 높은 인건비에 비해 노동의 질은 저하되는 환경이 만들어지면 시장의 역동성 하락과 잠재성장률 하락을 발생시켜 제대로 된 기업 활동을 하기가 힘들어진다. 일자리의 숫자뿐 아니라 질도 나빠질 수 있다는 의미다.

전문가들은 이러한 고령화 문제를 집을 갉아먹는 흰개미에 비유한다. 경제 발전의 기반이 무너지기 직전까지도 침식의 원인이 눈에 잘 드러나지 않기 때문이다. 노인들의 증가는 일면으로는 실버시장 규모를 증가시킨다. 2020년경 한국의 실버시장 규모는 148조 원 정도로 크게 성장한다. 하지만 전체 시장의 증가에 큰 도움은 되지 않는다. 어린아이와 장년층 시장의 축소분이 실버시장으로 이전한 것일 뿐 새로 만들어지는 시장이 아니기 때문이다. 일본은 고령화 직격탄을 맞으며 자동차 내수 판매량이 2004년 585만 대에서 2008년 470만 대로 4년 사이 무려 25%나 감소했다.

고령화를 연구하는 선진국들의 연구 발표를 종합하면, 한 나라의 인구에서 25%가 65세 이상이 되면 그 나라의 평균 생활수준이 18% 정도 하락한다. 이는 일본이 잃어버린 10년 동안 날린 돈과 비슷한 규모다. 우리나라도 2030년경이 되면 지금과 비교해서 평균 18% 생활수준이 하락할 수 있다. 10년 정도밖에 남지 않았다. 일본은 인구가 1억 2,000만 명이나 된다. 그 절반에 불과한 우리로서는 일본과 비슷한 비율로 떨어져도 충격은 훨씬 더 클 수 있다. 초고령사회로 진입하는 속도를 비교해도 프랑스는 154년이 걸렸고, 미국 94년, 독일 77년, 일본 36년이었지만 한국은 26년밖에 되지 않는다. 속도가 엄청나게 빠른 만큼 부작용도 엄청나게 빠른 속도로 나타날 것이다.

한국 사회나 한국 교회가 직면하게 될 고령화 부작용들 중에서 가장 큰 문제는 삶의 질 문제다. 현재 한국 노인들의 소득은 국민 전체 평균소득의 62% 수준으로, OECD 34개 회원국의 평균치인 90%와 비교해서 턱없이 낮은 최하위 수준이다. 한국은 은퇴 준비가 일본, 미국, 독일 등 선진국과 비교해서 매우 부족하기 때문에 은퇴자들의 평균 소비성향도 미국의 3분의 2 수준에 불과하다.[3] 세부적으로는 한국 노인의 절반 정도는 한국의 평균치 65%보다 더 낮은 45.6%로, 완전 빈곤층이다. 이 역시 OECD 전체 평균 노인빈곤율 13.5%보다 훨씬 높다.[4] 앞으로 얼마나 더 많은 노인이 빈곤층으로 전락할지 예측하기 어렵다. 교회 내에서 빠른 속도로 젊은이는 줄고 노인층만 늘어나면 교회 자체도 빈곤 상태로 전락할 수 있다.

앞으로 20년,
기업 하는 성도의 위기

오래전부터 필자는 한국 기업이 처할 미래위기를 이렇게 예측했다.

"머뭇거리면 글로벌 시장의 50~80%를 잃는다."

앞으로 20년, 기업 하는 성도의 최대 위기는 중국과 인도에게 밀려 수출 시장의 50~80%를 잃는 위기다. 수출을 주로 하는 성도라면 이런 위기를 피할 수 없다. 반드시 직면한다. 그중에서 어떤 성도는 회사를 처분해야 할 수도 있다. 준비를 미리 하고 미래변화에 잘 대처하는 성도라면 일시적으로 위기를 겪겠지만 미래산업으로 전환에 성공해 위기를 탈출할 수 있다. 하지만 어느 쪽이라도 당분간 큰 고통과 위기에 직면하는 것은 피하기 힘들다. 필자가 이런 이야기를 꺼내는 이유는 교회가 이들의 처지를 잘 이해하는 것이 필요하다는 점을 강조하기 위함이다.

이들이 겪을 미래위기의 핵심으로 한 발짝 더 들어가 보자. 필자의 예측으로는 앞으로 10~15년 이내에 한국 기업들은 중국과 경쟁하는 거의 모든 제품과 서비스에서 글로벌 시장의 최소 50%에서 최대 80%까지 내줄 수 있다. 만약 기술 격차에서 역전되고 임금경쟁력도 상실하면 80% 정도 시장을 빼앗길 것이다. 기술 격차는 역전되거나 같더라도 임금경쟁력을 유지할 수 있으면 50% 시장을 빼앗기는 정도로 선방(?)할 수 있을 것이다.

일본의 예를 보자. 일본 조선산업은 2000년 전까지 세계 1등이었고 시장점유율 40%를 넘었지만, 한 수 아래라고 깔봤던 한국 기업에게 맹추격을 당하면서 자신들이 점유했던 세계시장 80%를 빼앗겼다. 일본 기업들은 LCD 패널 분야에서도 1996년에 세계시장 점유율 91% 기록을 세웠지만, 한국과 대만의 추격에 시장을 완전히 다 내주고 2009년 점유율 5%까지 주저앉았다. 일본의 전자제품들은 1992년까지 세계시장에서 한국과 중국을 합친 시장점유율보다 3배 정도 앞섰지만, 2014년에는 시장의 60%를 내주고 몰락했다.

한국의 진격에 세계적 기업들이 하나둘씩 무너졌다. 스마트폰 시장의 절대강자 노키아도 무너졌다. 2007년까지 스마트폰 세계시장 점유율 1위는 49.5%를 장악한 노키아였다. 2007년 한국은 2%에 불과했다. 하지만 2010년 한국은 블랙베리로 유명한 캐나다를 제치고 3위에 올라섰다. 미국 휴대폰 회사는 시장점유율을 가까스로 지켰지만, 노키아와 블랙베리는 한국업체들에게 시장을 빼앗기면서 추락했다. 한국업체들은 그들의 시장을 빼앗으며 미국업체와 노키아를 압박했다. 2011년, 드디어 삼성과 LG의 판매량이 노키아를 추월했고, 그 이후로 무소불위를 자랑했던 노키아는 시장의 절반 이상을 한국업체에게 내주고 몰락했다.

이런 사례를 한국과 중국의 글로벌 경쟁구도와 시장점유율 쟁탈전에 적용한다면, 한국 기업이 중국 기업에게 빼앗길 글로벌 시장은 최소 50%에서 최대 80%까지라고 어림 예측할 수 있다.

2020년 현재, 필자의 예측은 어떻게 되었을까? 필자가 그 결과를 언급하지 않아도 독자들은 잘 알고 있을 것이다. 현재 한국의 주력산업 중에서 반도체 같은 몇몇 기술을 제외하고 대부분의 제품에서 중국은 한국의 기술력을 추월했거나 거의 근접했다. 기술력 차이가 있는 제품도 임금경쟁력과 시장협상력, 그리고 중국 정부의 보호무역주의 정책을 기반으로 빠르게 점유율을 높여 가는 중이다.

2014년 1분기에 중국시장의 20%를 점유했던 삼성전자는 2015년 1분기에 시장점유율의 절반을 잃었다. 단 1년 만에! 그 이후로도 중국시장에서 삼성 스마트폰의 시장점유율 하락은 계속되었다. 2016년 삼성은 3.2% 점유율로 추락하면서 8위로 주저앉았다. 2018년에는 중국에서 300만 대 정도만 판매하는 초라한 성적을 기록하며 1% 점유율로 전락했다. 심지어 중국의 후발 무명업체인 메이주라는 회사도 삼성보다 2배 많은 판매량을 기록했다.[5] 삼성 스마트폰이 시장점유율을 잃는 것은 중국 본토에서만 끝날 일이 아니라는 데 걱정거리가 더 크다. 중국 밖에서도 상황은 비슷해지고 있다.

한국의 스마트폰만 이런 상황일까? 한국업체의 백색가전 시장도 비슷한 추세가 시작되었다. 중국 내 삼성전자와 LG전자의 세탁기는 하이얼의 10분의 1에 불과해졌다. 2018년 1분기, 750달러 이하 중저가 TV 시장에서 중국이 드디어 한국을 추월했다. 중국은 중저가 TV 세계시장의 34.5% 점유율을 기록했고, 한국은 24.4%로 2위로 주저앉았다. 2018년 중국시장 안에서 삼성전자의 TV 시장점유율도 하락했다. 2014년 5.1%에 달했던 중국시장 점유율은 4년 만에 2.2%로 반토막 났다.[6] 현재 한국은 1,500달러 이상 고가 프리미엄 TV 시장에서 중국과의 격차를 벌리며 선전 중이다. 2018년에는 이 시장에서 50% 점유율을 기록했지만, 5년 뒤를 장담하기 힘들다.

디스플레이 시장도 위험이 시작되었다. 중국은 2022년까지 대형 디스플레이 패널 최신 공장 19개, 중소형 패널 공장 19개를 설립할 계획을 세우고 있다. 시장조사업체 HIS마킷에서는 2023년이면 중국 기업의 디스플레이 세계시장 점유율이 58%에 이를 것으로 예상한다.[7] 한국이 지금

독점하고 있는 OLED 시장도 3~4년 이내에 중국과 양강구도로 전환될 가능성이 크다. 중국에게 디스플레이 세계시장을 넘겨주면 미래형 자동차를 비롯한 다양한 디스플레이 시장도 함께 잃는다.

자동차 생산량도 2013년 이미 중국에 추월당했고, 철강(조강 생산량)은 2013년에는 48.5% 대 4.1%로 격차가 더욱 벌어졌다. 한국 자동차의 미국시장 점유율이 6~7% 박스권을 벗어나고 있지 못한 상황에서 2020년이면 중국 자동차 산업의 추격이 턱밑까지 이르면서 상황은 더욱 악화될 수 있다. 미래형 산업에서도 중국의 도전과 추월은 거세다. 2007년 한국의 PC온라인 게임 산업은 34.5%로 부동의 1등이었다. 2012년에는 시장점유율도 밀리면서 중국에 1등을 내주었다.

중국과의 격차는 계속 벌어지고 있다. 부품과 소재 산업의 시장점유율 변화도 다르지 않다. 빠르게 추격하는 중국에게 일본과 미국이 시장을 계속 내주고 있다. 한국도 약간 시장점유율이 상승했지만, 중국과 경쟁이 되지 않는다. 이 격차는 앞으로도 크게 차이가 나지 않을 것으로 예측된다. 현재는 중국이 미국과 일본의 시장이 점유했던 시장의 최대 절반 이상을 빼앗은 수준까지 이르렀을 것이다. 1등이 무너지면 최소 절반은 시장을 후발주자에게 내주어야 한다.

한국 기업은 중국 기업에게 시장을 빼앗긴다면 어디서 만회할 수 있을까? 신흥시장을 개척하거나 미국과 유럽업체들의 시장을 빼앗아야 한다. 일단, 신흥시장에서는 중국에게 이기기 어렵다. 장악한 시장도 빼앗기는 판이다. 신흥시장에서 중국을 따돌리기는 거의 불가능하다. 그럼 미국이나 유럽시장에서 선진국을 무너뜨릴 수 있을까? 그것도 중국을 이기는 것만큼 힘들다. 자동차처럼 브랜드 선호도가 높은 제품이나 부품과 소재처럼 원천기술을 보유하고 최고 수준의 기술력을 기반으로 한 제조업

3단계에 속한 미국과 유럽업체들의 글로벌 시장점유율은 요지부동이다. 앞으로도 이런 시장은 경쟁 구도가 아주 견고해서 변할 가능성이 적다. 한국업체가 뚫고 들어가기가 만만치 않고, 시장점유율을 높이는 데 성공하더라도 10~15년 이상의 도전이 필요할 것이다.

필자의 예측으로는 아시아 대위기 국면을 지나고 나면, 2025년경부터 미국의 제2전성기가 시작된다. 한국이 중국에게 빼앗긴 만큼의 시장을 미국과 유럽이 장악한 시장에서 빼앗아 오기는 더욱 힘들어질 것이다.

필자가 지금까지 예로 든 업종이나 제품의 이름이 낯설지 않을 것이다. 당신이 출석하는 교회의 기업 하는 성도들이 생산하는 것들이다. 이들의 미래가 지금 바람 앞에 등불이다. 이들에게 앞으로 10~20년은 절체절명의 위기, 혹은 회사 창립 이래 최고 위기의 시기가 될 수 있다. 이런 상황에 처한 성도들에게 교회는 어떤 메시지를 던져야 할지 고민해야 한다. 이들의 고통을 어떻게 설교와 성경공부 메시지에 담고, 어떤 위로와 소망을 주어야 할지를 생각해야 한다. 이런 위기 속에 있는 성도를 위해, 혹은 이들과 함께 어떤 사역을 해야 할지를 생각해야 한다.

자영업 하는
성도의 위기

큰 사업이나 기업을 하는 성도만 위기에 빠지는 것이 아니다. 그들의 위기는 연쇄적으로 한국 내부의 위기를 불러온다. 수출기업의 위기는 내수시장에 초점을 맞춘 내수기업의 위기로 전이된다. 내수기업의 위기는 자영업자와 직장인의 위기를 불러온다. 다음은 한국의 경제 성장의 계층적 구조를 보여 주는 그림이다.

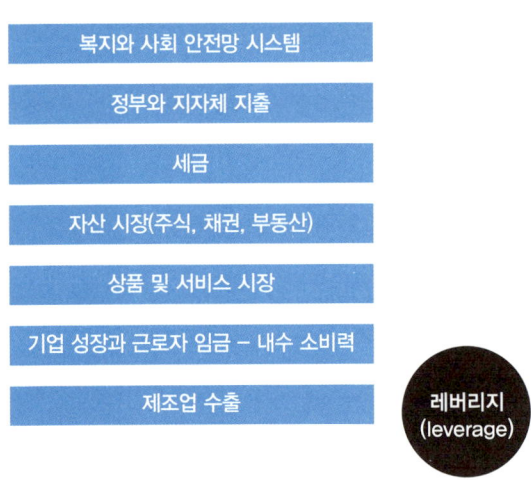

누가 무슨 말을 해도, 한국 경제 기초는 제조업 수출이다. 지난 50년, 한국 경제는 제조업 수출이 경쟁력을 가지면 성장했고 부유해졌다. 반대로, 제조업 수출이 경쟁력을 상실하면 위기가 발발했고 경제가 흔들렸다. 다음은 명목GDP에서 부문별 비중이다. 2008년 금융위기 이후인 2012년 한국이 GDP 순위로 전 세계 15위에 이르렀을 때의 자료다.

| 명목 GDP에서의 부문별 비중(2012년, 금액 단위, 100억 달러) |

순위	나라	GDP	농업		산업		서비스업	
	전 세계	7,171	423	5.9%	2,187	30.5%	4,561	63.6%
1	미국	1,568	19	1.2%	300	19.1%	1,250	79.7%
2	중국	823	83	10.1%	373	45.3%	367	44.6%
3	일본	596	7	1.2%	164	27.5%	426	71.4%
4	독일	340	3	0.8%	96	28.1%	242	71.1%
5	프랑스	261	5	1.9%	48	18.3%	208	79.8%
6	영국	244	2	0.7%	51	21.1%	191	78.2%
7	브라질	240	13	5.4%	66	27.4%	161	67.2%
8	러시아	202	8	3.9%	73	36.0%	122	60.1%
9	이탈리아	201	4	2.0%	48	23.9%	149	74.1%
10	인도	182	31	17.0%	33	18.0%	119	65.0%
15	대한민국	115	3	2.7%	46	39.8%	66	57.5%

자료: GDP(nominal) : International Monetary Fund,
World Economic Outlook Database, April, 2012에서 재인용

← 제조업 비중이 큼
타격 시 한국 경제 전반에
큰 영향

　한국의 경제에서 제조업이 차지하는 비중이 상당히 크다는 것을 한눈에 알 수 있다. 한국은 제조업 비중이 세계 평균보다 큰 나라다. 중국보다는 작지만, 미국이나 일본, 독일, 프랑스, 영국 등 상위권 나라들과 비교할 때 거의 2배에 이른다. 이 정도의 영향력을 가진 제조업이 무너지면, 특히 제조업체의 수출이 무너지면 한국 경제 전반에 엄청난 충격이 일어난다. 과거에도 그랬고, 미래에도 마찬가지일 것이다. 한 국가의 경제 성장은 우연히 이루어지지 않는다. 가만히 있다고 해서 시간이 지나면 자연히 성장하는 것도 아니다. 한 국가의 경제 성장에는 원리와 이유가 있다.

　다음은 국가 경제 성장의 기본 원리를 보여 주는 도표다. 기업의 수출과 내수 이익이 가계로 전가되고, 가계와 기업의 소득 증가를 기반으로 늘어난 세금이 정부를 윤택하게 하며, 국가 경제 전체 부의 규모를 키운다.

| 국가 경제 성장 원리-기업, 가계, 정부, 수출입 시스템 지도 |

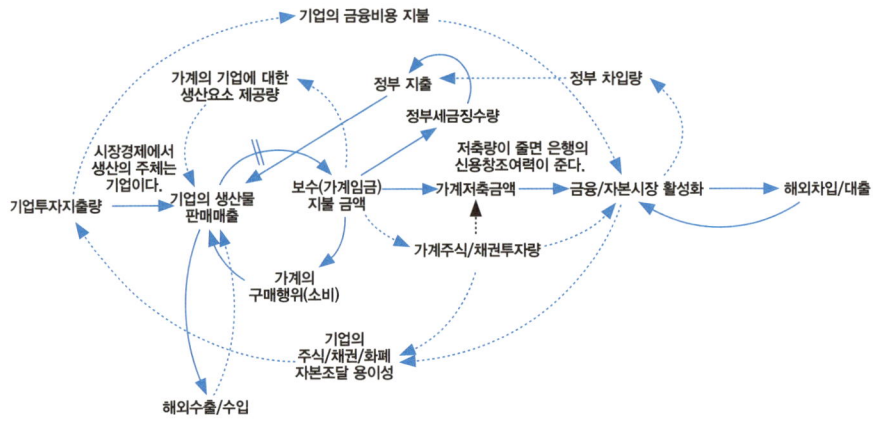

이 도표를 수직 계층으로 다시 정리하면 다음과 같다. 다음 도표에서 볼 수 있듯이, 한 국가의 경제 성장의 기반은 제조업이나 원자재 수출에서 시작된다. 사우디아라비아처럼 원유 생산 국가는 원자재 수출을 기반으로 나머지 영역의 성장을 견인한다. 하지만 한국처럼 값이 크게 나가는 원자재가 부족한 나라는 마땅히 제조업을 기반으로 나머지 영역의 성장을 견인해야 한다. 이 2가지 방법을 구사하지 못하는 나라는 영원히 가난한 나라로 남는다.

| 국가 경제 성장 원리-기업, 가계, 정부, 수출입 수직 구조 |

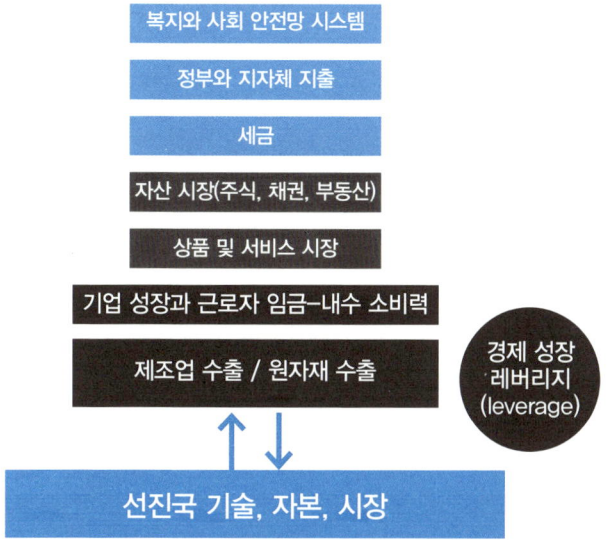

앞으로 10~15년 내에 한국의 수출기업들이 중국과 인도와의 경쟁에서 글로벌 시장의 50~80%를 내주면 그 충격은 내수시장에도 영향을 줄 것이다. 특히 필자가 염려하는 영역은 자영업 하는 성도의 파산 위험이다. 한국 교회에도 자영업 하는 성도들의 비율이 높다. 최소 4분의 1에서 최대 절반 정도가 자영업자일 것이다. 수출기업을 운영하는 성도의 위기보다 자영업 하는 성도에게 들이닥치는 위기가 교회 내부에는 더 큰 충격과 변화를 불러올 수 있다.

필자의 예측으로는 앞으로 15~20년 이내에 자영업자도 절반이 파산할 수 있다. 그냥 던지는 말이 아니다. 우선 한국의 자영업자 비율은 OECD 평균의 2배 가까이 된다. 즉 우리와 같은 경제 수준이라면 지금의 절반 정도가 적정한 숫자라는 말이다. 한국도 그렇게 될 가능성이 크다.

한국이 다른 나라들보다 자영업자의 비율이 높은 이유는 분명하다. 일자리 문제가 생기면서 다른 회사로 이직이 어려워지고, 은퇴가 빨라지면서 할 수 있는 일이 자영업뿐인 사회구조적 문제 때문이다. 물론 OECD 평균보다 높은 비율로 자영업자의 숫자를 증가시킬 수 있다. 하지만 부작용이 있다. 정상보다 2배가 많으니, 모든 자영업자의 매출이 생존을 위해 필요한 정상 매출에 이르지 못한다. 매출의 하향평준화다.

2018년 말 기준으로, 한국의 자영업자 소상공인 수는 564만 명이다. 전체 취업자 2,682만 명 중 25%다. 자영업자 51.8%는 연매출이 4,600만 원 미만이다(21.2%는 1,200만 원 미만, 30.6%는 1,200~4,600만 원 미만).[8] 경제 활동(취업자) 인구 중 자영업 비중은 한국 25.4%, 남미 국가나 경제침체국인 칠레(27.4%), 멕시코(31.5%), 터키(32.7%), 브라질(32.9%), 그리스(34.1%) 정도가 한국보다 높은 정도일 뿐이다. 선진국인 일본(10.4%), 미국(6.3%)과 비교하면 2.5~4배나 많다. 심지어 이들 자영업자 중에서 무급 가족 종사자는 117만 명이다.[9]

자영업자의 영업이익률도 감소 중이다. 통계청의 경제총조사 자료를 비교하면 2010~2015년 사이에 자영업자 영업이익률이 34.6%에서 29%로 5% 넘게 하락했다. 2018년 3분기 기준, 자영업자의 부채는 609조 2,000억 원이다. 근래에는 매년 10% 정도씩 증가 중이다.[10] 생계형 대출을 하거나, 빚을 내서 빚을 갚는 자영업자도 상당하다. 중산층과 서민층의 가계 실질 경제력 하락 악순환으로 매출 감소, 임대료 상승 부담, 과도한 빚으로 금융비용 위험에 노출되어 있다.

필자는 한국의 자영업자의 절반 정도가 파산할 수 있다는 예측을 했다. 실제로 한국의 자영업자 규모는 자연스럽게 줄어들기 시작했다. 통계청 발표에 따르면, 2018년 8월 기준으로 한국의 자영업자 수는 568만

1,000명이다. 2007년 612만 명보다 43만 9,000명이 줄었다. 무엇을 의미할까? 자영업자 생존의 한계를 넘어 붕괴 단계에 접어들었다는 신호다. 평균 비율로 수렴하는 상황이 시작되었다는 의미다.

하지만 붕괴 속도보다 자영업자가 망한 자리에 또 다른 자영업자가 들어와 그 자리를 채우는 속도가 빠르기 때문에 감소 속도가 눈에 띄게 빠르지는 않다. 계속해서 조기 은퇴를 당하는 베이비붐 세대들이 평생 모은 돈을 가지고 앞 사람이 망한 가게에서 업종을 바꾸거나 간판만 바꿔서 다시 창업을 한다. 이들은 빠르면 1년, 길면 5년 정도 버티다가 80% 정도가 망한다. 한국의 내수시장은 이 돈으로 돌아가고 있는 셈이다.

실제로 통계청의 발표 자료를 보면 50대 미만에서는 자영업자 숫자가 모두 줄었지만, 60세 이상 자영업자는 2007년 132만 5,000명에서 2018년 166만 8,000명으로 증가했다.[11] 자영업자 감소 추세에도 불구하고 60세 이상 고령자 자영업자는 증가했고, 이들의 대부분은 종업원 없는 나 홀로 자영업자들이다. 은퇴 이후에도 국민연금만으로 생활이 불가능하기 때문에 자영업에 뛰어든다. 앞으로 5~10년 동안도 제2차 베이비붐 세대가 은퇴와 자영업 창업을 계속하면서 제1차 베이비붐 세대가 포기한 자영업 시장에 뛰어들 것이다. 이들의 힘이 계속되는 때까지는 자영업자 전체 숫자 감소 속도가 빨라지지는 않을 것이다.

하지만 제2차 베이비붐 세대의 은퇴가 끝나고, 그들이 3~5년 이내에 자영업을 포기하는 단계로 넘어가는 10년 후부터는 자영업자 전체 숫자 감소 속도가 2~3배 정도 빨라질 것이다. 결국 앞으로 15~20년 이내에 자영업자의 절반이 파산하는 시나리오가 현실이 될 수 있다.

살아 있는 자영업자들도 마음이 편한 것이 아니다. 이미 한국에서 자영업자 절반은 겉모습은 가게 하나를 가진 사장이지만 실상은 절대 빈곤층이 되었다. 주일날 교회에 예배드리러 나올 때는 가장 좋은 옷을 입고 나오고, 웃음을 잃지 않으려고 애를 쓰고 앉아 있지만 마음은 불안하다. 고통스럽다.

직장 다니는 장년 성도의 5중 고통

그렇다면 기업이나 자영업을 하지 않는 직장 근로자 성도라면 마음이 편할까? 이들은 5가지의 고통에 직면해 있다. 실업 위기, 집 마련 부담, 자식 부양, 양가 부모 부양, 자신의 노후 및 미래 불안이 이들을 기다리고 있다. 일명, 직장 다니는 장년 성도의 5중고다.

지금까지 필자의 예측을 들었다면 직장을 다니는 장년 성도의 일자리 고민이 어느 정도가 될지를 짐작할 수 있을 것이다. 집 마련 부담은 필수다. 여기에 자식 부양과 양가 부모 부양이 새로운 짐으로 이들을 짓누르고 있다. 2013년 서울대학교 노화고령사회연구소의 조사에 의하면, 베이비붐 세대의 71%는 부모가 생존해 있고, 80%는 성인 자녀와 함께 산다. 함께 사는 자녀의 65%는 취업하지 않았다. 시간이 갈수록 부모의 의료비와 자녀 교육비와 결혼 비용은 증가한다. 때문에 수입은 점점 줄어들지만 부양 비용과 의료 비용은 점점 증가하는 결과가 빚어지기 때문에 시간이 갈수록 직장을 다니는 장년 성도의 위기감은 증가할 것이다.[12]

2019년 통계청이 발표한 장래인구특별추계를 보면, 갈수록 장년 성도들의 총부양비가 빠른 속도로 늘어난다는 예측이다. 통계청은 생산가능인구 100명당 부양할 인구는 2017년 36.7명에서 2067년 120.2명까지 3.3배 증가할 것으로 예측했다. 고령인구의 증가를 유소년인구와 비교하면 더 심각하다. 한국은 유소년인구 100명당 고령인구가 100명이 되는 분기점을 2017년에 이미 넘어섰고, 2067년이면 유소년인구 100명당 고령인구가 574.5명으로 증가해 5.7배가 될 것으로 예측되었다. 문제는, 이것은 수치상의 부양비 부담률이고 실제는 더 커진다는 것이다.

예를 들어, 생산가능연령의 기준은 15~64세다. 이 중에서 15~35세의 젊은 층, 60세 이상의 고령층을 빼면 총생산가능연령층의 50%는 실제로는 자녀이거나 부모 연령이다. 실제로 부모를 부양해야 하는 장년 성도는 35~60세까지다. 2067년에 생산가능인구 100명당 부양할 인구가 2017년에 비해 3.3배이지만 실제로 35~60세까지 장년 성도의 부담률은 6.6배가 된다. 이것이 끝이 아니다. 여기에 부모를 봉양해야 하는 장년 성도 부부가 남편이나 아내 쪽 모두 외동일 경우에는 양가를 한 가정이 모두 부양해야 한다. 부모 부양비가 재가중된다. 결국 2067년에 35~60세까지 장년 성도의 부담률은 부모 부양비의 경우 지금과 비교해서 10배 이상이 된다.

이런 부담으로 하루하루를 고민 속에 사는 이들에게 자신의 노후 준비도 만만치 않다. 조세연구원의 분석에 의하면, 공적연금에 가입한 국민은 전체의 30%밖에 되지 않고, 우리나라 국민 40%는 공적이든 사적이든 연금에 전혀 가입하지 않았다. 공적연금과 개인연금 등에 모두 가입해서 상대적으로 노후를 준비한 국민은 3.9%에 불과하다.[13] 국민연금을 가입했어도 미래가 불안하기는 마찬가지다.

필자는 이전에 통계청 사회통계국 인구동향과의 자료를 가지고 기초노령연금과 국민연금 지출이 정부예산에서 차지하는 비중의 증가 추세를 예측해 보았다. 2013년 『2030 대담한 미래』에서 기초노령연금 지급액을 20만 원으로 하고, 2060년경이 되면 연금수령자가 전체 인구의 40%가 될 것이라는 가정을 가지고 연도별 지불 비용을 계산했다. 예측 결과는 충격적이었다. 필자의 예측으로는, 한국은 2050년에는 정부예산의 59%, 2055년에는 68%, 2060년에는 77%를 고스란히 2개의 연금을 지급하는 데만 사용해야 한다. 여기에는 건강보험 비용이나 기타 수많은 복지 비용이 포함되지 않는다.

| 정부 예산 대비 '노령연금+국민연금' 지급액 비중 |

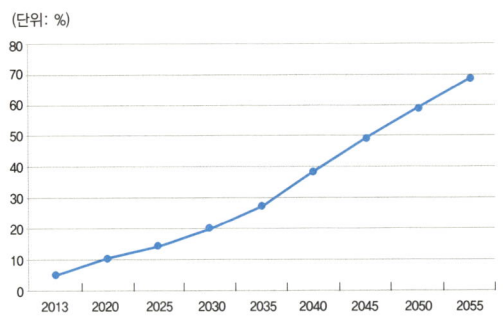

연도	2013	2020	2025	2030	2035	2040	2045	2050	2055
65세 이상 인구(만 명)	614	808	1,003	1,270	1,475	1,650	1,747	1,799	1,771
기초노령연금 지급액 (조 원)	2.6	3.5	4.5	5.6	6.6	6.8	7.2	7.4	7.3
연금지급액	14.5	33.9	56.3	90.0	138.9	213.8	306.8	414.0	525.4
기초노령연금+ 국민연금(a)	17.1	37.4	60.8	95.5	145.4	220.5	314.0	421.5	532.6
정부예산(2%씩 상승)	342.5	393.4	434.4	479.6	529.5	584.6	645.5	712.6	786.8
정부총세입(2013년)	288.1	330.9	365.3	403.3	445.3	491.7	542.8	599.3	661.7
(노령연금+연금지급액) / 정부예산	5%	10%	14%	20%	27%	38%	49%	59%	68%

(금액 단위: 조 원)

급격히 증가

국민연금이 고갈되기 전까지는 현 정책의 무서움이 잘 드러나지 않는다. 하지만 국민연금이 완전히 고갈된다고 예측되는 시점(2047~2057년 사이)부터는 기초노령연금과 국민연금 모두 정부가 그 당시에 일을 하고 있는 세대에게 걷어 들인 국민연금 전액을 곧바로 지급하는 위험한 줄타기를 계속해야 한다. 이를 '부과 방식'이라 한다. 참고로, 현재는 일정 금액을 매월 적립한 후 은퇴 이후에 확정된 일정 금액을 받는 적립식, 확정급부형 방식이다.

실제로 국민연금을 세계 최초로 시행한 독일은 국민연금 잔고가 고갈되어서 이런 방식으로 거둬서 연금을 지급하고 있는데, 그 규모가 매년 GDP의 11% 정도다. 독일의 국민연금 보험료율은 소득의 19.3%다. 근로자와 사용자가 절반씩 부담한다. (참고로, 한국은 2018년 기준으로 국민연금 보험료율이 9%이며 근로자와 사용자가 절반씩 부담한다.) 2007년 3월 9일, 독일 연방하원은 국민연금 수령 연령을 2012년부터 2029년까지 단계적으로 67세로 상향 조정하는 개혁법안을 의결했다. 연금액은 평균적으로 임금의 70%(향후 67% 유지)에 해당한다. 독일은 의료보험도 임금의 15%를 낸다. 역시 반은 고용주가 부담하지만, 개인에게도 임금의 7.5%를 의료보험료로 강제 징수한다.

GDP의 34.4%가 사회복지 비용으로 지출되는 독일은 정부가 직접 담당하는 복지 비용도 많기 때문에 2013년 3월부터 기본 개인소득세 최저 구간을 14%로 상향했다. 8,130유로(세전)/년 이하는 세금을 납부하지 않지만, 연간소득이 많을수록 소득세는 높아지고 250,731유로(세전)/년 초과는 개인소득세 최고 구간인 45%를 내야 한다. 독일에서는 부동산 매각에 따른 양도 차익과 부동산 임대 소득은 독일 법인세 과세 대상에 속해서 15% 세금을 납부해야 한다. 2007년 이후, 독일의 부가가치세율은

19%이고, 서적, 신문 및 식료품(음료수 제외) 등의 특정 재화 및 서비스에는 7% 세율을 적용하고 있다. 한마디로, 한국보다 모든 부분에서 세율이 높다. 저출산, 고령화, 평균수명 연장으로 인해 발생하는 다양한 사회 문제를 해결하기 위한 고육지책이다.

현재와 미래, 한국의 국민연금 적립 추세는 어떨까? 국민연금의 투자 수익률이 들쑥날쑥해 적립금 고갈 기간이 고무줄처럼 늘었다 줄었다 한다. 그렇다고 십수 년의 차이가 나는 것은 아니니 한 가지 예를 들어서 설명해도 큰 흐름을 이해하는 데는 충분할 듯하다. 일부에서는 국민연금 적립금이 2043년 2,561조 원까지 증가한 이후 급감하기 시작해 2057년에 고갈된다고 분석한다. 국민연금 적립금 고갈 기간을 가장 빨리 예측한 곳에서는 2047년 무렵도 거론한다. 둘 중에서 보수적인 예측인 2057년 고갈을 기준으로 삼아도 정부가 5년 전에 고갈 시점으로 예측한 2060년보다 3년이나 빨라졌다.

그럼 은퇴 후 얼마를 매달 수령하게 될까? 현재 계산으로는 2017년부터 20년간 국민연금을 낸 사람의 경우 은퇴 후부터 남은 인생 동안 1.9~2.5배 연금을 주는 것으로 계획되어 있다. 국민연금 가입자 수의 변화는 어떨까? 저출산에 따른 경제활동인구 감소로 갈수록 줄어든다. 2016년 2,125만 명, 2030년 1,747만 명, 2060년 1,162만 명으로 감소할 전망이다. 국민연금 수급자 수의 변화는 어떻게 될까? 고령화와 평균수명 연장으로 갈수록 증가한다. 2016년 439만 명, 2030년 840만 명, 2050년 1,538만 명, 2060년 1,699만 명으로 급증할 것으로 추정한다.

한눈에 봐도, 국민연금 적립금이 완전히 고갈된 2060년이면 연금 납부자 1,162만 명이 연금 수령자 1,699만 명의 매달 연금을 30년 이상 책임져야 한다. 여기에 노령연금 지급액도 추가될 것이다. 정부가 부과식으로 연금 지급 방식을 바꿔 연금 지급 불이행 사태를 막는다 해도 이런 숫자 계산이라면 2060년 국민연금 가입자의 연금 납부 부담은 연금납부세율과 연금수령식과 금액을 조정하지 않는다면 2016년 대비 7.36배가 된다. 2016년 연금 납부자 6.2명이 은퇴자 1명의 연금을 책임지던 구조가 2060년이면 연금 납부자 1명이 1.18명의 은퇴자를 책임져야 하는 구조로 바뀌기 때문이다.

그렇다면 국민연금이 고갈된 후 국민연금 납부자가 내야 할 보험료는 얼마나 오를까? 2019년 4월 14일, 경제사회노동위원회 산하 국민연금개혁과 보건복지부 특위 공익위원회의 예측에 따르면, 국민연금이 부과 방식으로 바뀌면 2060년에 국민 1인이 납부해야 할 국민건강보험료율은 현재 총소득의 9%에서 30.3%로 증가한다.[14] 3.3배 증가치다. 필자의 분석으로는 이 수치는 아마도 최소치가 될 가능성이 높다.

2060년에 필요한 연금 지급액 655조 원을 당시 가입자 1,162만 명이 1대 1 부과 방식으로 하면 1인당 연간 총 5,636만 원을 감당해야 한다. 이 중에 절반을 회사가 부담하더라도 2,818만 원이다. 이것을 12개월로 나누면 매월 234만 원씩 연금을 납부해야 한다.

1978년 짜장면 한 그릇 가격이 200~300원이었고 도시 근로자 평균 월급은 21만 원이었다. 40년이 지난 2018년 짜장면 한 그릇 가격은 5,000~6,000원이고 도시 근로자의 세금공제 전 평균 월급은 312만 원이다(2018년 5월 고용부 사업체노동력조사 결과). 40년 만에 짜장면 값은 20배, 근로자 월급은 14.8배 올랐다. 40년 후의 월 234만 원은 현재 근로자부담 율로 계산하면 15만 8,000원꼴이다. 2018년 기준 도시 근로자 평균 월급인 312만 원(세전)의 5% 부담이다.

하지만 이는 한국이 앞으로 40년 동안 지난 40년만큼 경제 성장을 한다는 전제다. 앞으로 40년간의 경제성장률이 지난 40년간 경제성장률의 절반으로 하락하면 부담은 배가 된다. 31만 6,000원이면 2018년 기준 도시 근로자 평균 월급인 312만 원(세전)의 10% 부담이다. 현재 국민연금 요율 4.5%의 2배가 넘는다. 문제는 10년 후에는 944조 원으로 289조 원을 더 내야 한다는 것이다. 연금 부담이 2060년 대비 45% 더 증가한다. 20년 후에는 2060년 대비 90%를 추가 부담해야 한다. 2018년 대비로 하면 4배 가까이 납부 비용이 늘어난 셈이다.

이것이 끝이 아니다. 저출산이 예상보다 더 오래 지속되고, 평균수명이 더 늘어나면 부담은 더욱 커진다. 앞으로 20년 동안 일본처럼 장기 저성장에 빠지면 문제는 더 심각해진다. 지금처럼 형편없는 국민연금 운용 수익률이 계속 진행되면 사태는 걷잡을 수 없게 된다. 결국 국민연금이 현재의 적립식에서 부과식으로 전환되더라도 문제가 절대 해결되지 않는다. 일단, 가입자의 연금요율은 더 상승하고, 은퇴자의 실질 연금수령액은 더 감소하는 것은 이미 확실해진 미래다.

국민연금을 적립식에서 부과식으로 전환하는 시기도 최소 2042년에서 최대 2052년에는 시작해야 한다. 그래야 적립배율 5배를 유지할 수 있다. 현재 상태에서 적립배율 1배가 무너지는 시점은 2034년이다. 적립배율이란 보험료를 추가로 한 푼도 거두지 않더라도 연금을 지급할 수 있는 기간을 의미한다. 5배라는 의미는 5년 동안 연금을 지급할 수 있는 규모다. 참고로, 캐나다는 국민연금의 적립배율이 4.4배다. 일본은 후생연금의 적립배율은 3.8배, 국민연금은 2.8배다. 미국은 국민연금의 적립배율이 3.3배이고, 독일은 1.5배, 스위스는 1배에 불과하다.[15] 한국의 경우도 적립배율을 최소 1배를 목표로 연금 개혁안을 검토 중이다. 2060년이면 매년 655조 원, 2070년에는 944조 원, 2080년에는 1,257조 원이 매년 필요하다.[16] 이런 추세라면 한국은 2050년 이후부터는 GDP의 10~15%를 매년 국민연금 지급액으로 사용해야 할 수도 있다.

국민연금 소득대체율도 계속 낮춰야 한다. 1988년 정부가 약속했던 국민연금 소득대체율은 가입자의 생애 평균소득의 70%였다. 하지만 1998년 60%로 낮춰졌고, 2008년에는 50%로 다시 낮췄다. 그리고 현재는 45%를 보장한다고 약속한다. 하지만 이 약속도 미래에는 더 바뀔 것이 분명하다.

도시에서 기독교 인구 감소

우리는 지금까지 2가지 미래변화를 각각 살펴보았다. 하나는 방금 살펴본 성도의 주위를 둘러싼 경제 및 사회 환경의 변화다. 이것은 가능성이 점점 높아지는 미래다. 다른 하나는 필자가 저출산 고령화라는 생물학적 요소를 중심으로 살펴본 한국 교회의 양적 미래변화였다. 이것은 당분간 거의 확실한 미래가 될 가능성이 높다. 이미 시작된 미래다. 당분간 돌이키기 힘든 미래다. 이 2가지 미래가 모두 현실이 된다면 어떤 미래가 펼쳐질 수 있을까?

이 2가지 미래가 하나로 합쳐질 때 가장 우려스러운 미래는 저출산 고령화로 이미 양적 성장의 하강기가 시작되는 흐름에서 경제적 충격으로 인한 25~55세의 청년과 중장년층 성도의 추가 이탈이다.

이럴 경우, 농어촌 지역에서 가장 염려해야 할 문제는 완전 고령화 현상이고, 도시에서는 가장 염려해야 할 문제가 기독교 인구 감소다. 필자의 한국 교회의 양적 미래변화 시뮬레이션에서 보았듯이, 당분간 도시와 농어촌을 가리지 않고 전 지역에서 기독교 인구 감소가 일어날 것은 거의 확실하다. 하지만 도시와 농어촌의 기독교 인구 규모의 차이를 감안한다면 (감소 비율은 비슷하더라도) 기독교 인구가 감소하는 실질 숫자는 도시가 농촌에 비해 규모가 더 큰 것으로 예측되었다.

예를 들어, 2015년 기준으로 서울의 기독교 인구수는 227만 656명이었지만 2045년에는 141만 5,263명으로 줄어들어 총 85만 5,393명이 감소한다. 반면에, 강원도는 2020년에 29만 6,431명을 정점으로 하락하기 시작해서 2045년에는 26만 2,107명으로 줄어든다. 총 3만 4,324명 감소다. 숫자 규모로 본다면 서울에서 기독교 인구 감소 숫자가 강원도에서 감소 숫자보다 24배 이상 많다.

필자가 다시 강조하지만, 이런 미래는 이미 거의 정해진 미래다. 만약 여기에 필자가 예측한 한국의 금융위기, '잃어버린 20년', 수출기업의 위기, 자영업자의 몰락 등 성도의 주위를 둘러싼 경제 및 사회 환경의 위기가 더해진다면 도시 지역 성도들의 충격은 배가 된다. 이럴 경우, 유럽과 미국 교회의 사례를 비추어 볼 때 도시 지역에서 기독교 인구의 감소 규모는 더 늘어날 가능성이 높다. 특히 25~55세의 청년과 중장년 성도층에서 추가 이탈이 일어날 가능성이 크다.

| 지역별 기독교 총인구 미래예측 |

전체 매년 1% 감소 시나리오

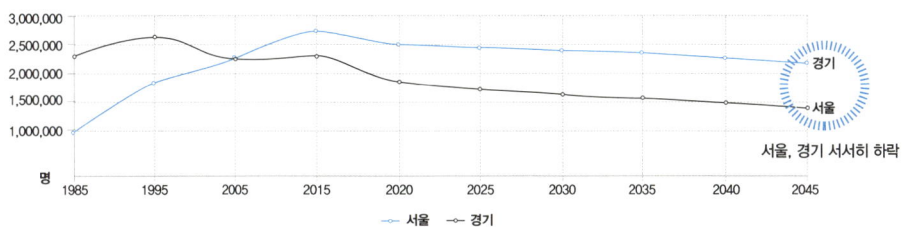

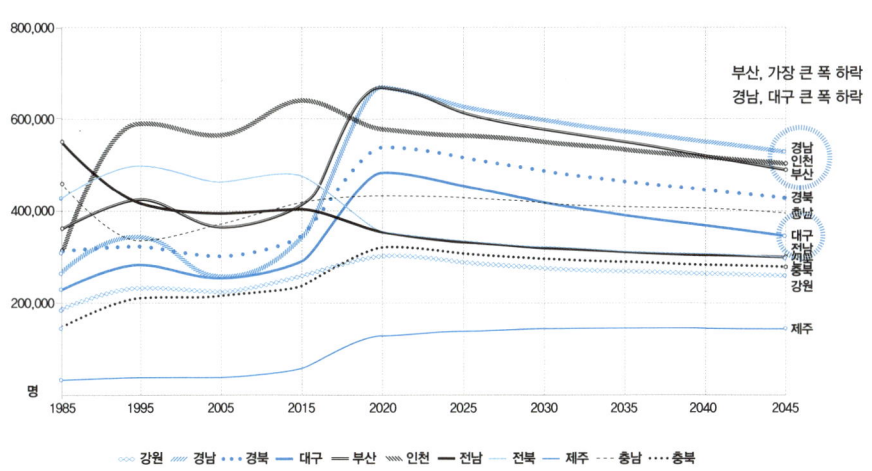

4장

새로운 세대,
새로운 성도가 등장한다

15~20년 후, 어린이, 청소년은
미전도 종족화된다

    도시 지역에서 기독교 총인구 숫자의 대규모 감소에 일조하는 요인이 하나 더 있다. 이미 시작된 청소년과 젊은이의 교회 이탈이다. 2045년, 한국의 총인구 예상 숫자는 5,260만 9,955명이다. 같은 해 한국 교회 전체의 영아부부터 청년부(0~29세)까지의 예상 숫자는 161만 7,655명이다. 전체 인구의 3%(157만 8,298명)를 겨우 넘는다. 청년대학부를 빼면, 주일학교(영아부~고등부)는 전체 인구의 3%가 되지 않는다. 여기에 이단 숫자를 뺀 순수한 기독교인 주일학교 숫자는 더욱 적어진다.

    무엇을 의미하는가? 2045년 한국의 주일학교(영아부~고등부)는 미전도 종족이 된다. 필자의 예측으로는 이단을 뺀 순수한 주일학교만 본다면 빠르면 2030년, 늦어도 2035년경이 되면 미전도 종족에 해당하는 숫자로 감소할 가능성이 높다. 미전도 종족이면 선교의 대상이다. 15~20년 후 한국 교회는 어린이, 청소년을 선교의 대상으로 삼아야 하는 미래에 직면해야 한다.

    물론, 반론도 있을 수 있다. 기독교 어린이, 청소년 숫자를 전체 인구가 아닌 한국 어린이, 청소년 전체 숫자와 비교해야 한다는 반론이다.

2045년, 한국 전체 인구에서 0~29세 숫자는 1,133만 5,271명이다. 그 중에서 기독교 인구수는 (이단 숫자를 15~20%로 추정하고 뺀) 126만 2,632명으로 0~29세 전체의 10%를 약간 넘는다. 기독교 어린이, 청소년 숫자를 전체 인구가 아닌 한국 어린이, 청소년들의 전체 숫자와 비교하면 미전도 종족이라고 분류되는 3%보다 높다. 2045년에 한국의 어린이, 청소년들 10명 중 1명이라도 교회를 다녀서 다행일까?

이 숫자는 최대치가 될 가능성도 있다. 현재 한국 교회 내에서 주일학교 숫자의 감소 비율은 한국 전체의 어린이, 청소년 감소 비율보다 높다. 경제적 충격이 한국을 강타하면 가정 파괴 비율이 높아진다는 것은 선진국에서 이미 연구된 결과다. 가정이 파괴되면 어린이, 청소년들의 삶이 불안정해지고 교회 이탈률도 높아진다. 필자가 예측한 한국의 금융위기, '잃어버린 20년', 수출기업의 위기, 자영업자의 몰락 등 성도의 주위를 둘러싼 경제 및 사회 환경의 위기가 더해진다면 어린이, 청소년의 교회 이탈률은 더 높아질 수 있다.

한국 교회 교육부, 새로운 세대를 감당할 수 있을까?

여기에 기술 발달과 전 세계적 문화 개방과 교배가 어린이, 청소년의 의식과 세계관에 영향을 준다면 어떻게 될까? 신의 영역에 도전하는 기술 발달과 기존의 윤리와 도덕 기준을 의심하고 종교적 규범에 거세게 도전하는 세속 문화에 교회가 제대로 대처하지 못한다면 어떻게 될까? 유럽과 미국 교회에서 일어난 것처럼 어린이, 청소년, 젊은이의 교회 이탈률은 더 높아질 수 있다.

이런 모든 위험을 한국 교회가 미리 통찰하고 철저하게 준비하지 못하면 2045년에 한국의 어린이, 청소년 10명 중 1명도 교회를 다니지 않는 미래가 펼쳐질 수도 있다. 어쩌면 유럽 교회들처럼 어린이, 청소년 100명 중 겨우 1~2명이 교회를 다니는 최악의 상황이 한국 교회에서도 벌어질 수 있다.

필자의 이런 예측이 과도한 염려일까? 아니다. 필자는 미래연구를 하면서 앞으로 10년이 지나면 한국 교회 교육부가 감당하기 힘든 새로운 세대가 태어나기 시작할 가능성이 있음을 발견했다. 필자는 10년 후부터 태어나기 시작할 새로운 세대의 이름을 'A세대'(Generation A)라고 명명했다. 한국전쟁 이후 태어나 '58년 개띠'로 대표되는 그룹을 '제1차 베이비붐 세대'라고 부른다. 이들은 국가주의를 기반으로 압축적 경제성장과 민주화 경험 세대다. 20세기 후반에는 '제2차 베이비붐 세대'라 불리는 그룹이 태어나기 시작했다. 이들은 20세기 말의 신인류라는 의미로 'X세대'라는 별칭을 가졌고 국가주의와 대응하는 자유분방한 개인주의를 기반으로 컴퓨터와 인터넷 기술 혁명의 시작, 브레이크댄스와 서태지로 대변되는 한국형 문화혁명기의 문을 연 세대라고 평가받았다.

X세대 다음을 잇는 세대는 한국의 제1차 베이비붐 세대의 자녀로, 2000년도까지 태어난 'Y세대'였다. 이들의 핵심 특징은 컴퓨터와 인터넷이다. 그중에서도 '속도'와 '글로벌 소통'을 중요하게 여겼다. 이들은 태어나면서부터 컴퓨터와 광통신 인터넷이 손에 쥐어지면서 페이스북 등을 이용해 다른 인종과 문화에 거부감이 적은 글로벌 소통이라는 특성을 보

였다. 어렸을 적에는 소황제로 태어나 (부모들을 통해) 개인당 가장 왕성한 소비력을 보이며 국내외를 넘나드는 새로운 유행과 소비 행태를 창조하는 데 일조했다. 이들에게 외국 여행은 '넘사벽'이 아니다. 자연스러운 여행의 일부였다.

하지만 학생 시절에는 입시 지옥을 건너기 위한 스펙 쌓기에 내몰리면서 한국 역사상 가장 뛰어난 역량을 축적했고, 사회생활을 시작한 지금은 한국 경제의 축소기가 시작되고 막대한 학자금 대출 부담과 가장 높은 청년실업률에 짓눌려 미래에 대한 기대가 무너지는 첫 세대가 되었다. 결국 이들의 탈출구인 힐링, 소확행(소소하지만 확실한 행복), 욜로(인생은 한 번뿐, You Only Live Once) 등이 사회를 흔드는 유행 현상으로 나타나기도 했다.

요사이 'Z세대'가 주목받고 있다. 한국에서는 제2차 베이비붐 세대의 자녀로, 21세기 초에 태어난 세대다. 이들의 핵심 특징은 스마트폰이다. 스마트폰과 함께 태어난 이들은 당연히 디지털 모바일 중심 생활 패턴을 보인다. 이들을 제외한 생존하는 다른 모든 세대는 스마트폰이 자기가 태어난 후에 나타난 물건이다. 스마트폰을 자기 삶의 일부에 의식적으로 집어넣어야 한다. 하지만 Z세대는 태어나면서부터 스마트폰이 자신들의 삶 안에 자연적으로 들어와 있다. 말 그대로, '디지털 모빌리티 원주민'(the Native of Digital mobility)이다.

이들이 가장 많이 가지고 노는 장난감은 스마트폰이고, 공부와 놀이도 스마트폰을 통한 디지털 환경이 편하다. 하루 종일 온라인에 연결되어 있는 이들의 인간관계는 게임과 SNS를 중심으로 형성된다. 일부에서는 이들의 정체성을 가장 잘 보여 주는 미디어가 유튜브, 넷플릭스, 훌라 등이라고 말한다. 라디오 세대, TV 세대, 인터넷 포털이나 검색 엔진 세대를 넘어 이들의 정보 취득과 교환의 중심이 유튜브 같은 동영상이기 때문이다. 이들은 유튜브를 통해 음악을 듣고, 지식을 습득하고, 자신을 드러내고, 스타를 만들어 추종하고, 쇼핑 정보를 얻고 교환한다. 삶에 필요한 잡다한 지식과 정보도 유튜브를 통해 얻는다. 엄밀히 말하면, Z세대의 주 활동 공간은 모바일 동영상 플랫폼이라 해야 한다.

2017년 미국 IBM기업가치연구소가 발표한 "유일무이한 Z세대"라는 제목의 보고서는 Z세대를 언제나 인터넷에 연결되어 있고, 손가락만 움직이면 무엇이든 구할 수 있는 환경에 익숙한 이들로 규정했다. 이들에게 현실세계는 온라인에서 얻은 지식이나 정보를 몸으로 체험하는 공간이다. 기존 세대는 온라인과 오프라인이 확실하게 구별되어 있지만, Z세대는 현실과 가상의 경계를 나누는 것이 무의미하다. 이들은 현실에서 직접 얼굴을 보고 친구나 사람을 대하더라도 SNS나 유튜브 등을 연결해서 소통하기 때문이다. 가상과 현실을 넘나드는 생활 패턴이 그 어느 세대보다 친숙하다.

그렇다고 해서 Z세대가 현실보다 가상 환경을 더 편해하지는 않는 듯하다. 글로벌 기업 델의 "디지털 네이티브 Z세대 보고서"에서는 Z세대가 동료와의 의사소통에서 '메신저 앱'을 통한 소통(12%)보다 '직접적인 대면 대화'(43%)를 더 선호하는 것으로 분석되었다.[17]

10년 후, 새로운 세대가 태어날 것이다. 이들이 중요한 이유가 있다. 이들은 중국의 추격에 거의 모든 것을 내주어야 하는 한국 기업이 탈출구로 여기고 있는 미래산업이 만들어 내는 새로운 사회의 주역이 될 것이다. 한국 교회에게는 이들을 붙잡느냐 못 잡느냐에 주일학교의 사활이 걸려 있다. 이들을 복음으로 사로잡지 못하면, 이들을 교회 안으로 데리고 들어오지 못하면 한국 교회는 유럽 교회처럼 어린이, 청소년 100명 중 1~2명만 교회에 다니는 미래가 현실이 될 수 있다.

필자가 앞에서 분석한 것처럼, 한국 교회 주일학교는 지금 다섯 번째 감소기를 지나고 있다. 이 시기가 지나면 주일학교 안에 남아 있는 아이들은 교역자와 중직자의 자녀들뿐일 것이다. 그리고 이들마저 청장년이 되어 주일 대예배로 옮겨 가면 주일학교는 텅 비게 된다. 이것이 여섯 번째 감소기다. 여섯 번째 감소기가 지나면 한국 교회 주일학교는 텅 비게 된다.

이들이 떠난 텅 빈 자리를 채우려면 새로운 젊은 교역자와 중직자의 자녀들이 들어와야 한다. 하지만 한국 교회는 쇠퇴기로 접어들면서 목회자 기피 현상이 만연되어 젊은 사역자가 줄고 있고, 교회의 중심 성도 그룹이 노쇠해지면서 사역자들도 함께 노쇠해지고 있다. 오래전부터 어린이, 청소년, 그리고 청년대학부의 붕괴가 시작되면서 새롭게 중직자로 임명받을 35~45세 층도 줄어들고 있다. 새롭게 교역자와 중직자로 임명받을 세대가 줄어들면 이들의 자녀들도 줄어들어 교회 자체에서 신앙 계승만으로 텅 빈 주일학교를 다시 채울 여력이 사라지게 된다. 신앙 계승만으로 주일학교를 유지할 힘이 사라지면 주일학교 문을 닫아야 한다. 그렇지 않으려면 교회 밖에서 어린이와 청소년을 전도해야 한다. 이렇게 절체절명의 시기에 교회 밖에서 전도의 대상이 될 세대가 바로 'A세대'다.

10년 후, 새로운 미래세대 'A세대'

미래기술을 개발하는 것은 기존 세대이지만, 미래산업과 미래기술의 방향을 제시하고 자신들의 삶에 포함시키는 것은 미래세대다. 현재 사람들의 입에 오르내리는 인공지능, 로봇, 블록체인, 바이오 나노, 3D 프린팅 등 미래기술로 만들어질 새로운 세상의 혜택을 가장 많이 받을 이들이 10년 후부터 태어난다.

필자는 아직은 태어나지 않았지만 곧 태어나기 시작할 미래세대인 이들을 'A세대'(Generation A)라고 이름 붙였다. '첫 번째 미래세대'라는 의미로 영어 알파벳 A, '인공지능'(Artificial Intelligence)과 '가상현실'(Artificial World)과 함께 태어나기 때문에 두 단어의 첫 번째 알파벳인 A를 사용했다. 더 나아가 무너진 한국 교회를 다시 시작할 수 있는 첫 세대라는 의미도 있어서 A를 사용했다. 한국 교회는 이 세대를 복음으로 사로잡으면 다시 살아날 수 있고, 그렇지 못하면 유럽 교회가 간 길을 그대로 따라가야 한다. 한국 사회의 어린이, 청소년 100명 중 1~2명만 교회를 다니는 그런 시대 말이다. 이들을 복음으로 사로잡고 교회 안으로 이끌려면 이들의 특성을 예측하고 지금부터 차근차근 준비를 시작해야 한다. 10년이란 그리 오랜 시간이 아니기 때문이다. 필자가 예측한 A세대의 대표적 특징은 다음과 같다.

- A세대는 현실보다 가상 환경을 더 편해하는 최초의 세대가 될 것이다.
- A세대는 자신에게 특화되고 훈련된 인공지능과 대화하고, 가상세계와 연결되는 스마트 안경을 착용하고, 순수한 3D 가상현실이나 현실과 가상이 결합된 증강현실 속에서 가상행복을 찾는 세대가 될 것이다.
- A세대는 좋아하는 것과 성공하는 기술을 AI(인공지능)를 통한 언어

와 지식 장벽 돌파, 가상현실 속에서 찾을 것이다. 한국 경제가 '잃어버린 20년'에 진입하면 현실에서 취업과 성공은 더 힘들어진다. A세대는 현실에서는 최소한의 벌이만 하며, 3D 가상세계 속에서 가상의 부와 다양한 삶을 구현하는 길을 찾으며 가상현실 속에서 적극적으로 자신을 재창조하면서 자기들만의 새로운 세상 창조를 시도할 것이다. 한국 사회도 초고령화 국면이 되고 거대한 권력과 기득권 세력이 견고해 사회 변화가 더디면, A세대는 현실을 외면하고 가상현실로 뛰어들어 가상현실 공동체를 형성해 새로운 세상을 선점하고 현실보다 더 현실적인 신세상을 만들 것이다.

3개의 뇌를 갖는 새로운 세대 'A세대'

필자는 『최윤식의 퓨처 리포트-빅 테크놀로지』에서 21세기에 개인은 인공지능 등 IT기술과 생물학의 발달로 3개의 뇌를 갖게 될 것이라고 예측했다. 생물학적 뇌(biological brain), 인공 뇌(artificial brain), 클라우드 뇌(cloud brain)다. 3개의 뇌를 갖는 첫 번째 세대가 A세대다. 이들은 개인의 디바이스에서 작동하는 맞춤형 인공지능, 5G보다 100~1,000배 빠른 통신 환경으로 연결된 클라우드 지능, 암 환자를 진단할 때 몇 초 만에 접근할 수 있는 모든 정보, 지식, 논문, 기타 자료를 검토하는 능력을 가진 IBM의 왓슨이나 구글, MS, 애플 등이 제공하는 전문분야 인공지능 등의 도움을 받아 의사결정력이 비약적으로 향상된다. 의사결정의 속도도 빨라진다. 미래에 등장할 통합지능시스템(total intelligence system)이다.

| 인간지능증강(IA, Intelligence Augmentation) - 의사결정 방식 변화 |

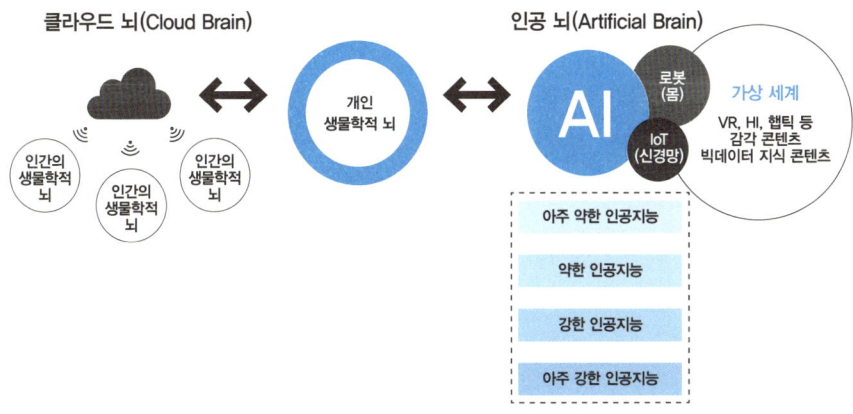

통합지능시스템은 A세대의 생물학적 지능과 연관되어 강력한 지능 향상도 가져다줄 것이다. A세대의 생물학적 뇌가 클라우드 지능과 연결되고 통합되면 다른 사람들의 생각과 자신의 생각이 자연스럽게 비교, 분석되며 가치판단력도 높아진다. 전 세계 곳곳에 연결되어 있는 클라우드 지능은 실시간으로 세계에서 벌어지고 있는 상황 변화를 개인의 가치판단에 반영하도록 돕는다. 이런 도움을 단 몇 초, 혹은 단 몇 시간 만에 받게 되면 개인의 가치판단 범위는 비약적으로 빨라진다. 의사결정 속도가 빨라지고 가치판단 범위가 넓어지더라도 의사결정의 정확도는 낮아지지 않는다.

필자의 이런 예측은 공상이 아니다. 이미 인터넷을 통해 수많은 정보를 실시간으로 접하기 시작한 개인의 논리적이고 확률적 의사결정력은 빠른 속도로 개선되고 있다. 지금 웬만한 젊은이들의 판단력과 의사결정력은 과거 조선시대 선비들보다 낫다. 중세시대의 지도자들보다 낫다. 지식의 축적과 정보의 폭발적 증가와 접근력 상승, 기술의 발달 덕택이다. 이 속도는 지금도 빨라지고 있다. 이 추세라면 A세대의 판단력과 의사결정력은 인공지능의 도움을 받지 못하고 있는 지금의 전문가보다 더 나을 것으로 예측된다.

통합지능시스템은 A세대의 의사결정 방식도 변화시킨다. 우선, 의사결정 장애 현상을 극복할 수 있다. 3개의 뇌가 연결되고 통합되면서 논리적이고 확률적인 분석과 판단을 통해 가장 좋은 성과를 낼 것으로 예측되는 선택지를 단 몇 가지로 압축할 수 있다. 최종적으로 선택된 대안들 중에서 무엇을 선택할지도 확률적으로 표현되기 때문에 의사결정을 쉽게 할 수 있다. 또한 클라우드 지능의 도움으로 자신의 선택이 가져올 미래 변화에 대한 가치판단도 조언을 받을 수 있어서 의사결정에 대한 불안감이 줄어든다.

더 나아가, 내가 결정하기 힘든 상황에 처하면 인공지능에게 의사결정을 위임할 수도 있다. 그러면 인공지능이 클라우드 지능과 협업해 의사결정을 빠르고 정확하게 진행할 수 있다. 인공지능이 의사결정을 대행하더라도 가장 중요한 원칙과 전제는 개인이 정할 수 있다. 개인에게 의사결정을 위임받은 인공지능은 정해진 원칙, 의사결정 규칙, 고려해야 할 상황들을 따져 가면서 의사결정을 할 것이다.

이런 방식의 의사결정은 A세대의 최대 약점을 보완해 준다. 바로 감정에 흔들리기 쉬운 단점이다. 의사결정의 대상도 넓어진다. 의사결정 대상이 넓어진다는 것은 A세대의 참여 범위가 넓어진다는 말이다. 가정이나 교회 공동체에서 일어나는 작은 문제에서부터 인류 전체의 거대하고 복잡한 문제에 자신의 의견을 반영할 수 있다.

한국 교회는 이런 미래세대를 사로잡을 수 있을까? 여전히 구시대 사고와 과거의 의사결정 방식, 기성세대에게만 편한 소통 방식을 버리지 못하는 교회 지도자들이 A세대와 복음을 가지고 소통할 수 있을까? 긴장해야 한다.

3차원 가상세계

A세대만의 독특한 특징이 하나 더 있다. '가상세계'(Artifical World)다. 최근에 사회 변화의 주도 세력으로 주목받고 있는 Z세대가 활동하는 대표적 공간은 유튜브와 같은 동영상 공간이다. 이전 세대인 Y세대는 페이스북 등의 소셜미디어 공간을 활동의 주 무대로 삼았다. 미래세대인 A세대의 주 활동무대는 3차원 가상세계다.

2019년, 5G 시대가 열렸다. 5G는 초당 1Gb 데이터를 주고받는 통신 시스템(고화질 영화 한 편 2~3초에 다운로드)이다. 가상현실이나 증강현실 콘텐츠를 완벽 구현할 수 있다. 하지만 이것은 어디까지나 이론적 속도다. 수많은 사람이 몰리면 실제 속도는 현저히 떨어진다. 그래서 실제적인 '실시간 통신'과 '완벽한 가상세계' 구현은 6G~7G 상용화 시대에 가능할 것이다. A세대의 시대다.

6세대 통신은 수중 통신이나 전 세계 어디에서든 음영 지역 없이 이용 가능할 정도로 전파 송출 범위가 확대된다. 미국의 방위고등연구계획국(DARPA), 중국 공업정보화부에서는 이미 6G 연구를 시작했다. 6G는 우리에게 익숙한 4G와 비교할 때 전송 속도가 100배 이상 빠르다. 6G는 2030~2040년에 상용화될 것이며, 2040년 이후에는 4G보다 1,000배 빠른 7G 시대가 열리게 될 것이다. 7G 서비스는 사람이 존재하는 모든 공간의 네트워크화는 물론이고 우주까지 하나의 통신 시스템으로 연결한다. 이른바 '초연결 지구' 시대가 열린다. 결국 2050년경이면 가상과 현실의 완벽한 통합이 기술적으로 가능하다.

실제적인 '실시간 통신'과 '완벽한 가상세계' 구현이 가능한 6G~7G 상용화 시기가 되면, 가상현실 기술은 교육, 훈련을 비롯해 가상여행까지 다양한 영역에서 사람들을 놀라게 할 것이다. A세대의 시대에는 홀로그램, 가상현실(Virtual Reality), 지금보다 1,000배 빠른 통신 기술, 휴먼인터페이스(Human Interface), 입는 컴퓨터, 3D 그래픽 및 디스플레이, 인공지능 등이 서로 시너지를 내면서 진일보한 가상세계를 만들어 낼 것이다.

변화의 속도가 폭발적으로 증가하는 임계점이 곧 온다

"이런 시대가 가능할까?"라는 질문이 들 수 있다. 필자의 예측으로는 충분히 가능하다.

첫째, 기술 발전의 속도가 가능하게 해준다. 1965년 고든 무어(Gordon Moore)는 "더 많은 부품을 집적회로에 몰아넣기"(Cramming More Components onto Integrated Circuits)라는 논문에서 다음과 같은 예측을 했다.[18]

> "최소 부품 비용의 집적도(complexity for minimum component costs)는 연간 약 두 배의 속도로 증가해 왔다. …단기적으로 이 속도는 설령 증가하지 않는다고 할지라도 유지될 것이라고 예상할 수 있다. 더 장기적으로 보면, 증가 속도는 좀 더 불확실하다. 적어도 10년 동안은 거의 일정하게 유지될 것이라고 믿는다."

일명 '무어의 법칙'(Law of Moore)이다. 무어는 1달러로 살 수 있는 집적회로의 연산 능력이 매년 2배 늘어난다면 1975년이면 1965년보다 성능이 500배가 높은 트랜지스터가 가능하다는 대담한 예측을 했다. 1975년에 무어는 배가 되는 기간을 1년에서 2년으로 수정했다. 그 이후로 무어의 법칙은 18개월마다 2배로 늘어나는 주기를 유지하며 40년간 지속되고 있다. 다른 물리적 영역과는 다르게 IT 영역에서는 물리학 법칙에 따른 제약이 훨씬 덜하다는 것, 5~7년마다 물리적 한계에 부딪힐 때마다 '영리한 땜질'(brilliant tinkering)이라는 영리한 우회 전략을 사용했기 때문에 지속적인 배가의 힘이 작동 중이다.

'영리한 땜질'이란 물리학이 만들어 놓은 장애물을 피해 갈 수 있는 우회로를 찾는 것을 말한다. 예를 들어, 집적회로에 더 이상 배선을 몰아넣기 힘들자, 인텔은 한 층을 더 쌓는 법을 개발해 우회로를 확보했다.[19] 영리한 땜질 전략에 힘입어, 2012년 IBM의 왓슨은 1997년 체스 세계 챔피언을 이겼던 딥블루(Deep Blue)보다 100배 뛰어난 성능을 갖게 되었고, 아이폰 4S는 10년 전 애플의 최고 사양 노트북인 Powerbook G4와 같은 성능을 갖게 되었다.[20]

'동시 위치 추적 및 지도 작성'(SLAM, Simultaneous Localization And Mapping)을 기계에게 가르치는 것은 인공지능 분야의 오래된 도전 과제였다. 이 주제를 다룬 2008년의 한 논문은 기계가 추적해야 할 범위가 커질수록 분석과 계산을 위한 컴퓨터 비용이 엄청나게 늘어나고 불확실성도 커지기 때문에 현재의 기술로는 거의 불가능하다는 결론을 내렸다.

하지만 논문이 나온 지 2년 후 가정용 게임기 엑스박스(Xbox)의 150달러짜리 주변기기인 키넥트(Kinect)에 의해 불가능이 가능으로 바뀌었다.[21] 마이크로소프트는 이전 기술의 물리적 한계를 영리한 땜질 전략을 사용해 우회했다. 키넥트는 2명의 게임자의 40개의 관절을 동시에 포착, 추적하고 게임자의 얼굴, 목소리, 몸짓까지도 조명과 소음 속에서도 분별한다. 2011년 8월 캐나다 밴쿠버에서 열린 디지털 그래픽 박람회인 시그래프(SIGGRAPH)에서 마이크로소프트 직원들과 학계 연구자들이 값싸고 성능 좋은 디지털 감지기인 키넥트를 이용해서 '동시 위치 추적 및 지도 작성' 문제를 해결했다.

2014년 한국에서 개최된 세계수학자대회에서 부대행사로 열린 수학자들과 이창호, 유창혁, 허봉수 등 국내 정상급 프로 바둑 기사들이 1 대 5 다면기를 벌였다. 한 명의 프로기사마다 5명의 세계적인 수학자들이 맞붙은 대국에서 수학자들은 확률과 통계를 비롯한 다양한 수학적 분석 기술이나 기하학 구조를 이용해서 바둑 기사들과 대국을 펼쳤다. 대국이 모두 끝난 후 수학자는 이런 이야기를 했다. 바둑의 경우의 수가 무한에 가깝지만, 새로운 수학적 기법으로 바둑을 분석한다면 앞으로 40~50년 후에는 슈퍼컴퓨터가 인간 바둑 기사를 이길 수도 있을 것이라는 전망이었다.[22] 그러나 1년 후 알파고가 등장했다.

  기술의 발전이 혁신기에 진입하면 기존의 예측을 뛰어넘는 일이 충분히 일어날 수 있다. 기술 자체가 기하급수적 발전 단계라 불리는 임계점(critical point)에 진입하거나, 서로 다른 기술들이 결합해서 장벽을 돌파하거나, 장벽을 돌파하는 창의적 우회 전략을 발견하기도 해서다. 인공지능의 발전에 대한 현재의 예측도 마찬가지다. 인간의 상상을 뛰어넘는 일이 생각보다 빨리 일어날 가능성도 생각해 보아야 한다.

  둘째, 인간의 도전정신과 능력이 가능하게 해준다. 우리는 존 F. 케네디(John F. Kennedy) 대통령이 인간을 달에 보내겠다는 야심차지만 무모한 듯 보이는 목표도 8년 만에 성과를 냈던 것을 기억한다. 이런 사례는 적지 않다. 2002년 미국 국방첨단연구계획국(DARPA, Defense Advanced Research Projects Agency)은 자율주행자동차로 캘리포니아 모하비 사막 250km를 완주하는 그랜드 챌린지 경주 계획을 발표했다. 2004년 3월 13일, 100만 달러 우승 상금이 걸린 역사적인 첫 번째 경주가 열렸지만 참담한 결과가 나왔다. 15대의 자율주행자동차 중에서 2대는 출발도 못했고, 1대는 출발하자마자 뒤집혔고, 출발 후 얼마 되지 않아 8대는 경주를 포기했다. 선두를 달리던 카네기멜론대학의 샌드스톰(Sandstrom)도 12km를 달린 후 U자로 굽은 도로를 지나다가 제방에 처박히고 말았다. 완주한 자동차는 한 대도 없었다. 언론은 이 행사를 "다르파의 사막 대실패"라고 조롱했다.[23]

  조롱거리가 된 지 6년 후 다르파가 자율주행자동차 개발을 천명한 지 8년 만인 2010년 10월, 구글은 자신들이 만든 자율주행자동차가 미국의 실제 교통상황 아래에서 스스로 주행하는 데 성공했다는 발표를 했다. 웬만한 기술 혁신은 목표를 수립한 후 10년 정도 인력과 기술과 자본을 지속적으로 투자하면 괄목할 만한 성과를 낼 수 있다는 또 다른 사례다.

2002년경 필자가 미국에서 유학 생활을 하고 있을 때 음성 인식 소프트웨어를 처음 접했다. 영어를 한창 배울 때여서 라디오에서 흘러나오는 영어 방송을 음성 인식 소프트웨어를 통해 텍스트로 바꾸어서 공부해 볼 심산이었다. 하지만 결과는 참담했다. 자동 음성 인식 기술은 반세기 정도 연구된 기술이었지만 거의 쓸모없는 수준이었다. 아니나 다를까, 2004년에 인간 수준의 음성 인식 기술은 거의 불가능한 목표라고 평가한 논문이 나왔다.[24]

하지만 그런 평가가 나온 지 10년이 채 못 되어 애플이 아이폰에 상당한 수준의 자연어 처리가 가능한 '시리'(Siri)를 탑재해 불가능의 벽을 깼다. 더 놀라운 사실도 있다. 2011년 2월 14~15일 이틀 동안 완벽한 자연어 처리 능력을 가진 슈퍼컴퓨터 '왓슨'이 세상을 깜짝 놀라게 했다. 자연어 처리만 완벽한 것이 아니고, 생각하는 기계의 길을 열었다. 왓슨과 대결했던 켄 제닝스(Ken Jennings)는 "20세기에 새 조립 라인 로봇이 등장하면서 공장 일자리가 사라졌듯이, 브래드와 나는 새로운 세대의 '생각하는' 기계에 밀려난 최초의 지식 산업 노동자입니다"[25]라는 말을 했다.

셋째, 기술 자체의 추진력이 가능하게 해준다. 기술은 새로운 기회를 만들어 낸다. 새로운 기회는 진보의 엔진이다. 기술은 상호 연결되어 있고, 상호 의존하며, 전체가 하나의 시스템을 이루며 거의 생물처럼 유기적으로 발전하면서 새로운 기술과 기회를 만든다. 케빈 켈리(Kevin Kelly)는 망치 없는 손잡이는 톱날을 두드릴 수 없고, 손잡이를 만들 톱이 없이는 망치도 없는 것처럼 기술과 기술, 발명과 발명은 서로 몹시 뒤얽히며 새로운 기술과 더 많은 도구, 더 많은 발명품을 낳으며 자기 추진력을 가진 상호 연결된 기술계(system of technology)를 만든다고 주장했다.[26] 케빈 켈리는 마치 생명체처럼 자기 생성 충동을 가진 유기적이고 자기 강화적 창조

력을 가진 기술계를 '테크늄'(technium)이라 칭했다.[27]

　자기 생성 충동을 가진 생명체처럼 강화 피드백을 하며 진화하는 기술계는 현재의 기술로 해결할 수 없는 문제를 미래의 기술로 해결하는 길을 스스로 연다. 예를 들어, 1990년 인간 게놈 지도 만들기 프로젝트가 시작될 때만 해도 전문가들조차 당시의 스캔 기술과 속도로 수천 년이 걸릴 것이라고 조롱했다. 맞다. 1990년의 기술로는 불가능한 목표였다. 하지만 전문가들의 조롱은 기술계 전체의 발달과 진화력을 무시한 어리석은 태도였다. 인간 게놈 프로젝트는 급진적 연구가들의 15년이면 가능할 것이라는 예측보다 더 빨리, 불과 13년 후 완성되었다.[28]

　넷째, 기술 지능과 인간 지능의 선순환이 가능하게 해준다. 미래학자 레이 커즈와일(Ray Kurzweil)은 자신의 진화 이론에서 제5단계인 '기술과 인간 지능의 융합' 시대를 다음과 같이 설명했다.

"몇십 년 안에 특이점과 함께 다섯 번째 시기가 도래할 것이다. 우리 뇌에 축적된 광대한 지식이 더 크고 빠른 역량과 속도, 지식 공유 능력을 갖춘 기술과 융합하면서 시작될 것이다. 이 시기에 인간-기계 문명은 연결이 100조 개에 불과한 처리 속도가 몹시 느린 인간 뇌의 한계를 초월할 것이다. 특이점과 더불어 우리는 인간의 오랜 문제들을 극복하고 창조성을 한없이 확대하게 될 것이다. 생물학적 진화의 뿌리 깊은 한계를 극복할 뿐 아니라 진화의 과정을 거치며 얻은 지능을 보존하고 강화하게 될 것이다."[29]

　레이 커즈와일에 의하면, 우리는 지금 제4단계에 해당하는 '기술' 시대를 살고 있다. 이성적으로 추상적인 사고력과 도구를 사용할 수 있는 인

간의 뇌가 기술 진화를 견인하는 시대다.[30)]

그들의
결정적 차이

A세대는 생물학적 뇌, 인공 뇌, 클라우드 뇌를 갖게 되고, 현실보다는 '3차원 가상세계'를 주 무대로 활동할 것이라고 예측했다. 이것은 A세대가 기존 세대와 다른 태생적 차이다. 기존 세대도 이런 환경에서 산다. 하지만 결정적 차이는, 기존 세대는 이런 기술이나 환경을 자기 생의 어떤 시점에 강제로 주어져서 어쩔 수 없이 수용한다. 자연스럽지 않다. 배우고 익혀서 사용할 뿐이다. 자연스럽지 않기 때문에 세계관이나 라이프 스타일을 근본적으로 바꾸지 않는다.

A세대는 이와 같은 환경에서 태어난다. 선천적으로 주어졌기 때문에 A세대에게는 선택이 아니다. 그들에게는 이런 환경이 원래 그런 것이고 자연스러운 것이다. 따로 배우고 익히는 노력을 할 필요가 없다. 태생적이고 선험적이기 때문에 세계관과 라이프 스타일이 근본적으로 바뀐다. 태생적이고 선험적이기 때문에 기존 세대가 보기에는 과거의 자신이나 선조들의 어린 시절에는 찾아볼 수 없었던 새로운 모습과 능력이 보인다. 그것이 무엇일까?

매우 똑똑하다

첫째, A세대는 '매우 똑똑하다.' 기존 세대가 예상하는 것보다 똑똑해질 것이다. 당황스러울 정도로 똑똑하고 통찰력이 뛰어날 것이다. 인간 두뇌를 확장해 주는 도구인 인공지능 덕분에 인간 뇌의 한계도 넓어진다. A세대를 똑똑하게 만들어 주는 대표적 인공지능 기술은 '상황 인식 컴퓨팅'(contextual computing)이다. 이들이 여행을 갈 경우, 인공지능 비서는 이들이 걷고 있는 거리의 지리적 상황을 인식하고 이들의 전화번호부, 이메일, SNS, 캘린더, 앱 등을 분석하는 알고리즘을 가동시켜 도움을 줄 최적의 친구, 동료, 전문가 등을 우선순위별로 추천해 준다. 이런 기술은 먼 미래의 일이 아니다. 이미 교통 상황을 인식하고 최적으로 길을 알아서 추천해 주는 서비스는 실용화되었다. 상황 인식 컴퓨팅 기술 다음은 인공지능이 개인의 판단과 예측을 돕고 적절한 행동까지 제안하는 것이다.[31]

인공지능이 인간의 삶에 들어와 인간 능력을 확대하는 데 도움을 주는 미래가 임박했다는 증거는 세계 곳곳에서 나온다. 영국 에섹스대학교(University of Essex)의 오웬 홀랜드(Owen Holland) 교수는 인체를 흉내 내는 인공지능 로봇 '에케'를 연구 중이다. 홀랜드 교수는 인간의 지능이 단독적으로 작동하지 않고 인간의 근육이나 신경 등 몸의 모든 영역과 연결되어 작동한다고 보았다. 심장이나 근육이 뇌가 아닌 자체 내에 무언가의 행동을 기억하고 있고 이것이 다시 뇌와 연결되어 상호 작동하듯 말이다.

그는 인간의 뇌를 닮은 인공지능이 되기 위해서는 '시각'의 역할이 크다는 것도 밝혀냈다. 시각은 지능의 핵심 요소 중 하나다. 인간은 시각을 통해 대부분의 정보를 받아들인다. 시각을 통해 세상을 보아야만 정보가 입력되고, 판단의 영역이나 기준점들이 형성된다. 시각으로 본 형상을 기초로 새로운 상상의 이미지를 만들어 조작이 가능하다. 이 모든 것이 지능이 작동하는 방식 중 하나다. 당신이 쇼핑하고 있는 거리 주위에는 수많은 사람 중에서 특정한 사람을 발견하고 추적할 수 있는 능력을 가진 CCTV와 소프트웨어가 작동하고 있다. 아직 싸움과 장난을 구별할 정도의 판단력은 가지고 있지 않지만, 맥락까지 파악하는 역량을 갖춘 인공지능이 개발되는 것은 시간문제다.

A세대가 가진 인공지능이 맥락과 상황까지 파악하는 역량을 갖추면 주일학교의 지도자나 교사들은 곤란해진다. 이들을 대하는 자신의 몸짓이나 얼굴 표정, 성경을 가르칠 때 하는 말속에 숨겨진 의도 등을 빠르게 파악하는 능력이 이들에게 주어지기 때문이다. 그렇게 되면 일명 낚이는 듯한 현란한 말이나 얼굴 표정, 감성적 표현이나 감각적 영상 자극에 빠지는 일이 줄어든다. 진심이 아니고, 논리적이지 않고, 근거가 부족하고, 신학적으로 부족한 설명으로는 이들을 설득하기 힘들어진다.

2012년 6월 인공 신경망(Neural Networks) 기술을 사용해서 1,000만 마리의 고양이 얼굴 이미지 인식에 성공한 구글은 데이터를 일일이 입력하지 않아도 인간의 두뇌처럼 사물을 인식해 내는 '딥러닝' 기술이 세계 최고다.[32] 현재는 가장 예쁜 고양이를 평가하는 수준에 올라섰다.[33] 페이스북도 2013년 9월 인공지능연구그룹(AI Research Group)을 만들면서 경쟁에 뛰어들었다. 현재 인공지능 기술의 수준은 사람의 언어를 분석하고 대화를 하는 데 이르렀다. IBM, 구글, 애플, 페이스북 등의 회사들은 인공지능 기술을 가지고 범죄 예측, 교통 예측, 날씨 및 기후 변화 예측, 재난 예측뿐만 아니라 인공지능 비서, 인공지능 교사, 인공지능 세일즈맨 등 다양한 분야로 진출할 야심을 품고 있다.

A세대는 이런 현재 기술보다 몇십 배 혹은 몇백 배 발전한 각종 인

공지능 기술을 사용해 당신의 말을 빠른 속도로 조사하고 비교할 수 있게 된다. 기업에게 리스크 자문과 경제 보고서를 작성해 주던 회사에서 2007년 금융위기를 예측한 탁월한 통찰력으로 세계 최대 헤지펀드 중 하나로 급성장한 브리지워터 어소시에이츠(Bridgewater Associates)는 IBM에서 '왓슨' 개발을 주도한 데이비드 페루치(David Ferrucci)를 영입해서 인공지능 개발 중이다.

'PriOS'라는 AI는 직원들이 어디에 전화를 걸어야 하는지 등 사소한 업무부터 최고경영자의 크고 작은 의사결정의 75% 정도를 대신해 주는 것을 목표로 한다.[34] 이런 기술들이 일반화되면 미래에는 어려서부터 인공지능과 대화하며 쇼핑부터 다이어트, 운동, 일상 업무까지 조언을 받고, 의사결정을 대신 부탁하는 일이 일상화될 것이다.

일부 전문가의 지적처럼, 인공지능이 심도 깊은 추론이나 직관을 요하는 인식이나 명령 수행을 완벽하게 처리하는 데는 시간이 오래 걸릴 것이다. 하지만 인간 근육을 대신했던 기계의 역사를 생각해 보라. 산업혁명 이후 기계가 인간 근력을 대신한 지 200년이 넘었지만, 공장에 있는 기계는 여전히 인간이 뼈와 근육을 사용해서 할 수 있는 수만 가지의 행동들 중 하나 혹은 몇 가지만 할 뿐이다. 하지만 그런 수준의 능력만으로도 일터의 모습, 인간의 노동 생산성, 노동 방식을 혁명적으로 바꾸었다. 인간이 기계를 사용하면서부터 기계가 없던 시절의 인간보다 더 뛰어난 일을 하지 않았는가!

인공지능도 같은 방식으로 인간의 능력을 향상시킬 것이다. 인간 두뇌로 할 수 있는 한두 가지 일만 잘하는 인공지능이라도 인간의 지적 능력, 판단력, 의사결정력을 크게 향상시킬 것이다. 인간 지능의 극대화에 기여할 것이다. 인공지능은 단순하지만, 그것을 사용하는 인간이 똑똑하기 때문이다. 인공지능이 놀랍기 때문에 세상이 바뀌는 것이 아니라, 특수한 영역에서 인간보다 빠르고 냉철하게 사고하고 판단을 내려 주는 인공지능을 적절하게 사용하는 인간이 뛰어나기 때문이다.

문제는 이 정도가 A세대의 똑똑함의 끝이 아니라는 것이다. 필자가 앞에서 예측했던 것처럼, 미래인간은 하나의 단위로 작동하는 인공 뇌, 인간의 모든 지능을 연결하는 클라우드 뇌, 생물학적으로 향상된 인간 뇌가 실시간으로 하나로 연결되면 소비자 지능이 혁명적으로 증강된다. 필자는 이것을 'IA'(Intelligence Augmentation, 인간 지능의 혁명적 증강)라 부른다.

인공지능에 직접 의존하지 않더라도 A세대는 과거보다 몇 배 빠른 학습 환경 덕택에 똑똑해진다. 일명 '압축 학습'이다. 미래 교육 방법과 콘텐츠 경쟁이 시작되면서 예전보다 더 빠르고, 효과적이며, 저렴한 교육 서비스가 속속 출시되고 있다. 이제는 정규 학교를 입학하지 않더라도 원하는 기술이나 지식을 언제 어디서나 습득할 수 있다. 가격 장벽도 사라졌다. 배우는 속도도 빨라졌고, 평생 학습하는 시대정신이 상식이 되면서 개인의 지식 축적이 높아지고 있다.

교회 지도자나 교사들이 당황할 정도로 A세대를 똑똑하게 만드는 또 다른 원인은 인터넷과 네트워크 기술 발전으로 모든 사람이 병렬로 연결되는 환경이다. 사람의 노드(연결점)만 연결되는 것이 아니라, 그들의 지식과 지능도 병렬로 연결된다. 병렬로 연결된 인류의 지능은 인류의 미래를 어둡게 하는 다양한 문제와 난제를 해결하는 도구로도 사용되지만 소비혁명을 일으키는 힘으로도 작동할 것이다. 더 나아가, 사물인터넷 시대가 완성되면 인간 지능과 사물 지능도 서로 협력해 소비자 지능을 증강시킬 것이다. 이런 환경의 변화에 가장 빨리 적응하고 익숙해지는 세대가 바로 A세대다. 이런 미래는 공상 수준을 넘어 논리적으로, 그리고 확률적으로 충분히 가능한 미래다. 기술적으로 가능하고 상업적으로도 가능하다.

모든 것을 기억한다

기존 세대가 보기에 과거의 자신이나 선조들의 어린 시절에는 찾아볼 수 없었던 A세대의 새로운 모습과 능력 중에 두 번째는 '뛰어난 기억력'이다. 당신의 모든 기억과 과거가 디지털로 저장되어 가상공간에서 영생할 수 있는 마이크로소프트사의 '마이라이프비츠' 프로젝트가 있다.[35] 당신이 읽은 책에서부터 대화 기록이나 이메일까지 한곳에 모아 디지털화해 완전한 전자기억을 만드는 프로젝트다. 이 프로젝트는 마이크로소프트사만 시도하고 있지 않다. 구글, 애플, 페이스북 등 글로벌 IT 기업들이 공통으로 갖는 목표다.

이들의 목표가 성공하면 A세대는 자신의 뇌 안에 있는 추상화된 생물학적 기억을 보존하고, 스마트 디바이스에는 구체화된 전자기억을 동시에 갖게 된다. 특히 A세대의 외장 뇌 역할을 하는 스마트 디바이스 속에 저장된 전자기억은 인공지능과 연결될 것이다. A세대의 스마트 디바이스 속에 저장된 전자기억은 다시 클라우드에 연결되어 인류의 모든 기억과 연결될 것이다.

이런 기술 덕택에, A세대는 손 안의 인공지능을 사용해 클라우드 안에 저장된 특정 제품에 대한 인류의 거의 모든 정보, 경험, 기술 이론과 사용자 평가를 빛의 속도로 검색하고, 자신의 스마트 디바이스 속에 저장된 개인화된 아주 구체적인 기억을 호출해 생물학적 뇌로 가공할 수 있게 된다. 이 정도의 거의 제한 없는 기억 능력과 기억 호출 속도를 가진 A세대를 과장해 속이거나 기만하는 일은 어려워진다.

모든 것과 연결된다

A세대의 새로운 모습과 능력 중에 세 번째는 '모든 것과 연결'이다. 인간의 연결을 막는 대표적인 몇 가지 장벽이 있다. 언어, 국경, 시간과 공간(차원), 사물이다. 미래에는 이런 장벽들이 하나씩 무너지면서 사람을 모든 것과 연결시킬 것이다.

인공지능이 언어의 경계를 파괴할 것은 확정된 미래다. 언어의 경계가 파괴되면 소비를 비롯해서 소통과 활동에 있어서 국경의 경계가 없어진다. 한국 소비자가 중국 제품을 직접 구매할 수 있고, 중국의 소비자와 직접 소통하면서 제품 피드백을 얻을 수 있다. 미국 아마존이나 월마트 사이트에 방문해 중간 대행자 없이 직접 물건을 구매할 수 있다. 인공지능만 있으면 전 세계 모든 시장에 직접 접속할 수 있다. 언어 장벽에 얽매이지 않고 물건에 대한 정보를 읽고, 전 세계 소비자들이 올린 제품 후기를 읽고, 판매자와 흥정도 직접 할 수 있게 된다. 이렇게 언어 장벽이 무너지면 국내 소비자는 국내시장이나 한국어로 된 온라인 쇼핑몰에서 벗어나 전 세계 매장에서 물건을 구매하게 될 것이다. 쇼핑만 이런 환경이 열리는 것이 아니다. 교육 환경도 비슷하게 바뀌고, 친구를 사귀는 일과 직업 활동도 바뀐다.

언어 경계가 파괴된 상태에서 가상공간이 3차원으로 전환되면 A세대는 시간과 공간의 제약에서도 자유로워진다. 3차원 가상 기술이 그들을 원하는 시간에 지구 어디에나 원격현전(遠隔現前)시켜 줄 수 있다.[36] 세계적 미래학자였던 앨빈 토플러(Alvin Toffler)가 『미래쇼크』에서 말한 '모의 환경' (simulated environment)이 현실이라는 경계를 깨고 나와 우리의 삶 속에 완벽하게 융합되는 시대가 드디어 현실이 된다.[37]

'가상공간'(Cyber space)이란 말은 미국의 SF작가인 윌리엄 깁슨(William Gibson)이 1984년 『뉴로맨서』(Neuromancer)라는 소설에서 처음으로 사용했다.[38] 가상공간은 컴퓨터와 인터넷만을 의미하지 않는다. 가상공간은 사람들이 사는 비트(bit)로 된 생활 공간, 경제 공간, 존재 가치를 논하는 형이상학적 공간이다. 가상공간은 텍스트로 된 1차원에서 이미지로 된 2차원을 거쳐, 입체로 된 3차원 공간으로 전환 중이다. 3차원 가상공간 기술은 사고와 활동에 있어서 중요한 변화를 몰고 온다. 몰입성 증가다. 교회의 입장에서는 3차원 가상공간 안에서 펼쳐질 몰입경험시대를 준비해야 한다. 2차원 인터넷 기술이 나올 때 이런 변화를 무시한 기업은 아마존 같은 2차원 온라인 쇼핑몰에게 시장 주도권을 빼앗겼다. 5G 기술이 주류가 되는 2~3년 이내에 2차원 인터넷 인프라는 급속히 3차원 인프라로 바뀔 것이다.

5G의 핵심 차별 역량은 '실시간 원격조정 활동'이 가능할 정도의 데이터 전송량과 속도다. 4세대 통신기술인 LTE는 속도를 높이기 위해서 여러 주파수를 한 번에 묶어서 데이터가 오가는 길을 늘리는 방법을 사용했다. 대용량 데이터를 한 번에 내려받고 이용자 수를 늘리려는 목적이라면 4G 기술로도 충분하다.

하지만 데이터를 빨리 내려받는 정도가 아니라 내 디바이스에서 보낸 신호가 네트워크를 통해 상대방에게까지 닿는 속도를 빠르게 해야 할 필요가 생긴다면 말이 달라진다. 4G는 이 속도가 100분의 1초 정도였다. 5G는 28GHz의 높은 대역 주파수를 이용하기에 LTE 속도보다 20배 빠르고 데이터를 주고받는 속도가 1,000분의 1초로 줄어든다.

이 속도가 중요한 이유는 다가오는 미래에 열릴 자율주행자동차를 비롯해서 사물인터넷 시대에 중요한 것은 데이터 이동이 주춤거리지 않고 '실시간'으로 오고 가야 완벽한 성능 구현이 가능하기 때문이다. 가상현실(VR) 기술의 완벽한 활용도 4G에서는 불가능하다. 실시간 데이터 움직임이 가능한 5G 시대가 열리면 '시공간 제약'이 없어져 본격적인 '원격시대'가 열린다. 원격 소비, 실시간 가상몰입 소비가 곧 현실이 된다는 말이다.

통신기술의 발달은 가상세계 변화를 촉진한다. 가상공간에서 활동은 텍스트 → 이미지 → 동영상으로 무게중심이 옮겨 갔다. 이런 변화를 따라서 기업 가치와 인기도 트위터(텍스트 중심) → 인스타그램(이미지 중심) → 유튜브(동영상 중심)로 전환 중이다.

동영상 다음은 무엇일까? 그다음은 3차원 가상몰입(MR, VR 등)이 될 것이다. 테슬라 스튜디오(Tesla Studio)와 액손(Axon VR) 등은 스마트섬유와 각종 VR 장비를 연결해 온몸으로 VR 경험을 할 수 있는 전신 슈트(suit)를 개발 중이다. 이미 3차원 기술을 누가 먼저 선점하느냐의 경쟁이 소리 없이 시작되었다. 개인 입장에서, 3차원 몰입기술은 매력적이다. 2차원 인터넷 쇼핑몰에서 글자와 이미지로 된 제품 정보나 구입 후기를 읽고 보는 것과는 차원이 다른 고객 경험을 할 수 있기 때문이다. 구매하고자 하는 물건을 3차원 입체로 볼 수 있고, 오감을 통해 경험할 수 있고, 가상공간 안에서 직접 시뮬레이션을 해볼 수도 있다. 3차원 가상 아바타를 통해서 매장 직원이나 다른 소비자들과 실시간으로 대화를 나누고 흥정도 할 수 있다.

인공지능 기술이 지식과 관련된 모든 것을 돕는다면 몰입경험기술은 소비자에게 감성과 관련된 모든 것을 도울 것이다. 기성세대에게 노래방, 골프존, 야구방 등이 있었다면, A세대에게는 지금까지 설명한 모든 기술이 집결된 '3차원 시뮬레이션 공간'이 기다리고 있다.

최신 기술이 집약된 시뮬레이션룸은 고성능 카메라가 몸짓을 추적하고, 인공지능이 시시각각 변하는 감정 상태를 인식하고, 휴먼인터페이스 기술 덕택에 조작이 불편한 키보드를 사용하지 않고 온몸을 사용해 친구들과 함께 축구나 테니스 게임을 할 수 있고, 실물 크기의 3D 모형을 가상공간에 띄워 놓고 온몸을 이용해서 이리저리 돌려 보거나 작동해 보면서 회의나 연구, 실험을 실시간으로 할 수 있다.

SNS와 실시간으로 연결한 상태에서 네트워크 스포츠, 음악 대회, 댄스 경진 대회 등을 하거나 가상의 공간으로 여행을 가는 일도 가능해진다. 미국에 있는 친구와 함께 노래를 부르고 춤을 추는 상황이 SNS에 실시간으로 생중계되면 아프리카에 있는 친구가 '좋아요'를 누르고 함께 동참해 아프리카 전통 춤을 가르쳐 주면서 신나는 파티를 즐길 수도 있다. 새로 사귄 친구와 가상의 프랑스 거리를 걸으며 쇼핑을 즐길 수도 있다. 이런 경험을 태어나면서부터 자연스럽게 할 A세대는 교회, 학교, 가정 등 자신의 모든 활동에서 이런 경험을 추구하고 요청할 것이다.

언어 경계가 파괴되어 소비자가 국경의 경계를 극복하고, 3차원 가상공간이 대세가 되어 시간과 공간의 제약에서도 자유로워지고, 강력한 몰입경험을 맛본 상태에서 사물인터넷 인프라가 완벽히 구축되면 마지막 남은 사물의 경계도 무너진다. 생물인 사람이 무생물인 사물과 소통할 수는 없었지만, 사물인터넷 기술은 둘 간의 소통을 가능하게 해준다. A세대가 구매한 제품들이 서로 소통(communication)이 가능해진다. A세대는 자신이 구매한 사물을 통해서 다른 사물이나 다른 A세대와 연결될 수 있다. 모든 A세대가 연결되고, 연결된 모든 A세대는 다시 자신이 구매했고 앞으로 구매할 모든 사물과 연결된다. 이들의 연결 안으로 빅데이터가 흐른다. 5G, 블록체인, 양자컴퓨터, 클라우드 서비스는 데이터의 유속과 안전을 지킨다.

이런 소통 환경이 가능해지면 A세대는 지구상에 존재하는 모든 사물에 대한 분석 정보를 얻을 수 있는 기회를 갖는다. 사물을 사용하는 A세대의 역량도 그만큼 증가한다. 사물은 A세대의 명령을 그대로 따라 작동하는 것을 넘어서 A세대의 명령을 예측하고 스스로 주변 환경이나 다른 소비자의 행동까지 비교, 분석해 움직일 수 있다. 처음에는 냉장고 속에 있는 소고기를 언제 어떻게 먹어야 하는지를 잘 판단하는 A세대의 똑똑함이 사물에 주입되어 사물이 똑똑해지지만, 그다음에는 똑똑해진 사물이 이런 모든 정보를 기억하고 다른 A세대의 행동 패턴이나 새로운 아이디어를 분석해 거꾸로 A세대에게 알려 주는 일이 가능해진다. 뿐만 아니라 사물인터넷은 현실에 존재하는 사물과 존재를 가상공간에도 플러그인(plug-in)시킨다. 이처럼 사물인터넷 환경은 사물과 A세대의 새로운 연결 방식을 만든다.

이외에도 또 다른 변화가 있다. 지금까지 사물은 자율성이 없었다. 지능이 없기 때문이다. 하지만 사물인터넷 시대가 되면 사물도 인간의 지능과 연결되어 지능적 행위자가 된다. 버클리대학교 컴퓨터과학 교수이자 인공지능 대가인 스튜어트 러셀(Stuart Russell)은 인공지능 개념을 2가지로 나눈다. 하나는 '인공적 지능'(artificial intelligent)이고, 다른 하나는 '지능적 행위자'(intelligent agent)다.[39] 이 2가지 개념을 통합하면 '인공지능적 행위자'(artificial intelligent agent)가 된다.

스튜어트 러셀에 의하면, 현재의 인공지능 연구는 인간의 지능을 흉내 내는 방법을 연구하는 데서 벗어나 인간을 대신해서 인간보다 더 합리적이고 효과적인 어떤 행위를 하는 존재에 대한 연구로 접어들고 있다. 주어진 환경에서 무언가 지각(percept)받아 특정 목적을 가진 합리적 인식 행위(cognitive behavior)나 물리적 운동 행위(motional behavior)를 하는 행위자(agent)에 대한 연구다. 소프트웨어로만 된 인공지능 알고리즘이 물리적 운동 행위를 하는 사물과 연결되면 모든 사물을 인공지능적 행위자로 만든다. 즉 사물인터넷 시대에 A세대는 수많은 인공지능적 행위자들과 연결되는 셈이다. 그만큼 A세대의 능력이 증강된다.

사물이 지능을 가진 사람과 인공지능과 연결되어 인공지능적 행위자가 되는 예는 이미 주위에 많다. '웨어러블 컴퓨터'라고도 불리는 사물들이다. 머리에 쓰는 헬멧, 손에 차는 스마트 시계, 손가락만 움직이면 글씨를 입력하고 화면을 조작할 수 있는 손에 끼는 키보드, 얼굴에 쓰는 스마트 안경, 다리에 입는 로봇, 치아 사이를 깨끗이 닦으라는 잔소리를 하는 칫솔, 전화가 오면 반짝반짝 빛나는 스마트 손톱, 몸의 상태를 알려 주는 양말, 길 안내를 해주는 신발, 노인들이 쓰러진 것을 가족이나 의사에게 알려 주는 슬리퍼, 수화(手話)를 통역해 주는 반지나 장갑, TV나 컴퓨터 등의 디바이스를 자유롭게 조정할 수 있는 모션링, 팔이나 등에 붙여 놓으면 몸에 바이러스가 침투했을 때 자동으로 알려 주는 전자피부, 인터넷이 연결되어 갈아야 할 때를 알려 주는 기저귀, 기분에 따라 그림이나 색깔이 변하는 티셔츠, 통신용 구리선을 집어넣은 실로 짠 옷 등이다.

살아 있는 곤충이나 나뭇잎에 센서를 부착해 공기 오염도를 측정할 수 있는 생체표면 전자회로 기술을 소비자의 몸에 부착된 사물에 적용하면 옷이나 모자 등으로 알레르기 유발 물질, 미세먼지, 황사, 방사능, 각종 화학물 오염 등을 실시간으로 모니터링할 수도 있다.

엄청난 속도로 움직인다

A세대의 새로운 모습과 능력 중에 네 번째는 '엄청난 속도'를 요청한다는 것이다. 사물인터넷 개념을 처음으로 만든 사람은 현재 벨킨의 청정기술 사업 부문 사장으로 있는 케빈 애슈턴(Kevin Ashton)이다. 그는 화장품 가게에서 립스틱을 찾다가 제품을 찾는 시간과 노력을 줄여 주는 새로운 방식을 떠올렸다. 사물 하나하나에 인터넷을 연결시켜 서로 정보를 주고받게 하면 되는 것이었다. 1999년, 그는 전자태그(RFID), 센서, 눈에 보이지 않을 정도의 작은 컴퓨터 등을 탑재한 사물인터넷 시대가 열린다는 주장을 해서 주목을 받았다.[40]

사물인터넷 기술의 가장 큰 효과는 '속도'와 '정확도'다. 오랫동안 세계 최고의 공항 서비스로 평가받고 있는 인천공항의 예를 들어 보자. 인천공항에서 하루에 항공기에 실리는 수하물은 평균 11만 개다. 유럽 최고의 공항들의 경우 지각 수하물이 10만 개당 20개 정도다. 지각 수하물이란 시스템 오류로 다른 항공기로 짐이 잘못 배달되거나 아예 항공기에 실리지 않는 수하물이다. 외국 여행을 많이 하는 사람이라면 한두 번쯤 이런 비슷한 상황을 경험했을 수 있다.

그런데 인천공항의 경우에는, 지각 수하물이 10만 개당 1개에 불과하다. 이런 놀라운 성과를 만들어 낸 것은 다름 아닌 사물인터넷 시스템이다. 인천공항의 수하물 처리 시설은 축구장 20개의 넓이이고, 수하물이 운반되는 통로 길이만 무려 88km에 달한다. 승객이 부친 모든 짐에는 전자 태그가 부착되어 있고, 수하물을 운반하는 컨베이어 벨트에는 3만 5,700개의 지능형 센서, 1만 4,500개의 모터가 달려 있다. 이 모든 것이 서로 네트워크로 연결되어 통신하면서 일사불란하게 움직이면서 수하물을 목적하는 항공기까지 최단거리를 찾아 운반한다. 만약 수하물이 폭주해서 운송 라인 정체가 발생하면 사물인터넷 기반 시스템이 자동으로 우회로를 찾아서 화물을 운송한다. 가장 빠른 속도와 가장 정확한 운반이라는 놀라운 성과는 이렇게 만들어진 것이다.[41]

이런 환경은 A세대의 이동 속도, 정확도, 편리성도 높인다. 길게 줄을 늘어서서 오랫동안 기다리며 공항 수속을 했던 경험이 있을 것이다. 2020년이면 총 500억 개의 사물이 연결된다. 2025년경이면 공항에서 발권과 출국 수속이 쇼핑몰 계산대를 지나는 것처럼 편리하고 빨라질 것이다. 웨어러블 컴퓨팅 디바이스(사물)를 착용하고, 당신이 누구인지 곧바로 판별이 가능한 생체인식 기술, 스캔하는 모든 것의 화학적 구성 성분까지 알려 주는 초정밀 분자 스캐너 기술들이 이런 미래를 가능하게 해줄 것이다.

분자 스캐너는 식품을 스캔하면 영양 정보는 물론이고 과일의 경우 얼마나 익었는지까지 파악해 준다. 닭을 튀기는 데 사용하는 기름이 얼마나 더러워졌는지도 알려 주고, 당신이 먹는 약의 성분을 파악해 주고, 당신의 손에 쥐어져 있는 건강보조식품이 진짜인지 가짜인지도 알려 준다. 분자 스캐너는 검색의 범위가 넓어서 검색대에서 50m 반경에 있는 모든 수하물과 사람을 초 단위로 검색할 수도 있다. 웨어러블 컴퓨팅 사물과 인공지능 기술이 대중화되면 '어웨어러블(awareable) 시대'가 열리면서 사람이 많이 모이는 공항이나 쇼핑몰 등의 장소에서는 아무리 사람이 많아도 나와 주위 상황을 인지해 '나에게만 가장 알맞은 것'이 무엇인지를 제시해 주는 일대일 개인 맞춤형 서비스가 가능해진다. 이런 속도와 정확도, 그리고 편리함에 익숙해질 A세대가 등장한다면 한국 교회는 이들을 감당할 수 있을까?

미래 한국 교회,
역리의 위협에서 벗어날 수 있을까?

A세대가 사는 시대에는 기성세대를 당황하게 만들 새로운 모습이 기술의 발달에서만 오지 않는다. 기술 속도만큼 빠른 문화 교배와 의식 변화(세계관 변화)에서도 교회를 당황에게 만들 새로운 모습이 나타날 것이다. 그중 하나가 바로 '성 정체성'에 관한 문제다. 우선, 기술의 발달도 A세대가 사는 시대에 새로운 성 정체성을 만들어 낼 것이다.

필자가 현재 거주하고 있는 미국 캘리포니아는 공립학교에서 어린이, 청소년 성교육 문제로 교회와 학부모들이 발칵 뒤집혔다. 가장 기본적인 자기 성 정체성을 뒤흔드는 교육이 공교육 현장에 빠른 속도로 파고들고 있다. 그것도 공식 학과목으로 지정되어서 말이다. LGBT운동을 펼치는 '레인보우'(Rainbow) 팀이 성 문제를 정치적으로 지원하고 학생들에게 학교 교육으로 세뇌하는 전략을 구사한 결과다.

LGBT는 성소수자 중 레즈비언(Lesbian), 게이(Gay), 양성애자(Bisexual), 트랜스젠더(Transgender)를 합쳐서 부르는 단어다. 이들이 전략적으로 집중하는 캘리포니아에서는 성전환자의 개념도 우리의 상상과 다르다. 그들은 성전환자는 성전환 수술을 받은 사람이 아니라, 내 몸은 남자인데 생각이나 내면은 여자라고 생각하면 모두 성전환자라고 규정하는 확대된 개념을 학교에서 아이들에게 가르친다.

성별 규정도 다르게 가르친다. 날 때부터 정해진 남자와 여자라는 성별 규정은 가짜이고 자신을 스스로 시험(test)해 가면서 진짜 성적 성향(gender)을 찾아가야 한다고 LGBT운동을 지지하는 교사들이 공교육 현장에서 공식 교과목 시간에 가르친다. 이런 주장을 지지하는 교사들은 성적 성향에는 제한이 없고 어느 한 편으로 고정되는 것이 아니라고 가르친다. 심지어 유치원 아이들에게도 성전환은 괜찮은 것이며 성 정체성은 남녀 2가지만이 아니라 다양하다고 가르친다. "너는 생물학적 남성 정체성 70%, 생물학적 여성 정체성 30%, 감정적 남성성 50%, 남성적 표현성 70% 등"의 세부 분류를 시키면서 100여 가지가 넘는 다양한 스펙트럼이 있다고 가르친다. 캘리포니아에서 남성, 여성, 중성 3가지로 성적 성향을 분류하면 아주 구태의연한 사람으로 놀림을 받을 정도가 되어 가고 있다.

다음은 이런 주장을 정당화해 초등학교 3학년 아이들에게 가르치는 책, 『Who are you?: The kids guide to gender identity』(Brook Pessin-Whedbee, 2017)에 나오는 실제 내용을 번역한 것이다.

"아기가 태어나면 사람들은 묻습니다. '남자야, 여자야?' 아기들은 말을 못하기 때문에 어른들은 그들의 몸을 보고 추측합니다. 어떤 사람들은 성별이 둘뿐이라고 하지만 정말 많은 성별이 있습니다. '나는 소녀야, 나는 소년이야, 나는 둘 다야, 나는 둘 다 아니야, 나는 단지 나일 뿐이야' 이렇게요. 그리고 어떤 사람들에게는 두 가지 이상으로 선택할 수 있다고 합니다. 성전환, 동성, 무성, 양성, 제3의 성, 그리고 2개의 영혼처럼요. 그리고 사람들이 그들의 경험을 묘사하기 위해 사용하는 단어들이 훨씬 더 많이 있습니다. 이것을 성 스펙트럼이라고 합니다."

성교육도 상상을 초월한다. 동성과의 성관계는 물론이고 양성애나 항문성교 등도 어린아이들에게 가르친다. 상당수의 학부모가 자기 자녀들이 이런 적나라하고 왜곡된 교육을 받는지 모른다. 이런 교육을 학생에게 하는 것을 부모에게 알리지 않아도 된다는 법을 제정해 두었기 때문이다. 아주 교묘한 전략이다. 이들은 오래전부터 치밀한 전략을 가지고 이런 교육이 가능하도록 준비했다.

2011년 7월 13일, 캘리포니아에서는 유치원생부터 고등학생(K-12)까지 모든 학년의 교과서에 동성애 및 동성애와 관련된 모든 것, 심지어 동성애 성행위도 정상이라는 내용을 실은 법안 SB No. 48(Senate Bill)이 통과되었다. 2015년에는 AB329(Assembly Bill)가 통과되면서 의무 교육법에 따라 캘리포니아 내의 모든 공립학교에서 동성애자, 양성애자, 성전환자에 대해 가르치는 것이 의무화되었다. 이런 법안의 통과로, 공립학교 안에서 동성애 클럽을 만들고 공개 모집할 수 있고, 심지어 학교가 후원도 적극 해주어야 한다. 학교 내에서 학생이 동성애로 문제를 만들어도 징계를 할 수 없고, 동성애 학생을 구제해 주는 상담은 불법 행위가 된다.

중학교 학생이 보는 교과서에 이런 내용도 실려 있다. 아이들에게 다음과 같이 일부다처제도 가르친다. "일부 학생들은 일부일처제일 수도 있고, '파트너'라는 용어는 더 포괄적으로 사용될 수도 있다." 일부일처제는 절대 규범이 아니고, 포괄적으로는 일부다처제 혹은 일처다부제도 문제 되지 않는다는 가르침이다. 공립학교 공식 교과서에 나오는 내용이다. 이런 내용도 가르친다. "정신적 학대의 예들은 엄격한 성 역할을 주장하며 학대를 정당화하기 위해 종교를 이용하는 것을 포함한다." 이제 교회나 가정에서 목회자나 부모가 아이들에게 종교적 내용(성경의 내용)을 들어 동성애 등을 죄라고 가르치는 것은 정신적 '학대'에 해당되어 아이들이나 주위 사람들이 신고하면 처벌 대상이 된다. 캐나다도 종교적 학대(spiritual abuse)를 받았다고 아이가 부모를 신고하면 경찰에서 아이를 데려가고 부모는 벌금을 많이 물거나 아이를 빼앗긴다.

이런 모든 일은 기독교 정신으로 세워진 미국에서 일어나고 있는 일이다. (물론 미국 전역이 이런 분위기는 아니다. 학교에서 성경을 다시 가르치자는 법안이 발의되는 주도 있고, 많은 주가 보수적인 성교육을 유지하고 있다. 애리조나, 아칸소, 조지아, 켄터키, 오클라호마, 테네시, 텍사스주 등은 공립학교에서 학생이 성경 수업을 선택할 수 있다.)

미국이나 캐나다는 다른 나라니까 괜찮다고 생각하는가? 아니다. 미래 어느 날 한국 사회에서도 충분히 일어날 수 있는 일이다. 한국 교회도 맞닥뜨릴 수 있는 위기다. 2019년 1월, 한국행정연구원이 '2018년 사회통합실태조사'를 발표했다. 이 보고서에는 "동성애자를 받아들이겠다"는 응답이 한국 사회에서 처음으로 과반을 넘겼다는 결과가 실려 주목받았다. 한국은 2007년에 동성애를 인정한다는 응답률이 18%였는데, 2013년에 37.9%로 증가했고, 2018년에는 51%까지 긍정 대답이 올랐다.

2017년, 한국갤럽은 좀 더 구체적인 조사를 실시했다. "동성애자도 일반인과 동일한 취업 기회를 가져야 한다"는 질문에 응답자 90%가 "그렇다"고 답했고, 동성애가 사랑의 한 형태라고 응답한 비율도 56%에 이르렀다. 동성 간 결혼도 34%가 받아들일 수 있다고 대답했다. 잠깐! 미국이나 유럽의 조사 결과가 아니다. 한국 국민의 의식조사 결과다.[42] 한국에서 이런 결과가 발표되던 비슷한 시간에 대만에서는 아시아 국가 최초로 동성 결혼을 인정하는 법률 초안이 공개되었다.[43] 하나님이 만드신 순리를 역리로 쓰는 일(롬 1:26)은 역사를 반복하며 교회에 위협으로 등장했다. 미래 한국 교회, 역리의 위협에 잘 대응할 수 있을까? 역리의 위협에서 벗어날 수 있을까?

미래 한국 교회가 염려해야 할 역리의 위협은 더 있다. 3D 가상세계에서 나타날 성적 문란함이나 다중적 성 정체성, 인공지능 섹스 로봇과의 동거 등이다. 로봇의 한 종류로 휴머노이드 로봇이 있다. 인간의 모양을 꼭 닮은 로봇이다. 이 로봇은 집안일만 도와주는 것이 아니다. 외로운 사람과 사랑을 하는 대상이 될 수도 있다. 섹슈얼리즘(sexualism)은 로봇에 대한 오래된 상상력이었다. 1927년 독일의 프리츠 랑(Fritz Lang)이 제작한 SF 영화 "메트로폴리스"에 여자 로봇 마리아가 등장한다. 안드로이드 로봇인 마리아는 세련되고, 섹시하고, 매혹적인 자태를 뽐낸다.[44]

　미국과 중국에서는 인공지능 섹스봇(Sexbot) 판매를 시작했다. 중국은 남녀 성비율 불균형이 심하다. 중국의 인민대 인구발전센터는 2050년이면 결혼 적령기 남성 3,000~4,000만 명이 영원히 반려자를 찾지 못하는 사태가 발생한다면서, 이 무렵 중국을 포함해서 전 세계에서 섹스 로봇이 가전제품처럼 쉽게 사고팔리면서 인류 절반이 성관계를 로봇과 하게 될 것이라는 전망도 내놓았다.[45] 섹스 로봇은 결혼하지 못한 청년, 부부 생활이 원만하지 못한 이들, 몸이 불편한 노인들의 성생활을 보조하는 역할을 담당, 성기능 개선약을 이용하듯 쉽고 은밀하게 활용될 수 있다.

　미래의 섹스 로봇은 중국의 소녀경, 인도의 카마수트라의 비밀 등 동서고금의 비밀스런 모든 성(性) 지식을 완벽하게 학습한 후 출시될 것이다. 감각을 탐지하거나 거꾸로 보낼 수 있는 인공피부가 이식되고, 원하는 사람의 목소리와 기본 정보를 탑재하고, 인간의 자연어를 처리할 수 있는 대화형 로봇의 형태를 가질 것이다.

　섹스 로봇을 집에 두는 것이 부담스럽다면, 3D VR(가상현실) 기계를 착용하고, 온몸에 햅틱 기능이 있는 특별 옷을 입고 인터넷 속으로 들어가면 된다. 실제 사람처럼 착각하게 만드는 컴퓨터 실사 그래픽으로 세상에서 가장 아름다운 성적 파트너를 만날 수 있다. 가상의 성적 파트너를 만지고 안으면 실제 사람을 안고 만지는 느낌이 그대로 전달되어 온다. 사람을 만지는지, 가상 아바타를 만지는지 구별을 하지 못할 정도가 될 것이다. 가상의 성적 파트너를 마음대로 만들어 낼 수도 있다. 동물에서부터 기괴한 사람까지 자기 마음대로 조합하고 만들 수 있다.

먼 미래의 이야기가 아니다. 이런 세상은 당신이 죽기 전에 반드시 온다. 글로벌화가 빠르게 진행되면서 전 세계적으로 동양과 서양, 종교와 종교, 세계관과 세계관이 빠르게 연결되면서 전 지구 단위의 문화 교배와 의식 변화(세계관 변화)가 일어나고 있다. 남성과 여성의 평등을 넘어 다양한 성 정체성의 인정을 강요당하고 있다. 시간이 지나면 로봇과의 사랑, 가상 아바타와의 사랑도 인정을 해달라는 주장이 사회에 등장할 수 있다. 이런 문제는 사회적으로도 큰 이슈이지만 교회 내에서는 진리의 문제, 죄의 문제와 직결되어 큰 파장을 낳는다. 이런 세상을 한국 교회가 감당할 수 있을까?

BOOK IN BOOK

미래 한국 교회, 선교 동력을 유지할 수 있을까?

　1973년 첫 범아시아선교지도자회의를 개최했을 당시 한국 선교사 수는 12가정 24명에 불과했으며, 파송 대상 지역은 9개국에 불과했다. 이마저도 제도권 교회 밖에 있는 선교단체들의 성과였다. 하지만 1984년 한국 기독교 100주년을 기점으로 제도권 교회들이 선교사 파송에 적극 참여하면서 한국 교회의 선교사 파송 숫자가 폭발적으로 증가했다. 한국세계선교협의회(KWMA)의 통계에 의하면, 1973년 이후 18년이 지난 1990년에는 파송 선교사 숫자가 1,645명으로 무려 6,800% 증가했다.[46] 2005년에는 한국세계선교협의회의 공식 통계 수치로 한국이 파송한 선교사는 1만 4,012명에 이르렀다. (참고로, 비공식 통계로 집계된 5,000명을 합치면 2005년 당시 한국 교회가 파송한 선교사의 총수는 1만 9,000명 정도로 추정된다.)

　잠시 2005년 한국 선교의 세부 사항을 살펴보자. 파송 현황을 기관별로 분석하면, 교단 선교부에서 47.4%(6,646명), 선교단체에서 7,366명(52.6%)을 파송했다. 선교활동 기간별로 분석을 하면, 최소 2년 이상 사역하는 장기 선교사의 숫자는 1만 2,594명으로 전체의 89.9%를 차지했고, 2년 미만의 단기 선교사는 1,418명(10.1%)이었다. 장기 선교사와 단기 선교사의 증가 추세를 비교하면, 전년 대비 각각 1,410명, 507명 증가했다. 숫자로만 보면, 장기 선교사가 2배 가깝게 더 증가했지만, 비율로 보면 단기 선교사 증가 비율이 3배 이상 높다.

파송된 선교사들을 직분별로 분석해 보면, 목회자 선교사(사모 포함)가 1만 2,295명으로 전체의 64.7%를 차지했고, 평신도 선교사는 2,963명으로 전체의 35.3%였다. 세계 지역별 한국 선교사의 분포를 분석해 보면, 2000년 세계선교대회 이후 한국 선교사의 전략적 재배치 결의(미복음화된 지역, 미전도 종족으로 선교사 파송 집중)의 영향으로 유럽 지역의 선교사 숫자는 줄고, 일본과 중국 등 동북아시아 지역(29.3%)과 동남아시아(14.5%)가 가장 큰 비중을 차지했다. 반면, 인도를 중심으로 하는 서아시아는 5.4%, 중앙아시아는 5.9%, 중동은 4.5%, 아프리카는 7.6% 등을 차지했고, 이 중에서 이슬람 지역 전체 선교사 수는 1,814명으로 전체 선교사 수의 13.1%를 기록했다.[47]

2013년 필자는 『2020~2040 한국교회 미래지도』에서 앞으로 한국 교회 선교의 동력이 서서히 꺼질 가능성에 대해 예측하고 시급히 대책 마련을 할 것을 제안했다. 필자의 예측대로, 최근 들어 한국 교회의 폭발적인 선교사 파송 증가 추세는 서서히 줄고 있다. 한국세계선교협의회의 공식 발표에 따르면 2016년 한국 교회 파송 선교사 증가 숫자는 0명이었다. 다행히 2019년 1월 한국세계선교협의회가 발표한 '2018년 12월 한국 선교사 파송 현황'을 보면 2017년에는 231명이 다시 증가했고, 2018년에는 557명이 증가해 전년 대비 2배 가까운 증가 추세를 보였다. 하지만 과거에 비해 증가세의 감소는 확연했다.

다음 도표는 2006~2018년까지 한국 기독교가 파송한 선교사의 총 수의 변화 추이다. 도표에서 한눈에 보이듯이, 최근 5년 동안 한국 교회의 선교사 파송 현황은 두드러진 정체세다. 심지어 2016년 한국 교회 파송 선교사 증가 숫자는 0명이었다. 당연히 한국 교회의 미래를 염려할 때 "과연 선교 동력을 유지할 수 있을까?"라는 질문을 던질 수밖에 없다.

| 한국 기독교 파송 선교사 숫자 |

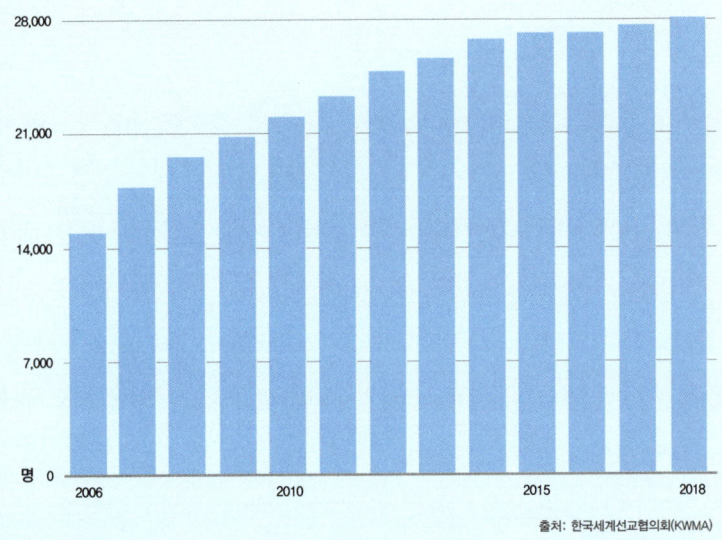

출처: 한국세계선교협의회(KWMA)

한국 교회의 미래를 염려할 때 "과연 선교 동력을 유지할 수 있을까?"라는 질문에 답하려면 선교의 세부 현황을 더 들여다볼 필요가 있다. 2018년 기준, 한국 교회 출신 활동 선교사는 171개국 총 2만 7,993명으로 집계되었다. 이 중에서 교단 선교부 파송 선교사는 1만 2,686명이고, 선교단체 파송 선교사는 1만 6,428명(이중 소속 2,242명)이었다. 한국 선교사의 주 활동 권역은 불교, 힌두교, 이슬람교 등 거대 종교권이 몰린 지역에서 1만 7,751명(61%)이 활동하고 있었다. 집중하는 사역은 교회 개척(153개국, 1만 4,624명), 제자훈련(141개국, 9,663명), 복지/개발(82개국, 2,017명), 캠퍼스(63개국, 1,954명), 일반 교육(79개국, 1,671명) 순이었다. 연령별 선교사 통계는 20대 448명, 30대 1,666명, 40대 5,541명, 50대 5,332명, 60대 이상 2,709명이었다. 40~50대가 가장 많은 비율을 차지했다.

한국세계선교협의회는 이 정도의 공식적 숫자 외에 선교 현장에 1만 명 정도의 비공식 선교사가 더 있을 것으로 추정했다.[48] 분명 이런 수치들은 선교사를 보내는 선진국가들 중에서 경제나 인구수를 비교할 때 1위에 해당할 수준이다. 2006년 한국 교회는 "타겟 2030"(Target 2030)을 선포하고 2030년까지 10만 선교 정병 파송 비전도 세웠다.

하지만 한국 교회 선교의 화려함과 소망 뒤로는 앞날을 고민하는 여러 가지 문제들도 있다.

가장 먼저 고민되는 점은 50~60대 이상의 선교사가 곧 은퇴를 앞두고 있어서 앞으로 5~10년 이내에 공식, 비공식 선교사를 모두 합쳐 대략 1만 명 가까운 선교사가 은퇴할 가능성이 높다는 것이다. 하지만 이들을 대신해서 선교 현장에 파송될 선교사 후보들이 줄고 있다. 한국 교회가 쇠퇴기에 접어들면서 신학교들이 정원을 채우지 못하면서 목회자 지망생만 줄어드는 것이 아니다. 선교사 지망생들도 함께 줄고 있다. 선교에 헌신하려는 마음을 품은 이들도 점점 고령화되고 있다. 여기에 한국 교회가 경제적으로 어려운 상황에 오랫동안 빠지게 된다면 가장 먼저 선교비 예산을 줄일 가능성도 높다. 다음 도표는 1970년부터 현재까지 한국 경제 성장 추이를 보여 준다.

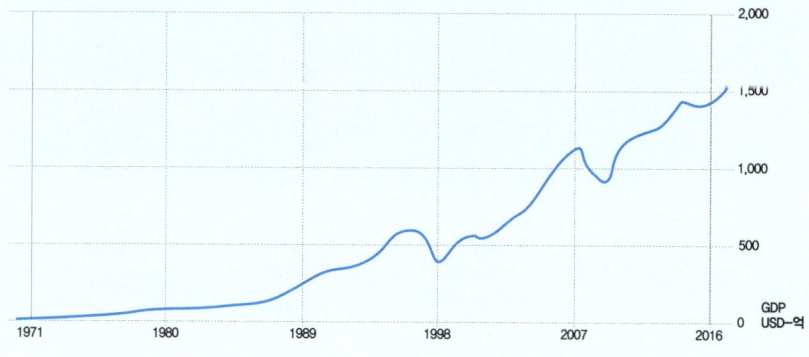

출처: TRADINGECONOMICS.COM | WORLD BANK

한국의 선교사 파송 추세는 한국 경제 성장과 맞물려 있다. 한국 교회 선교사 파송은 1984년을 기점으로 제도권 교회들이 본격 동참하면서 폭발적 증가 추세를 시작했다. 1984년은 한국 기독교 100주년이라는 계기도 있지만, 한국 경제의 폭발적 성장기 초입이기도 하다. 이후 한국 교회 선교는 한국 경제의 성장 추세와 동행했다. 그리고 한국 경제의 성장 추세가 현저히 약화되고, 사회적으로 저출산 고령화 현상이 심해지는 근래에 들어서 한국 교회 선교도 함께 정체되거나 성장률이 하락하고 선교사들의 연령대도 저출산 고령화 추세와 비슷해지고 있다.

| 한국 경제와 한국 선교 |

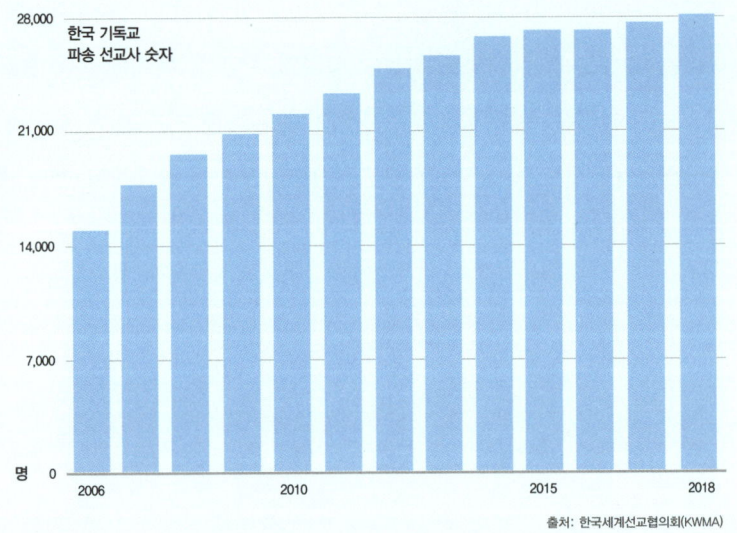

한국 교회 선교 추세는 한국 경제와 사회변화(저출산 고령화)와 동기화되어 있음

출처: 한국세계선교협의회(KWMA)

| 한국 GDP 성장 추이 |

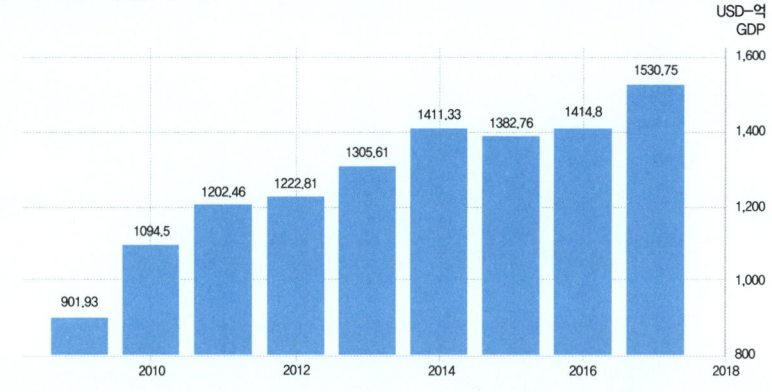

출처: TRADINGECONOMICS.COM | WORLD BANK

한국 교회 미래 선교와 관련해서 염려되는 것은 더 있다. 한국 경제가 '잃어버린 20년'이라는 장기 침체에 빠지고, 한국 교회의 경제적 타격도 오랫동안 이어지는 상황이 벌어지면, 교회 개척(153개국, 1만 4,624명)이나 복지/개발(82개국, 2,017명) 등 비용 투자가 많은 선교 사역은 후퇴할 가능성이 크다.

경제적 타격은 교회 파송 선교사와 사역에도 영향을 주지만, 재정적으로 좀 더 열악한 상황에 처한 교회 밖 선교단체의 경우 더 심할 것으로 예측된다. 2018년 기준으로 교단 선교부 파송 선교사는 1만 2,686명이고, 선교단체 파송 선교사는 1만 6,428명(이중 소속 2,242명)이었다. 2005년 교단 선교부에서 47.4%(6,646명), 선교단체에서 7,366명(52.6%)을 파송했던 것과 비교하면 선교단체 파송 비율이 더 높아졌기에 걱정이 더 커진다.

BOOK IN BOOK

미래 한국 교회, 종교 갈등을 극복할 수 있을까?

필자는 『2020~2040 한국교회 미래지도 2』에서 한국 교회 외부로는 해외선교 침체 위험과 종교 간 갈등 위험을 이야기했다. 현재 일고 있는 반기독교 정서는 기독교인들에게 부끄러운 마음이 들게 하고 우리의 잘못을 돌아보게 한다. 하지만 반기독교 정서가 오랫동안 계속 이어지면 교회 내에서 이에 대응하는 또 다른 반작용이 일어날 수 있다. "우리가 무엇을 그렇게 잘못했느냐?"는 억울함과 "교회를 향한 세상의 공격은 사탄의 교활한 전략이니, 이에 대응하는 영적 전투를 시작해야 한다"는 영적 대응의 반응을 넘어 유대교의 정치적, 종교적 과격파인 열심당원이나 이슬람의 극단주의적 세력과 비슷한 이들이 등장할 수 있다.

물론, 이들의 숫자는 전체 기독교인에 비하면 아주 소수일 것이다. 동조하는 세력까지 포함해도 1% 미만이 될 것이다. 하지만 비율은 중요하지 않다. 대다수의 온건한 기독교인은 목소리를 내지 않는 상태에서, 소수이지만 극단주의자들은 자신들의 목소리를 크게 낸다면 사회에는 종교 간의 극심한 갈등으로 비추어질 수 있다. 만약 이런 세력들이 다른 종교들의 극단주의 세력과 부딪친다면 한국도 종교 간 분쟁 국가로 분류될 가능성이 있다. 필자는 대형 종교들의 특성을 분석하면서, 한국에서 극단주의 세력이 벌이는 종교 간 분쟁이 발생한다면 가장 가능성이 높은 시나리오로 기독교 극단주의 세력과 이슬람 극단주의 세력의 충돌을 들었다. 필자의 이런 예측은 지금도 변함없다.

필자는 『2020~2040 한국교회 미래지도 2』에서 2050년 한국 사회를 예측하면서 감소한 만큼의 인구와 경제 규모를 보충하기 위해 한국 정부는 외국인 근로자 유입을 지금보다 6~7배 늘릴 것이라고 예측했다. 그러면 2050년경 국내 외국인의 숫자는 800~1,000만 명까지 이를 수 있으며, 한국 근로 현장에서 외국인 근로자가 36%에 이르게 될 수 있다.[49]

만약 한국에 외국인 근로자가 1,000만 명 수준으로 증가한다면 그들은 어느 나라에서 유입될 것이라고 예측하는가? 지금도 한국은 미국, 캐나다, 호주, 유럽 선진국보다 이민 매력도가 낮다. 거꾸로 이들 선진국은 해외 노동자의 이민이나 난민 유입에 까다로운 조건을 내건다. 웬만한 신분 보장이나 노동 능력을 가지고 있지 않으면 미국, 캐나다, 호주, 유럽 선진국으로는 이민을 가거나 취업을 하기가 힘들다. 외국인 노동자들에게 한국은 미국, 캐나다, 호주나 유럽 선진국으로 이민이나 취업을 가지 못할 경우 다음 순위로 고려하는 나라다. 결국 한국은 대다수 외국인 노동자들이 우리보다 경제적으로 열악하고 기술 수준이 낮은 나라에서 온다. 근래에 한류 열풍으로 한국 사회를 동경해 오는 선진국 외국인들도 늘어났지만 대부분은 그렇지 않다.

미래에 한국은 어떨까? 만약 필자의 예측대로 한국 경제가 '잃어버린 20년'으로 비유되는 장기 저성장에 빠진다면 최소한 한국의 매력은 지금보다 더 높아지지는 않을 것이다. 그리고 한국 정부의 입장에서도 한국 청년과 장년의 실업률도 높은 상황에서 이들과 일자리가 겹치는 영역에 외국인 노동자의 이민과 취업의 문을 활짝 열기는 힘들다. 2050년에도 대부분의 외국인 노동자들은 한국 사람이 기피하는 일자리, 한국 사람에게는 임금이 상대적으로 낮다고 인식되는 일자리, 3D 업종처럼 육체적으로 고되고 위험한 일자리 등에서 활동할 가능성이 높다.

이런 일자리를 위해 한국에 취업이나 이민을 오는 외국인은 한국보다 경제 수준이 낮은 아시아 국가나 제3세계 국가들에서 상당수가 들어올 가능성이 크다. 이들 국가의 상당수는 이슬람교가 번창해 있다. 15억이 넘는 신자를 보유한 이슬람은 전 세계 2위 종교다. 1위가 기독교이고, 힌두교가 3위, 불교가 4위다. 언뜻 생각하면, 우리는 중동 지역에 이슬람 인구가 많을 것이라고 착각한다. 아니다. 중동은 이슬람 종교의 발상지이고 대부분 이슬람을 국가 종교로 채택하고 있지만, 전 세계 이슬람 종교인 숫자에 비교한다면 10%도 되지 않는다. 이스라엘이 기독교의 발상지이지만 기독교인 숫자가 많은 곳은 다른 나라들인 것처럼 말이다.

전 세계에서 이슬람 종교인이 가장 많은 지역은 아시아다. 대략 60%를 차지한다. 그다음은 아프리카로, 30% 내외다. 세계 최대의 이슬람 국가는 사우디아라비아나 이란이 아니라 인도네시아다. 인도네시아는 전체 인구 2억 6,000만 명 중에서 87%가 이슬람 종교인이다.

다음은 2014년 기준 전 세계 이슬람 인구분포도다.[50]

| 2014년 무슬림 인구 |

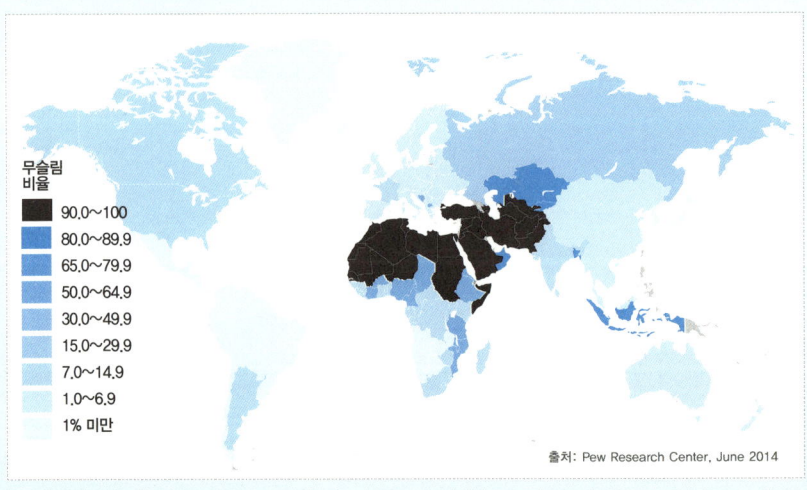

출처: Pew Research Center, June 2014

다음은 이슬람 종교 비율이 가장 높거나 인구수가 많은 상위 20개 국가에 대한 정보다.[51] 아시아에서는 인도네시아를 선두로 파키스탄, 인도, 방글라데시, 말레이시아, 터키, 우즈베키스탄, 카자흐스탄, 키르기스스탄, 타지키스탄, 투르크메니스탄, 중국 신장위구르 자치구 등에 이슬람 종교인이 많다. 필리핀과 인도 등에서는 이슬람이 서서히 증가 추세다.

| 최다 무슬림 거주국 20개 |

	국가명	인구수	무슬림 비율	무슬림 인구수	수니파/시아파
1	인도네시아	2억 3,300만	80.3%	2억 600만	수니파
2	파키스탄	1억 8,500만	95.8%	1억 8,060만	수니파/시아파
3	인도	12억 1,500만	14.2%	1억 7,250만	수니파/시아파
4	방글라데시	1억 6,500만	89%	1억 3,250만	수니파
5	나이지리아	1억 5,830만	45%	8,000만	수니파
6	이란	7,510만	98.6%	7,323만	시아파
7	이집트	8,450만	86.6%	7,005만	수니파
8	터키	7,600만	96.7%	7,003만	수니파/시아파
9	알제리	3,550만	97.3%	3,609만	수니파
10	모로코	3,280만	99%	3,270만	수니파
11	아프가니스탄	2,920만	99%	3,011만	수니파
12	수단	4,350만	61.4%	2,660만	수니파
13	이라크	3,150만	96%	2,976만	시아파
14	중국	13억 3,100만	1.9%	3,000만	수니파
15	사우디아라비아	2,630만	92.4%	2,430만	수니파
16	우즈베키스탄	2,780만	85%	2,360만	수니파
17	예멘	2,430만	99%	2,430만	수니파/시아파
18	시리아	2,250만	90%	2,030만	수니파
19	말레이시아	2,800만	63%	1,750만	수니파
20	니제르	1,600만	97%	1,550만	수니파

출처: http://www.islammission.org/worldmission/muslim-population-2014/

아프리카에서는 이집트, 나이지리아 등이다. 이슬람은 북아프리카 전역을 휩쓸면서 남아프리카로 남하를 계속하고 있다.

현재 한국에 있는 이슬람교인은 얼마나 될까? 사실 이 문제에 대해서 갖가지 주장들이 많다. 최소 20만 명(공식 집계)에서 최대 40만 명(비공식 집계 포함)까지 다양하다. 한 언론사는 2010년 퓨 리서치 센터(PEW Research Center)에서 제안한 각국의 종교 인구 비율 계산법을 적용해 2015년 국내 체류 외국인 186만 81명을 기준으로 국내 거주 외국인 이슬람 종교인을 최대 16만 8,095명으로 자체 추론했다.[52] 통계청의 자료에 따르면, 2015년 이후로도 국내 체류 외국인의 숫자가 지속적으로 늘면서 2017년에는 218만 498명이 되었다.

일부에서는 한국 내국인으로 이슬람 여성과 결혼해 관습상 이슬람으로 개종한 이들의 숫자를 대략 3만 5,000명 수준으로 추정한다. 국내 거주 외국인 이슬람 종교인과 내국인으로서 이슬람교로 개종한 사람들까지 합하면 2017년 기준으로 대략 20만 명이 조금 넘는다. 사실 현재 한국 내에 이슬람 종교인의 숫자가 20만이냐 40만이냐는 핵심 이슈가 아니다. 문제는 미래 한국에서 이슬람교의 증가 추이다.

한국은 국민정서상 외래 토착 종교가 뿌리를 깊게 내리기가 쉽지 않다. 삼국시대 이후부터 이슬람인들이 꾸준히 한국에 들어왔지만 이슬람교가 뿌리를 내리는 데는 실패했다. 한국 역사상 토종 종교가 아니면서 뿌리를 깊게 내리고 큰 교세를 형성한 종교는 기독교뿐이다. 현재 한국 내에 형성된 이슬람교 세력도 대부분 한국인이 이슬람으로 개종한 것보다 외국인이 대다수를 차지한다. 외국인이 자국에서 믿던 종교를 그대로 가지고 들어와서 한국에서 자신들의 종교생활을 하는 형태다.

이런 이유 때문에 일부에서는 미래에도 한국 사회에서 이슬람교는 큰 힘을 발휘하지 못할 것이라고 생각한다. 충분히 가능성이 있는 이야기다. 미래학자의 한 사람으로서 한국 종교의 미래를 예측할 때 당연히 하나의 시나리오로 상정하는 미래다.

하지만 우리는 다른 시나리오도 생각해 보아야 한다. 이슬람교의 특징 때문이다. 이슬람교는 기독교와 비슷하게 유일신 사상을 가진다. 그리고 전도와 선교에 아주 공격적이다. 강한 메시아 사상과 사후 세계에 대한 강렬한 소망을 갖고 있기 때문이다. 현재 한국의 기독교는 전도와 신앙 계승 열정이 빠르게 식어 간다. 하지만 이슬람은 다르다.

미래 한국 사회에서 이슬람과 기독교 혹은 기독교와 이단의 차이를 부각시키자면 '포교 열정'이 될 것이다. 이슬람교 입장에서는 한국은 아시아에서 이슬람교의 확장 전략과 관련해서 중요한 거점일 수 있다. 필자는 이슬람교의 선교 전략에 주목했다. 초기 기독교 혹은 각국에서 기독교가 강력한 성장을 했을 당시에 가졌던 매력을 가지고 있다. 가난한 자와 억압받는 자 등 낮은 자들에 대한 깊은 관심과 그들에게 줄 수 있는 강력한 메시지와 사역을 가지고 있다. 이들의 선교 전략과 메시지와 사역 행동들은 한국에서도 사회에서 소외되고, 미래가 불안정하고, 기존 종교에 대해서 배신감을 느끼거나 실망한 이들에게 충분한 매력을 갖는다.

필자는 『2020~2040 한국교회 미래지도 2』에서 한국의 인구구조 변화, 이민자 정책, 경제의 저성장과 글로벌 문화 유입으로 인한 한국 사회의 인식 변화, 부의 불균형 분배와 고령자 및 청년 실업 등의 종합적인 상황을 고려해서 한 가지 미래 시나리오를 소개했다. 2050년경이면, 한국 이민자(다문화가정 포함) 비율이 전체 인구의 30~35%(1,500~1,700만 명) 정도가 될 가능성이 있고, 이 중에서 10~20% 정도가 이슬람 종교인이라고 추정한다면 150~350만 명(한국 총거주자 예측치 5,200만 명 기준으로 2.8~6.7%)도

가능하다는 예측이었다.

물론 다른 시나리오도 얼마든지 가능하다. 2010년 미국 퓨 리서치 센터의 조사에 따르면, 한국과 비슷한 인구를 가진 프랑스의 이슬람 인구 비율은 7.5%, 영국은 4.6%이고, 한국보다 인구가 조금 많은 독일은 5%다.[53] 이들 나라의 이슬람 종교인의 비율을 숫자로 환산하면 400~500만 명 내외다. (참고로, 각국의 이슬람 인구 비율은 조사 기관에 따라 차이가 난다.)

한국 교회의 미래를 이야기하면서 기독교와 이슬람의 미래 숫자에 대한 예측도 의미가 있지만, 무엇보다 중요한 것을 놓치면 안 된다. 필자가 『2020~2040 한국교회 미래지도 2』에서 이슬람 종교에 대해서 다룬 것은 한국 사회 내에서 이슬람 종교의 약진도 준비해야 하지만 정작 강조하고 싶은 것은 기독교의 감소였다. 2050년 한국이 역선교 대상이 될 가능성에 대한 경고였다.[54]

이슬람에 대한 내용을 다루면서 한 가지 분명히 해야 할 것이 있다. 이슬람 종교인들은 절대 다수가 평화를 사랑한다. 테러리스트가 아니다. 이슬람 종교인 중에 테러리스트는 극단주의자들이다. 극단주의자 중에서도 아주 소수다. 한국에서 이슬람 종교인 숫자가 늘어도 마찬가지일 것이다. 절대다수의 이슬람 종교인들은 평범한 종교인이다. 하지만 한국 내 기독교인 중에도 극단주의 진영이 있듯이, 이슬람 종교인 중에도 극단주의자가 있을 것이다. 극단주의자 중에서는 피 흘리는 투쟁을 해야 한다는 과격주의자 혹은 테러의 필요성을 인정하는 이들이 있다. 이들이 문제다. 1% 혹은 0.1%의 기독교 극단주의자들과 1% 혹은 0.1%의 이슬람 극단주의자들이 서로 충돌할 가능성은 충분하다.[55]

사회를 놀라게 하는 테러 사건은 몇 건이 일어나느냐가 중요하지 않다. 단 1회만 일어나도 사회를 놀라게 한다. 우려를 크게 만든다. 테러의 확률적 횟수가 적으니 괜찮다는 식의 주장은 조심했으면 한다. 과격한 종교 분쟁이나 테러는 0.1%의 극단주의자들의 유무를 가지고 예측해야 한다. 기독교나 이슬람의 총인구가 생각보다 크냐 적냐를 가지고 논쟁할 일이 아니다.

반대로, 이슬람 종교인 자체가 테러리스트라는 극단적 주장도 삼가면 한다. 한국인 중에 결혼으로 이슬람교로 개종한 이들이 대부분 믿음이 거의 없거나 약한 이들이라는 말도 논점에서 벗어난 이슈다. 자신이 기독교인이라고 밝힌 사람들 중에 무늬만 기독교인인 이들도 있다. 필자의 바람은 논쟁의 초점을 한국 내 이슬람 종교에 맞추지 말고 한국 교회의 위기에 맞췄으면 한다는 것이다. 한국 교회가 올바로 서고, 교회다운 교회가 되고, 예수 그리스도의 사랑을 받은 제자다운 삶으로 회복된다면 한국 사회에서 어떤 일이 일어나더라도 빛과 소금의 역할을 하여 문제를 예방하고, 문제가 발생하면 잘 대처하고, 그 후유증도 잘 치유하는 역할을 담당할 수 있기 때문이다.

(5장)

신앙의 본질을
회복하라

한국 교회가 무너지는
결정적 이유

　필자는 지금까지 경제위기, 인구구조 변화가 주는 위기, 세상의 빠른 변화와 세속문화의 위기 등을 분석하고 예측했다. 이런 힘들은 한국 교회에 커다란 짐이고 위기를 더 크고 빠르게 만든다. 하지만 이런 힘들은 한국 교회 외부에 존재한다. 수천 년 인류 역사를 보면, 국가나 공동체가 몰락하는 데 외세의 침략이나 주변 환경의 변화 등 외부 요인이 중요한 요소였지만, 내부 결속이 단단하면 거의 모두 극복했다. 하지만 외부 위협이 그다지 크지 않더라도 내부가 부패하고 갈기갈기 찢어지면 그 국가나 기업, 공동체는 반드시 몰락했다. 성경에 기록된 이스라엘의 역사, 교회의 역사도 마찬가지였다.

　한국 기독교가 위기에 빠진 결정적 이유도 동일하다. 필자가 지금까지 분석하고 예측했던 내용들은 한국 교회 외부에서 밀려오는 힘이다. 위협이다. 위기다. 하지만 한국 교회가 교회답고, 본질에서 벗어나지 않고, 하나님이 보시기에 합당하다면 잠시 지나가는 큰 바람에 불과할 것이다. 오히려 이런 큰 출렁임은 한국 교회가 빛과 소금의 역할, 교회의 본모습을 세상에 보여 줄 수 있는 기회가 될 것이다. 세상이 크게 흔들리고 여기저기 난리와 난리의 소문이 나고 각양각색의 위기로 고통에 처할 때 진리로 그들을 구원하고, 치유하고, 다시 세워 줄 수 있는 절호의 영적 기회가 될 것이다.

필자가 미래를 예측하면서 안타까운 것은 한국 교회가 이런 미래로 나갈 가능성이 점점 적어지고 있다는 점이다. 외부의 위기가 교회를 본격적으로 흔들기도 전에 스스로 무너질 가능성마저 있다는 점이 가슴 아프다. 앞으로 한국 교회가 무너지게 된다면 결정적 원인은 외부에서 밀려오는 위기들이 아닐 것이다. 지금 한국 교회 내부에서 일어나고 있는 일들 때문일 것이다. 한마디로, 하나님의 마음에 합당하지 않아서다. 비가시적 교회는 늘 이긴다. 영원히 이긴다. 하지만 이 땅의 가시적 교회는 하나님을 위해 일해야 하는 우리가 하나님의 마음에 합당할 때 세상을 이긴다. 그렇지 않으면 가시적 교회, 지상 교회는 무너짐을 피할 수 없다. 소멸됨을 막을 수 없다.

한국 교회 안에서 일어나고 있는 일은 유다와 이스라엘에 일어난 일과 비슷하다(암 2:4~8, 5:10~13, 8:5~6). 종교적 위선(율법 멸시, 율례 불순종, 거짓에 미혹), 도덕적 부패와 사회적 불법(성도의 부도덕한 삶, 교회의 탐욕과 불법) 등이다. 아담의 범죄부터 한국 교회 위기까지 모든 문제는 교만에서 시작된다. 요한계시록의 일곱 교회를 향한 말씀은 시간을 불문하고 지상 교회에게 보내진 하나님의 경고의 메시지다(계 2:1~3:22).

안타까운 것은 이렇게 한국 교회가 교만하고, 부패해 가고, 책망받을 만한 상황에 있지만 "이만하면 괜찮다"는 가짜 메시지가 교회와 성도를 거짓 위로하고 있다는 점이다. 한국 교회가 무너지고 있지만 "회개하지 않아도 하나님이 한국 교회를 버리시지 않을 것이다", "근본적 성찰과 반성 없이도, 시간이 지나면 자연스럽게 조롱과 멸시받는 위기를 지나갈 수 있다", "하나님의 공의와 정의로 되돌아가지 않아도, 한국 교회가 이미지 변신만 하면 다시 회복될 수 있다"는 가짜 메시지가 득세한다.

유다 왕 시드기야 때 바벨론의 침략과 멸망이 임박한 위기 시절, 타락한 백성의 오만함, 거짓 선지자의 근거 없는 낙관론과 거짓 가르침이 득세했던 것과 같다. 사람들이 진리의 말씀을 듣지 못한 기갈로 쓰러져 가고, 잘못된 경제관과 불의한 행위로 얻은 재물이 용납되는 교회는 늘어간다. 본분에서 벗어나고 하나님의 공의와 정의를 시대착오적 기준이라고 여기는 태도와 행위도 하나님의 마음에는 합당하지 않다.

2017년 12월 28일, 한국기독교목회자협의회(한목협)가 지앤컴리서치에 의뢰해 만 19세 이상 비개신교인 성인 남녀 1,000명을 대상으로 조사한 결과(95% 신뢰수준에 표본오차는 ±1.23%), 기독교에 대한 호감도는 9.5%로 불교(40.6%)나 천주교(37.6%)에 비해 매우 낮았고, 기독교 이미지 평가도 "이기적이다"(68.8%), "물질 중심적이다"(68.5%), "권위주의적이다"(58.9%) 등의 응답 비율이 높았다.[1]

한국 교회는 스스로 조롱거리가 되어 가고 있고 스스로 무너지고 있다. 착각하지 말라. 이런 조롱과 모욕 속에 있는 한국 교회를 하나님이 짠하고 나타나셔서 일순간에 구해 주시지 않는다. 오히려 하나님은 하나님의 마음에 합당하지 못한 한국 교회의 무너짐을 허락하고 계실지도 모른다. 이스라엘 백성이 출애굽의 은혜를 잊어버리고, 하나님의 정의와 공의를 시대착오적 발상이라 치부하고, 자기 이익과 자기 소견에 옳은 대로 행동해 하나님의 마음에 합당하지 않자 하나님은 모세에게 이렇게 자신의 마음을 토로하셨다. "내가 이 백성을 보니 목이 뻣뻣한 백성이로다. 그런즉 내가 하는 대로 두라. 내가 그들에게 진노하여 그들을 진멸하고 너를 큰 나라가 되게 하리라"(출 32:9~10 참조).

물론 하나님께 택함 받은 선민으로서 이스라엘에게는 하나님을 떠나는 일은 상상도 할 수 없는 일이다. 우리도 마찬가지다. 교회 안에 있으면 하나님을 물리적으로 떠날 일은 없다. 구원은 예수 그리스도의 일방적 은혜, 하나님의 절대적 은혜이기 때문에 내 의사나 의지와 상관이 없다. 한번 구원받으면 누구도 취소할 수 없다. 그래서 구원받은 백성이 하나님을 떠나는 일은 상상할 수 없다.

대신, 이스라엘 백성은 하나님 목전에서 자기 마음대로 살았다. 하나님의 정의와 공의는 구시대 산물이라고, 세상의 기준이 합리적이고 신식이라고 생각했다. 내가 하나님의 말씀(성경)에 맞추는 것이 아니라, 하나님의 말씀이 나에게 맞춰 주어야 한다고 생각했다. 하나님의 말씀에 비추어 내 생각과 행동이 평가받는 것이 아니라, 내 생각과 행동을 정당화하는 하나님의 말씀(성경)만을 찾았다. 하나님은 이것을 방자요, 하나님을 떠남이라고 평가하셨다. 하나님의 거룩함을 모욕하는 행위라고 규정하셨다. 그래서 불순종은 하나님을 떠남의 대표적 행동이다.

우리는 우상 숭배만 하나님을 떠남의 대표적 행위라고 안다. 아니다. 불순종도 하나님을 떠남의 대표적 행위다. 불순종은 일부러 어김이 아니고 '무시'이기 때문이다. 자기 소견에 옳은 대로 이것저것 골라서 지킴은 하나님을 무시하는 행위다. 하나님이 폐기 선언을 하신 적이 없는데 자기가 폐기를 선언하는 것도 무시다. 하나님은 역사를 불문하고 시대를 관통하여 변하지 않는 진리이고 기준이라고 기록하셨는데, 세상의 지식을 빌려 자기 마음대로 과거에만 맞는 말씀이라고 규정하는 것도 무시다. 자기가 만들거나 자기가 선택한 것을 손에 들고 "이것이 하나님의 본모습이다"라고 선언하는 것도 하나님을 무시하는 행위요, 방자함이다.

또한 많은 사람이 '돈을 좇는 것', '돈 앞에서 벌벌 떠는 것'이 우상 숭배라고 여긴다. 맞다. 하지만 그것이 우상 숭배의 전부가 아니다. 교회도 다니지만 세상 풍습도 따르는 것이 우상 숭배다. 하나님의 기준을 배우지만 이것을 과거의 유물이라 여기고, 세상의 기준과 관례가 현명함의 상징이라 생각하는 것도 우상 숭배다. 하나님의 법대로 처리하는 것보다 세상의 시선과 지금 유행하는 도덕적 기준을 따라 처리하는 것이 지혜롭다고 생각하는 것도 우상 숭배다. 이 모든 행동은 하나님을 무시함에서 나오는 불순종이고 방자한 행위다.

성경이 일관되게 말하는 것이 있다. 하나님, 예수님, 성령님이 일관되게 한목소리로 말씀하시는 것이 있다. 하나님을 떠나면 멸망이다. 성도 개인은 물론이고 지상의 교회도 마찬가지다. 예수님은 하나님의 마음에 합당하지 않았던 지상의 성전(교회)인 예루살렘 성전도 돌 위에 돌 하나 남지 않게 무너뜨려질 것이라고 말씀하셨다. 지금도 하나님은 백성이 방자하고 하나님을 떠나면 조롱을 받게 만드시고, 포로가 되게 만드시고, 사방 모든 울타리가 무너지게 만드시고, 모든 것을 약탈당하게 만드신다.

성경이 일관되게 말하는 것이 또 있다. 하나님께 다시 돌아오면 회복시키신다. 우리가 하나님의 백성이기에, 예수의 고귀한 피로 구원받은 백성이기에 하나님이 주시는 고통은 멸망으로 이끄는 저주가 아니라 회개와 돌이킴과 회복을 위한 사랑의 채찍이다. 돌아옴을 간절히 바라시는 하나님의 마음이다.

"너희는 나를 찾으라 그리하면 살리라"(암 5:4).

"하나님이 그들이 행한 것 곧 그 악한 길에서 돌이켜 떠난 것을 보시고 하나님이 뜻을 돌이키사"(욘 3:10).

이제라도 스스로를 속이는 일을 그만두고 하나님께 돌아가야 한다. 한시라도 빨리 돌아가야 한다. 시간이 많지 않다. 더 늦으면 한국 교회는 지금보다 더 무너질 것이다. 하나님이 더 끌어내리실 것이다(욥 1:4).

물론, 한국 교회 중에는 요한계시록에 나오는 일곱 교회 중 칭찬받은 서머나교회와 빌라델비아교회 같은 교회도 있다. 바알에 무릎 꿇지 않은 7,000명이 있었듯이 건강한 교회들도 있다. 하나님은 그들을 통해 한국 교회를 반드시 다시 회복시키시고 세우실 것이다. 하지만 지도자가 회개하지 않는 교회는 쇠퇴하고 흩어질 것이다. 교회가 무너진 빈자리에는 이단, 이방 종교, 세속(사탄이 사용하는 무기: 돈, 미디어, 기술, 이념, 거짓 평화)이 들어설 것이다. 필자의 예상 속도보다 더 빠르게 무너질 수도 있다.

그러나 필자는 한국 교회가 돌아감의 기회를 놓쳐 다가오는 위기로 더 많이 무너지더라도 하나님이 한국 교회를 직접 다시 세우시고 회복시키실 것을 믿는다. 에스겔 37장에 나오는 에스겔 골짜기 군대 환상처럼 한국 교회가 다 무너져 소생하기 불가능한 마른 뼈가 되어 버려도 하나님이 직접 회복시키는 기적을 베푸실 것이라 믿는다. 하나님의 약속이기 때문이다.

하나님은 분명히 하나님의 나라, 하나님의 교회는 주의 책략과 능하심으로 하나님이 스스로 직접 회복할 것이라고 약속하셨다(렘 32:19~21, 37~42; 겔 34:11~16, 36:23). 하나님이 하나님의 때에 하나님의 교회를 회복시키실 것이다. 교회는 예수의 몸이기에 하나님이 다시 일으키실 것이다(요 2:21; 고전 1:2; 엡 1:22~23).

하지만 한국 교회가 그렇게까지 무너져서는 안 된다. 하나님의 마지막 경고와 최후의 채찍질까지 가서는 안 된다. 필자는 그런 미래를 절대 원치 않는다. 조국 교회를 사랑하는 목회자의 한 사람으로서 너무나 원통한 미래다. 필자는 지금은 하나님이 주시는 다음 사역을 준비하기 위해 잠시 한국을 떠나 있다. 하지만 필자의 사명은 베드로처럼 내 민족과 조국을 향해 있다. 한국 교회가 무너지는 것을 볼 수 없기 때문이다.

하나님도 절대 원치 않으시는 미래다. 자신의 피 값과 십자가의 고통으로 교회를 사신 예수님도 절대 원치 않으시는 미래다. "내 마음이 아프다"고 계속 탄식하며 기도하시는 성령님도 원치 않으시는 미래다. 이제 같은 마음을 가진 당신도 일어나야 한다. 한국 교회, 내 조국 교회의 영적 재건을 위해 일어나야 한다.

"한국 교회여, 지금이라도 하나님 마음에 합당한 교회로 되돌아가자."

한국 교회 회복 동력은 2가지다

필자가 생각하는 한국 교회 회복 동력은 2가지다.

성령에 사로잡힘의 역사

첫째, 성령이다. 정확히 말하면, 성령에 사로잡힘의 역사다. 사도행전 2장에 한국 교회를 다시 회복시키는 방법을 가르쳐 주는 메시지가 나온다. 사도행전 2장 1절은 예수님이 부활, 승천하신 이후 위기에 몰린 성도들이 오순절에 마가의 다락방에 모여 기도하고 있는 사건으로 시작한다. 이 말씀은 이 책을 읽는 독자라면 이미 알고 있을 것이기에 자세한 설명과 해석은 생략하겠다. 필자가 사도행전 2장에서 주목해서 본 것은 2장 후반부에 나오는 제자들과 성도들의 행동이다.

먼저, 두려움이 없어졌다. 마가 다락방에 모였던 제자들은 붙잡힘, 감옥에 갇힘, 매 맞음과 죽음의 두려움을 가지고 있었다. 하지만 사도행전 2장 후반부에서는 담대해졌다. 빈 무덤 때문에 예수님이 죽으시고 부활하셨다는 것을 말하고 다니는 사람들을 잡아 죽이려는 시도가 있음에도 불구하고 그들은 "예수 부활"을 외쳤다. 심지어 "너희들이 예수를 죽였다"고 직격탄을 날렸다. 극적 반전이다. 무엇이 그들을 한순간에 이렇게 만들었을까?

담대함뿐만 아니다. 아주 놀라운 행동을 했다. 불가능에 가까운 행동이었다. 우리 입장에서 보면, 전도보다 더 어려운 것이 내 소유를 팔아 가난한 사람들에게 모두 나눠 주는 것이다. 게다가 그들은 소유만 판 것이 아니다. 자신의 권력도 내려놓고 스스로 같은 형제자매가 되었다. 귀족의 권력을 내려놓고 노예와 함께 스스로 한 가족이 되었다. 이런 일이 어떻게 가능했을까? 우리와 똑같은 인간이어서 겁 많고, 연약하고, 소심하고, 욕심 많고, 군림하기 좋아하고, 교만하고, 스승까지 배신했던 그들을 극적으로 바꾼 힘은 과연 무엇이었을까? 사도행전 2장이 그 답을 가르쳐 준다. 바로 '성령에 사로잡힘'이다. 모여 기도할 때 '돌아오게 하는 은혜'까지도 주시는 하나님이 일하셨다.

바람 앞에 등불처럼 절체절명의 위기 앞에 놓인 시대에 한국 교회가 다시 살아나려면 '성령에 사로잡혀야' 한다. 유일한 방법이다. 성경에는 이 방법 외에는 없다. 성령에 사로잡힌다는 것은 하나님께 사로잡혀 하나님의 사람이 된다는 의미다. 하나님이 일하신다는 의미다. 하나님이 회복하신다는 의미다. 하나님이 하시니 실패가 없다. 실패 없는 한국 교회의 회복과 부흥은 성령에 사로잡힘이 유일한 방법이며 완벽한 방법이다.

예수님을 믿는 우리에게는 이미 성령이 내주하신다. 교회 안에도 성령이 계신다. 그런데 왜 회개의 역사, 하나님께 돌아감의 역사가 일어나지 않을까? 성령에 사로잡히지 않았기 때문이다. '사로잡힘'을 다른 말로 하면 '충만'이다.

예수님은 부활, 승천하신 후 보혜사 성령을 보내사 우리 안에 영원히 내주하시게 하겠다고 약속하셨다. 그래서 성령은 우리 안에 지금도, 앞으로도 영원히 내주하신다. 구약시대에는 성령이 내주하시는 것 자체만으로 즉시 하나님의 역사가 일어났다. 구약시대에는 성령이 내주하시는 것 자체가 사로잡힘 혹은 충만함이었다. 하지만 신약시대에는 내주와 성령에 사로잡힘(충만)이 구약시대와 약간은 다르다. 성령의 내주는 불가항력적 임재다. 하지만 성령에 사로잡힘 혹은 충만은 인격적 반응이다.

성령은 내 의지와 상관없이 일방적으로, 기계적으로, 불가항력적으로 나를 이끌어 가시거나 능력을 나타내시지 않는다. 나와 인격적 소통을 전제로 사로잡힘(충만)이 발현된다. 나의 믿음, 자유의지, 인격적 위탁을 전제로 성령에 사로잡힘이 일어난다. (물론, 신학적으로 이런 모든 인격적 행위도 하나님의 은혜로 가능하다.)

필자는 믿는다. 무너진 한국 교회도 성령에 사로잡힘이 일어나면 반드시 다시 회복될 수 있다. 한국 교회와 우리가 우리 안에 내주하고 계시는 성령에 사로잡히려면 기도, 말씀, 사명이 필요하다(행 1:8, 20:24). 기도하되, 위기 탈출을 위해 필요한 의식주를 구하는 것이 아니라 성령을 구해야 한다(눅 11:13). 여기서 성령을 구한다는 말은 (불신자를 향해서는 구원받아 성령이 임하시도록 기도하는 것이겠지만) 구원받은 성도에게는 이미 내 안에 계신 성령이 나를 하나님의 뜻(말씀)과 계획(사명)으로 사로잡아 가심을 구한다는 것이다.

지금 당장 기도를 시작하라. 단, 성령이 세상에 역사하셔서 교회를 향한 조롱이 멈추기를 기도하는 것이 아니다. 성령이 나를 사로잡아 주시기를 기도하라. 성령은 당신을 사로잡아 하나님의 사람으로 쓸 준비를 하고 계신다. 지금 당장이라도 성령이 나를 사로잡아 주시기를 의지를 가지고 요청하면 된다. 믿으면 된다. 인격적으로 위탁하면 된다.

세상의 법, 돈, 지식이 아니라 목사, 장로, 성도가 성령에 사로잡힘이 한국 교회가 살아나는 첫 번째 동력이다.

이제부터라도 다르게

필자가 생각하는 한국 교회 회복을 위한 두 번째 동력은 '당신'이다. 정확히 말하면, '성령에 사로잡혀 다르게 사는 당신'이다. 성령에 사로잡혀 '기적을 보여 주는' 당신이다. 사도행전 2장 4~11절에 의하면, 성령에 사로잡히면 몇 가지 기적이 일어난다. 첫째, 성령이 가르치신다. 둘째, 하나님의 큰일을 담대히 말한다. 셋째, 자기가 할 수 없는 능력을 보인다. 이 3가지가 성령에 사로잡힌 사람(성령 충만한 사람) 누구에게나 나타나는 기적이다. 성령에 사로잡히기만 하면 당신에게도 나타날 수 있는 기적이다.

먼저, '성령이 가르치시는 것'은 성령에 사로잡힌 사람의 내부(마음)에서 일어나는 기적이다. 성령이 나에게 말씀하시고, 어떤 행동을 해야 할지,

어디로 가야 할지 등을 알려 주시는 단계다. 그다음으로, '하나님의 큰일을 담대히 말하는 것'은 성령에 사로잡힌 사람을 통해 하나님이 만드시는 결과다. 성령에 사로잡힌 자가 하는 모든 말과 행동은 하나님의 큰일을 전파함으로 귀결된다. 이것이 나를 통해 하나님의 영광이 드러난다는 의미다. 하나님께 영광을 돌린다는 의미다. 마지막으로, '자기가 할 수 없는 능력을 보임'은 '하나님의 큰일을 담대히 전파하는 것'을 이루는 수단이다. 당연히, 이 수단(도구)도 하나님이 선물로 주신다.

필자가 생각하는 한국 교회 회복을 위한 두 번째 동력은 당신이라고 했다. 정확히 말하면, 성령에 사로잡혀 다르게 사는 당신이다. 성령에 사로잡혀 성령의 열매를 맺는 기적을 보여 주는 당신이다. 한국 교회가 회복되려면 이런 일이 일어나야 한다. 숫자가 늘어나는 것이 아니라, '하나님의 큰일'을 말하는 증언이 늘어나야 한다. 교회의 돈의 권력과 집단으로서 군중 파워가 커지는 세력 과시가 아니라, 규모 있는 일이 아니라 성령의 열매가 나타나야 한다. 교회 성장은 그 일의 결과일 뿐이다.

사명, 하나님이 가치 있게 여기시는 시대적 소명

"나는 선한 싸움[영적 전쟁]을 싸우고 나의 달려갈 길[사명]을 마치고"
(딤후 4:7).

사도 바울의 인생 고백이다. 사도 바울은 목사로서, 선교사로서 성령에 사로잡힘을 받고 하나님의 원칙대로 살며 하나님의 큰일을 전하는 데 일생을 바쳤다. 예수님을 핍박하던 그는 다메섹 길 위에서 부활하신 예수님을 만나고 성령에 사로잡힘을 받은 후 다른 삶을 살았다. 이름도 사울에서 바울이라 바꾸고 완전히 다른 기준을 따라 다른 삶을 살았다. 우리는 사도 바울을 '사명자'라 부른다.

'사명'은 다르게 사는 것, 하나님의 원칙대로 사는 기적이 교회 밖으로, 가정으로, 일터로, 사회로 확대되는 것이다. 필자는 『다시, 사명이다』에서 사명에 대해 이렇게 나름 정의했다.

"사명은 하나님이 가치 있게 여기시는 시대적 소명(calling)이다."

하나님의 기준을 따라야 하나님이 가치 있게 여기신다. 사명은 내 시대에 내게 맡겨진 장소(가정, 일터, 교회, 사회)에서 하나님이 내게 주신 것(소명)을 가지고 '하나님의 원칙'을 실현하는 영적 전쟁이다. 비전은 은혜로 전신갑주를 입은 그리스도의 군사가 '바라보는 것'(vision)이다. 우리가 바라보는 곳이 어디인가? 하나님 나라(천국)다. 이 땅에서 천국은 개인들의 사명이 모여 확장되어 간다. 사명은 하나님 나라 확장을 위한 개인적 쓰임 받음이다. 우리의 사명 감당으로 이 땅에서 만들어진 하나님 나라는 종말에 없어지지 않는다. 주님이 오시면 거룩한 예루살렘성(하나님 나라)에 편입된다.

그렇기 때문에 이 땅에서 내가 행하는 영적 전투, 즉 내게 맡겨진 장소(가정, 일터, 교회, 사회)에서 내게 주신 것(소명)을 가지고 '하나님의 원칙'을 실현하는 일은 무의미하지 않다. 당신이 이 땅에서 얻는 모든 것(성별, 지위, 국적, 재능, 부의 정도 등)을 하나님의 계획 아래 하나님의 기준(정의, 공의, 사랑)을 실현하기 위해 하나님이 맡겨 주신 관리의 대상으로 여기라. 청지기 의식을 가지고 철저하게 관리하라. 은혜의 시작과 마침은 성공이 아니다. 사명의 길, 본래의 길을 가는 것이며 마치는 것이다. 존 파이퍼(John Piper) 목사는 "기도는 전시에 사명을 완수하기 위함이다"라고 말하면서, 기도마저 사명 완수를 위한 도구라고 규정했다.

우리가 청지기라는 사실을 망각하고 다르게 살지 않는 원인 중 하나는 주님이 오실 날이 가까웠다는 것을 잊어버려서다. 성경에 주인이 곧 온다는 소식을 들은 종의 비유를 기억하라. 주인이 곧 돌아온다는 것을 깨달은 종은 그 즉시 다르게 행동했다. 세상에는 경제 영역뿐만 아니라 수많은 영역에서 불균형, 불의가 있다. 하나님은 이것들을 묵과하시지 않는다. 깊은 관심을 가지고 계신다. 단, 성령에 사로잡힌 청지기에게 맡은 바 임무(사명)를 주셔서 하나님의 것을 관리하고 분배하게 하는 방법으로 해결하신다. 이것이 하나님의 통치 방법이다.

고령화사회다. 은퇴 후 50년을 사는 시대다. 겉으로 보기에는 늙어 가는 교회다. 성령에 사로잡힘과 사명을 좇아 다르게 사는 모습이 없으면 진짜 늙어 가는 교회가 된다. 필자는 어쩌면 고령화시대가 교회에게는 새로운 계기가 될 수 있으리라 생각한다. 은퇴 후 50년, 새로운 제2의 인생을 사는 이들이 교회마다 폭발적으로 늘어나기 때문이다. 인생의 전반전 50년은 자식, 돈, 성공이나 명예에 사로잡혀 살아야만 했다. 가족에 대한 책임감도 무거웠다. 하지만 인생 후반 50년은 이런 모든 욕심과 책임에서 어느 정도 벗어날 수 있다. 50세가 넘으면 사람은 죽음을 생각하게 된다. 진짜 중요한 것이 무엇인지 생각하게 된다. 갱년기가 찾아오면 지난 50년이 허무해진다. 우울해진다.

갱년기를 '제2의 청소년기'라고도 부른다. 과거를 다시 돌아보고, 내가 과거에 생각했던 것을 부정하고, 존재에 대한 본질적 질문을 다시 던지기 때문이다. 단, 청소년기는 "죽음"이라는 주제가 빠지지만 갱년기는 "죽음"이라는 주제와 맞닥뜨린다. "죽음"이란 주제는 사람을 무너뜨리기도 하지만 남은 시간을 아껴 정말 중요한 곳에 집중하게 하는 힘도 있다. 이런 시기에 성령에 사로잡힘이 일어난다면 놀라운 기적을 만드는 능력자로 다시 태어날 수 있다.

한국 교회는 이런 기회를 얻을 이들이 점점 늘어 가고 있다. '고령화의 역설'이라고 할까? 고령화를 탓하고만 있을 수는 없다. 위기를 기회의 동력으로 바꾸어야 한다. 성령에 사로잡힌 수많은 사람이 일어나 한국 교회 회복의 출발점이 되기를 간절히 기도한다. 사도행전 2장 이후로 성령에 사로잡혀 제2의 인생을 살게 된 사람들이 이루어 낸 하나님의 역사는 위대했다. 여전히 육체적으로는 약했고, 환경에 속박당했고, 신분은 낮았고, 주목받지 못했고, 점점 늙어 갔지만 성령에 사로잡힌 사람들이 한 말(word)과 일(work)은 놀라웠다. 성령이 그들의 입과 손을 사로잡으셨기 때문이다. 하나님의 말씀(word)과 행하심(work)이 그들을 사로잡으신 성령을 통해 나왔기 때문이다. 성령에 사로잡히면 두려움이 없어진다. 젊은이나 노인이 모두 환상을 보고 꿈을 꾸게 된다(욜 2:28).

이런 역사는 지금도 가능하다. 성령이 변하지 않으셨고, 성령이 원하시는 것도 한결같고, 성령이 일하시는 방법도 변하지 않았기 때문이다. 성령에 사로잡힌 사람은 특별은총으로 일반은총의 영역을 하나님의 큰일을 증거하는 데 사용할 수 있다. 특별한 사명은 예수를 그리스도라 증거하는 것이고, 일반 사명은 각자의 계획에 따라 자기에게 주어진 일반 능력(경제, 사회, 기술, 문화, 환경, 법, 정치, 제도 등)을 가지고 하나님의 큰일을 증거하는 것이다. '각 사람이 난 곳 방언'이 하나님과 그들을 소통시켰던 것처럼, 내게 주신 것으로 내가 있는 곳에서 세상 사람과 하나님을 소통시켜야 한다. 성령에 사로잡힐 수 있는 제2의 인생이라는 시간이 이 책을 읽는 당신의 시간이 되기를 간절히 기도한다.

먼저 다르게 살기를 시작해야 한다

앞에서 필자는 한국 교회의 재정적 위기를 예측했다. 수많은 교회가 위기에 처하고 무너질 수 있다고 예측했다. 하지만 금융위기나 한국의 장기 저성장 위기 속에서도 일부 교회와 일부 성도는 부의 불균형 분배의 수혜를 입을 수 있다. 불의한 방법으로 부를 축적하지 않았다면 죄는 아니다. 하지만 이들이 하나님의 계획을 망각하면 책망받을 것이다. 지금까지 필자가 설명한 것처럼, 하나님의 통치 방법을 깨닫지 못하고 청지기 역할을 감당하지 못하면 책망받을 것이다.

앞으로 5년, 혹은 앞으로 20년 한국 교회는 먼저 살아남은 이들이 해야 할 중요한 역할이 있다. 먼저 살아남은 교회, 먼저 살아남은 성도가 회복의 버팀목이 되어야 한다. 그것이 먼저 살아남은 교회와 성도의 특별한 사명이다. "큰 위기 속에서도 다행히 우리는 살아남았네" 하고 안도하고 감사만 하고 있으면 안 된다. 하나님의 특별한 사명을 감당해야 한다. 바알에게 무릎 꿇지 않은 7,000명처럼, 요한계시록에서 책망받지 않은 두

교회들처럼 회복의 교두보가 되어야 한다. 앞장서야 한다. 먼저 일어나야 한다. 먼저 다르게 살기를 시작해야 한다.

사유재산을 자발적으로 나눠 교회 안에 부의 불균형 분배를 해결하는 것은 성령의 열매다. 하나님의 자녀라는 것, 성령에 사로잡혔다는 표징이고 증거다. 사도들의 발 앞에 내어놓은 것은 헌금을 드린 후로는 자기 것이라는 주장을 하지 않는다는 뜻이다. 이것이 헌금의 정신이다. 하나님께 드린 것이기 때문에 목사나 장로의 것도 아니고, 헌금을 드린 성도의 것도 아니다. 성경에 쓰인 하나님의 뜻과 원칙에 따라 고아와 과부들을 위해, 가난한 자들을 위해, 복음 전파를 위해, 성도의 유익을 위해 집행되어야 한다.

구제와 관련해서 한 가지 중요한 것을 기억해야 한다. 사도행전 2장에 등장하는 초대교회는 교회 안에서 절대빈곤이 사라지게 했다. 가난한 사람이 없었다는 점에 주목해야 한다. 구제 실천은 교회 안에서부터다. 하나님의 공의와 정의 실현은 교회 안에서부터다. 고통과 억울함을 돌보는 것은 교회 안에서부터다. 전도도 교회 안에서 신앙 전승부터 시작해야 한다. 이것을 내 교회만 생각한다고 비판하면 안 된다. 내 교회만 생각하는 것은 외형적 자랑에만 치우치는 잘못이다.

한국 교회가 자기 교회 안에 있는 가난한 자, 고통받는 자, 억울한 자들을 돌보기만 해도 한국 사회는 혁명적으로 변한다. 교회 안에서 신앙 계승만 분명히 해도 주일학교가 무너지지 않는다. 먼저 살아남은 교회가 먼저 성령에 사로잡혀 먼저 이런 일들을 시작해 한국 교회 회복의 물꼬를 열어 주기를 간절히 바란다.

지금이라도 통찰력을 회복하자

"왜 기독교인은 미래변화에 관심을 가져야 하는가?"

필자가 자주 받는 질문이다. 성경적 이유는 "세월을 아끼라"(엡 5:16)라는 명령 때문이다. 에베소서 5장은 계속 이렇게 이야기한다.

"세월을 아끼라 때가 악하니라 그러므로 어리석은 자가 되지 말고 오직 주의 뜻이 무엇인가 이해하라"(엡 5:16~17).

그리고 그에 앞선 15절에서는 "그런즉 너희가 어떻게 행할지를 자세히 주의하여 지혜 없는 자같이 하지 말고 오직 지혜 있는 자같이 하여"라고 말한다. 에베소서 5장 본문에는 중요한 단어가 몇 개 나온다. '세월을 아끼라', '(주의 뜻을) 이해하라', '자세히 주의하라', '지혜 있는 자' 등이다.

첫째, '세월을 아끼라'고 한다. 이유는 '때가 악하기' 때문이다(엡 5:16). 때가 악하다는 말은 문자 그대로 시대가 점점 악해져 간다는 의미다. 우리는 주님이 다시 오실 그날과 그때를 알지 못한다. 하늘의 천사들도 모른다. 오직 하나님 아버지만 아신다(마 24:36). 하지만 주님은 재림하실 때가 가까움을 통찰할 징조는 알려 주셨다(마 24:3~14; 눅 21:7~17). 시대가 점점 악해져 가고, 처처에서 기근과 난리가 나고, 재난이 점점 커지고 많아지며, 사회가 혼란해지고, 사랑이 식어지면서 사람들이 서로를 미워하는 것이 커지고, 거짓 선지자가 많이 일어나고(이단의 창궐), 불법이 성해지는 것 등이다. 세상의 변화를 잘 들여다보아야 할 이유다. 또한 세월을 아끼는 것은 우선순위를 확실히 하고 중요한 일을 먼저 하는 것이다. 이를 위해서는 주님의 뜻이 무엇인지 이해해야 한다.

둘째, 그래서 주의 뜻을 '이해하라'고 한다. 하나님의 뜻은 두 곳에서 이해할 수 있다. 하나는 성령의 조명을 받아 '성경 안에서' 하나님의 뜻을 이해한다. 성경에 기록된 과거 사건을 통해 하나님이 일하신 것을 볼 수 있다. 성경에 기록된 예언의 말씀을 통해 미래에 일하실 것을 볼 수 있다. 다른 하나는 성령의 조명을 받아 '세상 변화 속에서' 하나님의 뜻을 이해한다. 세상 이슈를 통해 지금 하나님이 일하시는 것을 볼 수 있다. 미래징후를 통해 앞으로 하나님이 일하실 것을 예측해 볼 수 있다.

전자는 하나님의 말씀을 배우고 묵상해야 할 이유를 가르쳐 준다. 후자는 세상의 변화에 관심을 가져야 할 이유를 가르쳐 준다. 성경은 하나님의 '말씀'(Word)이다. 세상 변화는 하나님의 '행하심'(Work)이다. 하나님의 뜻하심은 '계획하심'(Plan)이고 행하심은 '이루심'(Accomplish)이다. 이 2가지를 합쳐서 '섭리'(攝理, Providence)라고 부른다. 논리적으로 계획하심과 이루심은 나눠져 있지만, 인간은 2가지 능력이 다르다. 계획하지만 이루지 못할 수 있다. 하나님은 다르시다. 하나님은 전지전능한 신이시기에 뜻하시면 그대로 이루신다. 뜻하심과 이루심이 같다. 창세기에서 하나님이 말씀(Word)하시니 그대로 된(Work) 이유다. 하나님이 약속하시면 그대로 되는 이유다.

그래서 우리는 성경과 세상, 2가지를 모두 관심을 가지고 주목해야 한다. 아니, 우리는 지혜가 부족하고 완전하지 않기 때문에 성령의 조명을 받아 성경과 세상을 같이 보면서 하나님의 섭리를 이해해야 한다. 단, 성령의 조명을 받아야 한다. 성령의 조명을 받으려면 성령에 사로잡힘 받아야 한다. '조명'(照明)의 사전적 의미는 광선으로 '밝게 비춤', 혹은 '어떤 대상을 일정한 관점으로 바라봄'이다. 즉 성령의 조명은 어떤 대상이나 사건을 하나님의 관점으로 밝게 비추어 바라보게 함이다. 성령의 조명은 우리 안에서는 '깨닫게 하시고 가르치심'의 형태로 직관된다.

셋째, 너희가 어떻게 행할지를 '자세히 주의하라'고 한다. 자세히 주의하는 것은 깊이 생각하라는 의미다. 다양한 관점에서 폭넓게 생각하라는 말이다. 앞으로 어떻게 행할지를 자세하게 주의하려면 3가지가 필요하다. 과거에서 교훈을 받고, 현재 내 위치와 사정을 잘 알고, 미래변화를 통찰해야 한다.

넷째, 오직 '지혜 있는 자'같이 하라고 한다. 지혜는 지식과 정보의 올바른 이해와 활용력이다. 세상을 이해하고 내가 어떻게 행할지를 자세히 생각하기 위해서는 지식과 정보를 잘 활용하는 것이 필수다. 참고로, 성경은 '이해하라'라는 말을 다른 곳에서 '분별하라'라는 말로 사용하기도 한다. "하나님의 뜻과 진리의 말씀을 옳게 분별하라"(롬 12:2; 딤후 2:15 참조). "영적인 일을 분별하라"(고전 2:13; 요일 4:1 참조). "선한 것을 분별하라"(빌 1:10; 히 5:14 참조). "시대의 표적을 분별하라"(마 16:3 참조). 이해력과 분별력을 합치면 통찰력이 된다. 성경은 물론이고 세상 변화에서 주의 뜻이 무엇인지 이해하고 분별하는 사람을 지혜자라 한다.

예수님이 설명하신 이유들을 종합하면 이렇다. "말세가 가까우니 시간을 아껴 성경과 세상을 지혜롭게 이해하며, 하나님이 주신 사명을 주의 깊고 충성되게 감당하라"는 것이다. 이런 사명자가 되기 위해서는 기독교인도 성경과 함께 미래변화에 깊은 관심을 가져야 한다. 미래변화에 깊은 관심을 갖는 것을 '미래통찰' 혹은 '미래연구'라고 한다.

필자는 누누이 미래예측, 미래연구는 예언이나 미래를 족집게처럼 맞히는 주술적 행위가 아니라 논리적이고 확률적인 생각이라고 했다. 일반 은총의 영역이라고 했다. 미래예측은 예언보다 통찰 혹은 분별에 가깝다. 아침에 나타나는 기상 '징후'를 보고 논리적으로, 확률적으로 오늘의 날씨를 분별(예측)하듯이, 현재와 과거 속에 나타나는 미래 '징후'를 보고 논리적으로, 확률적으로 미래의 변화를 분별(예측)하는 것이다. 필자뿐만 아니라 누구나 다 할 수 있다. 당신도 충분히 할 수 있다. 단, 조건이 필요하다. 적절한 훈련을 해야 한다. 신학적 훈련과 일반 학문적 훈련이 필요하다.

"아침에 하늘이 붉고 흐리면 오늘은 날이 궂겠다 하나니 너희가 날씨는 분별할 줄 알면서 시대의 표적은 분별할 수 없느냐"(마 16:3).

지금처럼 시대 변화가 빠를 때에는 한국 교회는 요셉처럼 하나님의 시각에서 시대를 분별하고 어떻게 행할지를 주의해야 한다. 다니엘의 예언처럼 말세에 많은 사람이 빨리 왕래하고 지식이 더하여 가면 변화도 많고 복잡하지만 환란도 커진다(단 12:4). 변화가 빠르면 불확실성이 커지면서 위기와 혼란이 커진다. 교회와 성도가 신앙을 지키기가 더 어려워지고, 시간이 갈수록 배교가 늘어나면서 제도권 교회는 점점 더 깨져 갈 수 있다(단 12:7).

이런 변화를 통찰하지 못하면 시대적 사명을 감당하기 힘들다. 오히려 세속의 물결에 휩쓸려 간다. 진리와 복음은 시대와 상황이 변해도 달라지지 않지만, 사명은 시대와 상황에 따라 달라진다. 진리를 분별(통찰)하고, 시대를 분별(통찰)하는 것은 주님이 직접 거론하신 사명자의 필수 능력이다.

그렇다고 모든 교회와 성도가 미래연구에 대한 공부와 훈련을 하라는 말은 아니다. 그럴 필요가 없다. 미래연구와 미래예측도 전문성의 영역이니 맡은 바 달란트대로 하면 된다. 필자처럼 미래연구에 달란트와 사명을 가진 사람들이 하면 된다. 대신, 모든 교회와 성도는 미래변화의 필요성을 알고 관심을 가지고 있으면 된다. 다양한 전문가들이 미래변화에 대해서 논리적으로, 확률적으로 예측한 시나리오들을 읽으면 된다. 의사결정을 할 때 주의 깊게 읽고 반영하면 된다. 그래서 교회와 성도 모두 복음과 사명으로 목회와 삶을 조율해야 한다.

6장

기술 혁신이 불러올
새로운 세상을 준비하라

5년 후,
수축사회를 준비하라

　얼마 전까지 청년 세대를 지칭할 때 '3포 세대'라는 말이 유행했다. 연애, 결혼, 출산 포기다. 그 후로 청년 세대의 형편은 나아졌을까? 아니다. '5포 세대'라는 말이 나왔다. 연애, 결혼, 출산 포기에 더해서 인간관계, 집 포기로 확장되었다. 지금은 꿈과 희망마저 포기할 수밖에 없어서 '7포 세대'라는 말까지 나온다. 교회 안에 있는 청년들의 현재 모습이다. 7포 세대도 안타까운데 '실신 세대'라는 말도 나온다. 실업과 신용불량의 이중고가 추가되었다.

　한국의 만 34세 이하 청년에게 "최고의 고민이 무엇이냐?"는 질문을 던지자 10명 중 7명이 돈과 취업이라고 대답했다. 대학 학비 대출 부담과 열악한 일자리 상황으로 편의점에서 하루 식비 2,000~3,000원으로 버티는 청년들이 늘어나고 있다. 남의 이야기가 아니다. 내 자녀, 내 교회 청년의 현재 모습이다. 미래를 연구하는 학자로서 더욱 안타까운 것은 이들의 미래 혹은 곧 청년 세대가 될 다음 세대의 미래도 당분간 그리 밝지만은 않다는 것이다. 사실, 현재 한국 사회, 한국 교회 성도들의 상태는 청년만 어려운 것이 아니다. 인터넷 신문 기사 유머에 이런 내용이 실린 것을 본 적이 있다. 각 연령별로 가장 관심을 갖는 주제라고 한다.

- 16~20세: 수능이 갈수록 어려워지는 경향. 대학 입학생 숫자 대폭 축소
- 21~25세: 북한의 동향이 심상찮음
- 26~30세: 앞으로 10년간 일자리 계속 감소할 예정
- 31~39세: 현대 여성 독신 추구자 증가 추세
- 40~49세: 집값, 전셋값 폭등
- 50~59세: "그동안 고생하셨습니다. 이제 그만 나오시죠."
- 60세 이후: 국민연금 고갈

'웃픈' 현실을 풍자한 내용이다. 2018년 12월, 혜안리서치 대표(전 대우증권 대표) 홍성국 씨가 『수축사회』라는 제목의 책을 출간했다. 한 일간지와의 인터뷰에서 홍 대표는 "지난 500년간 이어져 온 팽창사회가 끝나고 사회 전체의 파이가 줄어드는 수축사회로 진입하고 있다. 이는 전 세계적인 현상으로 한국 역시 수축사회의 관점에서 모든 문제를 바라보고 해결책을 모색해야 한다"[2]고 말했다.

저출산 고령화, 과도한 부채와 사회안전망 붕괴와 환경오염 등으로 인해 팽창시대는 끝이 나고 수축시대가 한국의 미래가 될 것이라는 예측이었다. 홍 대표는 2008년 전환형 복합 위기 이후 세계 경제와 한국 경제가 맞닥뜨린 위기를 '수축사회'라는 개념 하나로 압축했다. 수축시대가 되면 이전에는 경험하지 못했던 문제들이 속출하게 될 것이어서 한국 사회는 이에 대한 대책을 서둘러야 한다는 주장이었다. 그는 "한국은 특히 저출산 고령화에 제대로 대응하지 못한 반복적인 정책 실패로 장기 복합 불황

을 겪었던 일본의 전철을 밟을 가능성이 높다. 앞문에는 호랑이, 뒷문에는 늑대가 있는 상황"이라고 진단도 했다.

또한 4차 산업혁명으로 인공지능(AI) 기술 도입이 가팔라지면 기계가 인간의 노동을 대체하면서 엄청난 양극화가 밀어닥칠 것이며 중산층이 줄어 복지 부담은 커지고 소비는 줄어들 것이라고 예측했다. 거의 대부분 필자의 분석과 예측과 방향이 동일하다.

필자의 예측으로는 '수축사회'로 표현되는 사회 모습이 5년 후부터는 피부에 와 닿게 될 것이다. 한국 사회, 한국 교회 모두 수축사회라는 미래를 피할 길은 멀어 보인다. 지금이라도 팽창사회의 논리와 기대를 내려놓고 새로운 사회현상, 일명 '뉴 노멀'(New Normal, 2008년 글로벌 금융위기 이후 새롭게 나타난 세계 경제의 특징을 통칭하는 말로 저성장, 규제 강화, 소비 위축, 미국 시장의 영향력 감소 등을 주요 흐름으로 꼽고 있다)이라 불리는 미래에 적응할 준비를 하는 편이 옳은 듯하다. 교회 개척에서부터 교회 성장이나 운영, 교회 건축 등 모든 목회 계획과 전략을 팽창사회 패러다임에서 벗어나 수축사회 패러다임으로 시급히 전환해야 한다.

팽창사회 패러다임에서는 현재는 대부분 밝았고, 잠시 어려운 위기를 만났더라도 시간이 지나면 먹구름이 걷히고 삶이 개선되면서 희망적 미래를 기대할 수 있었다. 하지만 수축사회에서는 과거에는 생각하지 못했던 일들이 자주 일어난다. 부모 부양 부담과 세금의 증가, 초핵가족, 지구 온난화 위기 증가로 개인의 삶의 방식이 변화되면 목양의 초점과 방식 변화가 필요해진다. 기후 변화와 물 부족으로 국지전과 난민 증가가 지속되고, 미중패권전쟁이 지속되는 상황에서 일본의 극우 성향이 강해져 동아시아를 중심으로 신냉전 시대가 만들어지면 선교의 패러다임 전환도 필요해진다. 도시 간 경쟁이 본격화되고, 인공지능 로봇과 인간의 경쟁이 시작되고, 기술과 정보 활용도에 따른 새로운 계급 분리가 출현하는 등 사회 경쟁 환경이 바뀌면 교회의 대사회 사역 전략도 바뀌어야 한다.

하지만 무엇보다도 수축사회가 되면 개인과 교회가 추구하는 목표가 바뀌어야 한다. 팽창사회에서는 성공으로 가는 문이 크고 오래 열려 있었기 때문에 성장 혹은 성공이 중요한 목표로 자리 잡았다. 누구나 성공할 수 있는 기회가 있었다. 교회 개척 성공 신화도 종종 들렸다. 하지만 수축사회에서는 이런 일이 잘 일어나지 않는다. 성공으로 가는 문이 작고 좁으며 오래 열려 있지 않다. 교회 개척 성공 신화도 가끔 들리지만 교회 쇠퇴의 소식이 더 자주 들린다. 이런 시대가 잠깐 있다가 지나간다면 모를까, 앞으로 10~20년 혹은 그 이상 지속된다면 패러다임을 바꿔 적응하려는 노력을 시작해야 한다.

한국 교회, 수축의 시대를 받아들이고 그 안에서 "더 나은 미래는 무엇인가?"라는 질문을 던져야 한다. 필자는 '성공에서 행복으로' 목회 방향을 전환하기를 권한다. 이것은 사회에서도 마찬가지다. 개인의 목표를 성공에서 행복으로 전환하자. 성공은 팽창사회에서 각광받는 개념이다. 하지만 행복은 팽창사회든 수축사회든 필요한 개념이다. 특히 수축사회에서는 가장 중요한 공동의 목적, 공동의 미래로 자리매김해야 한다. 왜일까? 수축사회에서는 성공은 소수만 하지만, 행복은 모두 할 수 있기 때문이다.

지난 시간, 한국 교회에서 가장 유행하던 말은 '성공적 목회', '성공하는 목회', '신앙의 성공' 등이었다. 이런 모습이 성경적이었느냐, 아니었느냐를 논하고 싶지는 않다. 팽창사회에서는 충분히 시도해 볼 만한 사회적 분위기였기 때문이다. 하지만 이제부터는 아니다. 수축의 시대에서 '더 나은 미래'를 만들려면 성공보다 행복에 맞추어야 한다. 사실, 많은 사람이 요즘 이런 생각을 할 것이다.

'예수 믿는데 왜 행복하지 않을까?'

필자는 질문이 잘못되었다고 생각한다. '예수 믿는데 왜 행복하지 않을까?'가 아니다. '왜 행복하려고 하지 않을까?'다. 성경에 나오는 성도들은 행복했다. 지금 우리가 겪고 있는 고난보다 더 큰 고난 혹은 우리에게 앞으로 다가올 위기보다 더 큰 위기 속에서도 그들은 행복했다. 한국 교회 성도들은 행복한가?

성경에 나오는 성도들은 왜 행복했을까? 그들은 하나님께 돌아가서 행복했고, 하나님을 알아서 행복했고, 하나님을 아는 데 성숙해서 행복했다. 성령에 사로잡혀 행복했다. 그들은 위기를 하나님의 경제 원리를 지킬 기회로 여겼다. 성공을 버리고 하나님의 기준을 지킴에서 오는 경제적 행복을 목표했다. 행복에 목회를 맞추면 성도 누구나, 교회 모두가 사회는 수축기에 접어들어도 개인의 삶과 목회 현장은 다 더 나은 미래로 만들 수 있다.

그렇다면 무엇이 행복일까? '깨달음'이 행복이다. 하나님을 깨달음(성찰)이 행복이다. "교회에서 죽도록 충성 봉사를 했지만 행복하지 않아요", "얻은 것이 없어요", "잘된 것도 없어요", "하나님이 내게 해주신 것이 전혀 없어요"라고 말하는 성도가 많다. 탕자의 형도 우리처럼 교회 안에 있으면서 행복하지 않았다. 그도 이렇게 말했다.

"아버지께 대답하여 이르되 내가 여러 해 아버지를 섬겨 명을 어김이 없거늘 내게는 염소 새끼라도 주어 나와 내 벗으로 즐기게 하신 일이 없더니"(눅 15:29).

아버지는 큰아들에게 이렇게 말했다.

"너는 **항상 나와 함께** 있으니 **내 것이 다 네 것이로되**"(눅 15:31).

큰아들은 불행한 환경에 있었던 것도 아니다. 아버지가 아무것도 주지 않았던 것도 아니다. 깨닫지 못했던 것이다. 깨닫지 못해서 행복하지 못했다. 항상 아버지와 같이 있으니 아버지의 것이 다 자기 것임을 깨닫지 못했다. 이미 모든 것이 다 보장되었다는 것을 깨닫지 못했다. 하나님을 깨달음이 행복이 되면 예배, 훈련, 기도가 즐거워진다. 다음은 우리가 즐겨 부르는 찬양, "하나님은 너를 만드신 분"의 가사다.

"하나님은 너를 만드신 분 너를 가장 많이 알고 계시며 / 하나님은 너를 만드신 분 너를 가장 깊이 이해하신단다 / 하나님은 너를 지키시는 분 너를 절대 포기하지 않으며 / 하나님은 너를 지키시는 분 너를 쉬지 않고 지켜보신단다(1절) / 하나님은 너를 원하시는 분 이 세상 그 무엇 그 누구보다 / 하나님은 너를 원하시는 분 너와 같이 있고 싶어 하신단다 / 하나님은 너를 인도하는 분 광야에서도 폭풍 중에도 / 하나님은 너를 인도하는 분 푸른 초장으로 인도하신단다(2절) / 그의 생각 셀 수 없고 그의 자비 무궁하며 / 그의 성실 날마다 새롭고 그의 사랑 끝이 없단다(후렴)."

이 찬양 가사를 묵상하면 행복하지 않은가? 그렇다. 행복하다. 하나님이 어떤 분이심을 깨닫는 것만으로 행복해진다.

또 무엇이 행복일까? '축적'이 행복이다. 하나님을 아는 지식의 축적(숙성)이 행복이다. 다윗의 행복의 진수가 여기에 있었다. '호기심'이 행복이다. 하나님을 알면 알수록 궁금해진다. 그래서 하나님을 알기 위해 모이는 것이 즐거워진다. 그만큼 행복이 증가한다. 성공이 아니라 '성장'이 행복이다. 하나님을 아는 것이 성장이다. 성장한 만큼 믿음, 소망, 사랑이 커진다. 그래서 행복해진다. 강해진다. 물질의 규모가 아니라 '사랑의 규모'가 행복이다. 하나님, 가족, 이웃, 민족, 인류로 사랑의 규모를 키워 가라. 그만큼 행복이 커진다. 역사가 커진다. 하나님의 영광이 커진다. 이것이 수축사회를 준비하고 적응하는 첫걸음이다.

수많은 전문가가 한국 사회의 수축시대를 이런저런 모양과 개념으로 예측하고 경고하고 있음에도 불구하고, 계속해서 팽창사회에 어울렸던 목표와 목회 전략을 고집하면 점점 더 불행한 미래로 빠져들게 될 것이다. 근본적 해법에서 멀어져 갈 것이다. 성경의 교훈을 잊지 말라. 평안과 행복은 어디서 오는가? "주의 법을 사랑함"에서 온다(시 119:165). 여호와를 경외하고 의지함에서 온다(시 125:1, 128:1~2). 예수 안에 있다. 5년 후면 이 간단한 진리가 절실히 필요할 때가 온다.

5년 후, 기술 혁신이 가져올 미래변화를 준비하라

한국 교회는 앞으로 5년 한국의 경제위기 발생 가능 구간이 지나고 나면 기술혁신이 가져올 미래변화를 대비해야 한다. 일명 '4차 산업혁명'이라고 불리는 신기술이 만들어 낼 사회 전반에 걸친 변화의 시작이다.

예를 들어, 모든 사물과 사람이 연결되는 '초연결시대', 인공지능의 적용 범위가 확대되면서 인간의 생활환경의 '완전자동화시대'의 문이 열린다. 더불어 '디지털경제시대'도 한발 더 가까이 다가온다. '디지털경제'란 디지털이 아날로그를 지배하고, 소프트웨어가 하드웨어를 지배하고, 콘텐츠가 제품을 지배하고, 가상이 현실을 지배하는 등 디지털이 부가가치를 좌우하고, 블록체인과 암호화폐로 대변되는 새로운 금융거래 방식이 나오고, 인공지능과 초고속 통신망과 디지털 제작 도구 등에 의해 디지털 생산 방식이 기존의 생산 방식보다 생산성이 더욱 높아지는 시대를 의미한다.

기술혁신은 산업 영역이나 경제금융시장에만 영향을 미치는 것이 아니다. 시간이 지나면서 개인의 세계관에도 영향을 미친다. 다가오는 미래기술은 인간이 수백 년, 수천 년 동안 상상으로 가진 욕망을 현실로 만들어 내는 능력을 가지고 있기에 기술 숭배가 더 만연해질 가능성이 크다. 미래기술은 신과 인간의 경계를 파괴하는 일처럼 보이는 결과를 만들어 낼 것이다. 예를 들어, 새로운 물질을 창조하고, 생명을 복제하는 것을 넘어 생명 재창조를 시도하고, 인간의 신체 한계를 극복하는 능력을 보여 줄 것이다.

기술의 발전은 세계화의 속도와 깊이도 더할 것이다. '세계시민' 개념이 발전하면서 국가 개념은 더 약화될 것이고, 기존 공동체를 거부하는 태도도 증가할 것이다. 그만큼 과거의 권위에 대한 부정도 늘어날 것이다. 기술혁신과 발전은 인간 욕망의 변화도 이끌 것이다. 공유, 접속, P2P(Peer to Peer, 개인 간) 경제, 가상 존재 소유, 현실 탈출을 위한 다중인격 등의 욕망이 현실과 가상을 넘나들면서 광범위하게 표출될 것이다. 무엇보다 기술혁신의 환상이 커지면서 영생에 대한 욕망이 가장 크게 부각될 것이다. 가상의 아바타를 통한 디지털 영생에서부터, 뇌의 모든 정보를 인터넷이나 슈퍼컴퓨터에 업로드해 정신적 영생에 도전하는 트랜센던스(Transcendence) 시도, 인간과 로봇의 결합을 통해 평균수명을 늘려 보려는 사이보그인간 욕망, 자신의 유전자를 복제해 생물학적으로 영생하려는 시도 등이다.

기술혁신은 인간관계 방식에서도 대변화를 가져온다. 가장 먼저, 바벨탑 이후 인간 소통의 초대 장벽으로 여겨졌던 언어의 경계가 파괴된다. 인공지능의 도움으로 오랜 기간 영어나 중국어 등 외국어 학습을 하지 않고도 외국인들과 대화를 할 수 있는 시대가 머지않아 열린다. 초고속 통신망을 활용한 실시간 소통과 3차원 가상현실 환경은 이동성의 확장을 가져온다. 언어의 경계 파괴와 이동성 확장은 전 지구적 연결을 가속화할 것이다.

이렇게 기술혁신이 가져올 미래변화에 한국 교회는 실용적 대처도 준비해야 하지만, 4차 산업혁명의 부상에 맞추어 미래기술과 미래변화에 대한 기독교 신학, 철학, 윤리학에 기반을 둔 종교적이며 영적인 차원의 심도 깊은 분석, 해석, 성찰과 예측을 할 필요가 있다.

시간이 갈수록 인공지능은 모든 사물에 지능을 부여하고, 지구 전체를 자율과 지능의 상태로 비약적 향상을 시키고, 인간의 노동과 직업 전부를 혁명적 전환의 단계로 이끌어 가고, 언젠가는 인간의 지능을 뛰어넘게 될 것이다. 휴머노이드, 로봇과 인간의 결합 사이보그, 입는 로봇을 통한 인간 능력의 증강 등을 포함한 미래의 로봇기술은 궁극적으로 인간과 로봇을 결합시켜 새로운 인간 종(種, species)으로서 '호모 마키나 사피엔스'(Homo Machina Sapience)를 출현시킬 수 있다.

미래의 생명공학기술은 생물학적으로 인간을 재구조화하고 영생 가능성이라는 환상을 심어 주면서 하나님의 창조 섭리에 도전할 것이다. 미래의 뇌신경공학기술은 개인별 인간 뇌지도(커넥톰)를 완성하는 단계를 넘어 새로운 뇌 구조 설계를 하고, 종국에는 인간 정신을 재설계하는 데까지 나갈 수 있다.

미래의 나노공학기술은 하나님이 창조하신 물리적 사물에 대한 완전한 재창조를 가능하게 하고, 인간의 몸 안을 돌아다니는 나노로봇, 핵무기를 능가하는 강력한 미래무기로서 나노무기, 원자 단위에서 모든 물품을 조립, 해체, 재조립해 한계비용제로사회를 가능하게 하는 나노물품 제조기까지도 만들어 내는 데까지 도전을 멈추지 않을 것이다. 지구환경보호와 우주 개발에 대한 기술은 지구온난화 문제 해결이나 새로운 에너지 개발과 보급으로 시작되었지만 우주 개발과 전쟁, 화성의 인류 정착 등과 연결되면서 인류의 미래와 새로운 삶의 방식에 대한 질문을 던지게 할 것이다.

이 모든 것이 처음에는 인류를 고통에 빠뜨리는 문제를 해결하는 데서 시작하지만 시간이 지나면서 인간의 존재를 변화시키는 욕망에 빠지면서 인간 존재에 대해 질문을 던지고, 종국에는 인간을 넘어 신의 존재와 역할에 대한 새로운 질문과 도전을 할 가능성을 내포하고 있다. 당연히 기독교에 대한 강력한 도전 가능성을 가진다.

먼 미래의 일들이 아니다. 빠르면 5년 후부터 시작되고, 늦어도 당신이 천국에 가기 전에 이 땅에서 볼 수 있는 미래다. 한국 교회는 하루라도 빨리 다가오는 미래에 나타날 새로운 문제, 욕구, 결핍이 무엇인가를 예측하고 신학적으로 논쟁을 시작해야 한다. 이미 지구 한편에서는 미래기술들을 활용해서 죽음을 극복하는 인간상을 꿈꾸는 '트랜스휴먼 운동'이 종교적 신념의 형태로 시작되고 있고, 중국에서 유전자 조작 아이 탄생을 성공시킨 과학자가 나왔기 때문이다.

이런 반기독교적인 운동에 대항하고 우리 성도들을 지키려면 한국 교회의 신학적, 철학적, 윤리학적 해석과 성찰의 수준이 더 높아져야 한다. 인공지능은 절대로 인간 지능처럼 될 수 없다는 수준의 비판에만 머물러 있어서는 안 된다.

인공지능과 로봇 등의 기술은 무엇인가? 지능은 무엇인가? 특정 기술이 내포하는 미래상에 숨겨진 세계관은 무엇인가? 인간과 세상은 무엇인가? 성경적 인간과 공동체는 무엇이 되어야 하는가? 일은 무엇인가(로봇과 일)? 새로운 노동은 무엇인가(미래는 과연 무노동의 시대가 되는가)? 초연결의 시대와 인공지능 로봇시대에 사회 공동체는 무엇인가? 타락한 인간의 자유의지(자율성)는 어떻게 작동하고 미래기술의 힘을 빌려 어떻게 신의 경계에 도전하려 하는가? 로봇시대에 형상은 무엇인가(휴머노이드 로봇의 형상, 사이보그인간의 형상, 생물학적 증강 인간의 형상)? 인간 증강의 시대에 인간의 본성도 변하는가? 디지털 자아를 만드는 시대(아바타)에 인간의 자유는 육체에서 해방되어 새로운 길을 갈 수 있는가?

인간과 알고리즘의 차이는 무엇인가? 자연적 생명과 인공적 존재는 무엇인가? 기술발달로 인간의 생물학적 모습이 어떻게 변화되어 갈 것인가? 기술이 발전하면 인간은 죽지 않을 수 있는가(영생할 수 있는가)? 기술의 시대에는 인간의 선택권의 자유도가 높아지는가? 사이보그시대에 인간의 생물학적 육체의 가치는 무엇인가?

기계인간의 시대에 인간의 뇌에 디지털 데이터를 입력해 생물학적 지능과 감성(마음)에 영향을 줄 수 있을까? 가상현실기술이나 나노기술로 인간의 뇌를 조작하는 시대가 되면 인간의 정신 가치는 어떻게 변화되어 갈 것인가? 우주 개발의 시대에 정복하고 다스리라는 지상명령의 의미는 어떻게 확장되어야 하는가? 새로운 경제 시스템 시대에 기독교 경제관은 어떻게 재해석되어야 하는가?

이들 질문에 대한 광범위하고 심도 깊은 논의가 시작되어야 한다. 이 질문들은 반드시 교회 안으로 침투하며 해답을 요구할 것이다. 특히 청소년과 젊은이들을 중심으로 이런 질문들에 대한 기독교적, 성경적 해답을 요구할 것이다. 한국 교회가 이런 질문들에 논리적으로 대답하지 못한다면 청소년과 젊은이들의 교회 이탈은 가속화될 것이고 교회가 성도를 윤리적으로 지도할 수 있는 권위와 영향력은 상실될 것이다.

기술과 사회문화 발전은 하나님이 허락하신 일반은총의 영역이다(창 4:17~22). 가인은 성을 쌓았고(도시, 사회 형성), 유발은 수금과 퉁소를 만들었고(문화), 두발가인은 기구를 만들었다(기술). 인공지능, 로봇, 생명공학기술, 나노기술, 우주개발기술 등도 하나님이 인간이 고통받는 문제를 해결하고 더 나은 문명의 발전을 위해 주신 은혜의 선물이다.

하지만 교회가 올바른 기준과 가이드 제시 및 관리 감독의 사명을 감당하지 못하면, 하나님이 주신 기술과 지혜를 하나님을 대적하는 데 사용했던 바벨탑 인류처럼 또 다른 강력한 바벨탑을 쌓는 데 활용할 것이다. 지상 교회는 타락한 인간이 신기술을 도구로 '조직적'으로, '의도적'으로 하나님을 대적하고 자기 이름을 내려는 행위에 대적해야 할 책임이 있다. 이 책임을 감당하지 못하면 세상에 죄의 관영함이 증가하는 것은 물론이고, 그 환경 속에 우리 성도들이 그대로 노출되어 고통받게 된다.

빅 테크놀로지

필자는 2018년 12월에 『최윤식의 퓨처 리포트-빅 테크놀로지』를 통해 이런 미래를 만들 잠재력을 가진 미래기술들에 대해서 분석하고 예측한 내용을 발표했다. 앞에서 제안했던 것처럼, 미래기술과 미래변화에 대한 기독교 신학, 철학, 윤리학에 기반을 둔 종교적이며 영적인 차원의 심도 깊은 분석, 해석, 성찰과 미래연구의 시작을 촉진하기 위해서였다.

아쉽게도, 지면의 한계로 그 내용 전부를 여기서 다시 다루기는 어렵다. 그래서 필자는 언론사들과 필자가 나눈 대담 내용을 소개한 기사 2개를 소개하는 것으로 대신한다. 하나는 기독신문에 "미래 과학기술에 성경적 가이드라인 있나?"라는 제목으로 실렸고,[3] 다른 하나는 국민일보에 "디지털 영생 꿈꾸는 시대 그리스도인이 갈 길을 묻다"라는 제목으로 소개가 되었다.[4] 책의 전체 흐름은 2개의 기사로 이해하기 충분할 것이다. 하지만 이 책을 읽는 독자라면 반드시 한 번쯤은 필자의 저서 『최윤식의 퓨처 리포트-빅 테크놀로지』를 읽어 보기를 권한다.

직격 인터뷰 1 『퓨처 리포트-빅 테크놀로지』로 돌아온 미래학자 최윤식 박사

기독신문 2019. 2. 11.

미래 과학기술에 성경적 가이드라인 있나?

삶에 밀착한 테크놀로지, 비판만 하고 판단 기준 제시 않으면
교회 권위 추락할 것
4차 산업혁명시대는 교회에 수많은 질문 던져…
신학자, 전문적 대답 갖고 있어야

한국 교회의 보물 같은 최윤식 박사가 『퓨처 리포트-빅 테크놀로지』를 들고 돌아왔다. "앞으로 10년이 한국 교회가 몰락할 것인지, 새롭게 부흥할 것인지를 결정할 골든타임"이라고 호소한 후 4년여 만이다. 미래학자 최윤식 박사는 이번에도 한국 교회의 미래를 이야기한다. 『퓨처 리포트-빅 테크놀로지』(생명의말씀사)는 제목에서 드러나듯, 급속히 발전하는 과학기술로 변화할 미래세계를 주제로 한다. 4차 산업혁명 시대를 열어 가는 3대 과학기술인 나노, 인공지능, 3D프린터가 어떻게 세계를 변화시키고 있으며, 100년 후 세계가 어떻게 바뀔 것인지 보여 준다.

최윤식 박사는 "30년 이후 과학기술의 발달로 인간의 존재 방식부터 종교적, 문화적, 사회적 모든 환경이 혁명적으로 바뀔 것이다. 기독교인에게 4차 산업혁명은 어떤 의미인가? 한국 교회는 혁명적으로 바뀔 미래사회를 어떻게 대비해야 하는가? 이것이 이 책을 쓴 목적이다"라고 말했다. 설날을 앞두고 한국을 찾은 최윤식 박사를 서울시 역삼동 아시아미래인재연구소에서 만나 인터뷰했다. 최 박사는 대표를 맡고 있는 인텔리전

시(IntelligenSee Inc.)의 본사를 미국 캘리포니아 어바인(City of Irvine)에 마련하고 세계적인 기업 및 미래학자들과 연구 활동을 하고 있다.

통째로 외우고 싶은 책

『퓨처 리포트-빅 테크놀로지』는 나노기술, 바이오센서, 크리스퍼(유전자가위), 인공지능, 인간지능증강, 자율주행자동차, 3D프린터 등 일반인에게 생소한 과학기술 용어가 난무한다. 하지만 일단 책을 잡으면 끝까지 놓을 수 없을 정도로 몰입하게 된다. 3~4시간 만에 과학기술 용어의 의미를 이해하고, 과학기술이 변화시킬 인간과 세계의 미래 모습을 눈앞에 그려 볼 수 있다. 가능하다면 책을 통째로 외우고 싶을 정도로, 미래사회와 교회에 대한 통찰력을 가질 수 있다.

그 이유는 먼저 책이 160쪽으로 분량이 많지 않다. 그리고 목사이자 미래학자인 저자의 배려 때문이다. 최윤식 박사는 미래사회를 이해하는 데 필요한 과학기술 용어를 일반인이 이해하기 쉽게 풀어서 설명했다. 무엇보다 최 박사는 과학기술이 변화시킬 미래사회를 보여 주고, 기독교인이 궁금하게 여길 질문들을 미리 정리해서 답변해 놓았다.

예를 들어, 나노기술은 원자 단위에서 물질을 재구성할 수 있다. 나노기술을 통해 우리 몸의 면역세포가 발견하지 못하는 아주 작은 크기의 암세포도 발견하고 치료할 수 있다. 세포처럼 미세한 나노 기계 장치를 만들어 인간의 장기와 신체를 대체하고 강화할 수 있다. 그래서 나노기술을 '신의 도구'라고 부른다.

기독교인이라면 나노기술을 활용해 인간이 신체를 개량하고 생명을 연장하는 것이 성경적으로 옳은지 궁금할 것이다. "나노기술을 활용해서 생명을 연장하는 것이 하나님이 기뻐하실 일인가?" 질문할 것이다. 최윤식 박사는 "기술적으로 영생은 불가능하고 하나님도 인간의 영생은 막으신다"고 답변한다. 하지만 생명을 연장하려는 노력이 하나님의 뜻에 반하는 것은 아니라고 말한다. 하나님은 아담과 하와를 보호하기 위해 가죽옷을 입히셨고, 예수님도 난치병자들을 치료하신 말씀 등 성경을 그 근거로 제시한다.

"과학기술이 인간의 질병 치료와 생명 연장까지 할 수 있다면 과학 자체가 새로운 종교가 될 수 있다. 미래사회에서 기독교의 의미는 무엇인가?"

"인간이 인공지능의 지배를 받게 된다는 주장이 있다. 정말 그런 일이 벌어질 수 있는가?"

"기술의 발달로 일자리가 사라지고 있다. 과연 미래에 우리 자녀들은 무슨 일을 하며 먹고살아야 하는가?"

『퓨처 리포트-빅 테크놀로지』는 이런 질문들에 성경적이고 전문적으로 대답하고 있다.

또 비판하고 거부만 할 것인가

책을 읽은 후 기초적이지만 과학기술로 변화할 미래세계를 이해하고 신앙적으로 판단할 개념을 갖게 됐다면, 최윤식 박사의 노력은 헛되지 않았다. 최윤식 박사가 『퓨처 리포트-빅 테크놀로지』처음부터 끝까지 강조하는 것이 과학기술을 신앙적으로 판단할 수 있는 능력, '미래 과학기술에 대한 성경적인 판단 기준을 가져야 한다'이기 때문이다. 최윤식 박사는 인터뷰에서 이것이 책을 쓴 목적이라고 밝혔다. "이 책은 4차 산업혁명 시대에 나타날 과학기술의 발전을 알려 주기 위함이 아니다. 우리 기독교인이 과학기술의 발전이 가져올 사회가 어떤 모습인지 이해하고, 그 시대와 사회에서 살아가기 위해서 교회와 기독교인이 성경적 개혁신학적 가이드라인(판단 기준)을 마련해야 한다는 것을 알리기 위함이다."

최윤식 박사는 지금도 한국 교회가 과학기술을 반기독교적이라며 비판하고 거부하는 것에 멈춰 있다고 지적했다. 과거 CCM을 비판하다가 언제 그랬냐는 듯 예배 시간에 드럼과 기타로 찬양하는 현실, 이혼을 반대하다가 이혼한 성도들을 위한 돌싱소그룹까지 만드는 모습과 똑같다고 말했다.

"그동안 한국 교회는 새로운 문화와 사회현상에 대해 처음에는 비판하고 거부하다가 시간이 흘러 수용하는 모습을 보였다. 이성적으로, 신학적으로 점검하고 목회에 적용하지 않았다. 지금 과학기술에 대해서도 마찬가지다. 반기독교적이라며 비판하고 거부하는 수준에 멈춰 있다."

최윤식 박사는 과거처럼 '비판만 하고 성경적 판단 기준'을 제시하지 않는다면, 교회의 권위와 복음의 역량은 바닥으로 추락할 것이라고 지적했다. 그 이유는 과학기술이 우리의 몸과 생활과 삶에 직접적으로 영향을 미치고 있기 때문이다. 세상과 동떨어져서 살아가지 않으면, 과학기술은 거부할 수 없기 때문이다.

미래가 교회에 던지는 질문들

머지않아 우리는 자동차를 자율주행차로 바꿔야 할 것이다. 100세 시대에 눈이 시력을 잃으면 스마트렌즈를 삽입해야 한다. 심각한 유전적 질병을 막기 위해서 유전자조작으로 아기를 임신하고, 인간과 감정적으로 교류할 수 있는 인공지능로봇과 살아갈 것이다. 이미 고인이 된 사람을 홀로그램으로 불러내서 만나고 대화할 것이다. 온라인 가상세계에 또 다른 내 존재들을 만들어 다양한 공동체에서 살아갈 것이다.

이런 사회가 도래했을 때, 목회자는 유전자를 조작해서 아기를 낳고 싶어 하는 성도에게 어떻게 말해야 하는가. 늙고 병들고 사고당해서 인공장기와 신체조직으로 수술하는 것을 허용할 것인가. 인간과 감정적, 이성적으로 공감하는 인공지능로봇을 사람처럼 대해도 되는가. 이미 인공지능은 성경적인 설교들을 취합하고 정리해서 새로운 설교를 하고 있다. 인공지능이 하는 그 설교에 은혜를 받는 것이 가능한가. 이미 기술적으로 생전 옥한흠 목사의 디지털 자료를 활용해서 홀로그램으로 살아 있는 듯한 옥 목사를 설교단에 세울 수 있다. 설교하는 인공지능과 홀로그램을 결합해서 예배를 드리는 것을 인정해야 하는가.

최윤식 박사는 4차 산업혁명 시대와 사회는 교회와 기독교인에게 수많은 질문을 던질 것이라고 말했다. 우리 삶에 직접 영향을 미치는 질문들에 교회가 분명한 성경적 기준을 제시해 주고, 성도들이 결단하도록 해야 한다고 강조했다.

"성경적인 기준을 제시해 주지 않는 것이 가장 나쁜 것이다. 교회는 성경과 개혁신학에 입각해서 이런 질문들에 기준을 제시해야 한다. 성경적 기준을 제시하지 않으면, 성도들은 세상의 기준을 따라 판단하고 살아갈 수밖에 없다. 그래서 지금 한국 교회가 '세상과 다를 바 없다'고 비판받는 것이다. 과학기술이 던지는 수많은 질문에 기독교인이 대답하고 결단할 수 있도록 성경적 기준을 제시해야 한다."

미래 신학자와 전문인 지원해야

과학기술과 미래사회를 조망하며 '성경적 기준'을 제시하는 일은 쉽지 않다. 신학적 깊이와 함께 해당 분야의 전문성까지 겸비해야 하기 때문이다. 최윤식 박사는 이 점에서 한국 교회에 보물이다. 한국을 넘어 중국과 일본 등 아시아에서 주목받는 미래학자이지만, 한국 교회를 위한 연구를 쉬지 않고 있다. 현재 최 박사는 총신대에서 "인공지능의 자유의지"를 주제로 박사 논문을 쓰고 있다. 최윤식 박사는 역량을 갖춘 신학자라면 현재 과학기술의 개념과 원리를 충분히 이해할 수 있다고 말했다. 4차 산업혁명 시대에 성경적 기준을 제시하는 일은 자신과 같은 신학자의 역할이라고 강조했다. 아울러 과학기술 전문인들이 신학적 소양을 넓혀서 과학기술을 성경적으로 사용하도록 노력해야 한다고 강조했다.

"4차 산업시대에 교회에 가장 치명적인 문제는 성경적 기준 없이 기독교인이 세상을 살아가는 것이다. 교회가 삶의 문제에 기준을 제시하면, 성도는 고민하고 갈등하면서 결단한다. 결단해야 변화된 삶을 살 수 있다. 이것이 기독교인이 세상의 빛과 소금으로 살아가는 것이라고 생각한다."

출처: 박민균 기자, "미래 과학기술에 성경적 가이드라인 있나?", 기독신문, 2019.02.11. http://www.kidok.com/news/articleView.html?idxno=200119.

직격 인터뷰 2 / 「퓨처 리포트–빅 테크놀로지」로 돌아온 미래학자 최윤식 박사

국민일보 2019. 2. 1.

'디지털 영생' 꿈꾸는 시대
그리스도인이 갈 길을 묻다

인간의 기억과 인식 능력을 컴퓨터로 옮기고 홀로그램으로 가상 신체를 만든다. 비록 육체는 사라졌지만 나의 아바타는 현실세계의 가족과 대화하며 생을 이어 간다. 공상과학영화 속 이야기가 아니다. 기술적으론 이미 가능하며 비용과 윤리·철학적 문제가 정리되면 머지않은 미래에 실현될지 모를 일이다. 이런 시대에 인간의 구원과 영생을 말하는 기독교는 어떻게 대응해야 할까.

『최윤식의 퓨처 리포트–빅 테크놀로지』(생명의말씀사)를 쓴 미래학자 최윤식 박사를 지난 25일 서울 강남구 아시아미래인재연구소에서 만났다. 그는 이번 책에서 생물학적 존재 방식은 물론 경제, 종교 등 사회 전 분야를 송두리째 뒤흔들 나노기술, 인공지능, 3D프린터 테크놀로지를 구체적으로 살펴보며 기독교인에게 시사하는 바가 무엇인지 고찰한다.

그는 "막연하게 어느 시점에 미래기술이 우리 삶을 바꿀 가능성이 있다고 생각할 때가 아니다"라며 "이미 삶 속에 그런 기술이 실제로 사용되고 있으며 기독교가 기술 발전을 막을 순 없을 것"이라고 말했다. 나노기술을 활용한 바이오칩, 유전자가위 등으로 생명 연장의 꿈은 이미 한 발

짝 앞으로 다가와 있다. 그뿐만 아니라 인간의 기억과 인식을 컴퓨터에 옮긴 뒤 가상 자아가 영원히 사는, '디지털 영생'도 기술적으론 가능하다. '인간은 언젠가 죽는다'는 명제가 깨져 버린 시대, 기독교엔 무슨 일이 일어날까.

그는 "물질과 몸의 중요도가 약해지고 정신세계가 더 강조되면 몸은 로봇이 되든, 가상의 아바타가 되든 정신만 남음으로써 죽음을 탈피할 수 있다"며 "결국 과학이 종교화될 가능성이 커질 것"이라고 말했다. 죽음에 대한 고민과 성찰 때문에 인간의 종교성이 발휘되고 신을 찾았는데 인간 스스로 새로운 경로를 찾아내게 된 셈이다. 그는 "기술발전 가능성은 열려 있지만, 기술을 어떻게 사용하느냐는 인간이 결정한다"며 "과학자와 엔지니어들이 기술에 대해 어떻게 생각하느냐, 과연 성경적이냐 아니냐가 매우 중요하다"고 말했다.

그러면서 최신 바이오 기술을 자기 몸에 직접 실험하고 몸을 해킹하는 '바이오 해커', 이들이 기술을 직접 실험하는 공동의 '커뮤니티 랩'을 예로 들었다. 그는 "규제가 기술을 따라가지 못해 누구든지 나쁜 마음을 먹으면 논란이 있는 기술도 현실화할 수 있다"며 "국가법이나 윤리적인 측면에서의 감시 체제를 만들어 가야 한다"고 말했다.

무엇보다 기독교인들이 이런 현실을 제대로 인식하고 바람직한 기준을 제시해야 한다고 강조했다. 그는 "기독교의 기준이 국가의 도덕적·윤리적 기준과 일치하는 대목도 많지만, 생명윤리와 관련해서는 일치하지 않는 부분도 있다"며 "신학계에서 먼저 명백한 기준을 제시할 필요가 있다"고 했다. 그는 "우리가 따라야 할 기준은 성경에 이미 하나님 사랑, 이웃 사랑이라고 나와 있다"며 "기술 연구와 발전이 하나님의 존재하심을 인식하게 하는 쪽으로 가야 하고, 다양한 기술은 우리 주변의 난치병 환자, 돌봄을 받아야 하는 사람들을 위해 쓰이도록 해야 한다"고 말했다.

책에는 인공지능 등 기술력의 발달로 신앙생활의 형태 또한 달라질 수 있다는 전망이 나온다. 그는 "인공지능이 하용조, 옥한흠 목사의 동영상 설교를 분석하고 특유의 패턴에 따라 새로운 설교문을 작성한 뒤 그분들 생전의 음성과 모습으로 재현하는 것도 가능할 것"이라며 "동영상 설교에 익숙해진 성도들은 인공지능으로 만들어진 고인의 설교를 듣는 것에도 큰 거부감이 없을 수 있다"고 말했다. 그는 "교회 다니는 청년이 인공지능 로봇과 사랑에 빠졌다고 상담하거나 로봇으로 신체 일부를 대체했을 때 과연 어디까지 인간으로 볼 수 있느냐는 등의 목회적 이슈도 생길 수 있다"고 예측했다.

인공지능의 발달로 사람들이 중대사에 관한 결정을 인공지능에 묻고 의존하게 되면 목회자를 찾아와 상담하거나 신에게 기도하는 행위 또한 줄어들 가능성이 있다. 최 박사는 "인공지능은 성과를 중심으로, 확률적 가능성을 선택할 것"이라며 "목회자들은 이와 달리 신앙적 가치에 따라 성경적 판단과 기준을 들려줄 수 있어야 한다"고 말했다.

교회 형태 역시 급격한 변화를 겪을 수 있다. 미국에서는 가상현실(VR) 교회도 등장했다. 유튜브나 사회관계망서비스(SNS)가 자리를 잡으면서 사람을 직접 대면하는 것보다 온라인에서의 관계 맺기와 소통에 더 익숙한 세대에게 전통적인 교회론을 강조해서는 답을 찾기 어려울 수 있다.

최 박사는 "이런 변화의 물결이 실체라는 것을 교회가 가장 늦게 느낀다"며 "먼저 기술 자체를 정확히 분석하고 성경적으로 어떻게 바라봐야 할지, 이 땅에서의 삶과 죽음 이후에 대해 어떤 생각을 가져야 할지 그리스도인들이 올바른 선택을 할 수 있도록 교회와 신학자가 나서서 기준을 제시해야 한다"고 말했다. 그는 "과거 뉴에이지 음악이 나왔을 때 이를

'사탄의 음악'이라 매도하고, 일부 세력이 바코드를 666이라고 주장했던 식으로 교회가 대처해선 안 된다"며 "무조건 과학기술은 악한 것, 반기독교적인 것으로 치부할 게 아니라 열린 자세로 목회자가 성도들과 함께 기술 변화에 대해 연구하고 '인간이란 무엇인가' 등 신학적 주제를 토론하며 답을 찾아보면 좋겠다"고 말했다.

출처: 김나래 기자, "'디지털 영생' 꿈꾸는 시대 그리스도인이 갈 길을 묻다", 국민일보, 2019.02.01. http://news.kmib.co.kr/article/view.asp?arcid=0924060022&code=23111312&cp=nv.

10년 후,
가상인간 사회를 준비하라

필자는 10년 후 이 땅에 태어나기 시작할 새로운 미래세대인 'A세대'의 특징을 예측하면서 가상세계(Artificial World)에 대한 설명을 했다. 그들은 태어나면서부터 3차원 가상세계를 경험하는 세대라고 했다. 지금 Z세대에게 유튜브 등 동영상 플랫폼이 소통과 학습과 생활의 중심인 것처럼, A세대는 가상사회가 소통의 중심이 된다고 했다. 이런 미래를 다른 말로 하면, 새로운 미래세대인 A세대는 '가상인간 사회'를 여는 첫 세대다.

3차원 가상세계와 지금보다 몇십 배 발전한 인공지능이 결합되어 가상의 사회(Artificial Society)가 삶의 중심으로 들어오면 자아 개념이 달라진다. 인간의 개념도 달라진다. 사회적 친구의 개념도 달라진다. 3차원 가상현실 공간이 현실보다 더 현실적인 수준으로 해상도가 높아지면 현실의 인간은 자신 안에 잠재되었던 수많은 욕망을 가상공간 속에 꺼내 다중자아를 형성하게 될 것이다. '다중가상자아'(多重假象自我, Multiple Artificial Egos)다. 또한 실제 인간의 정보를 학습한 인공지능을 탑재한 아바타가 가상공간 속에서 현실의 인간 조정자와 혼합되면서 '디지털 자아'(Digital Ego)를 형성하게도 된다.

다중가상자아나 디지털 자아가 가상세계 속 아바타에서 분리되어 나와 현실세계에서 로봇과 연결되면 기계적 몸을 가진 또 다른 내가 만들어질 수도 있다. 10년 후의 미래는 현실 인간, 가상세계 속의 다양한 가상자아들, 기계적 몸을 가진 또 다른 나 등이 공존하는 가상인간 사회가 만들어지는 출발점이 될 수 있다.

이쯤 되면, 교회에게 "인간은 무엇인가?"라는 근본적이고 신학적인 질문이 던져질 것이다. 어쩌면 가상인간 사회의 도래가 로봇과 사이보그로 대변되는 기계인간사회, 더 나아가 포스트휴먼사회보다 빨리 인간에 대한 존재론적 질문을 등장시킬 수 있다. 머지않은 미래다. 지금부터 교회는 분별의 기준에 대한 논의를 시작해야 한다.

필자는 오래전부터 가상세계의 3단계 발전을 예측했었다. 제1차 가상혁명(1단계 가상세계)은 컴퓨터와 인터넷의 개발로 시작되었다. 인간은 현실세계의 아날로그 대상들을 0과 1, On과 Off 신호로 디지털화해 가상의 세계를 창조했다. 현실세계를 아날로그 문자로 기록할 수 있는 기술이 경이로운 인류 발전의 첫 번째 기틀이었다면, 아날로그 문자로 된 정보를 디지털화할 수 있는 기술은 경이로운 인류 발전의 두 번째 기틀이다. 문자가 의사소통과 협업의 첫 번째 혁명이었다면, 디지털화 기술은 의사소통과 협업의 두 번째 혁명이다. 첫 번째 혁명은 인류 전체가 의사소통과 협업이 가능하게 했고, 두 번째 혁명은 인간과 기계가 의사소통하고 협업할 수 있게 했다. 첫 번째 혁명은 인간의 생각, 감정, 상상을 1차원의 점과 선(문자)으로 기록할 수 있게 했다. 두 번째 혁명은 인간의 생각, 감정, 상상을 3차원 현실로 재생시킬 수 있게 했다.

제2차 가상혁명(2단계 가상세계)은 현실세계와 가상세계의 경계가 파괴되는 단계다. 10년 후부터 태어나기 시작할 A세대는 이 시대의 중심부에서 살아갈 것이다. 제1차 가상혁명 때에는 모니터를 경계에 두고 가상과 현실의 구분이 명백했다. 제2차 가상혁명 때에는 모니터를 통해 만들어진 가상공간과 현실공간의 경계가 파괴된다. 이 단계에서는 현실 위에 가상이 입혀질 수도 있고, 가상이 현실의 수준을 넘어서서 더 현실 같은 세상을 만들 수도 있고, 현실과 가상이 동시에 한곳에 존재할 수도 있다. 가상은 현실로 튀어나오고, 현실은 가상으로 흡수된다. 스마트폰이나 컴퓨터 모니터를 통하지 않고도 자유롭게 가상공간으로 들어가고 나갈 수 있게 된다.

제2차 가상혁명이 완성되면, 가상공간에 파리, 뉴욕, 런던, 아프리카 초원, 수천 미터 깊이의 바다, 화성 등을 만들어 놓고 여행을 다니는 시대가 열리게 된다. 당신이 원한다면 만나고 싶은 세계적인 스타들도 가상 여행지에 오게 할 수 있다. 제2차 가상혁명의 시기에는 인간과 농담을 나누고 감성까지 표현하는 인공지능이 가상공간과 연결되면서 가상 여행이 현실 여행보다 더 나은 경험을 줄 수 있게 될 것이다. 인공지능은 당신이 가장 원하는 체험을 하도록 가상 여행지를 선택해 줄 것이다.

인간의 뇌는 현실과 가상을 구별하지 못하는 특성이 있다. 가상현실(VR) 기술은 뇌의 이런 특성을 이용한다. 현재의 기술은 뇌의 다양한 신호를 컴퓨터에 입력하는 것이 가능한 단계까지 발전했다. 뇌에 직접 가상을 주사하는 수준의 가상현실 기술은 2030년 이후에 상용화될 것으로 예측된다. 이런 기술을 당장 사용하지 않더라도 헤드마운트디스플레이(Head Mount Display, 사용자의 머리에 장착해 입체 화면을 표시하고 아울러 머리의 움직임을 검출해 이를 로봇이나 제어 시스템에 이용하는 장치)를 통해서 얼마든지 가상의 사람이나 물건을 실제처럼 연출할 수 있고, 가상공간에서 쇼핑과 운동, 게임을 즐길 수 있는 가상의 여행지를 만들어 낼 수 있다.

웨어러블 컴퓨터도 가상 여행과 더 흥미롭고 알찬 여행에 일조할 것이다. 웨어러블 기기들이 서로 연동되고 지능형 사물들과 통신하면 사용자의 몸뿐만 아니라 주위 상황도 동시에 인지해 데이터를 생산하게 된다. 이를 '어웨어러블(awareable) 시대'라고 부른다. 이런 시대가 열리면 나에게 가장 적합한 여행지를 추천해 주는 것은 물론이고, 가장 적합한 선물, 음식, 기억에 남을 만한 장소, 내가 가장 감동받을 만한 이벤트 등을 개인 맞춤형으로 제공하는 일도 가능해진다.

제2차 가상혁명이 완성되면 가상과 게임이 통합된 환경이 만들어질 것이다. 이 시대에 게임은 예술과의 경계도 허물 것이다. 게임은 이미 오래전부터 가상세계에 대한 환상을 주고 있다. 제2차 가상혁명의 시대에 A세대는 지금보다 몇십 배 진화한 가상환경 속에서 게임을 하고, 대화를 하고, 쇼핑을 하고, 각종 미디어를 소비할 것이다. 제2차 가상혁명 시대에 게임은 게임이 아니라 컴퓨터가 만든 세상에서 실제처럼 살게 하는 플랫폼이 될 것이다. 현실의 놀이와 가상의 놀이를 통합하고, 인간의 모든 활동에 관여할 것이다.

현실과 가상의 경계를 깨뜨려 버리는 가상세계의 발전은 가상과 게임을 통합하고, 게임과 미디어의 경계도 무너뜨린다. 일명, '대체현실'(Substitutional Reality, SR) 미디어 시대가 열릴 것이다. 미래의 미디어는 A세대의 취향과 일정에 맞게 맞춤화된 경험 스토리를 제공하고 강력한 인터렉티브(상호작용)를 지향하는 서비스로 전환될 것이다.

대체현실은 다양한 기술을 통해 사람의 인지 과정에 혼동과 착각을 발생시켜 가상세계의 경험이 현실을 대신하거나 마치 실제인 것처럼 인지하도록 하는 기술이다. 3D, 리얼 컬러, 몰입을 통해 옆에서 벌어지는 일을 전능의 관점에서 보듯이 생생한 화질을 전달하는 대체현실 미디어는 지금의 가상현실이 주는 몰입감을 능가할 것이다. 시청자의 마음속을 거울을 보듯 들여다보고, 시청자를 가상의 세계로 데려가고, 가상의 세계를 시청자의 눈앞에 데려오는 것이 가능해지면서 방송에서 구사할 수 있는 스토리의 한계가 깨지고 확장될 것이다.

촘촘히 개인화된 경험이 가능할수록 사회적 상호작용이라는 인간의 본성의 외침도 강렬해질 것이다. 양립할 수 없는 것처럼 보이는 2가지의 욕구가 미래의 기술에 의해 공존하게 될 것이다. 개인화된 경험을 다른 사람들과 공유할 때 더욱 개인화될 수 있다는 접근법이 만들어질 것이기 때문이다. 어제 경험이 끝난 것을 사회적 상호작용을 통해 오늘 다시 음미하고 기억함으로 경험의 재구성과 연장을 얻게 하는 기술이 등장할 것이기 때문이다. A세대가 미디어를 소비하는 장소는 지금보다 1,000배 빠른 네트워크 속도를 기반으로 자동차, 홀로그램, 3D 가상세계 안 등 다양해질 것이다.

이 시기에는 더 많은 사람이 과거보다 좀 더 평등해진다는 느낌을 찾으려 가상세계에 몰입도를 높일 것이다. 에릭 슈미트(Eric Emerson Schmidt)의 말처럼, 현실세계는 여전히 불평등이 지속되거나 더 악화될 수 있지만, 가상세계는 똑같은 기본 플랫폼, 정보, 가상자원을 누구나 최저 비용이나 무료로 접근하게 해주기 때문에 사람들이 보다 평등해진다는 느낌을 준다.[5] 날로 진보하기 때문에 평등 혜택은 더 커질 수 있다. 날로 발달하는 가상세계 기술로 인해 교육 평등, 비즈니스 기회의 확대, 사회참여 불평등과 같은 힘든 문제들을 해결할 수 있는 실마리가 제공될 수 있다.[6] 후진국이나 가난한 사람들을 지배하는 비효율적인 시장, 시스템, 물리적 장벽, 행동들을 개선하거나 효율성을 높이는 일이 일어날 수 있다.

과거에는 한 나라를 성장시키는 데 엄청난 자본, 기술 이전, 산업 형성 등이 필요했다. 그러나 제2차 가상혁명의 시대에는 모바일 인프라, 저렴한 스마트 디바이스, 3D 프린터 등만을 가지고도 국가 차원의 큰 변화를 시도해 볼 수 있다. 예를 들어, 콩고의 여성 어부들에게 기본 기능만 갖춘 아주 저렴한 휴대전화를 갖게 하자, 과거에는 매일 잡은 물고기들을 시장에 내놓고 하루하루 시간이 지날수록 상하는 물고기를 물끄러미 쳐다만 보았던 이들이 이제는 물고기를 강 한편에 가두어 두었다가 고객에게 전화가 오기를 기다리며 판매할 수 있게 되었다. 값비싼 생선 보관용 냉동고도 필요 없고, 더 멀고 더 큰 시장까지 나가지 않아도 된다. 휴대전화로 연결되는 다른 지역의 어부들과 전화를 통해 시장 규모를 더 넓힐 수도 있다.[7] 이런 모습은 겨우(?) 제1차 가상기술 혁신으로 가능한 변화다.

가상과 현실의 완벽한 파괴, 완전한 지구 연결성, 언어 경계 파괴, 누구나 다 똑똑한 가상 비서를 소유하는 등 제1차 가상혁명보다 더 뛰어난 환경을 제공받게 해주는 제2차 가상혁명은 절대적 빈곤과 지역적 고립의 문제 해결에 한 단계 더 진일보하는 솔루션이 될 수 있다.

2012년 MIT 미디어랩은 에티오피아 초등학생들에게 사전 지도나 교사 없이 자신들이 나누어 준 교육 애플리케이션이 깔린 태블릿PC로 몇 달 만에 완전한 영어 문장을 쓸 수 있도록 교육을 시켰다.[8] 2012년 24세의 케냐 청년인 안토니 무투아(Anthony Mutua)는 케냐의 수도 나이로비에서 열린 과학박람회에 자신이 만든 제품을 출시했다. 무투아가 만든 초소형 칩을 신발 밑창에 넣고 걸으면 휴대전화를 충전할 수 있는 전기가 생산된다. 무투아의 발명품은 투자를 받고 대량 생산될 예정이다.[9] 중국이나 동남아의 내륙 산간 오지에 있는 여인도 다른 대륙에 있는 유능한 변호사의 법률 조언을 받을 수 있고, 유능한 의사에게 자신의 건강 상태에 대한 상담을 받을 수 있다.[10]

이 시기는 네트워크(관계망), 신체 에너지, 시간, 공간, 돈, 지식(두뇌)을 보다 효율적으로 사용할 수 있는 환경이 만들어진다. 가난한 나라에서는 절대적 빈곤과 질병 문제를 해결받지만, 선진국 국민들은 더 많은 물건을 스스로 만들어 내고 판매할 수 있다. 자기만의 특별한 사양과 요구를 충족시켜 주는 새로운 기회를 얻게 된다. 가상의 길(Virtual Road)을 통해 실제 세상(Real World)의 시장이 확대되고 마케팅 비용도 제로에 가까워져 간다.

제2차 가상혁명의 시기에는 가상공간을 더 많이 사용함으로써 생각의 속도로 지구 반대편의 사람들과 연결이 가능하다. 지구 반대편의 사람들과 거의 대부분의 사회생활이 가능하다. 제2차 가상혁명의 후반부부터는 가상세계가 현실세계의 로봇과 연결되기 시작할 것이다. 현실의 인간 조종자가 가상의 자아를 홀로그램이나 로봇 등을 활용해 자신이 원하는 어느 곳에든 즉시 이동시킬 수 있다. 물리적인 국경이나 언어의 장벽을 완전히 극복하고 내가 만나고 싶은 사람, 알지 못했던 사람, 이질적인 지역에 있는 사람들과 가상의 한 공간에 모여 대화하고, 경제 활동을 하고, 마음을 나누는 일이 가능해진다.

제3차 가상혁명(3단계 가상세계)은 가상세계의 궁극이고 최종 완성이다. 기술의 발전이 임계점을 넘어가면, 기술의 자기 생성 충동이 발생하면서 제3차 가상혁명이 일어나면서 3단계 가상세계로 진입한다. 이 단계에서는 가상과 현실이 완전히 하나가 된다. 구별이 없어진다. 모호해진다. 무의미해진다. 이런 미래는 기술의 발전 때문이기도 하지만, 인간의 뇌의 독특한 특성 때문에 가능해진다.

인간의 뇌는 현상과 물자체(Ding an sich, 사물의 본질 그 자체)를 구별하지 못한다. 어쩌면 인간의 눈도 마찬가지일지 모른다. 18세기 철학자 임마누엘 칸트(Immanuel Kant)는 『순수이성비판』에서 인간 이성은 사물의 본질을 정확하게 인식하지 못한다고 비판했다. 인간은 감각을 가지고 있기에, 감각을 통해서만 사물을 인식한다. 칸트는 이렇게 감각을 통해 인식한 사물을 '현상'이라 불렀다. 그리고 감각과 별도로 존재하는 사물을 '물자체'라 불렀다. 감각기관을 통해서만 세상을 보는 인간의 뇌는 감각기관을 거치지 않고 직접 뇌에 주사되는 0과 1로 만들어진 가짜 현상을 실제 현상과 구별하지 못한다. 둘 다 똑같은 현상으로 인식한다.

영화 "매트릭스"에서처럼 초인공지능이 사람의 뇌에 가짜 디지털 세상을 주입해서 가상과 현실을 구별하지 못하도록 하는 일이 불가능하지 않다. 제2차 가상혁명 시대까지는 가상세계를 인간이 작동시키지만, 제3차 가상혁명 시대에는 인공지능이 가상세계를 작동시킨다.

제3차 가상혁명은 '환상시대'의 문을 열어 줄 것이다. 가상과 현실이 완벽하게 통합되어 인간과 가상과 현실의 모든 사물이 연결되면 인간의 두뇌와 몸이 생물학적 발전의 한계를 극복하는 것이 가능해진다. 인간의 지능이 모든 사물에 속속들이 스며들면서 사물을 자신의 정신과 근육처럼 사용할 수 있는 시대가 된다. 그 이후에는 레이 커즈와일이 예측한 것처럼, 인간의 지능이 모든 물질, 에너지 속으로 스며들고, 이를 조정하는 능력에 이르면서 지구라는 공간의 한계를 벗어나 먼 우주까지 정신과 행위의 영역을 넓히는 것도 가능하게 될 것이다.[11] 기술적으로만 본다면, 제3차 가상혁명 시대의 시작은 빠르면 A세대가 중년이 되는 21세기 중후반에 가능해질 수 있다.

3차원 가상공간 시대가 일상화되면, 가상공간에도 도시들이 들어설 것이다. 지형과 크기에 제한을 받지 않는 3차원 미래 가상 도시는 현실 속의 도시들만큼 소비를 비롯한 각종 경제 및 사회활동의 중요한 장소가 될 것이다.

1990년, 전화 모뎀으로 56Kbps 속도를 내는 1세대 통신 시대(PC통신시대)가 시작되었다. 2세대는 1999년 ADSL 기술로 10Mbps 속도를 냈다. 3세대는 2006년 IPTV시대로 광랜 UTP 100Mbps 속도였고, 4세대는 2014년에 고화질 영상이 가능한 FTTH 광케이블 1Giga 속도를 냈으며 2018년 하반기부터는 10Giga 속도를 내는 5G 시대가 열렸다. 5G는 4G

이동통신보다 20배 빠르고, 지연 시간은 10분의 1 수준이고, 10배 많은 동시 접속을 가능하게 한다.

통신기술이 5~8년마다 한 세대씩 진화하고, 이전 세대보다 10배씩 속도가 향상된다는 것을 감안하면 2022~2025년에 6세대 100Giga가 가능하고, 2030~2032년 사이에 7세대 1,000Giga가 가능해진다. 이런 발전 속도라면, 2020~2025년 사이에 우리는 현실에서 하는 일의 대부분을 똑같이 할 수 있고, 현실에서는 먼 미래에서나 가능한 일들을 지금 당장 할 수 있는 3차원 가상의 도시를 만날 수 있을 것이다. 2030~2035년경이면 지금보다 1,000배 빠른 7G 통신 인프라가 전국에 구축될 수 있다. 7G 통신 환경에서는 3차원 가상공간의 해상도가 현실과 같아질 것이다. 그렇게 되면 3차원 가상사회의 매력은 더욱 강력해진다.

3차원 가상도시와 가상사회의 매력은 현실보다 더 뛰어난 자신, 현실에서는 불가능한 다양한 모습과 인격의 또 다른 자신이라는 새로운 경험을 선물한다. 다양한 모습으로 수많은 인생을 가상 경험할 수 있는 환경은 A세대에게 타인에게 아주 매력적이고 강력한 방식으로 자신을 보여주고, 다양한 형태의 가족을 경험하고, 성인이 되어 결혼할 나이가 되면 현실의 아내나 남편과 이혼하지 않고도 가상공간에서 수많은 여성이나 남성과 또 다른 결혼생활이나 연애생활을 해볼 수 있게 해준다. 안전하고 은밀하게 일탈을 경험할 수도 있고, 원한다면 가상의 도시나 국가에서 정치인으로 살아가면서 세상을 바꾸는 권력자가 될 수도 있다.

3차원 가상공간이 휴먼인터페이스(Human Interface)나 햅틱(haptic) 등 웨어러블 기술과 만나면 몰입경험은 더욱 강력해진다. 휴먼인터페이스 기술은 키보드가 아닌 말이나 몸, 몸짓, 얼굴 표정을 사용해서 컴퓨터를 조작하고 데이터를 입력하는 새로운 기술이다. 사람과 사물 관계에서, 사람과 컴퓨터 관계에서 사람 신체 자체가 통신 인터페이스가 되는 미래형 기술이다. 휴먼인터페이스나 햅틱 등 웨어러블 기술과 만나 온몸 몰입이 가능해지면 가상의 제품과 서비스는 오래된 실재(實在, Ancient Reality)처럼 느껴지게 된다.

태어나면서부터 3차원 가상세계를 활동의 주 무대로 삼는 A세대가 성장해 가면 가상 국가나 가상 공동체의 힘도 비례해서 커질 것이다. 가상 국가나 가상 공동체는 같은 철학, 관심사를 가진 사람들이 가상에서 상호 연결성(interconnectedness)을 갖고 집단적 행동을 하는 공동 플랫폼이다. 디지털 플랫폼이기 때문에 물리적 공간의 제약에서 벗어나 무한한 개수의 공동체를 만들 수 있다.

디지털 플랫폼이기 때문에 빠르고, 효율적이고, 공격적으로 확산될 수 있다. 그렇지만 살아 있는 공동체의 속성을 다 가지고 있기 때문에 정치, 경제, 비즈니스, 미디어, 종교, 사회규범 등의 활동이 가능하다. 그 자체로 세계다. 작으면 마을, 크면 국가처럼 작동할 수 있다. 현실과 동일한 사회활동과 비슷한 구조를 갖출 수 있기에 현실 공동체인 마을, 집단, 국가 등과 거의 모든 부분에서 경쟁 구도를 형성할 수 있다. 참고로, 다음은 가상세계가 형성되는 조건들이다. 몇몇은 이미 현실이 되었고, 나머지는 계속해서 만들어져 갈 것이다.

〈가상세계 형성 조건들〉
- 첫째, 가상의 땅(영토). 2차원 가상의 땅에서 3차원 가상의 땅으로 발전 중이다. 텍스트 → 2D → 3D → 휴먼인터페이스 & 햅틱 → 가상현실 & 홀로그램 → 유비쿼터스 네트워크 환경 → 인공지능 → 뇌인터페이스

- 둘째, 가상의 시민. 2차원 아바타에서 3차원 아바타로 발전 중이다. 2D 아바타 → 3D 아바타 → 인공지능 + 개인 빅데이터 → 뇌 연결 아바타 → 인간 정신 이식으로 최종 발전
- 셋째, 생산에서 교역에 이르기까지 가상의 경제활동. 가상 실물경제와 가상 금융경제활동이 이루어져야 한다. 가상세계의 실물경제는 가상의 재화와 서비스를 거래하는 것부터 현실의 재화와 서비스를 결합하는 것까지 다양한 조합이 가능하다. 가상세계의 금융경제도 가상의 금융상품을 거래하는 것부터 시작해 완전한 가상화폐의 유통까지 다양한 조합이 가능하다.

  미래의 화폐는 3가지로 나뉠 것이다. 먼저, 현실에서 주조되고, 현실과 가상에서 동시에 통용되는 달러와 원화 같은 현실 화폐다. 또한 가상에서 만들어지고 현실과 가상에서 동시에 통용되는 디지털 화폐. 예를 들어, 비트코인 같은 화폐다. 마지막으로 가상에서 주조되고 가상에서만 통용되는 완전한 가상화폐다.
- 넷째, 가상세계 관리 행정 시스템. 가상세계도 현실 국가나 공동체처럼 안정적 운영과 사회 발전을 관리, 감독, 유지, 지원하는 행정과 치안을 담당하는 시스템이 필요하다.
- 다섯째, 가상 방위 시스템. 가상세계도 외부적 공격에 국가나 공동체를 방어해 주는 수단이 필요하다. 다른 가상 국가의 공격이나 현실세계의 해킹 공격을 방어할 방위 체제(강력한 보안 시스템)가 필요하다.
- 여섯째, 가상 공동체 및 국가 자치 시스템. 현실세계처럼 가상세계도 국가나 도시, 혹은 작은 공동체(마을)의 틀을 갖추려면 가상 시민들의 자치 행위가 필요하다.

20년 후,
기계인간 사회를 준비하라

가상인간 사회의 충격이 한국 교회를 강타할 무렵, 더 심각한 존재론적 질문을 불러올 또 다른 미래사회의 문이 열리기 시작할 것이다. 20년 후 시작될 가능성이 큰 '기계인간 사회'다. 20년 후면 1가정 1로봇 시대가 열릴 가능성이 높다.

'로봇'(Robot)의 사전적 의미는 '사람과 유사한 모습과 기능을 가진 기계' 혹은 '스스로 작업하는 능력을 가진 기계'다. 1920년 체코슬로바키아의 극작가 카렐 차페크(Carel Čapek)가 체코어로 '노동'을 의미하는 'robota'에서 'a'를 빼고 'robot'이라는 단어를 만들어 자신의 희곡『로섬의 만능 로봇 R.U.R』에서 처음 사용했다.[12] 그 이후로 지금까지는 로봇은 인간을 대신해서 일하는 기계에게 붙이는 대명사로 사용되었다. 그래서 로봇 산업도 지난 50여 년간 유럽에서는 산업용 기계의 범주에서 연구되었다.

하지만 앞으로 나올 미래의 로봇들은 성격과 쓰임새가 달라진다. 20년 후면 로봇이 인간의 친구, 반려자, 생활 조력자로 함께 사는 사회가 열린다. 주방에서 요리를 하고, 거실에서 청소를 하고, 세탁실에서는 빨래를 세탁기에 넣고 깨끗해진 세탁물을 말리고 다 마른 세탁물을 예쁘게 개어 벽장에 넣어 줄 것이다. 방 안에서는 아이의 교사와 놀이 친구가 되어 보드 게임도 하고, 책도 읽어 줄 것이다. 노인들의 음성과 신체 상태를 분석해 적절한 간병이나 응급 조치를 해주고, 소파에 누워 있는 남편에게 물을 떠다 주고 리모컨을 찾아 줄 것이다.

집 밖에서는 어린아이와 노인을 지키는 안전요원이 되고, 직장에서는 업무를 돕는 동료가 될 수 있다. 주말에는 당신을 도와 대청소를 하고, 화초에 물을 주고, 애완견에게 밥도 주게 될 것이다. 이런 일들을 하는 로봇 중 어떤 것은 개나 고양이 모양을 할 것이고, 어떤 것은 바퀴를 단 몸통에 손만 달린 모양을 할 수도 있다. 하지만 이런 모든 로봇을 총괄하는 집사 로봇은 인간을 꼭 닮은 로봇이 될 가능성이 크다.

과거에 사람을 닮은 로봇을 가리키는 '휴머노이드'(Humanoid Robot)라는 말은 외계인이나 원숭이, 유인원이 진화해 만들어질 가상의 미래 종족을 일컫는 단어였다. 이 단어가 인간과 닮은 모습의 로봇이 출현하면서 인간형 로봇을 지칭하는 말로 다시 사용되었다. 인간형 로봇은 휴머노이드 외에도 '안드로이드'(Android, 인조인간)라는 말로 불리기도 한다. 겉보기에 말이나 행동이 사람과 거의 구별이 안 될 정도로 꼭 빼닮은 모양의 로봇을 지칭할 때 '안드로이드'라 한다. '안드로이드'라는 단어의 어원은 그리스어 'ανήρ'(anēr, man)의 파생 단어인 'ανδρός'이고, 뜻은 '(남성) 인간을 닮은 것'이다. 여성형 안드로이드는 '가이노이드'(Gynoid, gyneka+~oid), '페미노이드'(female+android)라 부른다.[13] 예를 들어, 영화 "터미네이터"에 나오는 인조인간들이 대표적인 안드로이드다.

이 단어가 최초로 등장한 것은 1270년 독일의 대표적인 스콜라 철학자였던 알베르투스 마그누스(Albertus Magnus)의 문헌에서다. 그리고 어렸을 적에 수도사에게 교육을 받았던 프랑스 소설가 오귀스트 빌리에 드 릴아당이 1879년 『미래의 이브』라는 소설에서 이 단어를 변용해 여성 로봇을 '안드레이드'(Andreide)라고 부르면서 널리 알려지게 되었다.[14] 그 이후에는 SF 소설에 자주 등장하면서 한눈에 기계처럼 보이는 로봇보다는 원형질로 배양한 피부와 장기 조직을 가지고 사람과 아주 똑같이 만든 인조인간을 지칭하는 개념으로 사용되었다. 안드로이드(인조인간)처럼 겉과 속이 완전히 인간과 흡사하지는 않지만, 겉모양이 사람과 비슷하게 얼굴, 몸통, 손, 발, 다리 등을 가진 로봇이나 물체 등 전체를 일반적으로 '휴머노이드'라고 부른다.

오랜 세월 공장에만 갇혀 있었고, 사람이나 동물 모양을 하지 않고 볼품없는 쇳조각들로 구성되어 있던 기계들이 이제부터는 동물이나 인간의 일부 혹은 인간과 똑같은 모습을 하고 우리 곁 가정, 직장, 학교로 들어오게 될 것이다. 그리고 결국에는 인간의 몸에 부착되거나 삽입되어 인간과 결합되는 단계까지 발전할 것이다. 기계는 인간을 닮아 가고, 인간은 기계를 닮아 가는 미래다. 이런 미래를 '기계인간 사회'라고 부를 수 있을 것이다.

기계인간 사회는 새로운 개념이 아니다. 오래전부터 소설에 종종 등장하는 미래 모습이었다. 유럽과 달리 실용주의의 나라인 미국에서는 로봇을 훨씬 더 폭넓고 다양한 실용적인 도구로 인식했다.[15] 할리우드의 영향을 크게 받는 미국에서는 인간과 함께 살면서 인간을 돕는 로봇부터 인간과 대결하는 로봇까지 다양한 상상력이 피어났다.

동양에서도 오래전부터 로봇에 대한 상상이 있었다. 중국에서는 로봇을 단순하게 '사람을 닮은 기계'라는 뜻으로 '기축인간'(機軸人間)[16]이라 불렀지만,[17] 일본은 로봇에 만화적 상상력과 세상 모든 만물에 신성(神性)이 깃들어 있다는 범신론(汎神論) 사상을 집어넣어, 사람과 같이 친근하게 함께 살고 신적 능력을 가진 인류의 수호자라는 이미지로 '인조인간'(人造人間)이란 개념을 만들었다. 일본의 독특한 로봇 개념을 대표하는 애니메이션이 있다. 독자들이 어린 시절 재미있게 보았던 전설적 만화 작가 데즈카 오사무가 1963년부터 제작한 "우주 소년 아톰"이다. 한국에서도 일제 식민지 시절인 1923년 로봇이 처음으로 소개되었다. 춘원 이광수 선생이

1920년 체코슬로바키아의 극작가 카렐 차페크가 쓴 희곡 『로섬의 만능 로봇 R.U.R』의 일본어 번역본을 읽고 다음과 같은 감상문을 썼다.

> "사람이 사람의 손으로 창조한 기계적 문명에 노예가 되며 마침내 멸망하는 날을 묘사한 심각한 풍자극이다."[18]

한국 대중매체에 로봇이 처음으로 소개된 것은 1933년이다. 「신동아」 1933년 5월호에 "50년 후의 세계"란 특집 기사가 실렸다. 그 안에 중세 기사처럼 니켈금으로 전신을 감싼 사람처럼 생긴 '未來(미래)의 勞動者(노동자) 로봇트君(군)'이 소개되었다. 이 로봇은 1932년 영국의 기술자 해리 메이(Harry May)가 만든 휴머노이드 로봇이었다. 「신동아」에는 미래의 로봇 외에도 항공기, 기계에 의한 공장의 자동화 등에 대한 예측이 실렸다.[19]

동서양을 막론하고 오랫동안 인간의 상상력 속에서만 존재했던 인간과 함께 사는 로봇의 시대가 이제 머지않았다. 앞에서도 언급했지만, 인간을 닮은 로봇을 '휴머노이드'라 부른다. 20년 후 A세대가 십 대 청소년이 될 때에는 휴머노이드 로봇이 거리를 활보하고 다닐 수 있다.

역사상 최초로 휴머노이드 로봇에 대한 구체적인 개념 설계를 한 사람은 16세기 레오나르도 다빈치(Leonardo da Vinci)였다. 다빈치는 인체 해부학 연구를 기반으로 인간의 기계적 등치물, 즉 휴머노이드 로봇을 설계했다. 18세기, 자크 드 보캉송(Jacques de Vaucanson)은 1688년 드 잔드(de Gennes) 장군이 만든, 걸어 다니며 음식을 먹는 공작 장난감에 영감을 받아 복잡한 날개를 지니고 아장아장 걸으며 꽥꽥 우는 기계 오리를 만들었다. 이 기계 오리는 음식과 물을 먹고 배변을 보기도 했다. 인간의 반려로봇 개념인 셈이다. 보캉송은 만돌린 연주가, 피아노 연주가, 플루트 연주가 등 3가지 휴머노이드도 만들었다. 보캉송의 이런 기계들은 비록 속임수였고, 움직이며 소리를 내는 장난감이었지만, 수많은 사람에게 영감을 주었다.

1883년, 이탈리아 작가 카를로 콜로디(Carlo Collodi)는 보캉송에게 영감을 받아 『피노키오의 모험』이라는 작품을 썼다.[20] 1900년에는 미국의 동화작가인 라이먼 프랭크 바움(Lyman Frank Baum)이 『오즈의 마법사』라는 작품에서 주인공 도로시를 돕는 양철 나무꾼을 등장시켰다. 양철 나무꾼 로봇은 처음에는 인간 나무꾼이었다. 하지만 마녀와 다툰 후에 저주를 받아 도끼가 멋대로 움직이면서 나무꾼의 팔다리를 다 잘라 버렸다. 하는 수 없이, 나무꾼은 잘린 팔과 다리를 대신해서 양철로 만든 팔다리를 붙이다 보니 온몸이 양철이 되어 버렸다. 사이보그로봇 개념이 탄생된 셈이다. 도로시를 만난 사이보그 양철 나무꾼은 강력한 초인간적 방어력과 공격력으로 도움을 주고, 자신은 사랑을 할 수 있는 마음을 만들어 달라고 부탁을 했다. 나중에 오즈의 마법사가 양철로 만든 심장 조각을 양철 나무꾼의 가슴에 넣어 주었다.

20년 후 기계인간 사회가 시작되면 수많은 로봇 회사들이 이런 상상력을 현실로 바꾸는 일에 뛰어들 것이다. 불가능한 일이 아니다. 기계인간 사회가 나타날 수 있음을 알려 주는 미래징후(futures signals)가 곳곳에서 나오고 있다. 2014년 6월, 일본의 소프트뱅크의 손정의 회장은 세계 최초의 감정 인식 로봇 '페퍼'(Pepper)를 일반인들에게 판매하기 시작했다.

미국은 서비스 로봇과 군사용 로봇이 고속 성장을 하며 로봇시대를 앞당기고 있다. 특히 전문 서비스 로봇은 2016년까지 20%씩 성장했고, 개인용 로봇도 25%씩 성장 중이다.[21] 아마존은 미래 가정에서 사용될 인공지능 집사 로봇 시장을 대비하려고 '베스타'(Vesta)라는 개발명을 가진 가정용 로봇을 개발 중이다. 로봇 개 '아틀라스'(Atlas)를 개발해 주목을 받고 있는 보스턴 다이내믹스는 자율주행 기능을 장착해 이동하고, 계단도 오르내리고, 물건을 집어 드는 능력을 가진 '스팟미니'(SpotMini) 로봇 개를 곧 판매할 예정이다.

카네기멜론대학에서는 'HERB'(Home Exploring Robotic Butler)라는 요리와 청소 등의 집안일을 하는 집사 로봇을 개발 중이다. 미국 조지아공대가 만든 '코디'(Cody)라는 로봇은 노인의 목욕과 안마를 돕는다. 카네기멜론대학에서 개발 중인 인공지능 로봇 '탱크'(Tank)는 전화 대화만으로는 사람이라고 착각할 정도로 정교하다. 이들이 개발하고 있는 또 다른 인공지능인 '그레이스'(Grace)는 바퀴를 달아 움직이는 몸체를 가지고 있다. 그레이스는 이미 2002년에 인공지능 로봇 경쟁 대회에서 우승을 했다. 그레이스의 주특기는 사람들과 어떻게 사회적 관계를 맺을 것인가에 관련된 규칙, 관습, 행동을 학습하는 것이다. 먼저 온 순서에 따라서 엘리베이터를 타고, 사람에게 먼저 다가가 인사를 하고, 사람들 사이에서 서성이며 희로애락을 표현하거나 농담을 주고받고, 사람의 말과 얼굴 표정을 배우처럼 흉내 내고, 계산대 앞에서 줄 서기를 하거나 새치기를 하는 등의 사회적 행동을 구현하도록 프로그래밍되어 있다.

MIT의 신시아 브라질(Cynthia Breazeal) 교수가 연구 중에 있는 감성 로봇 '키스멧'(Kismet)은 함께 이야기를 나누고 있는 사람의 표정과 움직임, 목소리를 분석해 대화하는 사람의 감정 상태를 분석해 가장 적절한 희로애락의 감정을 스스로 표현한다. 키스멧의 현재 능력은 자기가 대화하는 사람의 얼굴 표정, 말투, 동작 등을 분석해 자기를 칭찬하는지, 혼을 내는지도 정확하게 알아차리는 수준에 이르렀다. MIT가 개발하고 있는 또 다른 감성 로봇인 '레오나르도'(Leonardo)는 학습한 감정을 기억해 자신의 의사를 표현하는 능력을 가지고 있다.

최근에는 로봇에게 촉감을 입힐 인공신경도 개발되었다.[22] 상업용 로봇과 휴머노이드 로봇 분야에서 앞선 기술을 가진 일본은 간호 로봇이 연간 200~300%씩 초고속 성장 중이다.[23] 일본 기업이 미국과 유럽에서 판매하는 애완용 물개 로봇 '파로'(Paro)는 노인의 정서생활과 치매 예방 및 치료에 도움을 준다. 2014년, 도쿄박물관은 오사카대학의 로봇 전문가 히로시 이시구로 교수가 개발한 '오토나로이드'(Otonaroid)와 '코도모로이드'(Kodomoroid)라는 로봇을 도우미로 고용했다. 이 두 로봇은 인간과 모습이 같고 사람처럼 유창한 일본어를 구사한다.

로봇이 지능이나 감정을 갖는 것에서 그치지 않고 살아 있는 생명체처럼 비슷하게 움직이는 기술도 계속 발전 중이다. 일명, '생체모방 공학 기술'이다. 생체모방 분야의 역사는 대략 15년 정도가 된다.[24] 2011년 8월 생체모방 활동 척도를 나타내는 다빈치 인덱스(Da Vinci Index)에 의하면, 생체모방 활동은 2000년에서 2010년 사이에 7.5배 성장했고, 학술 논문도 10년 사이에 5배 늘어났고, 정부의 지원도 4배 증가했고, 2009년 한 해에만 미국 특허청에 제출된 생체모방, 생체모사, 기타의 유사 단어가 포함된 특허가 900개를 넘었다.[25]

두 발로 걷는 최초의 휴머노이드 '와봇 1'(WABOT-1)은 1973년 일본 와세다대학교 가토 이치로 교수팀에 의해서 개발되었다. 와봇 1은 두 발로 걷는 데 성공했지만, 비틀거리며 몇 발자국을 걷는 수준이었다. 미리 입력된 질문에만 답을 하는 정도여서 인공지능이라고 말할 수도 없었다. 전력 시스템, 모터 드라이버, 컴퓨터 시스템도 외부에 있고 로봇 몸이 수많은 전선에 의해서 연결된 상태였다. 1984년에 선을 보인 '와봇 2'는 파이프오르간을 연주하는 수준까지 발전했다.

1996년 일본 혼다사는 180cm의 키에 210kg 몸무게가 나가는 'P-2'

를 개발했다. P-2부터 휴머노이드 로봇은 획기적인 모습을 띠게 된다. 전력 시스템, 모터 드라이버, 컴퓨터 시스템, 시각 장치 등이 내장형으로 장착되었고, 외모도 인간 친화적으로 디자인되었고, 계단을 오르고, 옆 걸음질도 하고, 곡선도 자연스럽게 달릴 수 있는 수준으로 발전했다. 부드러운 관절과 역동적인 이족 보행을 하는 능력을 장착한 것이다. 혁신적 발전이었다.

2000년 드디어, 혼다사는 역사적으로 가장 위대한 휴머노이드 로봇인 '아시모'(ASIMO)를 출시했다. 당시 아시모는 140cm의 키, 50kg 몸무게, 시속 8km로 달리고, 배터리가 방전되면 스스로 가서 충전하고, 사람의 얼굴과 음성을 인식할 수 있고, 수십여 가지 호출 신호를 알아듣고, 관절 가동 범위도 34도까지 움직이면서 다양한 동작을 무리 없이 수행하고, 다음 단계의 움직임을 미리 예측해 보행을 하는 'i-WALK' 기술이 적용되어 계단이나 경사로를 자유롭게 걷고 뛸 정도로 발전했다.[26]

2007년, 아시모는 주인이 생각만 해도 그 명령을 알아차리고 행동을 수행하는 수준까지 진보했다. 사람과 자연스럽게 악수를 나누고, 다양한 안내 및 생활 서비스 등의 기능을 수행할 수 있는 혼다 아시모는 일본의 미래산업을 이끌어 갈 상품으로 큰 주목을 받고 있다. 아시모는 현재도 세계에서 가장 진보한 휴머노이드라는 타이틀을 고수하고 있다. 도요타도 로봇 개발에 큰 투자를 하고 있다. 도요타가 개발하고 있는 로봇은 사람도 연주하기 힘든 바이올린 연주를 한다.

그러나 20년 후 시작될 기계인간 사회는 낭만과 흥분만 있는 것이 아니다. 암울하고 무서움도 있다. 로봇으로 인한 새로운 시장 형성, 생활의 편리함, 노동 생산성 향상은 기회이지만, 일자리부터 산업 구도 변화는 거대한 위기를 만들어 낼 수 있다. 인공지능 로봇은 자동화의 또 다른 발

전 단계이기 때문에 생산성에 비약적 향상을 만들어 동일한 일을 하는 데 필요한 사람 수는 줄인다.[27]

1924년 야코프 프로타자노프(Yakov Protazanov)가 제작한 구소련 최초의 SF 영화의 제목은 "아엘리타: 로봇의 반란"이었다. 금속 옷을 입은 외계 병사 로봇이 등장해 자본주의 체제를 비판했다.[28] 칼 마르크스(Karl Heinrich Marx)가 애덤 스미스(Adam Smith)의 '국부론'을 비판하면서 꼬집었던 자본주의 모순의 하나인, 자본가들이 기계화를 통해 상대적 잉여가치를 착취한다는 것이 영화로 반영된 작품이다.

기계처럼 생산성을 향상시키는 기술이 일부 근로자에게 활용되면 나머지 근로자의 일자리가 필요 없어질 것이라는 예측은 현실이 되었다. 인공지능 로봇이 빠르게 보급되는 미래에는 이런 일들이 더 많이 발생할 것이다.

생산성 향상을 낳는 로봇 비용은 일자리가 필요 없어진 나머지 사람들에게 들어갈 비용보다 저렴하기 때문에, 자본가의 수익과 남은 근로자의 임금이 증가한다. 일자리를 잃은 사람은 새로운 직업을 얻는 데 필요한 기술을 갖추지 못하면 경제적 위기에 빠진다. 이런 변화가 근로자의 대응 속도보다 빠를수록 혼란과 경제적 충격은 커진다. 만약 이런 상황에서 정부나 기업이 일자리를 잃은 사람이 새로운 직업을 얻는 데 필요한 기술을 갖추는 데 도움을 주지 못하면 사회적 혼란과 경제적 충격은 길어질 것이다.

2014년 초 120만 명의 근로자들을 고용했던 팍스콘(Foxconn)은 아이폰 6를 조립하기 위해 '팍스봇'(FoxBot)이라는 로봇 1만 대를 투입했다. 로봇 1대의 가격은 중국 노동자 2명의 연봉 수준이다. 팍스콘은 임금 인상, 수익률 감소, 노동 환경 개선에 대한 압박을 해결하기 위해 로봇을 100만 대까지 늘린다는 계획을 발표했었다.[29]

기업 노동 환경뿐만 아니라 개인 서비스 분야에도 변화와 충격이 일어날 것이다. 앞에서 설명했던 미래 로봇들이 스마트 기기들과 연동하면 기존 교육 시장에도 큰 변화가 일어난다. 어학 기능에 게임 기능을 결합한 대화형 인공지능 로봇이 아이의 교육 상대가 되면 사교육 교사와 학원은 일류 수준의 시스템을 갖추어야만 살아남을 수 있게 된다.

「워싱턴포스트」는 미래에 로봇이 대체할 직종 8가지를 선정했다. 물류 담당 인력, 단순 조리 인력, 의류 판매자, 매장 관리원, 트럭 운전사, 농장 설비 관리자, 애플 제품을 만드는 사람, 낮은 수준의 연구 활동을 하는 연구원들이다. 비즈니스인사이더는 20년 후에 없어질 직업 1위로 텔레마케터를 선정했다. 회계사, 소매점 판매원, 과학기술 전문 저술가, 부동산 중개인, 타이피스트, 기계 기술자, 상업용 항공기 조종사, 경제 전문가, 건강 관련 기술 전문가도 없어질 직업으로 예측했다.[30] 미국의 구인구직 정보업체인 커리어캐스트(Careercast)는 앞으로 기술의 발달로 몰락하거나 고용 전망이 악화될 직종으로 우체부, 농부, 검침원, 신문기자, 여행사 직원, 벌목공, 항공기 승무원, 천공 기술자, 인쇄공, 세무업무원 등을 선정했다.[31]

이런 직업들에는 공통점이 있다. 단순하고 반복적인 업무, 한정된 지식만을 요구하는 업무, 육체적인 능력만을 필요로 하는 업무들이다. 10~20년 이내에 이런 수준의 업무들을 높은 임금을 주고 사람에게 맡기는 시대는 끝이 난다.[32] 이런 미래에 미리 대응하지 못해 일자리를 잃은 개인, 시장을 잃은 기업이 많아지면 국가는 경쟁력을 잃을 수 있다. 기계인간 사회의 부정적인 미래다.

물론, 20년 후는 기계인간 사회의 시작점일 뿐이다. 휴머노이드, 사이보그, 인공지능을 가진 서비스 로봇 등이 인간 능력 수준으로 발전하려면

100~200년 이상 걸릴 수 있다.

이런 시대에 청소년기를 맞이한 미래세대 A세대는 로봇과 경쟁에서 이기기 위한 준비가 새로운 과제로 주어질 것이다. 지금 입시지옥은 이들이 겪게 될 미래와 비교하면 차라리 나을지 모른다. A세대와 그 이후 세대들은 로봇과 경쟁에서 이기기 위해 2가지 선택을 하게 될 것이다. 첫째는 로봇이 사람을 닮아 가는 만큼 자신도 로봇을 닮아 가는 것이다. 인공지능부터 사이보그 기술까지 적극 구매하고 활용하는 선택이다. 사이보그는 로봇 기능 일부를 사람에게 이식하거나 사람이 착용함으로써 인간의 물리적, 신체적 한계를 극복하는 기술이다. 사이보그기술은 '생체전자공학'(바이오닉스)이라고도 불린다.[33]

1950년대 NASA(미국항공우주국)에서 과학자들은 안드로이드나 휴머노이드 로봇의 손이나 다리, 혹은 전자공학적 부품, 기계장기나 생체장기의 일부를 사람의 신경이나 몸에 직접 이식해 초인적인 능력을 갖도록 하는 것을 '사이보그'(Cybernetic Organism)라 불렀다. 과거에는 "600만 불의 사나이"나 "로보캅" 등 영화 속에만 등장했다. 하지만 이제 실제 현실에서도 이런 사람을 볼 수 있다.

영국을 대표하는 로봇 공학자인 레딩대학의 케빈 워릭(Kevin Warwick)은 사이보그가 되기 원하는 인물이다. 수천 명의 청각장애인들도 인공와우각을 이식해 사이보그기술의 혜택을 보고 있다. 인공 손, 뇌신경 인터페이스, 인공 장기, 망막 칩을 눈동자에 이식해 뉴런이 성장하면서 그것들과 연결되게 하는 의료 서비스나 생체실험도 진행 중이다.

이런 기술은 고령사회에서 큰 수요가 예측되지만, 시간이 흐를수록 로봇과 경쟁에서 이기려는 사람들을 중심으로 새로운 소비 상품이 되어 갈 것이다. 인공지능을 탑재한 다양한 로봇이 우리의 일상생활에 더욱 깊숙이 침투하고, 회사의 근무 환경과 일처리 방식을 대폭 변화시키는 사회변화에 대응하기 위해서는 불가피한 선택이 될 것이다. 일본 이바라키현에 있는 한 공장에서는 벌써 로봇 슈트를 입고 공장에서 일하는 진풍경이 시작되었다. [34] 필자의 예측으로는 2040년경이면 10명 중 한 사람은 사이보그로 사는 인생을 선택할 수도 있다.

둘째 선택은 로봇과 경쟁에서 이길 수 있는 능력을 구매하는 선택이다. 육체적인 능력부터 단순, 반복적인 사무직과 디자인 등 지능적이고 예술적인 영역까지 로봇이 하나둘씩 인간의 영역에 침투해 들어오면서 사람의 역할은 위협을 받지만, 반면에 이로 인해 긍정적인 자극도 받게 된다. 로봇과 구별되기 위해 이전보다도 더 창의적이고 경험이 필요한 역할과 능력을 구매하려 할 것이다.

인공지능은 복잡하지 않은, 반복적이고 절차나 규칙에 따른 틀에 박힌 업무, 제한적 정보를 기반으로 하거나 단순 지각 능력만 사용하면 되는 업무처럼 고유한 기술이 없는 일은 인간보다 더 빠르고 뛰어나게 처리할 수 있다.

제리 카플란(Jerry Kaplan) 박사는 인공지능 시대에 살아남으려면 복잡하고 정교한 지각과 조작이 필요한 일, 기존 규칙이나 틀에서 벗어나게 하는 창의적 지성을 발휘하는 일, 인간적 공감대를 주고받거나, 직관적이고, 실시간 유연한 상호작용을 할 수 있는 사회적 지성이 필요한 일을 해야 한다고 평가했다. [35]

자칫하면, 성도들이
인공지능 목회자를 선택하는 일이
일어날 수 있다

가상인간 사회를 거쳐 기계인간 사회가 시작되면 미래세대인 A세대와 그 이후 세대들은 교회나 목회자를 선택하는 방식도 달라질 수 있다. 물론, 인간은 기술이 발전해도 인간을 그리워한다. 인간과 인간이 맞대는 것을 더 좋아한다. 하지만 일부 혹은 상당수는 사람을 닮아 가는 인공지능 로봇, 현실보다 더 현실 같은 가상세계를 더 편해할 수도 있다. 자칫하면, 미래세대의 어린아이, 청소년들은 인공지능 설교자, 인공지능 목회자를 더 편해할 수도 있다. 현실 교회보다 가상세계에서 현실보다 더 현실 같고, 더 인자하고, 편안하고, 성경에 해박한 지식을 가진 디지털 목사의 설교에 더 열광할 가능성이 있다.

기성세대는 이런 모습이 불편할 것이다. 어색할 것이다. 하지만 이들은 이런 환경이 만들어진 사회에서 태어났기 때문에 아주 자연스럽게 받아들일 것이다. "왜 이상해?"라고 오히려 반문할 수도 있다.

이런 모습이 불편한 기성세대라고 지금 같은 상태로 머물러 있지는 않는다. 그들도 결국은 지금보다 몇 배, 몇십 배 발전한 기술의 혜택을 경험하는 삶을 살게 된다. 그들은 신기술과 과거 자신에게 편했던 것을 접합하는 선에서 절묘한 타협을 할 가능성이 크다. 예를 들어, 신기술로 과거에 존경하고 영적 스승으로 여겼던 옥한흠, 하용조, 이재철 목사님 등을 다시 불러내서 설교를 들을 수 있다. 이미 현재의 기술로도 인공지능이 이들의 설교 동영상 30분 분량만 학습하면 목소리와 톤, 그리고 얼굴 표정까지 완벽하게 재현해 낼 수 있다. 여기에 인공지능이 그들의 수천 편의 설교문을 학습한 후 비슷한 스타일로 새로운 설교를 창작해 낼 수도 있다.

　이 2가지 기술이 합쳐지면 가상세계나 혹은 전통적 미디어를 통해 내가 존경하고 영적 스승으로 모셨던 분들의 새로운 설교를 매주 들을 수 있는 날이 올 것이다. 설교뿐 아니다. 그들에게 직접 신앙 상담을 받거나 제자훈련을 받을 수 있다. 축복기도도 받을 수 있다. 여기에 홀로그램이나 가상현실 기술을 접목하면 실제로 그들이 다시 살아나 내 앞에 있다는 착각에 빠지게 될 것이다. 10~20년 후 기술이 이런 수준에 이르게 되면 수많은 성도가 예수님마저도 가상인간 혹은 기계인간의 모습으로 불러내어 산상수훈 설교를 직접 듣기 원할지도 모른다.

7장

한반도의 통일을
준비하라

30년 후, 새로운 도약의
발판을 준비하라

한국 교회의 미래를 예측할 때 한 가지 반드시 고려해야 할 주제가 있다. 통일이다. 필자도 오랫동안 북한의 미래와 통일한국 시나리오를 연구하고 발표해 왔다. 필자는 『2020~2040 한국교회 미래지도』에서도 통일 가능성에 대해서 분석하고 예측하는 내용을 소개했다. 그 당시에도 필자는 "통일이 가능한 시점이 언제인가?"라는 질문에 이렇게 대답했다.

"단기간에 통일이 될 확률적 가능성은 아주 낮아졌다. 오히려 통일이 가능한 시점은 최소 30년은 뒤로 미뤄졌다."

통일에 대한 필자의 예측을 한국 교회에 소개한 후로 6년 동안 수많은 일이 일어났다. 특히 지난 1년은 남북 간의 관계와 한반도 통일의 미래와 관련된 중요한 사건들이 무수히 일어났다.

이에 필자는 기업과 정부가 미래를 준비하는 데 도움이 되도록 지난 6년 동안 벌어진 일들을 다시 반영해 북한의 미래와 한반도 통일 가능성에 대해 전보다 폭넓고 깊게 다룬 시나리오를 『앞으로 5년, 미중전쟁 시나리오』

를 통해 한국 사회에 발표했다.

통일의 과정이나 시점이 달라지는 것은 기업이나 정부뿐만 아니라, 한국 교회에게도 중요하다. 좁게는 통일을 촉진하는 데 도움이 되는 선교전략에서부터 넓게는 통일 이후에 벌어질 미래를 대비하는 전략까지 재점검이 필요하다. 또한 통일은 한국 교회가 유럽이나 미국 교회처럼 끝 모를 추락으로 가는 것을 막고 새로운 도약으로 전환하는 발판을 마련하는 중요한 변수다. 이에 한국 교회가 통일을 준비하는 데 도움이 되도록 필자가 발표한 내용들의 일부를 선교적 관점으로 간단하게 요약, 재정리해 소개하겠다.

김정은의 승부수

북미 간 핵 협상은 북한 김정은이 체제의 운명을 걸고 던지는 마지막 승부수다. 김정은의 맞상대인 도널드 트럼프(Donald Trump)에게도 북핵 문제 해결은 재선을 위한 승부수 중 하나다.

트럼프는 북핵 문제를 해결하면 2가지 이익을 얻는다. 하나는 북핵 문제 해결 과정에서 얻는 이익이다. 트럼프에게 북핵은 중국을 압박하는 좋은 수단이다. 중국도 미국의 속내를 안다. 그래서 북미 간 핵 협상이 복잡하고 어려워지는 것이다. 중국은 미국의 의도에 말려들지 않기 위해 미국을 직접 겨냥하지 않는다. 대신, 미국이 한국을 교두보로 삼은 것처럼 중국도 한국을 희생양으로 선택했다.

  2017년에 일어났던 사드 보복은 미국을 향한 중국의 칼이었다. 서로 속내를 간파한 중국 강경파와 미국 강경파가 북핵을 빌미로 한목소리로 한반도 전쟁 가능성 목소리를 높이고, 경쟁하듯 북한 급변 사태 대비 군사훈련 강도를 올렸다.

  중국은 미국이 북한을 압박하는 것이 문제라고 주장하며 미국이 물러서고 양보하면 북핵 문제는 즉시 해결된다고 압박했다. 반대로, 미국은 중국이 북핵 해결의 당사자라고 압박했다. 중국이 적절한 역할을 감당하지 않고 있으며 뒷구멍으로 북한을 돕거나 모른 체한다고 주장했다. 북한을 제재하는 범위에 중국을 포함할 수밖에 없다고 협박했다. 이런 양측의 전략과 속내는 북한이 핵 개발과 미사일 위협을 잠시 멈추고 협상 테이블에 앉았던 2018년 한 해에도 여전히 같았다.

  트럼프 대통령과 미국의 숨은 권력 실세들은 중국이 경제대국이 되고 위안화가 기축통화가 되면 미국 달러가 대폭락하고 미국 경제가 몰락할 것을 걱정한다. 미국이 G1(Great One) 패권을 잃을 것이라고 두려워한다. 미국 국민의 상당수도 비슷한 생각을 한다. 그렇다고 미국도 군사적으로 중국과 정면충돌하면 잃을 것이 너무 많다. 북한이 미국 본토에 핵미사일을 날릴 능력이 있다는 것은 여전히 미지수다. 중국은 다르다. 중국은 미국이 군사적으로 시비를 거는 상황을 겁낸다.[36] 하지만 중국은 미국 영토를 핵미사일로 타격할 능력이 있다는 것만은 확실성이다. 자칫 제3차 세계대전으로 확대될 수 있다.

  미국은 중국을 무너뜨리고 싶어 하지만, 군사 전쟁은 사용하기 힘들다. 대신, 군사 전쟁을 일으키지 않아도 중국을 무너뜨릴 수 있는 치명적 무기인 경제 전쟁을 한다. 이미 통화 전쟁, 무역 전쟁을 시작했고, 미국은 예상 밖의 큰 성과를 올리고 있는데, 북한 카드는 미국이 중국을 경제적으로 압박하는 데 좋은 지렛대였다.

트럼프가 북핵 문제 해결로 얻을 수 있는 또 하나는 결과로서 얻는 이익이다. 트럼프는 핵 전쟁의 위험을 제거한 공을 인정받아 노벨평화상을 수상하고 세계에서 가장 어려운 문제를 해결한 탁월한 협상가라는 이미지를 얻는다. 재선 승리 가능성에 탄력이 붙는다.

김정은과 북한은 핵무기를 완전히 포기할 생각은 없다

북한은 핵무기를 완전히 포기할 생각이 거의 없다. 예를 들어, 김정은이 '비핵화'를 전제로 북미 대화를 수락하는 발언을 했을 때 북한에서 발표된 보도 내용을 분석해 보자. 먼저, 북한은 대전제 2가지를 내세웠다. 첫째, 핵 무력 완성 선언이었다. 북한은 핵을 보유한 정상 국가라는 전제다. 둘째, 김정은은 "비핵화는 선대의 유훈이고, 선대의 유훈에 변함이 없다"는 말을 했다. 철저한 기만전술이었다.

1965년 함흥군사학원 개원식에서 김일성은 "또 한 번 조선전쟁이 발발하면 미국과 일본이 개입한다. 이를 막기 위해선 미국과 일본을 타격할 수 있는 미사일을 보유해야 한다"고 연설을 했다. 그 후로 이 메시지는 유훈으로 이어지면서 3대에 걸쳐서 핵·미사일 개발을 해왔다. 불과 얼마 전까지만 해도 북한과 김정은은 핵 무장은 김일성과 김정일의 선대 유훈이고, '핵·경제 병진노선'이 북한의 핵심 전략이라고 주장했다. 이러한 기존의 주장과 정반대되는 전제를 가지고 '비핵화' 북미 대화를 이야기하고 있다. 이런 2가지 전제를 가지고 2018년 한 해에 북미 비핵화 협상을 벌이면서 김정은 위원장과 북측에서 했던 발언과 반응들을 추가로 분석해 보자.

"한반도 비핵화 의지를 분명히 하고 북한에 대한 군사적 위협이 해소되고 북한의 체제 안전이 보장된다면 핵을 보유할 이유가 없다." 이 말은 북한과 김정은의 기존 입장 반복에 불과하다. "비핵화 문제 협의 및 북미 관계 정상화를 위해 미국과 허심탄회한 대화를 할 수 있다. 대화의 상대로 진지한 대우를 받고 싶다." 이 말은 김정은이 한국은 물론이고 미국 트럼프와 대등한 입장에서 핵군축 협상을 하자는 요구다. 협상 상대를 진지하게 대우하는 상징으로 대북 제재 일부를 풀라는 요구다. 멀리는, 비핵화와 북미 수교(북미 관계 정상화) 혹은 북미 핵군축 쇼(show)를 맞교환하자는 속내의 표현이다.

"대화가 지속되는 동안 추가 핵 실험 및 탄도미사일 시험 발사 등 전략 도발을 재개하는 일은 없을 것이다. 이와 함께 북측은 핵무기는 물론 재래식 무기를 남측을 향해 사용하지 않을 것이다." 이 말은 '대화가 지속되는 동안'이라는 전제를 기반으로 한다. 만약 북미 탐색 대화가 시작되고 진행되는 과정에서 자신들이 군사 도발을 할 경우는 미국이 대화를 유지하지 않았기 때문이라는 책임 전가 논리를 형성시켜 놓은 계산된 발언이다. 행간에 숨은 의도도 있다. 아니, 이 발언을 역으로 이용할 여지다. 핵실험과 미사일 시험 발사 중지는 약속했지만, 대화 기간에 핵과 미사일 기술 개발과 생산 중단은 거론하지 않았다고 말이다.

"대북 특사단에게 평창동계올림픽을 위해 연기된 한미연합훈련과 관련해 4월부터 예년 수준으로 진행하는 것을 이해한다"는 발언도 했다. 통 큰 양보, 과감한 결단 모양새를 만듦으로 대화에 문제가 생길 경우 미국에게 책임이 돌아가는 구조를 형성시킨 것과 일맥상통한다. "한반도 정세가 안정기로 진입하면 한미연합훈련이 조절될 수 있을 것으로 기대한다"는 발언은 북한이 앞으로 미국에게 요구할 첫 번째 요구 사항을 미리 암시한 발언으로 분석된다.

이런 분석에 힘이 실리는 이유는 이런 이야기를 김정은의 입을 통해서 직접 들은 방북 특사단이 남한으로 되돌아간 3월 6일, 북한 노동당 기관지 노동신문 논설이 "핵 무력은 피로 얼룩진 미국의 극악한 핵 범죄 역사를 끝장내고 불구대천의 핵 악마를 행성에서 영영 쓸어버리기 위한 정의의 보검"이라고 재확인했기 때문이다. 또한 "미국은 남조선에 숱한 핵무기들을 전진 배치하고 각종 도발 행위들을 일삼으면서 우리 공화국을 노골적으로 위협 공갈해 왔다"고 말하면서 미국에는 핵전력을 물리라는 숨은 속내를 직접 요구했다.

이런 방식의 의사표현은 중국이 그동안 자주 쓰던 전술이다. 중국 정부나 시진핑은 사드 보복은 중국 정부의 공식 입장이 아니라고 말하면서, 당이 장악하는 기관지를 통해서는 사드 보복의 원인이 한국에 있다고 공격했다.

미국에 노골적 요구와 속내를 표시한 북한 노동신문은 남한을 향해서는 이렇게 말했다. "조선반도의 첨예한 군사적 긴장을 완화하고 북과 남 사이의 다방면적인 대화와 접촉, 협력과 교류를 활성화해 나가기 위한 문제들에 대해서도 심도 있는 의견을 나누었다." 남한과는 대북 경제 제재를 돌파할 교류를 원한다는 암시다.

북한은 베트남 하노이에서 벌어진 북미 간 제2차 정상회담이 아무런 성과 없이 결렬되자 속내를 더욱 드러냈다. 북한과 미국의 중재자 역할을 하지 말고 자주적으로 북한과 손을 잡고 한반도 평화를 위해 나가자고 한국 정부를 압박했다. 미국이 경제 제재를 계속하더라도, 한국이 금강산 관광과 개성공단 재개 등 경제 협력을 자주적으로 하면 될 것이라는 압박이었다.

지난 1년 동안 보여 주었던 김정은의 대담한 행보가 북한에게만 유리했던 것은 아니다. 북한은 물론이고, 남한, 미국, 국제사회도 소득이 있다. 국제사회가 얻은 것은 국제사회의 대북 강경 제재·압박에 성과가 있었다는 징표다. 남한이 얻은 것은 예상 밖으로 빠른 남북정상회담 성사, 김정은 입에서 처음으로 '(특정 조건을 전제하고서라도) 비핵화 논의 가능'이라는 문구를 도출시킨 것이다. 북한의 추가 도발 중지 시간 연장도 부수적 소득이다. 트럼프가 얻은 것은 자신의 최대 압박 전략이 역대 대통령들의 전략보다 큰 효과가 있다는 상징적 의미다.

물론, 최대 소득은 북한이 가져갔다. 남한이 북한을 대신해서 미국을 비롯한 국제사회를 설득하게 만들었고, 핵·미사일 기술 향상을 위한 추가 시간을 얻었다. 미국이 핵 잠수함을 아·태지역에 재배치하는 대북 군사전략에 대해 북한이 대응책을 마련할 시간도 얻었다. 추가 대북 제재를 멈추게 한 후 한국과 미국이 대등한 입장에서 핵군축 협상을 시작한다는 모양새를 얻었다.

남북정상회담을 남쪽에서 개최하는 선물(?)을 줌으로 남북정상회담을 계기로 한국을 지렛대로 삼아 대북 경제 압박 탈출구를 마련할 가능성도 열어 두었다. 그리고 김정은과 북한 노동신문 전체에서 흐르는 논리를 통해 볼 때, '북한의 핵 보유는 미국이 체제를 인정하지 않고 적대 정책을 했기 때문'이라는 반대 논리도 은근하게 어필했다.

미국과 북한이
원하는 것

2016~2017년 북미 간에 핵전쟁 위협이 치솟을 때 필자는 트럼프와 김정은이 원하는 것은 전쟁이 아니라고 예측했다. 두 사람이 원하는 것은 적절한 시기에 협상을 통해 각자 원하는 것을 얻는 상황이라 예측했다. 트럼프는 북한이 핵을 완전하게 폐기하도록 하는 일을 사명으로 생각하지 않는다. "핵 없는 세상"을 구호로 외치는 사람도 아니다. 북핵 폐기는 도구 중 하나다.

트럼프가 원하는 것은 재선 승리에 결정적으로 기여할 한 방으로서 정치적 퍼포먼스였다. 노벨상을 수상하면 완벽했다. 미국의 동아시아 기본 전략은 중국, 북한, 한국, 일본의 절묘한 긴장 관계다. 북한이 완전 비핵화를 하면 미국이 원하는 절묘한 균형이 깨진다. 중국을 군사적으로 압박할 명분도 사라진다. 미국과 중국의 패권전쟁은 여기가 끝이 아니다. 무역협상을 1차 타결 지어 큰 고비를 서로 넘긴 후 장기전을 준비할 것이다. 미국에게는 계속해서 중국을 압박할 카드가 필요하다. 그리고 북한은 미국에게 중국과 한국을 압박하고 견제하기에 좋은 카드라는 사실이 이미 증명되었다.

그럼 김정은이 원하는 것은 무엇일까? 핵미사일을 매개로 한 경제 발전이다. 체제 유지를 위해서는 핵도 필요하지만, 더 절실한 것이 경제 발전이다. 최근 김정은과 북한이 파격적 행동을 계속하는 이유는 북한이 정상 국가임을 표출하고, 지금까지 형성된 악한 독재자라는 김정은의 이미지를 개선하기 위함이다. 북한의 경제 발전을 위해서는 정상 국가 이미지가 절실하기 때문이다.

일부에서는 김정은도 아버지처럼 북한 경제가 발전하면 체제에 위협을 느낄 것이고, 어느 순간 경제 발전을 포기할 것이라 추론한다. 일리가 있다. 하지만 필자는 김정은의 스타일이라면 경제 발전과 체제 유지를 분리해서 생각할 가능성도 충분하다고 본다. 필자가 분석한 김정은은 경제를 발전시키면서도 체제를 유지할 다른 방법이 있다는 대담한 발상을 할 수 있는 인물이다. 북한 경제가 발전하고 개방이 되어 외부 정보와 문화가 북한 주민들에게 더욱 침투해도 김정은 정권 붕괴가 일어날 가능성은 낮다.

북한은 소련 등 동구사회주의 국가나 중국의 공산주의와는 다른 독특한 점이 하나가 있다. 일제강점기 이전까지 존재했던 '왕조 체제'다. 북한에서 김씨 일가는 왕족이다. 나이가 아무리 어려도 왕이다. 정치는 신하들이 좌지우지해도, 북한 주민들의 불만이 높아도 왕은 왕이다. 신격화되고 고대의 왕조화된 김일성과 김정일의 혈통을 세습받은 왕이 김정은이다. 김정은도 이를 잘 안다. 만약 북한 주민들의 불만이 커지거나, 개방의 물결이 거세서 통제하기 힘들 경우 갑자기 개방을 포기하고 쇄국으로 되돌아갈 수도 있다. 하지만 김정은은 자본주의가 북한에 뿌리내리더라도 중국의 예처럼 철저하게 당이 관리 감독할 수 있다고 생각할 수 있다.

김정은의 과감한 스타일로 볼 때 새로운 통치 체제를 선택할 가능성도 있다. 변형된 입헌군주제 형식을 갖거나, 이란의 종교 지도자처럼 앞에는 정치 대리인을 세워 두고 자신은 뒤로 물러서서 통치를 유지하거나, 중국의 당 중심 통치나, 영국처럼 군주제를 결합한 변형된 형태를 시도할 수도 있다.

한반도 통일 시나리오

미국은 핵 리스트를 넘기라고 압박을 계속하고 있다. 하지만 북한 김정은이 가지고 있는 최선의 전략은 판을 깨지 않을 정도로 최대한 시간을 끌며 미국의 대북 경제 제재를 약화시키고 핵보유국으로 인정받으려 한다는 속내를 더욱 분명히 하고 있다. 북한이 핵 리스트를 쉽게 넘겨줄 수 없는 이유는 분명하다. 깊은 불신 때문이다. 트럼프는 더욱 믿기 어렵다. 핵 리스트는 한 번 넘겨주면 협상이 결렬되어도 되돌려 받을 수 없다. 북한의 입장에서는 핵 리스트와 경제 제재 해제를 맞바꾸더라도 미국이 언제든지 핵사찰이나 다른 구실을 삼아 경제 제재 해제를 되돌릴 수 있다고 생각한다.

미국은 핵협상이 결렬되어 북한이 다시 본토를 위협하면 넘겨받은 핵 리스트에 실린 목표물을 동시에 폭격할 역량을 가지고 있다. 현재 미국은 인공위성에 잡히지 않은 북한의 지하 핵시설 목록이 없다. 섣불리 북한을 공격하기 힘든 이유다. 반격의 여지가 크기 때문이다. 부시 대통령 때 북한 공격을 고려했지만 실천에 옮기지 못한 것도 이런 이유다.

북한에게 핵 리스트는 협상 과정에서도 최후의 보루다. 최고의 카드이자 마지막 카드다. 핵 리스트를 빨리 내주면 다음 협상에서 목소리를 낼 수 없다. 트럼프가 북한에게 당근책으로 경제 제재의 문을 약간 열어 주거나, 뒷문이 열리는 것은 모른 체해 주더라도 북한이 핵 리스트를 곧바로 주기 힘든 이유다. 하나씩 주고받자는 것이나 종전과 평화협정을 맺어야 줄 수 있다고 하는 이유다. 미국의 입장에서, 종전과 평화협정은 북한이 핵 리스트를 넘겨줄 수 없는 이유와 비슷하다. 미국도 정확한 핵 리스트를 넘겨받지 못한 상태에서 핵시설 검증이라는 절차를 진행하는 것은 의미가 적다. 경제 제재 일부를 열어 주면 북한이 뒷문으로 숨통만 트고 다음 행동에 진척을 보이지 않을 수도 있다는 의심을 갖고 있다. 완전 제재에서도 버틴 북한인데, 뒷문이 열리면 버틸 시간만 더 줄 수 있다는 의심이다.

트럼프가 한반도의 비핵화에 역사적 사명도 갖고 있지 않은 상황에서, 2020년 재선 전에 성과를 내려고 북미 협상이 북한에 질질 끌려다닌다는 비난을 받는 것이 달갑지 않다. 트럼프와 그의 지지자들이 원하는 수준은 북한이 대륙간 탄도미사일에 핵폭탄을 장착해 미국 본토를 공격하는 것만 막으면 된다. 지난 2년간 트럼프가 보여 준 협상 방식을 분석해 봐도 트럼프의 속내를 알 수 있다.

트럼프가 지난 2년간 이란과 핵 협상, 미중 무역 협상 등을 진행하면서 던진 말과 행동을 근거로 그의 협상 스타일을 정리하면 다음과 같다.

〈트럼프 협상 스타일〉

기존 틀 부정으로 시작 → 판 깨기 → 자기 부각 → 극단적 압박(지지층 기대감 상승, 국제 여론 불안감 상승) → 일시적 방관(상대 수 싸움 혼란 주기) → 압박 카드보다 낮은 수준에서 갈등 봉합 시도 → **성공과 실패의 애매모호한 수준에서 협상 타결** → 협상 성공 자평 → 명분이나 지지층에게만 실리 얻게 함으로 공약 이행 강조 → 지지 언론을 통해 자신의 성과 확대 재생산 → **트럼프 개인의 정치적, 경제적 실리 획득으로 마무리**

이런 것들을 반영하면 북미 핵협상 결과에 대한 몇 가지 시나리오를 예측할 수 있다. 첫 번째 시나리오는 2020년 재선을 앞두고 트럼프와 김정은이 적당한 수준에서 타협을 보고, 그다음 단계들은 시간이 필요하다는 명분으로 장기화한 후 발을 빼는 시나리오다. 북한은 영변 핵시설을 비롯해서 미국 본토를 위협하는 ICBM 정도를 해체하는 선에서 트럼프의 체면을 세워 줄 수 있다.

김정은이 승부수로 던진 영변 핵시설 폐기는 중요한 의미가 있다. 아니, 트럼프 입장에서는 얼마든지 중요도를 높여 미국 내에 선전할 수 있다. 영변 핵시설은 북한 핵개발의 심장이다. 플루토늄, 고농축 우라늄, 수소폭탄 제조에 필요한 삼중 수소 생산이 이루어지는 시설이다. 이럴 경우, 북한의 경제 제재는 완전히 해제되지는 않지만 적당한 수준에서 경제 제재가 풀리고, 중국과 교역의 문도 거의 열린다.

만약 트럼프가 재선에 실패하면 북미 협상에서 얻을 것들이 원점으로 되돌아갈 수도 있다. 이전에 하나씩 주고받은 것은 비핵화가 아니라 핵감축으로 끝날 수도 있다. 이렇게 끝나면 미국을 비롯해 전 세계는 비공식적으로라도 북한을 핵보유국가로 인정할 수밖에 없고, 트럼프가 밀려난 미국 정치권은 중국을 트럼프만큼 밀어붙일 수 없기에 중국, 러시아와 북한은 마음껏 경제 교류를 할 수 있다. 북한은 중국과 교역 뒷문만 열려도 기존의 3~4% 성장률에서 추가 성장의 동력을 얻을 수 있다. 10%가 넘는 고도성장은 아니더라도 6~7%대의 중속성장은 가능해진다.

두 번째 시나리오는 트럼프가 북한의 비핵화 압박을 계속해서 유지하는 시나리오다. 일단 북한이 핵사찰을 허용하지만 사찰이 진행되는 과정에서 미국이 계속해서 대북 압박 강도를 높이고 핵사찰의 대상(WMD, 위성, 중거리 미사일 등)을 늘려 가면, 북한에게 협상과 사찰 파기의 명분이 만들어진다. 북한이 영변 핵시설을 폐기하더라도 이미 생산된 핵무기도 갈등의 대상이다. 북한이 이미 보유한 핵무기는 미국 본토와 남한과 일본을 모두 공격할 수 있는 양이라고 추정된다. 핵사찰 과정에서 반드시 거론될 사안이다.

북한은 북미정상회담을 넘어 핵사찰 일부 진행 단계까지 상황이 진전되면 판이 깨지더라도 절대 손해 보지 않는다는 치밀한 계산을 이미 끝냈을 것이다. 판을 깨뜨린 원인 제공이 미국이고, 이 단계에 이르면 핵 개발 중지, 추가 핵 실험 포기나 일부 핵 시설 파괴 등 중국이 요구했던 것을 북한이 실행해 준 상황이기 때문에 (미국과 협상의 판이 깨져도) 중국과 경제 협력의 길은 다시 열리게 된다. 최소한 미국의 대북 제재 한 축이 무너지는 효과를 얻는다.

판이 깨지면, 트럼프도 강경 모드로 전환하겠지만 ICBM 파괴 등 미국을 직접 위협할 가능성이 낮아졌기 때문에 재선을 앞두고 전쟁 긴장감을 높이지는 않을 것이다. 그리고 트럼프 대통령 임기가 끝나면, 북한은 한국과의 경제 협력도 슬그머니 재개될 수 있을 것이라 계산하고 있을 것이다. 완전한 비핵화까지 가지 않더라도 (이런 우여곡절을 거쳐) 김정은 정권 초기 핵무력 수준으로만 되돌려 주어도 중국, 러시아, 한국과의 경제 협력을 재개할 수 있다. 이 시나리오가 현실이 되면 북한은 연평균 6~7%대의 중속성장이 가능해진다.

세 번째 시나리오는 앞의 2가지 전략이 통하지 않을 경우 던지는 승부수다. 실제로 비핵화를 통한 경제 발전 속도를 높이는 전략이다. 이 시나리오가 가능하려면 김정은이 군부를 제압하고, 비핵화에 대한 '전향적 자세'가 진심이어야 한다. 북한 군부는 비대칭 전략(핵무기)을 기반으로 한 한반도 적화통일을 노린다. 김정은이 남북 간 분리 고착된 정상 국가로 영속하는 것으로 국가 전략을 수정했다면 경제 발전에 더 집중할 수 있다. 경제 발전을 통해서도 왕조 체제 유지는 충분히 가능하기 때문이다.

이를 위해서는 군부를 확실하게 제압해야 한다. 선군정치에서 벗어나 노동당 중심으로 통치체제를 전환한 것도 중요한 포인트다. 이럴 경우, 김정은이 말하는 완전한 비핵화는 한반도에서 미군 철수를 의미할 수 있다. 그리고 핵무장 해제 및 비핵화는 중국, 한국, 미국, 일본 등에 경제 원조와 혜택을 최대한 얻어 내기 위한 협상카드가 될 수 있다. 북한에 있는 수십 곳의 핵시설과 핵무기와 중장거리 미사일 등이 전부 경제 대가로 계산될 수 있다. 해체 및 반출 관련 비용도 한국이나 중국이 부담하기를 원할 것이다. 이 모든 결과의 핵심은 '완벽한 군부 제압과 장악'이다. 김정은이 군부를 장악하는 예상 순서는 다음과 같다.

정적 숙청(장성택) → 반대 세력 숙청 → 세대 교체 → 군부 내 세력 균형 만들기 → 군부 내 감시 및 충성 경쟁 부추기기 → 부패 명목으로 군부 위협 → 경제 발전 과실로 회유 → 스스로 무력 적화통일 목적 포기하고 노동당에 순응하기

현재로서는 6단계까지 진행 중이고, 남은 2단계를 성공시켜 완벽한 군부 제압과 장악에 이를 확률 가능성은 50 대 50이다. 만약 김정은이 완전한 비핵화 결심을 굳히는 결정적 신호를 보낸다면 '핵 리스트 신고'일 것이다. 핵 리스트 신고를 한다면, 김정은이 둘 수 있는 안전장치는 중국이다. 북한이 (미국이 원하는 수준의) 핵 리스트를 중국에 제출하고, 중국이 적절한 진행 수위에 따라 북한을 대신해서 미국과 국제사회에 공개할 가능성도 있다. (중국을 의식하는) 미국이 당장 이런 방식을 받아들일 가능성은 적지

만, 결국 이것이 최선일 가능성이 높다.

　김정은의 이런 결단이 2020년 재선에 가까워질수록 성과를 내야 하는 압박을 받는 트럼프의 정치적 계산과 결합된다면 천지개벽하는 역사적 사건이 벌어질 가능성도 충분하다. 김정은이 포괄적 차원에서 비핵화 로드맵을 먼저 제시하면, 구체적 단계 진행에서는 트럼프가 먼저 물꼬를 열어 줄 가능성도 충분하다. 대신, 미국도 북한을 완전히 믿지 못하기 때문에 서서히 제재를 푸는 방식을 택할 것이다. 북한의 비핵화 행동에 대한 미국이 김정은에게 줄 선물은 적대관계 청산을 전제로 한 북한 제품의 미국 시장 수출 허락이다. 경제 지원과 직접 투자는 중국, 한국, 일본, 러시아 등이 담당할 것이다. 북한 제품의 미국 시장 허용이 이루어지려면 적대관계 청산(평화 선언, 종전 선언, 북미 수교)이 필수다. 이 시나리오가 현실이 되면, 북한 경제는 연평균 10% 이상의 고도성장을 할 가능성이 크다.

　이 3가지 시나리오는 한 가지 결론으로 모아진다. 북한 경제성장률 상승이다. 북한 경제성장률 상승은 김정은 정권의 20~30년 장기집권을 가능하게 하는 가장 확실한 수단이다. 북한 경제성장률이 상승하면 군사 쿠데타로 인한 체제 붕괴 가능성도 상대적으로 낮아진다. 심혈관 질환 쪽에 가족 병력이 있는 김씨 일가는 김일성이 82세, 김정일이 70세를 살았다. 젊어서부터 술, 담배를 즐겨 하고 몸집이 비대해진 김정은이지만 최고의 의료 관리를 받는다는 것을 감안할 때 최소 60세 이상은 생존할 가능성이 크다. 앞으로 20~30년 김정은의 장기 집권이 가능하다는 계산이다.

　한국 정부는 물론이고, 한국 교회도 북한 선교와 한반도 통일 후 선교 전략을 완전히 새롭게 짜야 한다. 경제가 발전하면 장마당 세대와 정치 및 군사 엘리트층은 정권 전복에 관심을 갖지 않을 것이다. 정권이 교체되면 자신들의 이권이 사라진다는 공동체 의식 때문이다. 정권을 지켜 주면서 경제 성장이 가져다주는 막대한 이익을 확보하는 것이 유리하다. 중국이나 베트남에서 경제 성장 과정에서 어떤 열매들이 열렸고, 그 이익을 기득권층이 어떻게 독점했는지를 잘 알고 있기 때문이다.

고도의 경제성장률이 장기간 지속되면 정치, 군사적 지지 기반도 강화되는 효과가 발생한다. 북한 주민들이 봉기하지 않는다면 지배층은 김정은과 운명 공동체로 남는 것이 더 유리하다는 판단을 할 수밖에 없다. 자칫 김정은 체제가 붕괴되어 남한에 흡수 통일이 될 경우 자신들의 기득권이 모두 박탈됨은 물론이고 전범으로 몰려 재판에 넘겨지고 평생을 감옥에서 썩게 되거나 죽게 될 수 있다는 공포감이 더 크다. 차라리 김정은에게 잘 보여 지금의 기득권을 오랫동안 유지하는 것이 더 낫다는 판단을 할 수 있다. 김정은의 20~30년 이상 장기 집권에 걸림돌이 거의 사라져 버린다.

북한 정권은 어떻게 무너질까?

현재 북한의 수령절대주의 체제(김정은 절대주의) 혹은 왕정 체제가 유지되는 조건에서는 무력충돌 없이 남북한이 통일될 가능성은 애초부터 불가능하다. 상식적으로, 역사적으로도 권력은 분점하기 힘들고 우상화로 점철된 절대 왕조 체제를 갖춘 나라가 전쟁 없이 협의만으로 한 나라가 다른 한 나라에게 자발적으로 주권을 내어주는 통일이 일어난 경우는 없다. 남북한이 전쟁 없이 통일을 이루려면 어떤 방식이든 북한의 수령절대주의 체제가 바뀌어야 한다. 그래서 한반도 통일 시나리오를 구축할 때에는 '전쟁 발발 후, 남한의 승리로 통일'이라는 시나리오와 '김정은 사후, 남한의 흡수 통일'이라는 2개의 큰 틀에서 시작하는 것이 바람직하다.

하지만 남북한이 전쟁을 벌이는 시나리오는 논리적으로 그럴듯한 미래(Plausible), 혹은 확률적으로 가능한 미래(Possible) 시나리오로 삼기에는 가능성이 아주 낮다. 남한이 북한을 향해 전쟁을 벌일 가능성이 거의 없다. 미국도 마찬가지다. 북한이 전쟁을 일으키지 않으면 전쟁을 매개로 한 통일 시나리오는 확률적으로 아주 낮아진다. 하지만 가능성은 낮지만 발생할 경우 엄청난 파장이 있기 때문에 완전히 무시하기보다는 뜻밖의 미래(Wildcard) 시나리오로 상정하고 생각해 보는 것은 필요하다. '전쟁 발발 후, 남한의 승리로 통일'이라는 시나리오를 뜻밖의 미래로 따로 분리해 한쪽에 놔둔다면 남은 것은 '김정은 사후, 남한의 흡수 통일'이라는 틀이다.

'김정은 사후, 남한의 흡수 통일'이라는 틀도 2단계로 나눠 생각해 보아야 한다. 첫 번째 단계는 김정은 정권이 앞으로 20~30년 동안 장기 집권을 할 것인가, 아니면 10년 이내에 미국이나 중국 등 외부의 힘에 의해서든 혹은 내부 군사 쿠데타나 측근의 암살 등이 일어나 김정은이 사망한 후 남한이 북한을 흡수 통일하는 시나리오다.

전자(김정은 20~30년 장기 집권)는 앞에서 설명했으니, 후자의 가능성을 검토해 보자. 필자도 북한에 대한 분석과 예측을 다룰 때 "북한 정권은 어떻게 무너질 가능성이 큽니까?"라는 질문을 종종 받는다. 김정은이 경제 성장을 이끌더라도 잦은 숙청과 북핵 협상에 불만을 품은 군부 세력 중 일부가 군사 쿠데타를 일으킬 가능성이 있는지, 혹은 개방 흐름으로 외부 정보와 문화가 유입되고, 휴대전화가 광범위하게 보급되는 상황에서 가난에 못 견딘 북한 주민이 대규모 반란을 일으켜 김정은을 축출할 가능성은 없는지 하는 질문들이다. 필자의 예측으로는 당분간 이 2가지 가능성은 현실이 되기 어렵다.

북한 주민들이 탈북자들을 통해서 남한의 소식을 듣고 360만 대가 넘는 휴대전화가 보급되면서 정보 교류가 훨씬 더 빨라졌지만, 중동이나 남미처럼 민주화 물결이 북한에서 일어나려면 불만을 품은 주민들이 대규모로 모일 수 있는 계기가 마련되어야 한다. 하지만 현재 북한은 정부의 철저한 감시 체제를 통해 주민들의 대규모 모임을 철저하게 봉쇄하고 감시 중이다. 북한 주민의 불만이 아무리 커져도 공포정치와 치밀한 감시망에 구멍이 뚫리지만 않는다면 얼마든지 체제를 유지하는 것이 가능하다.

현재 김정은 체제에 극도의 불만을 품은 주민들이 할 수 있는 유일한 반항은 개인적 탈북밖에 없다. 만약 북한 경제가 성장세로 돌아선다면 탈북도 줄어들 가능성이 크다. 북한 주민들에게 남한을 비롯한 외부 세상의 소식이 들어가서 김정은 체제에 대한 반감도 커졌지만 동시에 탈북자들이 북한 밖에서 어떤 대우와 차별을 받고 사는지도 함께 전달되고 있기 때문이다.

지금이라도 김정은 정권에 급변 사태가 발생할 가능성이 없지는 않다. 언론이나 정부가 사용하는 '북한 급변 사태'라는 개념은 "어떤 이유로든 북한 정권이 붕괴함으로써 정부 부재 상태이거나 무정부적 상태를 수습하기 위해서 한미 연합군의 군사적 개입이 이루어진 상황"[37)]을 일컫는 표현이다. 만약 김정은이 사망하더라도 곧바로 다른 계승자가 나타나 북한에 새로운 정부가 구성되거나 쿠데타를 일으킨 군 세력이 정권 장악에 성공해서 한미 연합군의 군사적 개입이 이루어지지 않으면 급변 사태가 종료된다고 본다.[38)]

김정은 암살이나 쿠데타 발생 같은 급변 사태가 발생할 경우 우려되는 사항은 군벌 간의 내전 발생 가능성, 북한의 반정부군이나 각종 군벌세력들이 명분을 얻거나 내부 위기를 벗어나기 위해 남한으로 분쟁을 확산시킬 가능성, 내전과 대규모 자연재해로 인한 북한 내부의 인도적 위기, 중국과 남한으로 대량 난민 발생(대략 50~70만 명 추정), 대량살상무기 통제, 중국 군대의 개입으로 한미 연합군과 군사적 충돌 가능성 등이다.[39]

급변 사태가 군사 쿠데타로 발생하려면 몇 가지 조건이 갖추어져야 한다. 군부의 반란, 내부 국민의 반란, 그리고 주변국의 외면이다. 3가지의 조건이 한꺼번에 발생해야 한다. 국민의 불만이 거국적인 정치적 소요로 확장되기 위해서는 생생한 정보를 순식간에 전달할 수 있는 휴대전화와 같은 통신 수단, 마을 단위에서 일어나는 국민의 소요를 전국적으로 확장시킬 수 있는 네트워크의 연결, 정치적 소요가 표출될 수 있는 공간 등이 필요하다.

휴대전화의 보급이 360만 대를 넘었지만 북한은 철저하게 통신과 인적 네트워크를 모두 감시하고 있다. 북한은 여전히 감시와 통제 시스템이 매우 정교하다. 고급 간부로 올라갈수록 이중, 삼중의 감시 체계 안에 가두어 둔다. 쿠데타를 일으키기 힘들다. 이런 감시체제 아래에서는 반체제 인사가 있더라도 힘이 규합되지 못하고 개별적 존재로 있을 가능성이 있다. 이런 조건들이 성숙되지 않는다면, 군부의 쿠데타만으로 김정은 체제를 전복시키는 일은 결코 쉽지 않다.

북한 군부의 쿠데타 자체도 성공 가능성이 높지 않다. 국민의 정부에서 대통령 비서실 정무비서관을 역임했던 장성민 씨는 북한에서 쿠데타가 일어나더라도 성공하기 힘들다고 주장했다. 그에 의하면, "지형적으로 쿠데타군의 평양 점령과 유지의 어려움이 존재한다. 평양의 중심부인 중구역과 모란봉 구역은 사실상 대동강에 의해 둘러싸인 호리병 형태다. 쿠데타군의 전차 등 대규모 병력이 평양으로 진입할 수 있는 곳은 칠성문 승리거리뿐이다. 이 길목에는 호위사령부와 평양사령부가 지키고 있다. 이 길목은 이외 평양 중심부 진입이 가능한 통로는 평양 남쪽 방향에 위치해 있는 대동강의 다섯 개 다리를 통과해야 하는데 소규모 특전부대를 제외하고 대규모 병력이 진입하기는 매우 어려울 것으로 예상된다. 따라서 평양의 지형적 특성은 진압군 측의 방어에 매우 유리하다. 설사 쿠데타가 성공할지라도 평양 포위 작전을 구사할 경우 쉽게 진압할 수 있다."

이처럼 외부에서 평양으로 빠르게 진격해 김정은을 축출하기가 쉽지 않고, 쿠데타가 발생할 경우 김정은이 평양을 빠져나갈 수 있는 지하통로가 많은 상황에서, 군부 쿠데타가 일어나려면 호위사령부의 쿠데타 동조 여부가 핵심이다.

하지만 호위사령부가 쿠데타에 가담해 평양을 일시적으로 점령하더라도 평양의 지형 특성상 탈출에 성공한 김정은이 그의 지지자들을 집결시켜 평양 외곽을 포위할 경우 쿠데타군은 고립되고 만다.

만약 평양 시가지에서 두 군대가 유혈 충돌을 벌이면 평양은 아수라장이 된다. 반면, 평양 외곽 지역에서는 치안이 허술해진 틈을 타고 독재에 항거하는 주민들의 폭력 봉기와 약탈이 벌어지게 되고, 국경 부근에서는 허술해진 경계를 틈타 중국으로 탈출하는 대규모 움직임이 벌어질 수도 있다. 북한 국경의 인민 해방군이 대규모 탈북 행렬을 막기에 역부족이 되면 중국은 난민 유입을 차단하고 대량살상무기의 해외 유출을 막는 작전을 실시한다는 명분으로 북한에 군대를 파견할 것이다.[40)]

중국은 북한 붕괴나 급변 사태가 벌어질 경우, 북중 국경을 신속하게 봉쇄하고 군대를 급파하고 '완충지대'(buffer zone)를 설치해 북한 내 혼란이 중국으로 확산되는 것을 차단하는 군사 작전을 펼칠 것이다. 1990년대 중반, 북한에 대기근이 발생했을 때 중국은 이미 국경을 넘어오는 수천 명의 난민들로 인해 어려움을 당했다. 그 이후로, 앞으로 벌어질 급변 사태로 대규모 난민이 발생할 경우에 대응하는 전략을 수립했다. 중국은 북한과 '조중 우호협력 및 상호원조조약'도 체결한 상태다. 이 조약은 북한에 급변 사태가 생기거나 남북 간의 전쟁이 발발할 시에 자동 개입할 수 있는 합법적 근거가 된다. 이 조약을 근거로 중국은 한국과 미국이 북한의 군사적 혼란을 틈타 한반도를 무력으로 통일하려는 것을 막으려고도 할 것이다.

중국의 기본 정책은 한반도의 안정, 자주적이고 평화적 통일, 대한반도 영향력 유지 및 강화이기에 한국과 미국의 군대가 북한에 대한 군사력을 사용하는 것을 수수방관하지 않을 것이다.[41] 중국이 움직이면, 미국이나 한국도 가만히 있기 힘들다. 북한에 군부 충돌이 일어나면 한쪽은 중국에, 다른 한쪽은 한국이나 미국에 도움을 요청하는 상황이 벌어질 가능성이 높다.

설령 군부 쿠데타가 성공해서 평양에서 김정은을 축출하더라도 상황이 끝나지 않는다. 북한에는 평양에서 탈출하는 지하 갱도와 해저 통로가 모두 다 있다. 평양의 경우는 편도 4차선 지하 갱도가 있고 200만 주민과 군대가 들어가 두 달간 버틸 수 있는 규모다. 쿠데타 세력이 평양에 진입하기 전에 김정은이 이를 통해 해안가로 나와 잠수함으로 탈출이 가능하다. 평양에서 남포까지 해저 갱도가 있다. 남포에서 잠수함으로 도피할 수도 있다. 북·중 접경 지역인 자강도, 양강도에는 중국과 연결된 대피로가 있다.

만약 김정은이 중국이나 러시아로 도망해 전쟁을 벌일 경우에는 상황이 달라질 수 있다. 지금 같은 상황이라면 골칫거리 김정은을 중국이 받기는 힘들 수 있다. 김정은이 중국보다 러시아로 도피할 가능성이 크다. 북한 나산과 러시아 하산 사이에는 유사시에 김정은이 도망갈 지하 갱도가 있을 것으로 추정된다. 여하튼 북한에서 쿠데타는 힘들다. 장성택 숙청도 여러 가지를 암시했다. 누구라도 배신하면 숙청하고, 장성택처럼 치밀한 사람도 김정은을 못 이긴다는 생각을 심어 주었기 때문이다.

필자가 가장 눈여겨보고 있는 북한 정권 붕괴의 핵심 동인은 '부패한 세력들의 권력 투쟁'이다. 만약 군사 쿠데타나 북한 주민들의 대규모 봉기가 발생한다고 해도 '부패한 세력들의 권력 투쟁'이라는 동인에 의해서 통제력이 약화되었기에 가능해진 것으로 보아야 한다. 2012년 이후, 북한에서는 1990년 이후 출생한 '장마당 세대'가 부상했다. 이들은 국가 배급망이 무너진 후 부모들이 장마당(북한 시장)에서 힘겹게 번 돈으로 키워진 세대다. 이들은 낮은 출산율로 형제가 적고 돈에 대한 집착이 크다. 북한 역사상 최고로 가난한 시기에 태어나서 어렸을 적부터 시장에서 부모의 장사를 돕거나 구걸하면서 자라났다. 그들의 부모나 조부 세대처럼 국가에 대한 충성심이나 김일성에 대한 향수도 없다. 반면에 태생적으로 국가와 가난에 대한 원한은 깊다. 그래서 그 어느 세대보다 이기적이고, 반항적이고, 물질만능주의 사고가 가득하다.[42]

이런 특성을 가진 장마당 세대가 2012년부터 북한 사회의 주역으로 등장하기 시작했다. 2010년 9월 28일 열린 당 대표자 대회 이후 정치에 진입한 이들은 아버지의 권력을 활용해 초고속 승진을 하면서 유흥, 공금 유용과 뇌물수수의 주역이 되고 있다. 이런 사실을 잘 알고도 김정은 정권은 구세대를 몰아내고 자신의 통치를 견고하게 하기 위해 이들에게 수많은 이권을 나누어 주면서 공생하고 있다. 북한 정권이 휴대전화가 널리

보급되면 정보 통제에 큰 문제가 발생할 것이 분명하지만 허용하는 것은 통제와 감시에 대한 자신감도 있지만 외화벌이가 가장 큰 이유다. 일부에서는 북한에서 휴대전화 개통과 사용으로 한 해에 벌어들이는 달러가 세전 영업 이익으로 수천만 달러에 이를 것이라고 분석한다. 북한의 시장도 당 간부, 보안기관 간부, 군인 등이 그물망처럼 연결되어 철저히 이권에 의해 움직인다.[43] 이렇게 만들어진 돈들은 곧바로 충성심을 사는 자금으로 활용된다.

하지만 나누어 줄 이권이 줄어들고, 이권을 챙기려는 기성세대와 새로운 장마당 세대 간의 치열한 권력 암투와 부패 경쟁이 심해지면 내부의 갈등은 커지게 된다. 이것이 철옹성 같던 북한 정권이 무너지는 방아쇠가 될 가능성이 크다.

북핵협상 이후, 김정은은 20~30년간 북한을 이렇게 통치할 것이다

북핵 문제 해결 후 김정은이 어떻게 북한을 통치할지를 예측하려면 김정은의 성격, 행동 방식, 통치 스타일 등을 분석해야 한다. 먼저, 김정은에 대한 개인적 성향 분석과 평가를 해보자. 필자가 김정은의 말, 행동, 전문가나 측근이 말하는 내용과 평가를 종합적으로 프로파일링(profiling)한 결과에 의하면 김정은은 '관리와 승부에 능한 실용주의자'다. 김정은의 특성을 간단히 정리하면 다음과 같다.

- 젊지만 조직 관리력이 뛰어나 권력 획득과 유지력이 좋다.
- 승부사이기에 상황 전환이 과감하다.
- 실용주의자이기에 극단적 결과를 피하고 우월 전략을 기반으로 최선의 보수값(pay off, 승자에게 지불되는 총금액)을 찾는다.

좀 더 자세하게 분석해 보자. 김정은은 젊은 애송이 지도자가 아니다. 절대왕조체제 아래에서 9세부터 국가 통치 수업을 받은 인물이다. 더군다나 김정은은 승부를 즐기는 사업가 기질과 사람을 잘 다루고 스스로 책임감을 일찍 받아들이는 관리자 기질을 타고났다. 김정은은 모든 상황을 자기가 통제하고 최종 결정권을 가지려는 스타일이다. 기질상 표준과 신념을 명확히 하는 것을 선호하기 때문에 선택과 결정에 혼란과 어려움을 상대적으로 덜 느낀다.

김정은은 포기하지 않고 구체적 성과를 하나씩 만들어 가며 거대한 최종 목표를 향해 저돌적으로 밀고 나가는 과업지향적 일 중독자다. 조직 내외부 파악에 빠르고 상황의 핵심을 간파하는 데 동물적 감각을 가졌다. 끊임없이 충성심을 요구하고 점검하며, 능력과 효율과 성과에 가치를 두고 상과 벌을 분명히 하고, 질서와 규칙을 가지고 팀을 효율적으로 관리한다. 사업적 이익을 극대화하기 위해 확고한 사실에 근거해서 판단을 하며, 실제적 이익을 중요하게 여긴다.

필자의 분석에 의하면, 상황 파악 능력이 빠르고 상대가 무슨 카드를 낼 것인가를 탐색하는 동물적 감각도 능한 김정은은 자신의 시간을 따라 해야 할 구체적 목록(To-Do list)을 만들고 감정에 얽매이지 않고 데드라인에 맞추어 체계적이고 계획적 행동을 한다. 하지만 최종 이익의 극대화를 위해서라면 (보이는 것과는 다르게) 실용적 응용력(유연성)이 뛰어나고 상대를 속이는 전략적 수완도 잘 발휘한다. 현실적 이득을 만들기 위해 판 변화나 경쟁 구도와 룰을 자기 주도 아래 두기 위한 개혁(변화)을 즐긴다.

김정은은 평소에는 사교적이다. 하지만 직접적이고 과감한 언어와 행동으로 상대에게 위압감을 주는 행동방식도 꺼리지 않는다. 통치 스타일이나 지위상 남의 말을 잘 듣지 않는다. 그래서 다른 사람이 무엇을 생각하고 느끼는지 충분한 배려나 숙고 없이 속단하고, 과도한 자신감 때문에 자신이 잘 알지 못하는 낯선 분야도 잘못된 결정을 신속하게 내릴 수 있고, 자신의 제안을 거절당할 때 참지 못하고 지나치게 예민하다는 단점을 가진다. 이런 성향상 스트레스 상황에서는 외로움을 크게 느끼고, 자신이 느끼는 절망을 잘 표현하지 못하기 때문에 심장병, 만성병, 직업상의 정신 쇠약, 감정적 고갈 등에 시달리기 쉽다. 일과 놀이를 분리하고, 스포츠 같은 활동지향적인 것을 관람하거나 직접 하는 것을 즐긴다.

김정은의 통치 스타일은 어떨까? 북한에서 주민이나 당이나 군대나 행정부에서 김일성은 높은 평가를 받고 위대한 지도자로 추앙받는다. 김일성을 부정하거나 반대하는 사람은 별로 없다. 김일성이 공산당을 통치의 중심에 둔 것에 반해, 김정일 국방위원장은 군을 앞세웠으며, 특히 빨치산주의자였다. 유격전을 수행하는 비정규군 요원을 지칭하는 빨치산은 프랑스어 '파르티잔'(partisan)의 한국어 표기다. '파르티잔'은 당원, 동지, 당파 등을 뜻하는 '파르티'(parti)에서 비롯된 말로, 근대에 와서는 정규군과는 다르게 적의 배후에서 그들의 통신, 교통수단을 파괴하거나 무기와 물자를 탈취 또는 파괴하고 인원을 살상하는 유격대원을 뜻하는 에스파냐어 '게릴라'(guerrilla)와 거의 같은 뜻으로 사용되었다.

빨치산은 전략을 수행하는 지역의 지형이나 정보에 밝아야 하기 때문에 일반 주민의 협조나 지원이 없이는 수행할 수 없다. 제2차 세계대전 당시 소련은 빨치산 부대를 크게 활용했으며, 한국에서는 1945년 해방 이후부터 1948년 여순 사건과 1950년 6·25 전쟁을 거쳐 1955년까지 각지에 준동했던 공산 게릴라를 가리킨다. 현재 중동에서 이슬람 극단주의 테러리스트들이 즐겨 하는 군 전략이기도 하다.[44] 소련이 망하고, 동구권에 체제 전환이 일어나면서 권력 유지에 큰 위협을 느낀 김정일은 권력을 유지하기 위해서 군부 장악이 급선무였다. 그래서 선군정치를 펼치면서 특히 역사적 의미가 큰 항일 빨치산을 정체성의 중심에 두었다. 이에 반해, 김정은은 거대해진 군부가 권력 장악에 방해가 되었다. 그래서 할아버지 김일성과 사회주의 국가 중국처럼 공산당 통제 아래에 군을 놓는 통치 스타일을 구사한다.

필자는 김정은의 통치 스타일을 분석하기 위해 다양한 자료와 현재까지의 행동들을 분석했다. 예를 들어, 전문가에 의해 김정은에 대한 정확하고 객관적인 자료들을 기반으로 구성된 최초의 값진 정보이며 여과되지 않은 모습을 그렸다고 평가받는 책이 하나 있다. 바로 후지모토 겐지가 쓴 『북한의 후계자, 왜 김정은인가?』라는 책이다. 후지모토 겐지는 국내외 전문가나 정보당국이 김정일의 후계자로 김정남을 주목하고 있을 때 김정일의 후계자는 김정남이나 김정철도 아니고 김정은이 될 것임을 예측할 정도로 북한 최고 핵심 그룹의 속사정을 가장 잘 아는 인물로 평가받는다.

1982년 6월, 일본에 살고 있던 초밥 요리사 후지모토 겐지는 일본조리사협회 이타바시 회장에게 한 통의 전화를 받았다. 당시 돈으로 월급 50만 엔(원화 700만 원), 5개월에 한 번은 귀국할 수 있고, 계약 기간 1년으로 북한에 초밥 요리사로 일할 수 있냐는 제안을 받았다.[45] 북한으로 건너간 후지모토 겐지는 김정일과 평양 로열패밀리의 요리사로 일하면서 20살 차이 나는 엄정녀라는 북한 가수와 결혼하고 김정은에게 직접 조선노동당원증을 받고 '박철'(朴哲)이라는 조선 이름까지 하사받은 최측근이었다.[46] 참고로, 김정일 사망 후에 다시 평양으로 들어가 '다카하시'라는 일식집을 운영하고 있는 후지모토 겐지는 김정은과 긴밀한 관계를 맺고 있는 것으로 추정된다.

북한으로 건너와 일식집 '안산관'에서 일하던 후지모토 겐지가 김정은을 처음 본 때는 1990년 1월 중순경 황해남도 신천초대소 식당 옆에 있는 로비 겸 오락실에서였다.[47] 연회에서 생선 초밥을 만들라는 명을 받고 김정일 별장에 간 후지모토 겐지는 김정일이 가장 사랑한 부인 고영희와 만 7세의 김정은, 9세의 김정철을 처음 보았다. 겐지의 회고에 의하면, 김정일의 측근들도 정철과 정은을 그때 처음 본 듯했다 한다. 후지모토 겐지가 김정은을 처음 본 인상은 아주 강렬했다. 좌우로 정렬한 최고 간부들과 차례로 악수를 하던 7세 김정은이 당시 40세나 된 겐지가 내민 손을 잡지 않고 매서운 눈빛으로 험악하게 노려보았기 때문이다. 당시를 회고하던 겐지는 만 7세에 불과한 김정은이지만 식민 지배를 했던 일본제국의 족속을 증오하는 눈빛으로 자신을 노려본 것이라 느꼈다고 했다. 짧은 정적이 흐를 무렵, 김정일이 후지모토 겐지를 소개하자 비로소 김정은은 손을 내밀어 악수를 받아 주었다고 한다.[48]

이 사건이 있은 지 일주일 후 후지모토 겐지는 엄청나게 넓은 정원에서 연을 날리고 있던 김정은과 두 번째 만남을 가졌다. 당시, 김정은이 날리던 연이 빙빙 돌면서 땅바닥에 떨어지기를 반복하자 후지모토 겐지는 큰 모조지와 테이프를 가지고 김정은의 연에 2개의 긴 다리를 만들어 주어 하늘 높이 날아오르게 해주었다. 자기 연이 하늘 높이 솟구치며 날아오르자 김정은은 여느 어린아이처럼 기뻐했고, 그 일을 계기로 후지모토 겐지는 김정일과 고영희가 낳은 삼남매의 놀이 상대가 되면서 지금까지 김정은과 가장 많은 시간을 보내고 술과 담배 친구로 속내까지 이야기하는 인물이 되었다.

김정일과 김정은의 최측근 중 한 사람인 후지모토 겐지가 과거를 회상하며 쓴 책에는 김정은이 아버지 김정일에게 물려받거나 전수받은 특성과 역량뿐만 아니라 그만의 독특한 차별성이 잘 기술되어 있다.

김정일은 코냑과 영화를 탐닉할 정도로 좋아했다. 모든 초대소에는 영화관이 있다. 어떤 외국 영화라도 주인공의 목소리와 흡사한 성우가 북한 말로 더빙해 상영한다. 김정철과 김정은도 영화를 좋아한다. 김정철은 키아누 리브스와 장 클로드 반담을 좋아했다.⁴⁹⁾ 김정일은 자동차 운전과 오토바이 타기를 좋아했다. 김정은도 자동차 운전과 비행기 조종을 즐긴다. 독한 술을 즐겨 했던 김정일은 심장과 간이 안 좋았다. 결국 뇌졸중으로 쓰러졌다.⁵⁰⁾ 김정일의 부인 고영희도 뇌졸중으로 쓰러졌다. 뇌졸중을 일으키는 심혈관계 질환이 김일성부터 김씨 가족의 병력인 듯하다. 술과 담배를 좋아하고 비만과 스트레스가 큰 김정은도 결국 뇌신경질환이나 간 질환이 건강상의 문제가 될 가능성이 크다.

김정은은 아버지 김정일의 체형과 성격을 닮았고, 김정철은 체형과 성격이 어머니 고영희를 많이 닮았다.⁵¹⁾ 김정일은 강한 의지력과 치밀함을 가진 인물이다. 독한 술을 좋아하고 거의 매일 파티를 즐겼지만 연회석에서 일정 기간 술을 마시지 않겠다고 선언하면 몇 달 동안 단 한 방울도 입에 대지 않을 정도였고, 자신이 즐겨 입었던 검소함의 상징인 카키색 군복 점퍼를 직접 디자인할 정도로 모든 일에 철저했다.⁵²⁾ 이런 아버지를 닮은 김정은은 승부욕이 강하고 매사에 의심이 많고 치밀하다. 후지모토 겐지에 의하면, 김정은이 9세 때 오델로 게임을 하고 있을 때 옆에 서 있던 김정철이 "이렇게 해봐" 하고 말하는 대로 따라 하다가 잘되지 않자 형의 얼굴에 구슬을 던져 버렸다고 한다. 김정은의 과격한 성격에 놀란 후지모토 겐지는 이런 일을 당하고도 화내지 않고 서 있는 김정철의 온순한 성격을 보고 또 한 번 놀랐다고 한다.[53]

김정철은 성격이 온순하고, 나서기를 꺼리고, 자기 의견을 내세우는 일이 별로 없는 것이 어머니를 꼭 닮았다. 김정일의 제1비서 역할을 했던 고영희는 매사에 신중하고, 세심하게 배려하고, 말참견을 하지 않고, 부하에게 고압적 태도를 취하지 않으며, 자신의 본분을 벗어나지 않는 삶을 살았다. 이런 어머니의 성격과 태도를 닮고 한 어머니 배 속에서 태어난 핏줄이라는 특성 때문에 김정은이 배다른 형제 김정남은 숙청했지만 김정철은 살려 둘 가능성이 크다.

후지모토 겐지에 의하면, 1980년대 후반 72호 함흥초대소에서 김정일을 호위하던 부관 한 명이 술에 취해 인사불성이 된 상태에서 김정일 이마에 총구를 겨눈 사건이 벌어졌다. 이때 고영희가 총을 든 부관을 뒤에서 덮쳐서 김정일의 목숨을 구했다.[54] 도처에서 생명의 위협을 받는 김씨 일가는 측근에게 언제 배신당할지 모른다는 두려움에 평생을 산다. 김정은도 마찬가지다. 자신의 아내 이설주가 어머니 고영희를 닮기를 원할 것이고, 한 배에서 태어난 정철, 여동생 여정, 그리고 부인만 믿고 의지할 것이다.

후지모토 겐지가 평가하는 김정은은 운동 신경이 좋은 만능 스포츠맨이다. 농구를 가장 즐겨 했고, 롤러스케이트, 볼링, 스키, 스노보드, 수영, 요트, 제트스키 등 못하는 운동이 없을 정도였다. 유학 가기 전인 1996년

1월부터 농구에 빠져든 김정은은 농구 사랑이 유별났다고 한다. 농구를 시작한 지 2년 후 초대소에 농구 전용 체육관을 만들고 국가대표팀 심판을 불러 거의 매일 경기를 할 정도였다. 김정은과 김정철이 서로 팀을 지도하며 농구를 했는데, 남자 국가대표 선수였던 2m 43cm 장신 이명훈 선수도 있었다고 한다. 하지만 어렸을 적에는 여느 아이처럼 슈퍼마리오나 테트리스 등의 게임에도 푹 빠졌고, 김정철이 음악을 좋아한 반면 김정은은 그림 그리기를 좋아할 정도로 감수성도 풍부했다.[55]

김정은은 10대 중반부터 운동을 할 때 자신이 먼저 선두에 서고, 시합이 끝나면 자기 팀에서 반성회를 열어 선수 한 명, 한 명에게 어디가 잘못되었는지를 구체적으로 지적하고 무섭게 꾸짖고, 잘한 선수는 지명해 "아까 그 패스는 아주 좋았어"라고 구체적으로 거론하며 손뼉 치며 칭찬을 하는 리더십을 발휘하기 시작했다. 상벌은 분명하고, 한 일은 반드시 평가를 해서 구체적으로 잘한 것과 부족한 것을 찾아 개선하게 했다. 김정은은 어릴 적부터 화를 낼 때와 상을 줄 때 나름대로 철저한 계산을 하여 사람을 다루는 재주를 타고난 듯하다.[56]

후지모토 겐지는 김정은이 형들을 제치고 김정일의 후계자로 낙점받은 데는 또 다른 이유가 있다고 밝힌다. 김정은은 두 형과는 다르게 어려서부터 사회적 관심이 강했다. 10대 중반부터 외국을 경험하면서 북한 사회에 큰 관심을 가졌던 김정은은 2000년 8월 원산에서 평양으로 가는 전용 열차에서 후지모토 겐지와 5시간 동안 공업기술, 지하자원, 전력문제, 물자부족, 중국의 개혁개방 정책, 북한의 미래 등의 현황에 대한 폭넓은 이야기를 나눴다고 놀라움을 고백했다. 그때 김정은의 나이는 겨우 17세였다.[57]

이런 성향을 비추어 볼 때 어린 애송이 취급을 받는 김정은은 지금 이

시각에도 TV나 인터넷을 통해 국제사회의 움직임을 주시하고, 철저하게 계산을 하면서 북한의 미래를 생각하고 있을 것이 분명하다. 이런 김정은이라면 절대로 핵전쟁을 일으키지 않을 것이며, 오히려 핵미사일 강국의 지위를 가지고 어떤 협상을 펼치고, 얼마나 많은 것을 얻어 내어 북한의 미래를 안정시킬지를 생각할 가능성이 더 크다. 사람을 다루는 기술이 좋고 아버지보다 더 과감한 행동을 충분히 할 수 있는 김정은이기에 협상 테이블에서 어떻게 우위를 차지할지를 알 것이다. 극적인 핵군축 협상 판을 벌려 자신의 체제 안정성과 북한 경제 발전에 도움이 되는 외국 자본 유치, 차관 협력, 기술자와 노동자를 파견한 해외 외화벌이 확대, 안정적 에너지 수입, 수출, 정상적 수입과 경제 협력으로 물자 개선, 장마당을 중심으로 하는 내부 시장경제 규모를 획기적으로 개선할 방도를 찾으려 할 가능성이 크다.

후지모토 겐지는 김정은의 고모부 장성택은 술은 좋아했지만 담배는 피우지 않고 깔끔하고 신중하게 행동하는 성격을 가졌다고 평가했다. 하지만 북한의 최고지도자 김정일이 독촉을 해도 아랑곳하지 않고 자기 페이스로 일을 했고, 심지어 김정일이 큰 화를 내더라도 자기 의견을 주장하는 인물이었다. 이런 일 처리 방식 때문에 장성택은 김정일과 대립하는 경우가 종종 있었다. 그럴 때마다 김정일은 주위 물건을 집어던질 정도로 분을 이기지 못했는데, 부인 고영희나 여동생 김경희가 말려서 큰 화를 몇 번이나 면했다고 한다.[58]

아마도 장성택은 김정은에게도 비슷한 행동과 태도를 취하고 자기 의견을 주장하면서 대립했을 가능성이 크다. 하지만 결정적인 순간에 과감하지 못한 온순한 성격을 가진 장성택은 자신을 보호해 준 고영희는 이미 죽고 없고 부인 김경희는 와병 중에 있는 시기에 치밀하고 과감한 김정은에게 숙청당하고 말았다. 김정은은 자신이 통제당하거나 다른 사람에게 해를 당할 것을 가장 두려워한다. 김정은이 호전적인 이유는 통제당하지 않으려는 반작용이다. 자신을 보호하고, 자신의 삶을 스스로 결정하며, 통제당하는 상황에서 벗어나는 것을 원한다. 김정은의 특성과 권력의 속성상 고모부 장성택의 숙청은 정해진 미래였다.

김정은의 대담한 개혁개방 정책이 한국 교회 북한 선교의 기회가 될 것이다

김정은이 북한의 고도 경제 성장을 이끌 수 있다고 하는 데는 또 다른 이유가 있다. 바로 김정은의 대담성이다. 지금까지 보여 준 행동과 필자의 프로파일링으로 판단해 보건대, 김정은이 할아버지 김일성이나 아버지 김정일과 가장 큰 차이점은 '대담성'에 있다. 김정은의 대담성은 3가지로 작용한다. 첫째, 군사적 대담성이다. 군사적 대담성은 김정일 생존 당시에 도발한 천안함 폭침, 정권 획득 후 벌인 연평도 포격, 핵과 미사일 개발 등에서 잘 나타났다. 둘째, 협상의 대담성이다. 협상의 대담성은 앞으로 1~2년 동안에 계속 나타날 것이다. 그리고 우리가 목도하게 될 김정은의 또 하나의 대담성은 북미 간 핵군축 회담 타결 후 나타날 개혁개방의 대담성일 것이다.

북한 내부 시장의 분위기는 이미 개혁개방을 강하게 요구하고 있다.

김정은이 정권을 잡은 이후에 했던 일련의 행동과 정책들을 분석해 보아도 김정은의 개혁개방 의지는 김일성이나 김정일보다 높고 대담했다. 그 흐름이 미국의 대북 제재로 잠시 멈추어 있을 뿐이지 언제든 기회만 열리면 다시 재개될 가능성이 크다. 그렇게 되면 김정은의 대담한 개혁개방 정책은 한국 교회의 북한 선교 및 통일 후 한반도 선교 준비에 대한 새로운 기회와 변화를 가져다주게 될 것이다. 북한이 개혁개방을 하면 어쩔 수 없이 한국에 대한 문을 더 열어야 한다. 결국 한국 교회가 공식, 비공식적으로 북한에 들어갈 길도 넓어질 것이다.

김정은이 집권하기 이전부터 북한은 개혁개방을 추진 중에 있었다. 김대중 정부 시절, 김종석 신경정신과 박사는 남북정상회담을 앞두고 융(C. G. Jung)의 심리학적 유형론을 분석틀로 사용한 2쪽짜리 "김정일의 성격분석"이란 제목의 문서를 작성해 청와대와 국가정보원에 보고했다.[59] 이 보고서는 남북정상회담 이후 김정일을 가장 잘 분석한 보고서로 평가를 받았다.

김종석 박사의 분석과 다른 전문가들의 분석을 종합해서 김정일의 성격을 요약하면 외향적, 현실적, 감각형이다. 늘 신변의 위협을 받았기에 은둔자 생활을 즐겨 했던 김정일이지만 외향적 성향을 가지고 있어서 솔직하고, 호탕하고, 당당한 카리스마를 가지고 있었고, 현실적 사실과 경험에 의존하기 때문에 등소평처럼 '실사구시' 정책을 추진했다. 논리적으로 깊이 있게 사고하는 유형은 아니지만 직관력이 뛰어나기 때문에 핵심 사항을 잘 파악하고, 간결하게 요점을 정리하는 능력이 뛰어나고, 재치가 번뜩이고, 유머감각도 뛰어나고, 기계를 다루는 솜씨가 뛰어나 첨단기기에 대해 많은 관심을 가졌다.

감각적 판단에 의존하고 있어서 행동에 일관성이 없는 경우도 많았지만, 임기응변이 뛰어나고 음악적 재능도 훌륭해 오케스트라 연주에서 반음이 틀린 연주자를 찾아내는 재주를 발휘할 정도였다. 김종석 박사는 김정일이 핵무기를 수단으로 미국과 협상에서 상당한 성과를 올린 것은 이러한 성격의 장점을 잘 활용한 결과라고 분석했다.[60]

김정일의 이러한 성향은 과감한 개혁개방 정책을 실시하는 데도 영향을 주었다. 1994년 김일성의 죽음으로 권력을 물려받은 김정일은 1995~1997년 참담한 기근과 아사 사태로 체제 붕괴 위기감을 크게 느꼈다. 1990년대 후반 북중 관계를 개선한 김정일은 2000년 전격적으로 남북정상회담을 하여 정치적 안정과 경제적 원조의 발판을 마련했다. 그리고 2002~2005년에는 '7·1경제관리 개선조치'(2002년), 신의주 경제특구 지정(2002년 9월), 금강산 관광특구 지정(2002년 10월), 개성 경제특구 지정(2002년 11월) 등을 실시하며 과감하게 부분적 개혁개방을 시도했다. 하지만 개혁개방으로 나타난 부작용에 겁을 먹은 김정일은 2006년부터는 한발 뒤로 물러서며 핵실험(2006, 2009년), 시장 단속, 화폐개혁 단행(2009년) 등 체제 단속으로 돌아서고 말았다.[61] 2008년 뇌졸중으로 쓰러져 사경을 헤매다 겨우 일어난 김정일은 개혁개방보다는 안정적인 후계 승계를 위해 체제 안정에만 힘을 기울이다 2011년 12월 17일 오전 8시 30분, 열차에서 과로로 인한 급성 심근경색과 심장 쇼크로 갑자기 사망하고 말았다.

김정일 사후 3일 만에 권력 안정의 7부 능선을 넘은 김정은은 아버지보다 더 과감하고 빠르게 개혁개방을 추진했다.[62] 2011년 정권을 물려받은 김정은은 2012년 6·28조치와 2014년 5·30조치를 통해 개혁개방을 다시 시도했다. 김정은식 개혁개방의 핵심은 공장, 기업소, 협동농장에 경영권을 부여하는 것이다. 2012년 6·28조치에서는 시범적으로 운용을 하다가, 2014년 5·30조치를 계기로 전 공장과 기업소와 협동농장으로 확대 적용했다. 2014년 9월 25일에는 가족 1명당 땅 1,000평을 지급하고 소득은 국가가 40%, 개인이 60%를 갖는 농업 개혁도 단행했다. 그리고 2013년 5월 29일 '경제개발구법'을 제정하고 19개의 경제특구를 추진했고, 북한 곳곳에 자생적으로 생긴 장마당도 인정하면서 시장경제체제 일부를 실험 중이다. 그 결과 북한의 경제성장률은 3~4%를 기록하고 있으며 식량 생산량도 증가해 2011년 식량 부족분이 109만 톤에 이르던 것이 2014년에는 34만 톤으로 감소 추세를 기록 중이다. [63]

북한에서는 이미 개인도 장사를 해서 큰돈을 벌어 아파트도 사고 사업도 할 수 있는 정도의 자유시장체제가 만들어지고 있다. 평양에 있는 고급 아파트는 25만 달러가 되고, 큰손들이 집을 사서 고급 인테리어를 해서 되파는 부동산 투자를 하고, 가정에 평면 TV, 양문형 냉장고, 고급 소파, 청소기 등을 두고 한국의 여느 집과 같은 생활을 하는 사람들이 늘어가고 있다.

휴대전화 사용도 늘어나고 있다. 2008년 12월 3G 통신 서비스를 시작한 후 2017년 현재 350만 명이 휴대전화를 사용하고 있으며, 오토바이가 시장경제 유통 수단으로 확산되고, 석탄 수출로 큰돈을 벌어들인 일명 '돈주'라고 불리는 신흥 부자들 사이에서는 개인택시, 부동산 투자 등이 인기를 끌고 있다. 자녀교육 열풍도 일어나 평양 대학생이 지방 간부들의 자녀를 대상으로 한두 달 불법 과외로 1,000달러를 버는 일도 벌어진다. [64] 국내에서도 한때 유행한 '한줌잠바' 등이 2017년 북한 신세대 패션 유행 상품일 정도로 북한 상류층의 생활은 우리의 상상을 초월한다.

지금은 미국의 강력한 경제 제재로 경제성장률이 빠르게 하락했지만, 북한에 경제 제재가 풀리고 에너지 공급과 자본 투자가 확대되면 북한 경제는 빠른 성장이 재개될 가능성이 크다. 한국전기연구원의 분석에 의하면, 북한의 전기생산량이 1억 kWh 증가할 때마다 0.26%씩 경제성장률이 높아진다. 1% 경제성장률을 높이는 데 필요한 에너지 증가폭은 1.6%다.[65] 2016년 북한은 에너지 공급이 늘지 않고 경제 제재가 실행된 상태에서도 3.9%의 경제성장률을 기록했다. 한국이 개성공단을 재개하고, 규모도 3배 이상 늘리고, 북한의 29개 경제특구에서 대규모 경제 개발이 시작되고, 원조 및 차관으로 막대한 자본이 투입되고, 일본에게 과거사 배상 비용까지 얻어 내면 경제성장률이 10%를 넘어가는 것은 거의 확실하다. 이런 최상의 조건이 형성되지 않아도 중국과 러시아와 교류의 문이 열리고 몇 년이 지난 후 한국과 교역의 문도 열리면 북한 경제는 고도성장이 가능하다.

**앞으로 5년,
한국교회
미래 시나리오**

통일의 과정이나 시점이 달라지는 것은
한국 교회에게 중요하다.
좁게는 통일을 촉진하는 데 도움이 되는
선교전략에서부터 넓게는 통일 이후에 벌어질
미래를 대비하는 전략까지 재점검이 필요하다.

나가면서
현 시점에 대한 간략한 생각

요사이 이런 질문을 자주 받는다.

"현재 한국과 세계 상황이 어떻다고 보시나요?"

무언가 꺼림직한 마음, 곧 위기가 터져 버릴 듯한 긴박함…. 이 책이 한국 교회의 미래를 다루고 있지만, 이 책을 읽는 독자도 같은 질문을 하고 싶을 것이다. 한국 교회의 문제들의 상당 부분이 한국의 경제를 포함한 한국 사회의 거대한 변화와 맞물려 있기 때문이다. 우선, 이 질문에 대한 필자의 대답을 먼저 해야 할 듯하다. 현 시점을 표현하는 필자의 한마디 대답은 이렇다.

"아주 불안하다!"

필자는 일반인에게 경제의 미래에 대한 시나리오를 다루면서 미국 주식시장의 대조정, 중국의 금융위기, 한국의 금융위기라는 3가지의 큰 위기 가능성을 오래전부터 예측하고 경고했다. 현재 진행되고 있는 국내외 사건과 신호들을 추적하고 있으면 필자가 제기한 위기 가능성들이 현실이 될 확률이 높아지고 있다는 염려가 커진다. 대표적으로 2019년 10월

IMF는 "금융안정보고서"를 통해 이런 경고 메시지를 세계에 내놓았다.

- 2008년 이후 기업 부채와 투자 부적격 직면 기업이 급증하면서 시스템적 위기 가능성이 커지고 있다.
- 빠르면 2021년 글로벌 리세션(Recession, 경기 후퇴)에 진입할 수 있다.
- 글로벌 경기 후퇴가 오면 (기업의 이자 지불 능력에 문제가 생기면서) 연쇄 신용 대란 발생 가능성이 커지고 있다.
- 미국과 일본의 증시가 과대평가되어 있다.
- 한국은행 시스템이 브라질, 인도, 터키와 함께 취약자산(vulnerabilities)에 많이 노출되어 있다.

필자가 몇 년 전부터 예측하고 경고했던 미국, 중국, 한국의 위기 가능성과 같다. IMF뿐만 아니다. 2019년 중후반부터 국내외 기관과 전문가 사이에서도 이에 대한 나름대로의 문제 제기와 위기 경고 목소리가 시작되고 있다. 매주 급변하는 국내외 정세와 경제 상황을 면밀히 추적하고 있다 보면, 3가지 위기 가능성 중에서 어떤 것이 먼저 현실에서 터질지 모를 정도로 매 순간이 러시안 룰렛 상황이라는 느낌을 자주 받는다. 최악의 경우, 3가지가 거의 동시에, 혹은 순차적이지만 한 시점에 모두 터질지 모른다는 불길한 예감마저 든다.

　이 모든 상황을 생각하고 한국 교회로 눈을 돌려 보자. 한국 교회의 현재와 미래도 한국의 경제나 사회만큼 '아주 불안하다'는 마음을 금할 길이 없다. 그럼에도 불구하고 우리는 한국 교회의 미래를 포기하면 안 된다. 지금이라도 하나님과의 첫사랑을 회복하고 하나님의 마음으로 돌아가 전열을 재정비해야 한다. 소망을 가지고 하나님이 우리에게 주신 미래를 준비하는 일을 지혜롭게, 담대하게 해나가야 한다. 아무리 위급한 상황에 처했더라도 요셉의 지혜를 발휘하면 하나님의 놀라운 역사를 기대할 수 있다.

　다시 한 번 더 외친다. 이제라도 한국 사회와 한국 교회 안팎에서 나타나고 있는 미래변화의 거센 흐름과 침투를 통찰하고, 다가오는 위기와 기회에 대해 지혜롭게 준비하면 한국 교회는 새로운 도약의 길을 열 가능성이 충분하다.

주

들어가면서

1) 최윤식, 『2020~2040 한국교회 미래지도』(서울: 생명의말씀사, 2013), 13.
2) Ibid., 13~14.

PART 1 / 앞으로 5년, 한국 교회의 미래

1) 최윤식, 『2030 대담한 미래』(서울: 지식노마드, 2013), 59~60.
2) Ibid., 61~62.
3) Ibid., 62.
4) 최윤식, 『2020~2040 한국교회 미래지도』, 39.
5) https://qz.com/1096237/deutsche-bank-analysis-on-the-frequency-of-financial-crises/.
6) 한국은행 추정, 연합뉴스, 2016.10.04.
7) 박지영, "번 돈 30% 빚 갚는 데 쓴다", 파이낸셜뉴스, 2018.11.16.
8) "중국 내년 5%대 성장률, 29년 만에 최저 될 수도", 중앙일보, 2018.11.26.
9) 강남규, "'포치' 오면 중국 금융위기 겪는다", 「중앙 SUNDAY」, 2018.12.01.
10) 레이쓰하이, 『G2 전쟁』, 허유영 역(서울: 부키, 2014), 268.
11) "중국 기업, 막대한 달러 부채로 위기 닥칠 수 있다", 연합뉴스, 2018.11.16.
12) 김기수, 『중국 경제 추락에 대비하라』(서울: 살림, 2012), 145.
13) "중국 은행들, 그림자 금융 단속에 리스크 수준 완화", 연합뉴스, 2018.11.26.
14) 백에리, "향후 2년 내 중국발 금융위기 발생할 가능성, 중국 경제위기에서 투자 기회 찾아야", 「이코노미조선」, 2015.11.10.
15) 김기수, 『중국 경제 추락에 대비하라』, 148.
16) 황수연, "중국 일대일로 참여국들 폭발 '눈 뜨니 빚 폭탄, 이건 약탈'", 중앙일보, 2018.11.23.
17) 신기림, "WB, '저유가 IS 타격' 이라크에 12억 달러 긴급 대출", 「News 1」, 2015.12.18.
18) 웨인 아놀드(Wayne Arnold), "아시아 수출 엔진 꺼지고 있다", 「월스트리트저널」, 2014.03.28.
19) 강남규, "'양적 완화 파티' 9,400조 원, 자산시장 '숙취 현상' 나타날까", 중앙일보, 2015. 12.17.
20) 장윤정, 박형준, "부채-경기 침체 시름 겪는 브라질-터키-러시아 위험", 동아일보, 2015. 12.18.

21) 오형주, "반도체 착시 빼니, 상장사 영업 이익 11.4% 급감", 한국경제, 2018.11.15.
22) 손해용, "입증된 '정부 주도 성장', 일자리 62% 세금 쏟아 메웠다", 중앙일보, 2018.11.13.
23) 김무연, "무디스 '한국 내년 경제성장률 2.9%에서 2.3% 하향", 이데일리, 2018.11.13.
24) "식어 가는 엔진, 공장 가동률 72.8%, 외환위기 이후 최저", 한국경제, 2018.11.11.
25) 서찬동, 안병준, 양연호, "제조업 위기 현실로", 매일경제, 2018.10.22.
26) 최윤식, 『2020~2040 한국교회 미래지도』, 39~42.
27) Ibid., 169~195.
28) Ibid., 179~180.
29) "경기 둔화 속 40~50대 실업자 급증", 연합뉴스, 2018.11.14.
30) "일 안 해도 주는 돈 5조 시대", 중앙일보, 2018.10.28.
31) 유엄식, "입주 2년 만에 시세 7억, 광명 집값 올린 그곳", 머니투데이, 2020.01.04.
32) 박상길, "초강력 규제도 비웃은 서울 아파트, 중위 가격 9억대 초읽기", 디지털타임스, 2020.01.02.
33) 하준경, "서울 집값, 말이 되는 수준인가", 동아일보, 2019.12.23.
34) 부광우, "금융자산 10억 넘는 부자 32.3만 명, 1년 새 1.3만 명 증가", 데일리안, 2019.09.29.
35) "국내 부동산 대출 1,700조 원 육박, 가계는 1,000조 넘어서", 한국경제, 2019.08.08.
36) 정확한 수치는 구하기가 힘들다. 그래서 필자가 대략적인 추정 셈법을 사용했다. 정확성보다는 대략적 규모만 알면 되기 때문이다. 전국 1,000만 가구 중 60%가 임대다. 그중에서 60%를 전세로 추정하면, 전국에 총 360만 채가 전세일 수 있다. 평균 주택 가격 3억으로 가정하고 전세금을 집값의 66% 정도로 산정하면 2억이다. 360만 채×2억=720조 원이다. 추정 계산의 오차를 감안해서 대략 최소 600조 원에서 최대 900조 원 정도로 추정하면 될 듯하다.
37) 고현곤, "금융위기가 다시 온다면", 중앙일보, 2020.01.07.
38) 박지영, "부동산 금융 2,003조, 비은행 비중 집중", 파이낸셜뉴스, 2019.12.26.
39) 염지현, "윤석헌, 한국 카테일형 위기… 267조 부동산 그림자 금융 모니터링", 중앙일보, 2019.12.05.
40) 심나영, 김민영, "한국, 가계부채 증가 속도 세계 2위", 아시아경제, 2019.12.09.
41) "가계대출 73%가 변동금리, 2조 3,000억 '이자 폭탄' 현실로", 파이낸셜뉴스, 2018.11.30.
42) 강나림, "취약차주, 소득 70% 빚 갚는 데 쓴다", MBC, 2018.12.20.
43) 김충남, "〈美 기준금리 인상 이후〉 한계가구 빚 400兆 금리인상 취약… 가산금리 높아 '눈덩이 이자' 위험", 문화일보, 2015.12.18.
44) 이지헌, "美 금리인상, 한국 가계부채 뇌관 건드릴까", 연합뉴스, 2015.12.17.
45) "빚의 속도로 빨리 늘어나는 가계 빚", 문화일보, 2018.10.22.
46) 최민영, "가계, 기업 모두 재무건전성 더 나빠졌다", 경향비즈, 2019.12.26.
47) "다중채무자 5년 새 20% 늘어, 한 명당 빚 1억 2,000만 원", KBS, 2019.09.25.
48) 홍정규, "다중채무자 1인당 빚 1억 원 돌파, 중간계층서 급증", 연합뉴스, 2015.09.15.
49) 차대운, "부동산 올인 한국, 선진국보다 금융자산 비중 작아", 연합뉴스, 2015.09.02.
50) 주현지, "부동산으로 쏠린 한국의 부", 디지털타임스, 2019.07.12.
51) "담보 없는 신용대출 폭증 왜?", Newsis, 2015.09.06.
52) 성태윤, "폭증하는 가계부채, 저금리 아닌 경기침체 탓이다", 한국경제, 2015.09.22.
53) 최영진, "여기저기, 빈 사무실 13% 금융위기 뒤 최악", 중앙일보, 2015.09.17.

54) Ibid.
55) 한광덕, "상가 공실률 12년 만에 최고, 온라인쇼핑 확장, 경기 부진 영향", 한겨레, 2019.12.26.
56) 조은임, "11채 이상 다주택자 3만 7,487명 '역대 최대'… 2채 이상 보유자도 증가", 조선비즈, 2019.12.22.
57) 이환주, "서울 1주택 4% 늘 때, 2주택 16% 늘었다", 파이낸셜뉴스, 2020.01.07.

PART 2 / 앞으로 20년, 한국 교회의 미래

1) 종교개혁 500주년 기념 한국교회 미래전략 수립을 위한 설문 결과 보고서, 대한예수교장로회총회 교육진흥원, 2017. 5.
2) "합계출산율 0명 시대, 인구절벽 더 가까워졌다", 중앙일보, 2018.11.28.
3) "지갑 못 여는 한국 고령층, 평균소비성향 미국의 2/3수준", 연합뉴스, 2018.10.28.
4) "한국 노인 절반이 빈곤층, OECD국가 중 가장 가난", 동아일보, 2013.05.16; "허술한 노후보장체계", 서울경제, 2013.05.13.
5) 정윤형, "삼성 스마트폰, 중국에서 3분기 60만 대 판매 그쳐", SBSCNBC, 2018.11.19.
6) "중국, 중저가 TV 시장 한국 첫 추월, 프리미엄 가전 추격도 만만찮다", 한국경제, 2018.08.06.
7) 신희철, "중국발, 디스플레이 공급 과잉 장기화, 한국 초격차만이 살길", 서울경제, 2018.11.06.
8) 통계청, 2015 자영업 현황 분석; SBS 스페셜, "자영업 공화국의 눈물", 2018.09.09.
9) OECD, SBS 스페셜, "자영업 공화국의 눈물", 2018.09.09. 재인용.
10) 전슬기, "자영업자 대출 600조 돌파, '빚내서 빚 갚기 악순환'", 국민일보, 2019.04.10.
11) "국민연금 받아도 영세 자영업 신세, 60세 이상 88만 명", 파이낸셜뉴스, 2018.11.19.
12) "끼인 세대, 베이비부머의 고달픔, 부모, 자녀 부양에 손주 양육까지", 한겨레, 2013.05.02.
13) "공사적 연금 미가입 10명 중 4명꼴", 연합뉴스, 2013.04.28.
14) 빈난새, "2060년엔 소득 30% 국민연금으로 낸다", 서울경제, 2019.04.14.
15) "국민연금 고갈 앞당겨진다는데, 바닥나면 연금 못 받나", 연합뉴스, 2018.08.07; 원희복, "연금행동집행위원장 정용건 '국민연금 위기, 재벌 공포 마케팅이다'", 「주간경향」, 2018.12.03.
16) 신경혜, "국민연금 급여지출 추이 및 전망", 「국민연금연구회」 제17호, 2014.12.01, 7.
17) 김태훈, "'디지털 원주민' Z세대는 무엇으로 사는가", 「주간경향」, 2019.02.18.
18) 에릭 브린올프슨, 앤드류 맥아피, 『제2의 기계시대』, 이한음 역(서울: 청림출판, 2014), 58.
19) Ibid., 60.
20) Ibid., 70.
21) Ibid., 73.
22) "수학자와 바둑 기사의 정면 승부… 결과는?", 「YTN Science」, 2014.08.20.
23) 에릭 브린올프슨, 앤드류 맥아피, 『제2의 기계시대』, 이한음 역(서울: 청림출판, 2014), 31.
24) Ibid., 36.
25) Ibid., 42.
26) 케빈 켈리, 『기술의 충격』, 이한음 역(서울: 민음사, 2011), 17~21.

27) Ibid., 21.
28) 레이 커즈와일, 『특이점이 온다』, 김명남, 장시형 역(서울: 김영사, 2007), 104~105.
29) Ibid., 41.
30) Ibid., 37~41.
31) "The hunt for AI", BBC Horizon, 2012.
32) 정찬수, "6,000조 원대 블루오션, 인공지능 시대는 이미 시작", 헤럴드경제, 2014.06.27.
33) 조은아, "사람인 듯 사람 아닌 유진은 어떤 컴퓨터", 머니투데이, 2014.07.03.
34) 김종일, "글로벌 투자 대가: 레이 달리오 브리지워터 어소시에이츠 CEO. 금융위기 예견한 투자의 달인, 세계 최대 헤지펀드 키우다", 조선일보, 2017.11.25.
35) 고든 벨, 짐 갬멜, 『디지털 혁명의 미래』, 홍성준 역(서울: 청림출판, 2010), 48~106.
36) 마이클 하임, 『가상현실의 철학적 의미』, 여명숙 역(서울: 책세상, 1997), 179~206.
37) 앨빈 토플러, 『미래쇼크』, 이규행 역(서울: 한국경제신문사, 1989), 226.
38) 김영한, 『사이버 트렌드』(서울: 고려원미디어, 1996), 12.
39) 스튜어트 러셀, 피터 노빅, 『인공지능 현대적 접근 방식 1』, 류광 역(서울: 제이펍, 2016), 2~6.
40) 이강봉, "가게에서 립스틱 찾다가 IoT 착안", 사이언스타임즈, 2014.06.05.
41) 홍장원, "수하물 오류 유럽의 20분의 1, 인천공항에 숨은 첨단기술", 매일경제, 2014.07.01.
42) 한채윤, "동성애와 사회적 합의", Huffpost Korea, 2019.02.22. https://www.huffingtonpost.kr/entry/story_kr_5c6f8ddce4b03cfdaa539764.
43) 허완, "대만이 아시아 국가로는 최초로 '동성결혼법' 초안을 공개했다", Huffpost Korea, 2019.02.23.
44) 배일한, 『인터넷 다음은 로봇이다』(서울: 동아시아, 2003), 156.
45) 이성규, "2050년 되면 전체 인류 절반이 성관계를…", 매일경제, 2019.02.08.
46) 정선규, "기독교 선교 패러다임의 변동과 한국교회 선교 패러다임 변천사와 미래 전망." https://blog.naver.com/sunkyu8153/221133636473.
47) 강승삼, "한국교회 선교 현황 분석과 전방개척선교의 방향." https://blog.naver.com/jjkkhh2232/50077092254.
48) 이지희, "한국교회, 천천히 3만 선교사 시대 향하고 있어", 크리스천투데이, 2019.01.17.
49) 최윤식, 최현식, 『2020~2040 한국교회 미래지도 2』(서울: 생명의말씀사, 2015), 67.
50) http://www.islammission.org/worldmission/muslim-population-2014/.
51) Ibid.
52) 김동문, "국내 체류 무슬림 인구가 40만 명이라고?", 뉴스앤조이, 2016.01.23.
53) 강기헌, "테러 일상화된 프랑스, 이슬람 인구 비율 상대적으로 높아", 중앙일보, 2016.07.27.; KBS, "세계는 지금-파란 눈의 무슬림", 2015년; 폴 발타, 『이슬람-이슬람은 전쟁과 불관용의 종교인가』, 정혜용 역(서울: 웅진지식하우스, 2007).
54) 최윤식, 최현식, 『2020~2040 한국교회 미래지도 2』, 70.
55) Ibid., 257.

PART 3 / 미래를 위한 한국 교회의 준비

1) 김토일, "종교인구 비율 46%로 하락. 20대는 30%", 연합뉴스, 2017.12.28.
2) 김정곤, "인구 줄어드는 수축사회, 땜질 대책 남발 땐 일본 전철 밟는다", 서울경제, 2019. 04.15.
3) 박민균, "미래 과학기술에 성경적 가이드라인 있나?", 기독신문, 2019.02.11.
4) 김나래, "'디지털 영생' 꿈꾸는 시대 그리스도인이 갈 길을 묻다", 국민일보, 2019.02.01.
5) 에릭 슈미트, 제러드 코언, 『새로운 디지털 시대』, 이진원 역(서울: 알키, 2013), 27.
6) Ibid., 28.
7) Ibid., 28~29.
8) Ibid., 41.
9) Ibid., 38~39.
10) Ibid., 37.
11) 레이 커즈와일, 『특이점이 온다』, 41.
12) 위키백과, 로봇.
13) 위키백과, 안드로이드(로봇).
14) 오귀스트 빌리에 드 릴아당, 『미래의 이브』, 고혜선 역(서울: 시공사, 2012), 서문.
15) 배일한, 『인터넷 다음은 로봇이다』(서울: 동아시아, 2003), 23.
16) 틀이나 기계를 뜻하는 기(機), (회전의 중심이 되는) 차축 축(軸).
17) 배일한, 『인터넷 다음은 로봇이다』, 25, 36.
18) Ibid., 140.
19) Ibid., 14~16.
20) 로드니 A. 브룩스, 『로봇 만들기』, 박우석 역(서울: 바다출판사, 2002), 34~36.
21) "미국 로봇 시장, 서비스 분야가 주도한다", 로봇신문, 2014.05.07.
22) "로봇 기술은 국가 경쟁력", 로봇신문, 2014.06.10.
23) 서현진, "일본, 간호 로봇 시장 연 2백~3백%씩 성장 예고", 로봇신문, 2014.01.07.
24) 제이 하먼, 『새로운 황금시대』, 이영래 역(서울: 어크로스, 2013), 36.
25) Ibid., 39~40.
26) 두산백과, http://terms.naver.com/entry.nhn?docId=1346273&cid=40942&categoryId=32335.
27) 제리 카플란, 『인공지능의 미래』, 신동숙 역(서울: 한스미디어, 2017), 205.
28) 배일한, 『인터넷 다음은 로봇이다』, 156.
29) "아이폰 6, 로봇이 만든 최초의 스마트폰 된다", 서울경제, 2014.07.08.
30) "로봇이 내 일자리 빼앗는 시대, 정말 왔나", 블로터닷넷, 2014.06.12.
31) "10대 몰락 직종은 우체부, 신문기자, 세무업무원 등", 연합뉴스, 2014.07.16.
32) 신지은, 박정훈 외 3인, 『세계적 미래학자 10인이 말하는 미래혁명』(서울: 일송북, 2007), 151, 154.
33) 이인식 외, 『기술의 대융합』(서울: 고즈윈, 2010), 143~153.
34) 이동준, "일본 공장에 '로봇 슈츠' 도입", 세계일보, 2018.04.27.

35) 제리 카플란, 『인공지능의 미래』, 210.
36) 신중봉, "북핵은 핑계, 미국은 중국과 전쟁을 원한다", 중앙일보, 2017.12.28.
37) 김영환, 오경섭, 유재길, 『북한 급변사태와 통일전략』(서울: 백년동안, 2015), 59.
38) Ibid., 59~60.
39) Ibid., 59~67.
40) 정재호 편, 『중국을 고민하다』(서울: 삼성경제연구소, 2011), 335.
41) Ibid., 337.
42) 주성하, 『김정은의 북한 어디로 가나』(서울: 기파랑, 2012), 43~50.
43) Ibid., 60, 63.
44) 네이버 지식백과, 빨치산, http://terms.naver.com/entry.nhn?docId=1106727&cid=40942&categoryId=31744.
45) 후지모토 겐지, 『북한의 후계자, 왜 김정은인가?』, 한유희 역(서울: 맥스미디어, 2010), 216.
46) Ibid., 180~181.
47) Ibid., 20~21.
48) Ibid., 23~24.
49) Ibid., 83.
50) Ibid., 73, 96.
51) Ibid., 127.
52) Ibid., 88, 97.
53) Ibid., 129.
54) Ibid., 68.
55) Ibid., 29~40.
56) Ibid., 130~131.
57) Ibid., 136~143.
58) Ibid., 153~157.
59) 김상식, "이명박 vs. 김정일", 부산일보, 2009.02.20.
60) https://blog.naver.com/maaalgn/100012585217, https://blog.naver.com/mycool95/20005405853.
61) 김영환, 오경섭, 유재길, 『북한 급변사태와 통일전략』, 18.
62) Ibid., 17.
63) Ibid., 19~25.
64) Ibid., 28~32.
65) 이종헌, 『에너지 빅뱅』(서울: 프리코노미북스, 2017), 337.

사명선언문

너희가 흠이 없고 순전하여……세상에서 그들 가운데 빛들로
나타내며 생명의 말씀을 밝혀 _ 빌 2:15-16

1. 생명을 담겠습니다
만드는 책에 주님 주신 생명을 담겠습니다.
그 책으로 복음을 선포하겠습니다.

2. 말씀을 밝히겠습니다
생명의 근본은 말씀입니다.
말씀을 밝혀 성도와 교회의 성장을 돕겠습니다.

3. 빛이 되겠습니다
시대와 영혼의 어두움을 밝혀 주님 앞으로 이끄는
빛이 되는 책을 만들겠습니다.

4. 순전히 행하겠습니다
책을 만들고 전하는 일과 경영하는 일에 부끄러움이 없는
정직함으로 행하겠습니다.

5. 끝까지 전파하겠습니다
모든 사람에게, 땅 끝까지, 주님 오시는 그날까지
복음을 전하는 사명을 다하겠습니다.

서점 안내

광화문점	서울시 종로구 새문안로 69 구세군회관 1층 02)737-2288 / 02)737-4623(F)
강남점	서울시 서초구 신반포로 177 반포쇼핑타운 3동 2층 02)595-1211 / 02)595-3549(F)
구로점	서울시 동작구 시흥대로 602, 3층 302호 02)858-8744 / 02)838-0653(F)
노원점	서울시 노원구 동일로 1366 삼봉빌딩 지하 1층 02)938-7979 / 02)3391-6169(F)
분당점	경기도 성남시 분당구 황새울로 315 대현빌딩 3층 031)707-5566 / 031)707-4999(F)
일산점	경기도 고양시 일산서구 중앙로 1391 레이크타운 지하 1층 031)916-8787 / 031)916-8788(F)
의정부점	경기도 의정부시 청사로47번길 12 성산타워 3층 031)845-0600 / 031)852-6930(F)
인터넷서점	www.lifebook.co.kr